LIFE
SHIFT

The Longevity Imperative:
Building a Better Society for Healthier, Longer Lives

ライフシフトの未来戦略

幸福な100年人生の作り方

アンドリュー・スコット 著
Andrew Scott

池村千秋 訳
Chiaki Ikemura

東洋経済新報社

私の両親、レイとジョン、
そして子どもたち、ヘレナ、ルイス、キット――
生命の連鎖のなかで私と連なる人たちへ

Original Title:
THE LONGEVITY IMPERATIVE
by Andrew J. Scott

もし若者にもっと知恵があったらよかったのに。
もし老人にもっと力があったらよかったのに。

——アンリ・エティエンヌ〔16世紀フランスの古典学者〕

日本語版への序文

ロンドン・ビジネススクールの同僚であるリンダ・グラットンと一緒に書いた著書『ライフ・シフト』が日本で出版されたのは、2016年のことだった。この本は、世界全体の売り上げが100万部を突破するなど、反響には目を見張るものがあった。当時高まりつつあった新しい認識が追い風になったことは明らかだ。平均寿命の上昇をすべて悪いニュースと決めつけるべきではないという考え方が広がり始めていた時期だったのだ。私たちが個人と集団のレベルで適切に適応して調整をおこなえば、もっとポジティブな結果を生み出せる可能性がある。

そのように考えていたこともあり、大勢の人が好意的なメッセージを寄せてくれたことがとてもうれしかった。多くの読者は、この本が大好きだと言い、残りの人生についての考え方が変わったと語り、読後に人生がどのように変わったかを教えてくれた。

『ライフ・シフト』の大成功をきっかけに、私の人生も思いがけないシフト（大転換）を遂げた。それまでもマクロ経済学者として、高齢化の影響についてはつねに関心を払ってきた。そもそも、『ライフ・シフト』は、ロンドン・ビジネススクールで担当していた講義を土台にした本だった。しかし、私の研究業績の大半は、金利やインフレといったテーマに関わるものだった。『ライフ・シフト』への反響はそれを一変させた。それまで、米ドルの今後に関する私の見解を知って生き方が変わった、と言ってきた人はひとりもいなかった。もし、長寿化に関する私の見解に触れて深く心を揺さぶられた人たちがいるのであれば、このテーマをもっと掘り下げるべきだと、私は思うようになったのだ。

私は、世界中のさまざまな人たちについて研究し、多様な人たちと言葉を交わし、幅広い分野の文献を読み、思考の幅を広げようと心に決めた。長寿化というテーマについてあらゆることを知りたいと考えたのだ。仕事とキャリアをめぐる状況だけでなく、教育、健康、お金、心理学、生物学、哲学についても学ぶことを目指した。政府や企業がどのような取り組みをおこなっているのか——実際には、なにもおこなっていない場合が多かったのだが——を知り、これまでとは異なる未来を切り開こうとしている人たちや、長寿化がもたらす新しい機会を生かそうとしている人たちに話を聞く必要性を感じた。

ここにお届けする新著『ライフ・シフトの未来戦略』は、このような研究の成果である。執筆を後押ししたのは、以下の4つの認識だった。

第1の認識は、『ライフ・シフト』で変革の必要性を訴え、どのような未来が可能かについて人々の意識を高めることができたものの、まだとうてい十分ではない、ということだ。いくつかの面で、それは驚くようなことではない。本書で述べるように、いま私たちは大きな変化の時代に生きている。人類の歴史上はじめて、若い人たちが高齢になるまで生きることが当たり前になった。昔もお年寄りはいたが、それはあくまでもごく一握りの人だけが経験することだった。たとえば、60年前の日本では、20歳の人が90歳まで生きる確率は7%にすぎなかった。いま、その確率は50%を超えている。私たちは、この新しい現実に目を覚ます必要がある。しかし、そのためには、多くの呼びかけや後押しが不可欠だ。

不健康な状態で、生き甲斐もなく、人間関係も乏しく、お金の面でも不安に苛まれながら90歳を迎える事態を避けたいと思えば、いま未来のためにもっと投資する必要がある。そのような投資がいまほど重要だった時代はなかった。私たちは老い方を変えなくてはならない。それを実行しようと思えば、大掛かりな「ライフ・シフト」を成し遂げることが求められる。それは簡単ではないだろう。私たちの生き方を構成する要素、すなわち、社会規範、文化、政策、制度は、何世紀にもわたる人類の経験に基づいて形づくられている(すでに状況は大きく変わっているのだが)。変化がなかなか進まないとしても不思議でない。

この点は、本書の執筆を後押しした第2の認識と関係してくる。長寿化の進展に対応するための変化を起こそうと思えば、システムそのものを変革することが不可欠だ。『ライフ・シフト』で提唱した柔軟性のあるマルチステージの人生は、企業と政府が長寿化の新しい現実を受け入れなければ実現できない。『ライフ・シフト』では個人の行動に多くのページを割いたが、システムが変わらなければ、誰もが身動きが取れなくなる。

私は、いまの状況に苛立ちを感じずにいられない。政府や企業は、人工知能（AI）と気候変動に対応するために劇的な変化を起こす必要については活発に議論しているが、高齢化への対応に関しては、紙オムツと老人ホーム、そして引退年齢の引き上げの話題にほぼ終始している。90代以降も健康で充実した人生を生きられる未来を実現したければ、いますぐに取り組みを開始する必要がある。そして、この課題の重要性に相応の真剣な姿勢で臨まなくてはならない。本書で詳しく論じるように、システム変革するべきなのだ。

本書でシステムの変革に光を当てることにより、長寿化がAIや気候変動と肩を並べる重要課題として認識されるようになることを期待している。それが自分たちが対応すべき問題だと、政府と企業に認識してほしい。本書では、「高齢化社会」ではなく、「長寿社会」を実現するために必要なことを一通り示す。そのような社会を築いてこそ、『ライフ・シフト』で提唱した行動をひとりひとりの個人が実践できるのだ。

しかし、本書で論じるのはシステムだけではない。執筆を後押しした第3の認識は、人生が長くなるとともに、ひとりひとりが自分の未来のために準備する責任が高まっているということだった。『ライフ・シフト』では、長くなる職業人生に向けて準備し、スキルと人間関係に投資することの重要性を強調したが、それ以外にも重要なことは多い。ロング・ライフをグッド・ライフにするためにとくに重要なのは、できるだけ長い間、健康を維持することだ。

そこで、私たちが年齢を重ねると、健康にどのような変化が起きるのか、よい老い方ができる可能性を最大化するために、どのようなことに留意すべきなのかを詳しく論じる。寿命が長くなることがお金の面でどのような意味をもつのか、長寿化に対応するために、長く働き続ける以外にどのようなことをするべきかも掘り下げる。また、すべてのなかで最も重要な問いにも光を当てる。その問いとは、長く生きることの意義は究極的にはどのようなものなのか、寿命が延びたことにより増えた人生の時間をどのように使いたいのかという問いである。

最後に、本書の執筆を後押しした要素がもうひとつある。その第4の要素とは、人生が長くなればなるほど、長寿化をさまざまな学問分野に影響を及ぼす背景とみなすだけでは十分でなくなるという点だ。それをひとつの学問分野と位置づけ、その枠組みのなかで私たちの行動と思考、社会の制度と政策について考える必要がある。

本書では、長寿化というテーマをひとつの独立した学問分野として確立することを目指した(いくつもの学問分野の知見を参考にすることは言うまでもないが)。複数の問題がすべて、長寿化への適応というひとつの大きな問題と関係しているという認識をいだいてはじめて、変革の重要性を真に理解できる。長寿化というテーマが個人と企業と政府にとってもつ重要性が見えてくるのだ。

『ライフ・シフト』が日本で多くの読者に読まれたことには理由がある。日本は世界で最も平均寿命が長い国であり、世界でも屈指のペースで社会の高齢化が進んでいる。日本は、世界のどの国よりも大きな「長寿化の必須課題」を突きつけられているのだ。日本はこれまで、高齢化が急速に進行するなかでも経済成長を継続することに成功してきたと言えるだろう。しかし、それだけでなく、現在の若い世代が未来の高齢者になったとき、歴史上最も健康で最も生産性が高い高齢者になれるようにすることを目指す取り組みでも、世界の先頭を走るべきだ。

そのために実行すべきことは多い。とくに、働き方の柔軟性を高めることと、予防医療への移行を進めることが重要だ。また、日本の企業は、現在の高齢者のニーズを満たすことだけでなく、誰もがより長く健康を維持し、社会と関わり続けることを助ける製品やサービスを提供することにも力を入れなくてはならない。「シルバー・エコノミー」から、「エバーグリーン・エコノミー」へ移行すべきだ。また、日本社会の人口構成は極端な逆ピラミッド型になっており、日本の若い世代は、自分たちの未来に投資することの大切さをよく理解する必要がある。そして、若い世代の人口の少なさを考えると、この世代への支援も不可欠だ。本書を通じて、こうした「シフト」を加速させたい。『ライフ・シフト』よりさらに、政府の政策の方向と、企業が製品やサービスを開発する際の指針、そして個人の思考のあり方に影響を及ぼしたい。

本書が日本より一足先に刊行されたイギリスとアメリカでの反響には大いに勇気づけられた。イギリスでは、「フィナンシャル・タイムズ&シュローダーズ年間ビジネス書大賞」の最終候補にも（AI関連の書籍と肩を並べて！）ノミネートされた。メディアの反響も好意的だ。ポッドキャストなどでも盛んに取り上げられたし、このテーマについてもっと知りたいという企業からの電子メールも続々と届いている。国際通貨基金（IMF）や経済協力開発機構（OECD）財務相会合も、意見を聞かせてほしいと言ってきた。長寿国家を実現する方法を知りたい国の政府からの連絡も増えている。変化が近づいていることをひしひしと感じる。その変化は、どんなに早く訪れても早すぎることはない。

私の私生活にも再び変化が訪れた。この文章を書いている時点で、私はロンドン・ビジネススクールから長期休暇を取得し、設立されたばかりのエリソン工科大学オックスフォード・キャンパスに在籍している。この大学は、画期的な科学研究を基に、人類が直面している切実な問題に対して一貫したソリューションを見いだすことを目指している。私が同大学で取り組んでいるのは、本書の内容を土台にして「長寿研究所」を設立することだ。狙いは、アイデアを実際の行動に転換し、本書で強調する「長寿化の配当」を現実化させることにある。単に長く生きるだけでなく、長く健康であり続け、長く生産性を維持しようというのだ。それを実現してこそ、私たちは「高齢化社会」の弊害を回避し、医療コストの増大と経済の停滞を防ぎ、高齢になっても健康であり続け、豊富なリソースを確保し、社会と深く関わることが可能になる。あなたの未来にとって、これほどまでに重要性が明らかな課題は珍しい。日本社会にとって、これほどまでに重要性が明らかな課題も珍しい。その課題の達成に向けて前進し、ひとりひとりがエバーグリーンの人生を生きるために、本書が後押しになることを願ってやまない。

目次

第2章 私たちはどのように老いるのか

第3章 老いがよければ、すべてよし

第5章 経済的な配当を受け取る

第6章 お金とあなたの人生

第8章 世代に関する課題

はじめに

あなたは、もっと時間が欲しいだろうか。

もし、私が今日、あなたの時間を1時間増やしてあげようと言ったら、どう思うだろう。自分が好きに使える時間が60分増えるとしたら？　その時間は、寝不足解消のために使ってもいいし、懸案の仕事を前に進めるために使ってもいい。家族や友人と一緒に過ごしてもいいし、ひとりで静かな時間を楽しんでもいい。

では、1週間を7日ではなく、8日に増やしてあげようと言ったら？　毎週、好きなことに使える時間が1日増えるのは、悪い話ではないと思うかもしれない。そうこうするうちに、私は時間を増やすコツがつかめてきた。そこで、あなたの1年間を12カ月ではなく、13カ月に増やして差し上げよう。1年の時間が4週間も増えるのだ！　魅力的な提案だと思うだろうか。

実際には、残念ながら私があなたの時間を増やすことはできない。けれども、ある秘密を教えてあげることはできる。といっても、実は、それは秘密でもなんでもない。誰もが知っているはずなのに、その知識に基づいて行動していないだけだ。あなたの持ち時間は、すでに増えているのだ。それも、1時間や1日ではない。1カ月でもない。あなたの時間は、何年も増えている。

それは、平均寿命が延びているからだ。過去100年の間に、世界の平均寿命は10年ごとに2〜3年のペースで延びてきた。この期間は、先ほどの「頭の体操」で示した期間のどれよりも長い。あなたが世界のどこに住んでいようと、そしていま何歳だろうと、過去の世代よりも長く生きることが予想できる。

あなたは、私が時間を増やしてあげようと言ったときに喜んだに違いない。では、寿命が延びることにより自分の持ち時間が増えることを同じように歓迎するだろうか。胸躍り、重圧がやわらいだように感じ、新しい選択肢を手にできたと思うのか。それとも、複雑な思いをいだくだろうか。長生きすることが本当に恩恵をもたらすのかと、不安を感じるのか。多くの人は、後者の感情をいだいている。人々は、いまもっと時間が欲しいと思っている半面、寿命が延びることにより増える時間は、人生のおしまいに与えられるものにすぎず、増えた時間を有効に活用するどころか、病気に苛《さいな》まれたり、衰弱したり、お金の面で困窮したりする羽目になるのではないかと恐れているのだ。

しかし、人生終盤の日々が病気と衰弱と困窮の日々にならないとすればどうだろう。健康に生き、活発に活動する日々を送れるとすれば？　その恩恵は計り知れない。健康と生産性を保ち、社会と関わり続けられる期間が長くなるほど、高齢になったときの選択肢が広がり、長寿の恩恵を実感できる。その場合、変わるのは人生終盤の日々だけではない。将来もっと長く生きるようになると思えば、現在の行動も変わる。人生の一部の時期だけでなく、人生全体の生き方を考え直すようになるのだ。

いまのままだと、私たちは寿命が延びることの恩恵に浴せない。現状では、個人も社会も、人類に起きつつあるきわめて大きな変化、すなわち、誰もが非常に高齢になるまで生きる可能性が高くなっていることに、十分に適応できていない。問題は、この変化がそれほど大きな変化だと感じづらいことだ。歴史上、どの時代にもお年寄りはいたし、その人たちも老いの過程を経験していた。しかし、いま起きつつある変化が本当に革命的な点は、若者や中年が非常に高齢まで生きることが当たり前になったことにある。人類の長い歴史を通じて、高齢者と呼ばれるまで生きる人はあくまでも少数派だったが、それが多数派になろうとしているのだ。この新しい状況は、あらゆるものごとを変える。よりよい結果を手にするためには、未来への投資をもっと増やさなくてはならない。それを怠れば、私たちは最も恐れる結末を迎えることになりかねない。寿命が延びた結果、避けて通ることのできない必須課題が生まれたのである。その必須課題とは、よい老い方をすることだ。

本書では、長寿化がもたらす抜本的な変化と、それによって持ち上がる新しい課題をテーマにする。私たちは個人単位でも社会全体でも、言ってみれば「エバーグリーン（evergreen）型」への転換を果たさなくてはならない。メリアム・ウェブスター・カレッジ版英語辞典によると、「エバーグリーン」とは「季節を通して緑の葉をつけ、機能し続ける」常緑植物について用いられる言葉だが、広い意味では「つねにあらゆる局面で新鮮さを失わない」状態をあらわす。私たちは、長い人生でこれを目指すべきだ。人生が長くなるのに合わせて、健康やその他の重要な要素が機能する期間も長くしなくてはならない。人類が過去に実現させた進歩は、私たちの寿命を延ばした。これから実現させる進歩では、老い方を変えることにより、人生で増えた時間を最大限有効に活用する方法を見いだす必要がある。

本書では、ひとりひとりの個人と人類全体にとって、どうしてこのような長寿化の課題が重要なのかを説明していく。また、エバーグリーン型への転換を遂げるためにどのようなイノベーションが必要とされるのかも詳しく述べたい。具体的には、私たちの人生計画やキャリアプランの立て方、医療制度や経済と金融業界のあり方、「高齢者であること」や「老いること」についての文化や思想をどのように根本から変えるべきかを論じる。

また、この本を通じて、長寿化というテーマにあまり関心が払われていない状況を改めたいとも思っている。長寿化は、本来は非常に重要なテーマであるにもかかわらず、それにふさわしい関心が払われているとはお世辞にも言えない。それに輪をかけて問題なのは、長寿化が話題にされる場合にも、しばしば誤った認識がまかり通っていることだ。社会の「高齢化」、つまり高齢者の数が増えることにしか目が向けられないことが多いのだ。このような無関心と誤解を是正したいというのが、私がこの本を執筆した大きな動機だ。私たちが議論し、築くべきなのは、高齢化社会ではなく、長寿社会なのである。

私はロンドン・ビジネススクールで「世界経済」という講座を担当している。その第1回の授業で、いつも学生たちに投げかける問いがある――向こう数十年の間に、あなたたちの人生とキャリアに大きな影響を及ぼすトレンドはどのようなものだと思うか、という問いだ。私はホワイトボードの前に立ってペンを手に握り、学生たちの回答を書き出す態勢を取る。けれども、実はどんな答えが返ってくるかはもうわかっている。真っ先に挙がる2つの要素は、いつも同じなのだ。それは、人工知能（ＡＩ）と気候変動である。私たちの世界を様変わりさせるのがこの2つの要素だという点では、世界の国々の政府と企業と個人の見方が一致している。

それでも、この2つのテーマをひとしきり議論したあと、学生たちはほかの要素にも目を向け始める。次々と意見が述べられて、賑やかに議論が交わされる。やがて教室の熱気が少し落ち着き、あまり手が挙がらなくなった頃、誰かが発言する――「人口動態の変化は？」。この発言を受けて、私がもう少し掘り下げた議論を促す。人口動態の変化とはなにを意味するのか、と尋ねる。すると、いつも決まって「社会が高齢化して、高齢者の数が増えること」だと、学生たちは言う。このように答える学生たちの声は暗い。高齢化の影響はつねにネガティブなものと考えられているようだ。ＡＩと気候変動に関しては、よりよい未来を築くためにいまどのように対応するべきかをめぐり、詳細で丁寧な議論が熱心におこなわれる。ところが、「高齢化社会」に関してはまったく議論が盛り上がらない。「高齢者の数が多くなる」というだけで話が終わってしまう。高齢者が増えることは悪材料であり、しかも対処する手立てがない、と決めつけているかのように見える。高齢化社会をめぐる議論は、際限なく膨れ上がる医療費、年金危機、認知症、介護施設の話題にとどまることがほとんどだ。刺激的だったり、取り組み甲斐があったり、興味深かったりするテーマだとは、けっしてみなされない。変革や適応への意欲をかき立てられるというより、そこには受忍と諦念が見て取れる。そしてなにより、これはあくまでも高齢者に関わる問題であり、ビジネススクールで学ぶ学生たちの世代には関係ないと思われている。

本書では、個人のレベルでも社会のレベルでも、長寿化がAIやサステナビリティ（持続可能性）と同じくらい、私たちの未来にとって重要なテーマであることを示したい。そして、長寿化はこの2つの要素に負けず劣らず魅力的なテーマであり、未来の悪い結果を避けるためには、同じくらい抜本的な変化が不可欠であることを知ってもらいたい。

しかし、社会の長寿化というトレンドには、ほかの要素とは異なる特徴がある。長寿化は、私たちの周囲の世界を変えるだけでなく、私たちひとりひとりの人生そのものを根本から変える。このトレンドはなににも増して、あなたが自分の生きる人生に、そして人生の時間が増えるという現実に、どのように反応するかに関わるものなのだ。そこで本書では、個人の視点と社会の視点の両方から論じる。社会が長寿化にどのように適応するべきかという議論を抜きにして、長くなる人生を個人がどのように生きるべきかを考えることはできない。エバーグリーン型への移行を成し遂げ、「高齢化社会」云々の言説を捨て去るためには、こうした点を理解することが不可欠だ。

高齢化社会の視点が強調されると、寿命が長くなることを「機会」ではなく、「問題」と位置づけがちになる。そのような発想は、高齢者が増えすぎていて、人々が長生きしすぎているという、有害な考え方につながりやすい。そして、人生のあらゆる時期に行動を起こすのではなく、人生の最終盤にばかり関心を払う傾向を強める。その結果、若い世代が長寿に備えるのを支援するより、高齢者のニーズに応えるために資源が費やされることになる。そうなれば、若者世代と高齢者世代の世代間対立が激化するだろう。

このような考え方は、人類史上屈指の成果を悪夢の種に変えてしまう。わが子の死を悲しむ親が減り、若くして命を失う親が減り、孫やひ孫の顔を見ることのできる祖父母や曽祖父母が増えることを歓迎するのではなく、寿命が延びることを重荷のように考える結果を招く。人類史の輝かしい成果を素直に評価できなくしてしまい、未来に対する私たちの見方を不必要に暗いものにするのだ。

いま本当に求められているのは、人類を取り巻く状況の劇的な変化に、つまり若い世代が非常に高齢まで生きることが当たり前になる時代の到来に適応することだ。そのためには、長寿化により突きつけられる課題を克服し、エバーグリーン型への転換を遂げる必要がある。人々が長い人生を生きるための準備を整えられる社会をつくり、長くなった人生の「生活の質」を「人生の量」と釣り合うものにすることが求められるのだ。そうすることではじめて、私たちは、人生の時間が増えることにより生まれる機会を存分に活用できる。本書では、そのために個人と社会がどのように変わらなくてはならないのかを論じたい。

第1部では、エバーグリーン型への移行について回る課題をひととおり説明し、以下の問いに答えることを通じて、その課題がなぜ重要なのかを検討する。

・平均寿命にどのような変化が起きたのか。今後、どのような変化が起きる可能性が高いのか。長寿化に伴って対処する必要がある課題は、どのようなものか。
・私たちは、どのように老いていくのか。よりよい老い方をするためには、どうすればいいのか。
・どうして、いまエバーグリーンの課題がそれほど重要なのか。なぜ、それが人類にとって新しい時代の到来を意味するのか。

第2部では、エバーグリーンの課題を達成するために、どのような大掛かりな変化が必要とされるのかを論じる。具体的には、以下の問いに答えることを通じて議論を進める。

・長い人生を健康に生きられるようにするために、医療制度と個人の行動をどのように変える必要があるのか。
・長くなった人生で必要とされるお金をどのようにまかない、長寿化の経済的な恩恵をどのようにして引き出せばいいのか。それに伴い、私たちの職業人生はどのように変わるのか。
・長い人生でお金が足りなくなるリスクを取り除くために、金融業界はどのように変わるべきか。そして、私たちひとりひとりは、お金に関わる行動をどのように変えるべきか。

第3部では、老いることについての私たちの考え方と文化と心理をどのように変える必要があるかに目を向ける。以下の問いを検討する。

・長くなった人生で、どのように生き甲斐を見いだせばいいのか。老いに対する心理と文化をどのように修正し、どうやって年齢差別的な固定観念を捨てるべきなのか。
・社会における高齢者の割合が高まる一方、若い世代が長く生きる助けになるような規範と制度が整っていない状況で、世代間の公平をどのように確保すればいいのか。
・エバーグリーン型の社会を築くうえで大きな障害になるものはなにか。そうした障害を乗り越えるには、どうすればいいのか。ひとりひとりがエバーグリーン型の未来へ移行するために、個人はどのようなことをすべきなのか。

世界各国の政府と政策決定者たちは何十年も前から、大規模な人口動態上の変化が進んでいることを認識していた。しかし、高齢化にばかり関心が払われる結果、真に切実な課題に十分に目が向いていない。問題は、高齢者の数が増えることに将来どうやって対処するかということではない。長い人生に対処するために、私たちがいまどのように行動するかが問題なのだ。これまで対策らしい対策が取られてこなかったことを考えると、いますぐに大きな変化を起こす必要がある。

さあ、エバーグリーンの課題に向き合おう。

第1部

新しい必須課題

第1章

新しい時代、新しい年齢

私にはちゃんとできると、実証しなくてはならない。そのためには、ここに長くとどまり続ける必要がある。ずっと継続しなくてはならない。

——ヴィーナス・ウィリアムズ〔プロテニス選手〕

長寿をテーマにした本を書く以上、まずは著者である私自身の話から始めるべきだろう。私は1965年5月にロンドンで生まれた。これは、アメリカの宇宙飛行士が同国初の宇宙遊泳をおこない、イギリスの首相を長く務めたウィンストン・チャーチルが死去し、アメリカの黒人解放運動指導者マルコムXが暗殺され、ビートルズのアルバム『ラバー・ソウル』がリリースされた年だ。言うまでもなく、私にこれらの出来事の記憶はないが、私の両親もこうした世界の大事件に関心を払う余裕はほとんどなかった。両親は、私が誕生したことの喜びだけでなく、強い悲しみも感じていたのだ。私は一卵性双生児で、兄弟のデヴィッドは生後わずか数日で世を去った。あのエルヴィス・プレスリーも経験したように、双子の兄弟を亡くしたという事実は、その後の私の人生にずっとついて回った。

生まれて間もない子どもの死を悼んだ親は、当時けっして珍しくなかった。1965年のイギリスで人が最も多く死亡していたのは、生後1年以内の時期だったのだ。[1] それに対して、いま最も多くの人が死亡する年齢は87歳だ。歴史を通じて、人々の人生のあり方を様変わりさせる変化がいくつも起きてきたが、この点は最も大きな変化と言って間違いない。もしデヴィッドと私が今日生まれていれば、彼が新生児の時期に命を落とすことはなかっただろう。そうすれば、双子の兄弟と一緒に生きる人生——それは、私がずっと夢想してあこがれてきた人生だ——が現実になっていたことになる。

本書では、こうしたことに光を当てる。つまり、寿命が延びることにより、これまでとは異なる人生の可能性が開けることを指摘したい。未来に実現するかもしれない寿命の延びも考慮に入れると、どの世代の人たちも、もっと長く生きることを想定して準備する必要がある。寿命が長くなることの影響は、引退後の日々が長くなることだけではない。人類にとってまったく新しい時代が訪れようとしているのだ。

20世紀アイルランド出身の劇作家サミュエル・ベケットの戯曲『ゴドーを待ちながら』の登

場人物のひとりは、「(人間は) 墓をまたいで子を産む。ほんの一瞬だけ光が差し、そのあと再び夜が訪れる」と語る。このセリフは、17世紀イギリスの思想家トマス・ホッブズが残した「(人生は) 不快で残酷で短い」という言葉と同じ趣旨のものと言えるだろう。2人の著名な劇作家と思想家が揃って暗い見方を示している背景には、歴史のほとんどの期間を通じて、人類は死と隣り合わせで生きてきたという現実がある。これは若者にも高齢者にも言えることだった。人々が死後の人生のために多くの時間を割いてきた一因は、この点にあったのかもしれない。

しかし、死亡率が低下した結果、ベケットの表現を拝借すれば、光が差す期間が長くなり、永遠の夜が訪れるタイミングが遅くなった。私が生まれた1965年以降、イギリス人の平均寿命は71歳から80歳以上に、アメリカ人の平均寿命も70歳から77歳以上に延びている。これは目を見張ることと言える。アメリカとイギリスは、国民が長生きするのを後押しすることにさほど長けた国ではないからだ。日本やスペインなどでは、もっと大幅に平均寿命が延び、人々は平均してアメリカやイギリス以上に長生きしている。しかも、平均寿命が延びているのは豊かな国だけではない。世界の平均寿命は71歳に達している。[2] もっとも、こうした平均値だけ見ていても、私たちがどれくらい長い人生に向けて準備する必要があるかは見えてこない。保険数理士の団体である米国アクチュアリー・アカデミー（AAA）によると、いまアメリカで生まれた子どもは、95歳まで生きる確率が半分以上ある。[3] このひとつのデータだけでも、私たち全員の人生に影響を及ぼしつつあるドラマの本質が浮き彫りになる。何千年もの人類の歴史ではじめて、若者たちがきわめて高齢になるまで生きることを想定できる時代が訪れたのだ。これは、人類にとって目覚ましい成果と言えるだろう。

これまでも高齢者がいなかったわけではない。過去の時代にも、もしかするとあなたが想像している以上に多くの高齢者がいた。なるほど、わずか1世紀半前まで、人類の平均寿命は40歳に届いていなかった。この陰鬱なデータの背景には、乳幼児死亡率が悲劇的なほど高かったという事実があった。しかし、そのような時代でも、乳幼児の時期を生き延びた人は、40代や50代まで生きることが珍しくなかった。70代や80代まで生きる人も、それなりにいた。実際、2000年以上昔に、古代ローマの哲学者キケロは、老いることの美徳を論じた著作『老年について』を残している。この著作を記したとき、キケロは60歳を過ぎていた。

古代ローマ時代と今日の違いは、ウィンストン・チャーチルの有名な演説の一節をアレンジして表現できるかもしれない。つまり、人類の歴史において、これほど多くの人たちがこれほど長く生きたことは過去になかったのだ〔第二次世界大戦下の1940年8月の議会演説で、チャーチルはイギリス軍のパイロットたちを称えてこう述べた。「人類の戦いの歴史において、これほど多くの人たちがこれほどわずかな人たちによってこれほど多くの恩恵をもたらされたことはなかった」〕。ごく一握りの人だけが経験していた珍しい現象が、いまでは多くの人が経験するありきたりの現象になったのである。少なくとも、所得の高い国ではそのような状況が生まれている。また、ことのほか長寿の人たちが生きる年数も大幅に増加している。現在、世界で最も人口の上昇率が高い年齢層は100歳以上の層なのだ。

こうしたすべての事情により、私たちは生き方を大きく変えることが求められている。この点を理解するために、イギリスのロンドンで暮らす私の日常を少しご紹介しよう。ロンドンは素晴らしい町だが、雨の日がとても多い。そのため、最新の天気予報をチェックすることが習慣になっている。もし雨の確率が11％であれば、わざわざレインコートを着て出かけることはしない。もしその確率が36％であれば、傘をもって行くかもしれないが、レインコートは着ない。けれども、確率が70％だと言われれば、レインコートを着て、傘ももって出かける。この話を通じて言いたいことはシンプルだ。いま私たちがどのような行動を取るかは、未来になんらかの出来事が起きる確率に左右されるのだ。未来に雨が降る確率が低ければ、いま私はとくに対策を取らないが、雨が降る確率が高ければ、あとで困らないようにいま対策を取る。

ここで11％、36％、70％という数値を用いたのには理由がある。それぞれの降雨確率に対して私が取る行動はいま述べたとおりだが、これらの数値は、スウェーデン人の寿命に関わるデータから借用した[4]。1851年、15歳のスウェーデン人が80歳まで生きる確率は11％にすぎなかった。1951年には、その割合が36％に上昇した。そして現在は、控えめな推計によっても、その確率は70％に達している。雨が降る確率が70％あればレインコートと傘の心配をするのと同じように、80歳以上生きる確率が70％あれば、いわば長生き版の防護具を用意すべきだ。人類史上はじめて若者がきわめて高齢になるまで生きることを予想できる時代が訪れたことにより、すべてが変わるのである。

これまでの人類の歴史では、私たちの人生は概して短く、人生の終盤に降りかかる試練のことをあまり考える必要はなかった。しかし、いま私たちは、先祖たちが想像もしなかったくらい長く生きるようになりつつある。それに伴い、２つの大きな試練が生まれる。ひとつは、人生の終盤に増えた日々をどのように生きるかというもの。もうひとつは、それに先立つ数十年間にどのように行動するかというものだ。80代や90代まで生きることが当たり前になれば、ものごとの優先順位も変わる。私はここで「試練」という言葉を使ったが、それは途方もなく大きなチャンスでもある。

しかし、人々に１００歳まで生きる可能性についてどう思うかと尋ねると、ほぼ決まって、健康でいられるなら長く生きたいという返事が戻ってくる。孤独になったり、退屈したり、社会から取り残されたりするのではないかという不安を述べる人も多い。こうした思いは、長寿の可能性を考えたときに誰もがいだく根深い不安だ。お金が足りなくならないか。肉体が思うように動かなくなり、悲惨な日々を送ることにならないか。社会の隅に追いやられて、誰からも相手にされなくなりはしないか。

アメリカで生まれた新生児が50％以上の確率で95歳まで生きると予想される時代には、こうした問題がすべての人にとっていっそう切実なものになる。長寿化の時代における新しい必須課題が生まれたのだ。長くなった人生のすべての期間を通して生存と繁栄を続けること、つまりエバーグリーンであり続けることが求められるのである。

エバーグリーン型のよい老い方をするためには、良好な健康状態を保つ必要があることは言うまでもないが、それだけでは十分でない。キャリアとお金のマネジメントの仕方も変えなくてはならないし、人生のさまざまな段階で自分がどのようなことに喜びと生き甲斐を見いだすのかも考えなくてはならない。良好な人間関係を築くための投資も不可欠だ。健康やお金や生き甲斐や人間関係が枯渇した状態で晩年を生きる事態を避けたければ、こうしたことすべてをおこなう必要がある。

現状、これらの要素に関する私たちのアプローチは、長寿の可能性を十分に考慮しているとは言えない。若者が高齢者になるまで生きる確率がまだ小さかった時代には、それでも問題はなかっただろうが、状況は変わった。90代まで、さらには100歳を超えても生き続ける可能性がある時代には、運を天に任せて、「終わりよければすべてよし」になることを祈るアプローチは採用できない。病気や孤独、経済的不安定とともに長く生き続ける人生を最も恐れるのであれば、そのような運命を避けるためにいま生き方を変えなくてはならない。高齢期のことは高齢になるまで考えなくてもいい、という思い違いをしている人は多い。しかし、それではたいてい手遅れだ。エバーグリーン型への移行を遂げるためには、あらゆる年齢で行動を変えなくてはならない。

新しい時代の到来

多くの人が非常に長く生きることを想定できる状況が実現し、人類はひとつ目の長寿革命を成し遂げた。ところが、この偉業の結果として、私たちは2つ目の長寿革命を実行する必要に迫られている。長くなる人生に対応するために、老い方を変える必要が出てきたのだ。そこで、長寿化の必須課題が持ち上がる。

第2の長寿革命が個人と社会にとってもつ意味は計り知れないが、人類全体にとっての意味はさらに大きい。社会はおのずと、最も人口が多い層にとって最も切実な健康上の問題に主たる関心を払う。生まれてくる子どもの30％が5歳までに死亡していた時代に、乳幼児死亡率を引き下げることが最大の関心事だったことは意外でない。その後、子どもの病気への対策が前進すると、中年層の健康上の問題が社会の主たる関心事になった。世界保健機関（WHO）が言うところの「早期死亡」――70歳になる前の早すぎる死――を減らすことが必須課題になったのである。そして今日は、世界のすべての死者のおよそ半分が70歳以上で死亡している（日本など一部の国では、その割合が80％を上回っている）。このような時代に、人類と病気との戦いは、新しい時代に突入し、戦いの主たる対象は人生終盤に人々を苛む病気に移りつつある。

それに伴い、「早期死亡」の定義を変更する必要が出てくるが、この新しい状況の下で変わるべきことはほかにもたくさんある。老化を不可避と考えるのではなく、可変性があるもの、つまり減速させたり、先延ばししたりできるものと考えるように転換する必要がある。また、高齢者の能力を過小評価するのもやめるべきだ。大半の人が高齢まで生きる可能性が高い時代には、過去の世代とは異なる準備と行動、そしてこれまでとは異なる老い方が求められる。

こうした第2の長寿革命を実行することを通じて、人類がこれまでとは根本的に異なる新しい時代へと導かれる可能性が生まれる。加齢に伴う病気には、ほかの病気とはまったく異なる側面がある。これまで医学の進歩は、特定の病気の治療法が確立されれば、次の病気を克服するための研究に進むという形で進んできた。このパターンは、老化に関する医学研究には当てはまらない。よりよい状態で老いることができるようになれば、人はさらに長く、さらに健康に生きたいと思うものだ。たいていの人が80代を不健康に生きる運命にあるとすれば、人々はあまり長生きしたいとは思わないだろう。しかし、80代の日々をこれまでより健康に生きられるようにできれば、その恩恵を90代まで延ばすことが次の課題になる。そして活力ある90代を実現できれば、次は元気に100歳を迎えられるようにすることが目標になる。ひとことで言えば、人類はいま大きな飛躍を遂げようとしていて、私たちの老い方と寿命の長さが根本から変わりつつあるのだ。

「高齢化社会」ではなく、「長寿社会」を築く

といっても、いまにも私たちが永遠の命を手にしようとしているとか、変化がかならず素早

く進むと言うつもりはない。明らかに、現状の医学研究には限界があるし、人間の生物学的な仕組みによる限界もある。また、本書で詳しく論じるように、解決しなくてはならない倫理的・社会的問題も多い。それでも、より長く、より健康に生きるという目的のために、これまで以上に多くの資源がつぎ込まれることは間違いない。

そのような潮流は、すでに現実化しつつある。2021年には、ジェフ・ベゾスやユーリ・ミルナーといった大富豪たちが、若返り医療を専門とするバイオテクノロジー研究企業アルトス・ラボ（本社はアメリカのカリフォルニア州）に30億ドルを投じた。この新しい会社は、著名な科学者を大勢採用し、細胞を修復する方法を研究している。老化を遅らせたり、あわよくば老化のプロセスを逆転させたりすることを期待しているのだ。

若返りの秘薬を追い求める大富豪たちを嘲笑するのは簡単だが、より健康により長く生きることが可能になれば、その価値はすべての人にとってきわめて大きい。長く健康に生きられると言われれば、世界中で何十億人もの人たちがそれを可能にする製品やサービスに飛びつくに違いない。画期的な新薬のことだけを言っているのではない。食べるものや飲むもの、資産管理や教育、余暇時間の過ごし方に関わる製品やサービスも、そのなかに含まれる。若返りの秘薬を求める一握りの大富豪の行動だけでなく、こうした莫大な数の人々の日々の決定がエバーグリーン経済を形づくっていくだろう。

それを実現するためには、長寿化の必須課題に真剣に向き合い、老化のプロセスを変えることは可能だという発想に転換し、人生終盤の可能性を過小評価するのをやめなくてはならない。それができなければ、お金と生き甲斐と健康が不十分な状態で人生終盤の日々を生きるという不吉なシナリオが現実味を帯びてくる。より長く、より健康で、より活動的な日々を生きることができなくなるのだ。

残念なことに、私たちはいま、不吉なシナリオへの道を進んでいる。長寿化に関する議論が高齢化社会をめぐる議論にほぼ終始しているためだ。人口に占める高齢者の割合が増加し、社会の年齢構成が変わりつつあるという点にばかり注目が集まっている。そのような議論は、暗いトーンになることが多い。高齢化の進行により、経済が弱体化し、政府の年金負担が重くなり、医療費支出が膨れ上がり、加齢に伴う病気が大幅に増加する、というわけだ。

しかし、いま本当に目を向けるべきテーマは、社会の年齢構成の変化ではなく、私たちの老い方の変化だ。もちろん、高齢化が重要なテーマでないと言うつもりはないし、それが差し迫った問題を生まないと言うつもりもない。多くの人が高齢になり、医療や介護を必要とする可能性があるという現実は、世界中のいたるところで政府や家庭が現に直面している課題だ。とはいえ、高齢化にばかり注意を奪われると、もっとポジティブな課題を見落としてしまう。その課題とは、長寿化に伴って避けて通ることのできない変化に適応することだ。高齢化社会をめぐる議論は、増加する高齢者をどのように支えるのかという重要な問いを提起するが、長寿社会をめぐる議論は、あらゆる年齢のすべての人に関わる問いを投げかける。それは、長くなる人生をどのように支えるのかという問いである。

データはどうなっているのか

人口動態と平均寿命の歴史的なトレンドを説明するために、私の家族の話をしたい。このような話題も悪くないだろう。人口動態の変化は、社会レベルの変化のなかでも最も個人的な性格が強いものだからだ。私の曽祖父の父親であるジョン・スコットは、1825年にイングランド南東部のケント州で生まれて、20代のときにロンドンに移り住んだ。私は先頃、ジョンの結婚証明書をオンライン上で見つけた。職業は肉体労働者とされていて、署名欄には単に「X」と記されていた。この証明書によると、ジョンが結婚したのは、ロンドンのパディントン地区にある教会だった。そこは、いま私が住んでいる場所からほんの数分の場所だ。自分の先祖にゆかりのある場所だとは知らずにその前を歩いた回数は、何百回にも上るだろう。ジョンは1876年に、51歳で死亡した。その息子ジョージは、1859年にロンドンのノッティングヒル地区で生まれて、63歳まで生きた（記録によると、列車のなかで息を引き取ったとのことだ）。ジョージの息子、つまり私の祖父であるジャックは、1889年に生まれて、1964年に75歳で死亡した。私の父親——やはりジョンという名前だった——は、1925年にロンドンのウッドグリーン地区で生まれて、77歳まで生きた。スコット家の2人のジョンが生まれた年は、ちょうど100年離れている。その間、わが一族の男性たちはすべて父親より長生きしてきた。この100年の間にその寿命は延び続け、2人目のジョンは1人目のジョンよりも26年長く生きた。

スコット家の男性たちの寿命の延びは、もっと大きな人口動態のトレンドとぴったり合致している。有力な人口学者のジム・エッペンとジェームズ・ボーペルが発表した有力な論文では、「ベストプラクティス平均寿命」という概念を提唱している。[5] これは、ある特定の年において最も平均寿命が高い国の平均寿命のことだ。この定義から明らかなように、ベストプラクティス平均寿命の対象国は歴史を通じて変遷してきた。1840年の時点で、それはスウェーデンだったが、その後、その座はノルウェー、オーストラリア、ニュージーランド、アイスランド、スイスに引き継がれてきた。そして、現在その地位にあるのは日本だ。2021年のデータによると、日本女性の平均寿命は88歳近い（アメリカは79歳、イギリスは82歳）。

エッペンとボーペルの研究によると、1880年代以降、ベストプラクティス平均寿命は、10年に平均2~3年のペースで延びてきた。スコット家の男性の寿命が100年の間に26年延びたのは、世界のトレンドどおりなのだ。このように平均寿命が長期間にわたり一貫して延び続けてきたことは、人類史上有数の偉業と言える。二度の世界大戦や1918年のインフルエンザの世界的大流行（スペイン風邪）の際は、さすがに平均寿命が下がったが、その影響は一時的なものにとどまった。大きなトレンドがすぐに復活したのである。

スコット家の家系図には、社会のもうひとつの大きなトレンドが投影されている。それは、出生率の低下である。私の祖父であるジャックは、曽祖父母のジョージとエレンが育てた7人きょうだいのひとりだった。私の母親は5人きょうだい、父親は3人きょうだいだった。もし私の双子の兄弟デヴィッドが出生後すぐに死亡していなければ、私の両親は3人の子どもを育てたことになるが、実際には私ともうひとりのきょうだいの2人だけになってしまった。

今日のアメリカとイギリスでは、合計特殊出生率が1・65まで落ち込んでいる。[6] つまり、1人の女性が生涯に産む子どもの数の推計数は、1・65人にすぎないのだ。したがって、移民が入ってこなければ、この両国では人口が減っていくことになる。同じことは、フランス、ドイツ、イタリアにも言える。これらの国々の出生率は、それぞれ1・8、1・5、1・2となっている。韓国にいたっては、この数値は0・8にすぎない。国連によると、これは世界の多くの国で見られる現象だ。世界の4カ国に1カ国は、いまから2050年までの間に人口減少を経験するという。

平均寿命の上昇と出生率の低下が組み合わさることにより、家族を取り巻く状況が大きく変わり始めている。私の3人の子どもたちは、幸運なことに父方と母方の4人の祖父母全員と対面したことがある（私は歴史的なトレンドに逆らって、3人の子どもをもっているのだ）。それに対して、私が対面したことがあるのは、4人の祖父母のうちの3人だけ。この人数は、私の父は2人、祖父は1人だった。遠くない将来、多くの家庭では、祖父母世代の人数が孫世代の人数を上回るようになるだろう。中国や日本では、子どもを1人しかもたないことが当たり前になっている。この場合、もし夫婦が両方とも一人っ子だとすれば、家族は4人の祖父母と2人の親と1人の孫で構成されることになる。結婚式や葬式などのイベントにおじやおば、いとこが招かれることはなくなり、お祝い事の際にやり取りされるプレゼントの数も少なくなる。遠い親戚から思いがけず遺産が転がり込んでくるといったこともなくなる。高齢化社会の家族像とはこのようなものだ。

これまでの歴史を通じて、世界のどの国でも社会の人口構成はピラミッド型と表現されてきた。ピラミッドの底辺には大勢の子どもがいて、ピラミッドの頂点には比較的少数の高齢者がいたのだ。いま、このピラミッドが逆ピラミッドに変わろうとしている。いま、多くの国の人口構成は、大衆向けの巨大クルーズ船のような体裁になりつつある。船上に何層ものデッキが積み重なっている一方で、船体は驚くほど細い。よく知られているように、中国はその極端な例だ。1950年には、65歳以上の高齢者1人につき、15歳未満の子どもの数は7・5人だった。それが今日は、子どもの数は1・5人に減っている。2050年には、それが0・5人まで減る見込みだ。

ここまでで挙げた4つの要素――長寿化、少子化、人口減少、若い世代の人口を上回る高齢者人口――は、「高齢化社会」をめぐる議論の柱を成す要素だ。この4つの要素は、新約聖書の「ヨハネの黙示録」に登場する四騎士さながらに、衰退して活力が失われていく未来を予言しているように見える。もっとも、高齢化社会をめぐる議論を的確に言いあらわしているのは、世界を滅亡させる劇的な惨事のイメージよりも、世界は「激しい轟音とともにではなく、めそめそとした泣き声とともに」終わりを迎えるという、ノーベル文学賞を受賞した詩人T・S・エリオットの言葉だろう。その泣き声は、ぜいぜいという息切れの音、それも消え入るような喘《ぜん》鳴《めい》だ。もっとも、こうした悲観論はことごとく間違っているのかもしれない。本書で見ていくように、老化を取り巻く現実はそんなに単純なものではない。未来を楽観的に見るべき材料もある。しかし、未来について楽観的な見方をするためには、私たちの思考様式を大きく転換させる必要がある。そこで、以下では、社会の高齢化と人口構成の変化をめぐる議論ではなく、長寿化の進展と長くなる人生にまつわる課題に目を向ける。

私は何歳まで生きるのか

誰もが100歳まで生きる可能性があるという話をすると、真っ先に返ってくる反応のひとつは、平均寿命が延びているはずがない、というものだ。こうした反応は、コロナ禍以前にすでに見られていた。このようなことを言う人たちは、高齢化社会がもたらす問題を解決するために、平均寿命の短縮を歓迎すべきだと言わんばかりに聞こえることも多い。長生きしすぎることに不安を感じている人たちは、長生きできる可能性が小さくなったとしてもあまり気落ちしないのだろう。

結局、平均寿命は長くなっているのか、短くなっているのか。ひとことで答えるとすれば、ほとんどの国のほとんどの人にとって寿命は延び続けている。その傾向は、この先もずっと続くと予測されている。したがって、あなたも長い人生を送るものと思っておくべきだ。おそらく、あなたは両親より長く生きることになる。そして、あなたが若ければ若いほど、長く生きる可能性が高い。どうしてそうなるのかを理解するためには、まずいくつかの誤解を解く必要がある。

コロナ禍は平均寿命にどのような影響を及ぼしたのか

この文章を執筆している時点で最新のWHOのデータによると、新型コロナウイルス感染症は世界で700万人近くの人の命を奪ったとされる。[7] しかし、このデータは実態を反映していないという見方が一般的だ。実際の死者数は、2000万~3000万人と考えられている。[8] これほどの数の人が死亡すれば、平均寿命を押し下げる影響があって当然だ。2020年、世界の高所得国の29カ国中27カ国では、新型コロナの影響により、平均寿命が目に見えて下落した。[9] 下落幅が最も大きかったのはアメリカだ。平均寿命は2年以上短くなった。これは第二次世界大戦以降で最も大幅な下落である。また、半分近くの国では、それまでの5年間で実現した平均寿命の上昇が消し飛んでしまった。問題は、平均寿命の下落が今後もずっと続くのかどうかだ。実は、早くも2021年には、影響を受けた国のほとんどで平均寿命が再び上昇に転じた（アメリカではそうなっていないが）。新型コロナのワクチン接種が始まり、感染状況が緩和されたためだ。[10] 北欧諸国の場合、2021年に平均寿命が大幅に回復し、コロナ禍前の水準をほぼ取り戻した。ノルウェーでは、コロナ禍前よりも平均寿命が高くなっている。

同様の現象は、第一次世界大戦、スペイン風邪、第二次世界大戦のあとにも見られた。いずれの場合も平均寿命は急激に落ち込んだが、すぐに回復したのである。こうした現象が見られるのは、メディアなどでしばしば取り上げられる指標がいわゆる「ピリオド平均寿命」だからだ。これは、それぞれの年の死亡率に基づいて算出する数値である。このような計算方法を採用すれば、死亡率が際立って高い年に平均寿命が落ち込むのは当たり前のことだ。戦争が終わったり、感染症の流行が終息したりして、死亡率上昇の原因が取り除かれれば、ピリオド平均寿命は回復する。過去の破壊的な出来事が平均寿命のトレンドに恒久的な影響を及ぼさなかったのは、これが理由だ。新型コロナの流行が落ち着けば、平均寿命が再び上昇し始めると予想できる理由も、ここにある。

コロナ後の平均寿命の回復がどれくらいの速さで進むかは、まだわからない。世界で新型コロナウイルス感染症を患った人は7億6700万人〔本稿執筆時点〕。この人たちのなかには、その後も長く健康上の問題に悩まされる人も多いだろう。一部の国では、コロナ禍で治療が後回しになった病気の積み残しが深刻な問題になっているというデータもある。それでも、新型コロナの短期と中期の影響は気がかりではあるものの、歴史上の経験に照らせば、コロナ禍が原因で平均寿命上昇の長期トレンドにブレーキがかかることはなさそうだ。

平均寿命は上昇傾向にあるのか

しかし、そもそもコロナ禍前の平均寿命のトレンドはどうなっていたのか。平均寿命が下落し始めていたり、上昇が頭打ちになり始めていたりしたのだろうか。ほとんどの国ではコロナ禍前まで平均寿命が上昇し続けており、今後も同様の傾向が続くと一般に考えられている。たとえば、世界銀行のデータによると、コロナ禍前の10年間、210カ国中202カ国で平均寿命が上昇していた(例外の8カ国は、ブルネイ、メキシコ、セーシェル、セントビンセント及びグレナディーン諸島、シリア、タークス・カイコス諸島、ベネズエラ、イエメン)。

注目すべきなのは、同じ期間にベストプラクティス平均寿命も上昇したことだ(1年あまり上昇)。その点を考えると、人間の寿命の延びはまだ上限に達していないと言えるだろう。ベストプラクティス平均寿命の定義上、世界で最も平均年齢が高い国以外の国の平均寿命は、まだベストプラクティス平均寿命の年齢に達していない。つまり、少なくともその年齢まで平均寿命が上昇する余地が多く残されているのだ。実際、コロナ禍前の10年間、世界の171カ国では、ベストプラクティス平均寿命の上昇ペースを上回るペースで平均寿命が上昇していた。

平均寿命が下落しているという誤解

このような世界規模のトレンドが存在するにもかかわらず、どうして、平均寿命が延びていることを信じない人が多いのか。そのひとつの理由は、水準と上昇率を混同するという、よくある統計上の誤解だ。多くの国で平均寿命は上昇し続けているが、上昇のペースは昔より減速している。2010年以前の50年間、高所得国の平均寿命は1年につき3カ月のペースで上昇してきたが、2010〜2019年の間は上昇ペースがその半分に減速しているのだ。

このように平均寿命の上昇ペースが減速している理由を理解するには、5段階伸縮型の望遠鏡を思い浮かべればいい。この望遠鏡が最も短い状態のとき、望遠鏡の筒の長さは1段分にとどまる。その筒を1段ずつ引き出すことにより、筒をどんどん長くしていける。しかし、3段目まで引き出してしまうと、あとは4段目と5段目しか残されていない。

平均寿命もこれと似ている。1歳の子どもが20歳まで生きる確率を高め、さらに21歳の人が40歳まで生きる確率を高めることにより、平均寿命を大きく延ばすことができる。しかし、生まれてきたばかりの赤ちゃんが60歳まで生きる確率が100%に達すれば、平均寿命をそれ以上延ばすには、60歳の人の寿命をさらに長くするほかない。いま高所得国で起きているのはこうしたことだ。2020年のデータによると、日本で生まれたばかりの女の子が20歳まで生きる確率は、99・6%に達している。40歳まで生きる確率は99%、60歳まで生きる確率は96%だ。[11]

これは、すでに5段階伸縮型の望遠鏡の3段目までが引き出されていて、4段目と5段目しか残されていない状態と言っていいだろう。平均寿命の上昇ペースが減速している理由はこの点にある。

しかし、平均寿命の上昇ペースが減速しているからといって、長寿化について考える必要性も低下していると考えるのは、大きな間違いだ。高齢者に目を向ければ、平均寿命の上昇ペースは別に減速などしていない。人生の最終盤にある人たちの平均寿命が上昇するペースは、それよりも若い世代に比べてもともと遅かった。最近は、高齢者の平均寿命の上昇ペースがむしろ加速している可能性を示唆するデータもある。[12]要するに、望遠鏡の4段目と5段目が引き出されるスピードが以前よりも速くなっているのかもしれない。

以上の点を考えると、長寿化の進展に対処する準備をすることは、すべての人にとっていっそう重要になっている。平均寿命の上昇ペースが減速しているという報道に惑わされて、長寿化への対応が重要でなくなったなどと誤解してはならない。現実はその正反対だ。なにしろ、平均寿命の上昇がもっぱら高齢者層で起きるようになっているのだから。

アメリカとイギリスで起きている問題

しかし、多くの人が長寿化の重要性を無視する理由はほかにもある。アメリカの平均寿命は、2015年、2016年、2017年と3年連続で（わずかとはいえ）下落した。この3年間で79・05歳から78・88歳に下がったのだ。2020年と2021年のコロナ禍の時期には、平均寿命がさらに大幅に下落し、76・1歳まで落ち込んだ。[13] このデータには異論を挟む余地がないが、ひとつの重要な問いが浮上する。コロナ禍前の平均寿命の下落は、アメリカ特有の現象なのか。それとも、ほかの多くの現象がそうだったように、アメリカ発のトレンドがこれから世界に広がっていくのか。

平均的に見れば、いまのアメリカ人もほかの高所得国の人々と同様、過去の世代より長く生きるものと想定できる。しかし、アメリカの平均寿命はほかの豊かな国々ほど高くなく、その差はますます拡大しつつある。この状況は気がかりと言うほかない。アメリカは、長寿化に関して2つの必須課題を抱えているのだ。ひとつは、ほかの国々と同じく、長くなった人生の日々を最大限有効に過ごす方法を見いだすこと。そしてもうひとつは、自国の平均寿命をほかの国々と同等の水準まで引き上げることだ。

ベストプラクティス平均寿命とアメリカの平均寿命の差はここ数十年拡大しており、その差は8年にも達している。これは、ベストプラクティス平均寿命が延びる一方で、アメリカの平均寿命の延びが停滞したことによる必然的な結果だ。しかし、問題は、世界で最も平均寿命が高い国との差が広がっていることだけではない。アメリカの国民1人当たりのGDPは中国の6倍に達しているが、平均寿命はすでに中国にも追い抜かれているのだ。

平均寿命でアメリカの国別ランキングが下落しているといっても、医療に費やす資金が不足していわけではない。世界銀行によると、アメリカで医療に費やされている金額は、1人当たり年間1万1000ドル近い[14]。これは、高所得国の平均のおよそ2倍だ。世界で最高水準の医療機関を擁し、世界で最も多くの医療費を支出していても、世界最良の医療システムと世界最高の健康が手に入るとは限らないのだ。

データを調べると、アメリカが平均寿命でほかの高所得国に後れを取っている理由について重要な発見が得られる。アメリカでは、2015〜2017年に出生時の平均余命がわずかに下落したのに対し、同じ期間に65歳と80歳の人の平均余命は上昇した。同様の現象は、2021年にも見られている。つまり、アメリカの平均寿命が下落しているのは、高齢者の死亡率が高まっていることが原因ではなく、もっと若い世代の死亡率が上昇していることが原因なのだ。

もうひとつ見落とせないのは、アメリカ人の寿命が社会階層に大きく左右されるという点だ。この国には、ぞっとするくらい大きな社会階層の格差が存在し、最も豊かな1%の人と最も貧しい1%の人の平均寿命の差は、男性で15歳、女性で10歳に達している[15]。

プリンストン大学の経済学者であるアン・ケースとアンガス・ディートンが言うところの「絶望死」——アルコール、ドラッグ、自殺による死者が増加している現象——は、以上の2つの要因が合わさった結果と言えるだろう[16]。この現象は、大学を卒業していない非中南米系白人男性でとくに際立っている。2017年の1年間だけでも、このカテゴリーに属する人が15万

8000人死亡しており、2020年には、その人数が18万7000人に達した。新型コロナが猛威を振るっているなかでも、すべての死者の5%をこのカテゴリーが占めていた計算である。絶望死は、中年の死亡率を上昇させることにより、アメリカが平均寿命で不満足な状況にある大きな原因になっていると言える。ただし、これが問題の唯一の原因というわけではない。アメリカ人は、ほかの高所得国の人々に比べて、肥満、殺人、交通事故、乳幼児の死亡により命を落とす人の割合も大きい。

悲しいことに、私の国であるイギリスでも、格差、絶望死、医療システムへの負荷というすべての要素の影響により、平均寿命の上昇が頭打ちになりつつある兆候がある。未来の平均寿命の予測も下方修正され始めた。平均寿命が延びるという予測自体は変わっていないが、以前の予測ほどは大きく上昇しないと考えられるようになったのだ。

しかし、このようなトレンドを理由に、長寿化の必須課題がもはや重要でなくなったと判断するのは間違いだ。ほとんどの国では、今後も平均寿命が上昇し続ける。今日のアメリカとイギリスでも、人々は長生きすることが一般的だ。とくに、教育レベルと所得レベルが高い人の寿命はまだ延び続けている。

むしろ、アメリカとイギリスの状況から引き出すべき教訓は、平均寿命とは固定的なものではなく、私たちの行動と環境、そして医療システムの有効性に大きく左右されるということだ。平均寿命は、上昇する可能性もあれば、下落する可能性もある。したがって、長い人生を支えるだけでなく、そもそも長寿を可能にし、しかも一握りの富裕層以外も長生きできるようにするために、どのような社会政策と経済政策が有効かを理解するべきなのだ。

アメリカのような豊かな国で乳幼児と中年世代の死亡率が上昇していて、平均寿命が中国にも、世界で最も平均年齢が高い国にも大きく水をあけられているのは、由々しき事態だ。アメリカの経済が景気後退に陥り、GDPが縮小すると、金利の引き下げと財政出動という形で、いつも大々的な政策上の対応がおこなわれる。アメリカの平均寿命の下落に対しても、政府が同様に積極的な対応をおこなうべきだ。いまアメリカは、長寿化に関して世界の国々から後れを取っているのだから。

人間の寿命に上限はあるのか

世界のほとんどの国で平均寿命がいまも上昇し続けているとすれば、当然浮かんでくる問いがある。平均寿命はどこまで上昇する可能性があるのか、という問いだ。以下では、この点について考えるために、あるきわめて特異な人物に目を向ける。その人物とは、ある有名な保険数理士だ。具体的には、18世紀のロンドンで生まれたベンジャミン・ゴンペルツという人物に光を当てる。ユダヤ教徒だったゴンペルツは大学への入学を認められず、独学で勉強して、数学の才能を発揮するようになった。本人によれば、才能が開花したのは、「スピタルフィールズ数学協会」に加入したおかげだった。この協会は、「もし会員が情報を求めて、その情報をもっている人物に尋ねた場合、尋ねられた人物は、その情報を与えなくてはならない。そうしない場合は、1ペンスの罰金を科される」という素晴らしいルールをもっていた。

ゴンペルツは、若くして人生を終えるリスクについて痛いほどよく知っていた。自身は86歳という高齢まで生きたが、唯一の息子であるジョセフを10歳で亡くすという悲しみを味わっている。その心の痛みを癒やすために数学の研究に没頭したゴンペルツは、人間の死亡率に関する専門的な知識を蓄えて、新しく誕生した保険会社アライアンス・アシュアランスの保険数理士になった。ゴンペルツの名前は、生命保険の潜在的なコストを算出するために考案した数式により、いまも知られている。1825年に示した死亡率のモデルは、「ゴンペルツの法則」と呼ばれているのだ。

死亡率は、年齢が上がるほど高くなる。高齢になればなるほど、人は残念ながら死亡する確率が高くなる。ゴンペルツは、そのように死亡率が上昇していくペースを明らかにしたのだ。具体的には、死亡率は年齢とともに指数関数的に上昇するというのである。「指数関数的」というのは、混乱を招く余地が大きい言葉だが、簡単に言うと、ゴンペルツの法則を今日に当てはめた場合、子ども時代を無事に生き延びた人は、7~8歳年齢を重ねるごとに死亡率が2倍に上昇することになる。

若いときには、死亡率が2倍になっても、実際には大した違いがない。たとえば、フランスでは、いま30歳の人の死亡率は0・05%だ。[17] 38歳になると、これがほぼ2倍に上昇して0・

09％になるが、いずれにせよごく小さな割合であることに変わりはない。しかし、90歳になると、死亡率は14％に達している。ここまで来ると、死亡率が2倍に上昇することの意味はきわめて大きい。ゴンペルツの法則の行き着く先は明らかだ。年齢が上昇するとともに死亡率が上昇し続ければ、人間の寿命はやがて上限にぶつかる。

ゴンペルツの法則は強力な知見と言えるし、年齢層による死亡率の違いを説明するうえで非常に有益なものだ。しかし、これですべての説明がつくわけではない。たとえば、乳児期早期の死亡率が高い理由は、この法則からは見えてこない。また、そもそも年齢とともに本当に死亡率が上昇するのかという点についても、活発な議論が戦わされている。たとえば、一部の研究では、105歳くらい以降、死亡率が上昇しなくなる可能性が示唆されている。(18) これは、学者だけが関心をもつ浮世離れした議論ではない。死亡率が年齢とともに上昇し続けるのであれば、人間の寿命には、打ち破ることのできない上限が存在することになるが、もし死亡率の上昇にどこかで歯止めがかかるとすれば、人間の寿命に、数式で割り出せる明白な上限は存在しないことになる。

この点を理解するために、105歳で死亡率が35％まで上昇し、その段階で死亡率が天井に達すると仮定しよう。この場合、あなたが105歳の誕生日を迎えれば、106歳まで生きられる確率は35％だ。そして、107歳の誕生日を祝える確率は、35％×35％で12・3％となる。110歳の「超百寿者（スーパーセンテナリアン）」になれる確率は0・5％だ。この計算からも明らかなように、これほど長く生きる人は現状でほとんどいない。米ドルで10億ドルを超す純資産をもつ大富豪（世界で推定2640人程度）[19]になるより、超百寿者（世界で推定800～1000人程度）[20]になるほうが難しいのだ。先ほどの計算を続けると、122歳まで生きられる確率はおよそ1万分の1だ。それは、とびきり幸運な人の話と言っていいだろう。実は、122歳というのは、少なくとも記録があるなかで最も長生きした人物であるジャンヌ・カルマンが1997年にフランス南部のアルルで生涯を終えたときの年齢である。カルマンが生まれたのは、フランス第三共和政の初期。アメリカではユリシーズ・S・グラントが大統領を務めていて、イギリスではベンジャミン・ディズレーリが首相を務めていた時代だ。そして、カルマンが世を去ったとき、フランスは第五共和政が発足してすでに40年経っていて、アメリカの大統領はビル・クリントン、イギリスの首相はトニー・ブレアだった。目を見張る長寿にほかならない。しかし、もし105歳で死亡率の上昇が止まるとすれば、あなたはカルマンよりもっと長く生きる可能性がある。可能性は乏しいけれど、150歳まで生きられるかもしれない（それほどの強運の持ち主なら、長い人生で必要なお金を獲得するために、ときおりカジノに繰り出すのも悪くないかもしれない）。

100歳以上の「百寿者（センテナリアン）」の数が増加すれば、依然として確率はきわめて低いものの、カルマンの長寿記録を破る人が登場する確率が高まることは間違いない。国連のデータによると、1990年の時点で100歳以上の人の数は世界で9万5000人だった。

それがいまでは50万人を突破している（アメリカと日本でそれぞれ約10万人、フランスとドイツでそれぞれ約2万5000人）。2050年には、その数は世界全体で370万人ほどに達すると推計されている。私たちひとりひとりがジャンヌ・カルマンより長生きする確率は低いが、370万人が挑めば、誰かひとりがカルマンの記録を破る確率は高くなる。ゴンペルツの法則が超高齢者には当てはまらないとすれば、科学の飛躍的な進歩が起きなくてもカルマンの長寿記録が塗り替えられることが予想できるのだ。

人間の寿命の上限を明らかにすることにより、私たちがどれくらい長く生きられる可能性があるかを正確に示そうという発想は、非常に魅力的だ。しかし、超高齢者になったときに人の死亡率がどうなるかを検討し、そこから寿命の上限を推測しようとしても、さまざまな面で一筋縄ではいかない。まず、現在105歳を大きく上回って生きている人が非常に少ないので、この年齢での死亡率を高い確度で推測することは難しい。それに、超百寿者になるような人は、もっと若く死ぬ人と遺伝上の違いがあっても不思議でない。もしそうだとすれば、ある程度の年齢で死亡率の上昇が止まるとしても、単にもともと「強者」だった人たちが生き延びた結果と考えるべきなのかもしれない。

現状の医療の下でひとりひとりがジャンヌ・カルマンより長生きする確率が著しく小さいことを考えると、ほとんどの人にとって切実な問いは、人間の寿命の上限が何歳くらいかということよりも、人類が平均寿命上昇の上限に近づいているのかというものだろう。現在のベストプラクティス平均寿命は87歳。カルマンの122歳とはかなりの開きがあり、平均寿命が上昇する余地はまだたくさんあるように思える。いまもベストプラクティス平均寿命が上昇し続けていて、ほとんどの国の平均寿命がベストプラクティス平均寿命よりかなり低いことを考えると、もし平均寿命の上昇に上限があるとしても、その水準に到達するのはまだしばらく先になりそうだ。

ただし、平均寿命が上昇する余地が残されているといっても、放っておいても勝手に上昇するというわけではない。肥満の増加や、抗生物質の効かない耐性菌の出現、そして気候変動など、世界規模の懸念材料が存在する。これらの問題は、私たちの未来の健康を、さらには私たちの存在そのものを危うくする真の脅威にほかならない。そうした問題はあるにせよ、現段階で理解しておくべきなのは、(人間の寿命に上限があるとしても)平均寿命の上昇がまだ上限に達しておらず、平均寿命がさらに延びる可能性があるということだ。

私はより健康に、より長く生きられるのか

ギリシャ神話の女神エオスには、人間の恋人がいた。トロイアのティトノスという男性である。エオスは最高神ゼウスに、ティトノスの不死を乞うたが、不老を乞うことを忘れてしまった。その結果、(ゼウスが持ち前の意地悪精神を発揮して)ティトノスは肉体が老い続けるなか

で永遠に生きることになった。19世紀イギリスの詩人テニソンは、このギリシャ神話の逸話を基にした詩でこう記している。「忌まわしい老いが猛烈に押し寄せ、体を動かすことも、手足を動かすこともかなわなくなると……彼女は彼を部屋に寝かせた……その部屋で彼は意味不明の言葉を延々とつぶやき続け、もはや力はまったく残されていない[21]」。

この物語の教訓は、願いごとをするときは慎重に、というものだ。肉体と精神がまったく機能しなくなっても生き続けるのは、お世辞にも魅力的な未来像とは言えない。人生が長くなりつつあり、しかもティトノスのような生涯を送ることを最も恐れるとすれば、よい老い方をするためにエバーグリーンの課題に真剣に取り組む必要がある。

高齢化社会をめぐる議論の根底にあるのは、ティトノスのようなシナリオへの懸念だ。非常に多くの人たちが非常に高齢まで生きる時代には、社会にのしかかる疾病負荷〔病気により失われる生命と生活の質、そして病気による経済的コストなど〕の性格も大きく変わる。人口のほとんどを若い世代が占めていて、乳幼児死亡率が高かった時代には、社会における最大の死亡原因は感染症だった。しかし、高齢まで生きる人の割合が大きくなると、人々の健康を脅かす要因は非感染性疾患に移っていった。認知症、癌、糖尿病、関節炎、肺疾患・心疾患などである。WHOによると、現在では、世界の死亡原因の上位10のうち7つを非感染性疾患が占めている（コロナ禍以前のデータ）。そして、およそ4人に3人が感染症以外で死亡している。

非感染性疾患には、2つの大きな特徴がある。第1は、図1にあるように、年齢が高い人ほ

図1　年齢別の有病率（2019年アメリカ）

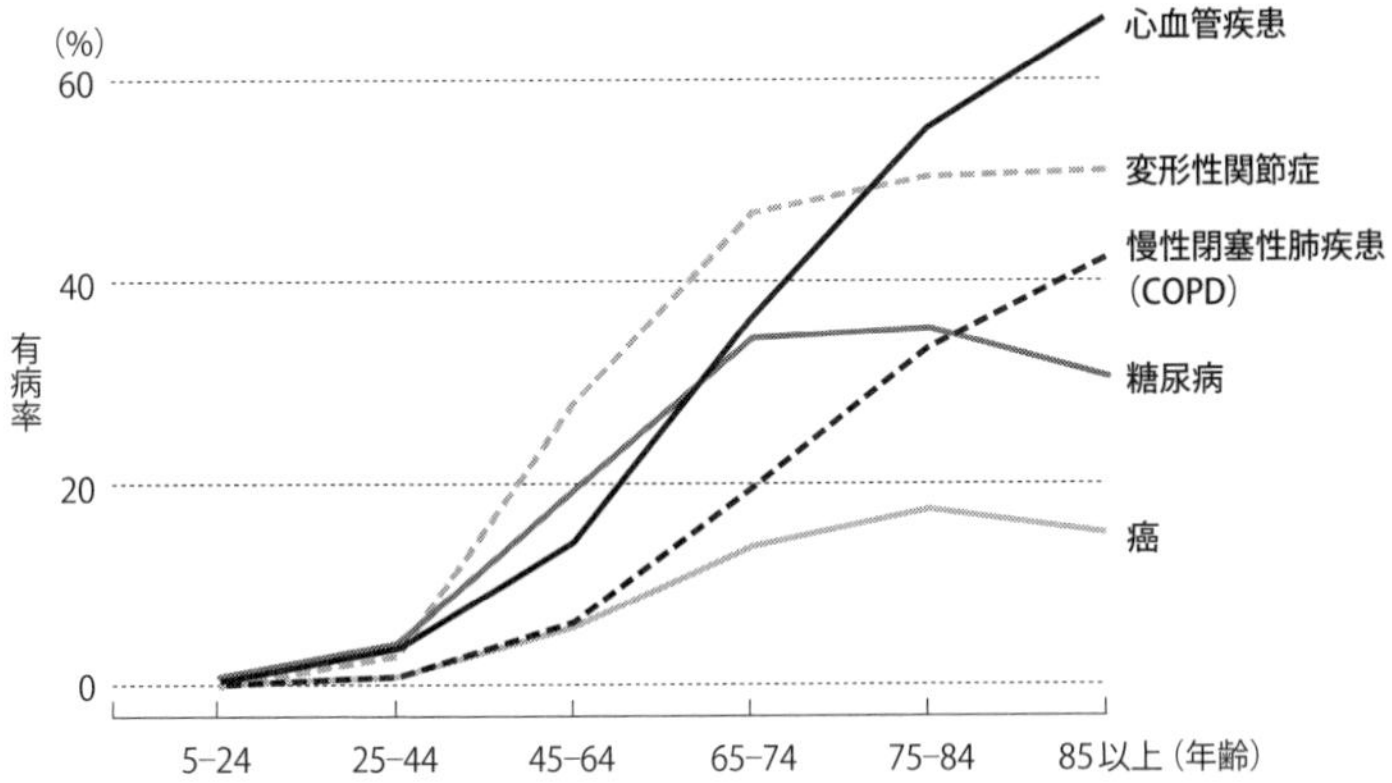

出典：Global Burden of Disease

ど、この種の病気を患っている可能性が高いこと。第2は、慢性の病気である場合が多いことだ。その病気に長く患い続ける傾向があるのだ。この2つの特徴が合わさることにより、3つ目の特徴が生まれている。高齢になればなるほど、いくつもの非感染性疾患を同時に患う「多疾患併存」の状態になるケースが多くなるのである。

長く生きれば、どうしても加齢に伴う病気を患いやすくなる。英国王立癌研究基金（CRUK）の推計によると、1930年に生まれた人が生涯の間に癌を患う確率はおよそ33%だったのに対し、1960年生まれの人の場合、その確率は50%に達するという。また、国際アルツハイマー病協会（ADI）によると、世界では3秒に1人のペースで誰かが認知症になっている。あなたがこの文章を読んでいる間にも、新しい認知症患者が生まれているのだ。いま世界にはおよそ5700万人の認知症患者がおり

（半分以上は低・中所得国の人たちだ）、その数は2050年には1億5300万人に達すると予測されている。[22]

家族にとって、子どもたちの4人の祖父母がすべて健在なのはもちろん喜ばしいことだ。最近は、曽祖父母が健在のケースも増えている。しかし、ここには、不愉快な負担もついて回る。認知症を患っている人のおよそ4人に3人は、家族に世話されているという。全米アルツハイマー病協会の推計によると、2010年に家族が高齢の親族のためにおこなった無給のケア労働は合計140億時間に上る。家族の介護と、仕事や余暇やその他の個人的活動のバランスを取ることは、多くの人にとってますます難しくなってきている。

こうした不愉快な統計上の現実は、老いることに暗い影を落とす。しかし、ファクトを丁寧に検討することが重要だ。それを通じて異なる視点が得られて、楽観論をいだく根拠も見いだせるかもしれない。

認知症は恐ろしい病気だ。この病気を患う人が増えていることが深刻な問題であることは言うまでもない。しかし、すべての人が認知能力の低下を経験するわけではない。ヨーロッパと北アメリカの推計によると、85～89歳の人のおよそ10人に1人が認知症を患っている。これは確かに気がかりなデータだが、裏を返せば10人に9人は認知症にならないのだ。[23]

ここでは、2つの要素を切り離して考える必要がある。ひとつの要素は、生涯の間にある病気を経験する確率。当然のことだが、どのような病気でも、長く生きるほど生涯の間にその病気を患う確率は高まっていく。加齢に伴う病気の場合は、とりわけその傾向が強い。認知症と癌を患っている人が増えていることは、平均寿命が上昇していることの結果とみなせる。一方、もうひとつの要素は、ある年齢である病気に罹患する確率だ。こちらの要素に関しては明るい材料がある。人が認知症になるリスクは、すべての年齢で低下しているように見える。10年ごとに約13％のペースでその確率が低下しているのだ。[24] 人生が長くなれば、生涯の間に認知症を患う確率は当然高まるが、それぞれの年齢で認知症を発症する確率は下がっている。この点は、老化のプロセスが固定的なものではないという強力な実例でもある。

同様に、生涯の間に癌を患う確率は高まっているが、癌患者の生存率も高まっている。アメリカでは１９７５年から２０１６年の間に、24種類の癌のうち21種類で5年生存率が改善している。１９７５年の時点では、5年生存率が50％を超えていた癌の種類は全体の半分にすぎなかったが、現在はその割合が4分の3に達しているのだ。[25]

しかし、明るい材料ばかりではない。加齢が大きなリスク要因になる病気のひとつが2型糖尿病だ。インスリンの分泌機能が低下することなどが原因の2型糖尿病は、世界の死亡原因の上位10に入っており、罹患している人の死亡リスクを推計で2～3倍に高めると言われている。１９９０年から２０１７年の間に、世界で糖尿病を患う人の割合は2倍以上に上昇した。現在、イギリス人のおよそ16人に1人、アメリカ人のおよそ10人に1人が糖尿病だという。

糖尿病の増加と関連しているのが肥満、すなわち過剰な脂肪が体に蓄積されることだ。

2016年のデータによると、推計で世界の成人6億5000万人以上が肥満の状態にある。言い換えれば、世界の成人の13人に1人近くが肥満なのだ[26]。肥満の人の割合は、1975年に比べておよそ3倍に跳ね上がっている。しかも、これは大人だけに見られる傾向ではない。5～19歳の子どもに占める肥満の割合は、1975年の時点では25人に1人だったが、いまでは5人に1人近くに上昇している。

以上のような一見すると矛盾したトレンドをどのように解釈すればいいのか。長寿化により、平均的に見た場合、私たちはより健康に、より長く生きるようになるのか。それとも、劣悪な健康状態で長く生きるようになるのか。好ましいニュースは、最初の問いの回答がイエスであること。一方、悪いニュースは、2つ目の問いの回答もイエスであることだ。私たちが人生のなかで健康に生きられる期間の「割合」が高まっていることは事実だが、劣悪な健康状態で生きる「年数」は減っていない。病気を患って生きる不健康期間は、短くなるのではなく、長くなっているのである。

このようなことが起きている原因は、私たちが長く健康に生きる能力が高まるのを上回るペースで、私たちの平均寿命が上昇していることにある。その結果として、よい老い方をすることが新しい重要課題になり、ひとりひとりが加齢に伴う病気に対処し、運動と睡眠とストレスと栄養について真剣に考えることが不可欠になっている。また、肥満の人と糖尿病を患う人が増えていることを考えると、政府は、人々が健康に老いる後押しをする21世紀型の公衆衛生政策を検討すべきだ。こうした状況の下、科学界も、よりよい老い方を可能にするための治療法を開発することへの関心を強めている。もし、私たちの最大の心配事がギリシャ神話のティトノスのようになることだとすれば、なにを最も重んじて生きるべきかは明白だ。老い方を変えるために、いまエバーグリーン型への転換を進める必要があるのだ。

人生終盤の日々がもつ可能性は過小評価されている

エバーグリーン的な視点が老い方の変化に目を向けるのに対し、高齢化社会をめぐる議論では、社会の年齢別人口構成の変化と、高齢者の割合の増加にもっぱら着目する。そして、高齢化が好ましい要素と考えられることはけっしてない。それはつねに、懸念すべきこととみなされる。高齢を衰退と同一視する発想が染みついているように見える。メディア向けの画像素材を見ると、高齢をテーマにした写真ではたいてい、皺、虚弱、孤独、疎外、生き甲斐の喪失などが強調される。政府の政策も、そうしたイメージを取り除く役に立っているとは限らない。高齢者に関わるデータには、しばしば辛気臭い呼称がつけられている。その典型が「老年従属人口指数（ＯＡＤＲ）」だ。

老年従属人口指数とは、労働の担い手とみなされる年齢層（ここでは15～64歳と考えている）の人口に対する65歳以上の人口の比率である。政府当局者たちの考えでは、この比率が高くなるほど、経済の状況が悪くなる。働き手の数が少なくなり、年金給付と医療費支出が増えるためだ。高齢者は生産性が低く、現役世代に依存していて、虚弱状態で生きている──こうしたネガティブな先入観が政府の政策の出発点になっている。この指数は、高齢者と人生終盤の日々がもつ可能性を過小評価する発想の最たる例と言えるかもしれない。問題は、この種の考え方が事実に反することだ。現実には、豊かな国々における雇用増の半分以上を高齢の働き手が占めている。[27] また、孫の世話で祖父母が果たす役割が大きくなっていることや、慈善活動で高齢者が大きな貢献をしていることも見過ごせない。[28]

ティトノス化への不安にせよ、老年従属人口指数に関する懸念にせよ、私たちは老いについてのネガティブな思い込みにとらわれている。しかし、皮肉なことに、数々の研究により、高齢者のいだく幸福感が中年世代よりも高いことが繰り返し明らかになっている。図2は、アメリカ人の人生に対する満足度を年齢別に示したものだが、同様のおおよそU字型のグラフは複数の国で見られる。[29] 40代後半と50代前半の人たちは、この図によれば幸せな日々が先に待っているのに、どうして老いることに不安をいだくのだろう。実際には、このグラフが浮き彫りにしているように、あらゆるものごとが年齢とともに悪化するわけではない。

高齢者がまったく問題に直面しないわけではないが、人生終盤の日々がもつ可能性を過小評価することは避けるべきだ。また、このように考えると、当然浮かび上がる問いがある。長寿化により生まれる追加の時間をどのように活用すれば、中年期にのしかかる負担を緩和できる

図2　アメリカ人の人生への満足度（年齢別）

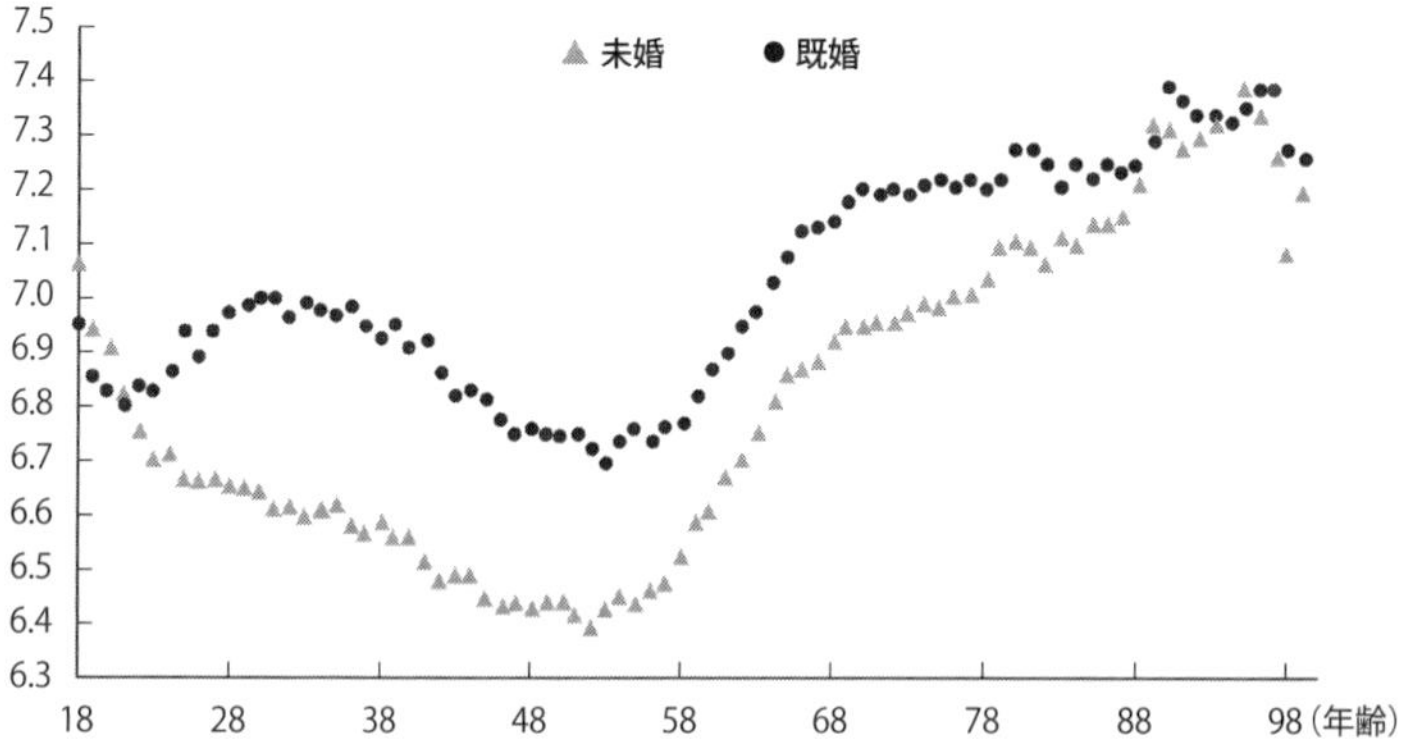

出典：Danny Blanchflower and Carol Graham, "Happiness and Ageing in the United States," in David E. Bloom, et al.（eds.）, *The Routledge Handbook of the Economics of Ageing*, Abingdon: Routledge, 2023

のか、という問いだ。高齢化社会では、どうやって高齢者を支えるのかが課題になるのに対し、長寿社会における課題は、長くなった人生をどのように生かせば、あらゆる年齢で長寿化の恩恵に浴せるのかという点なのだ。

個人にとって高齢になることがかならずしも重荷になるとは限らないというだけでなく、国家のレベルでも同様のことが言える。一見すると陰鬱な老年従属人口指数のデータを改めて検討すると、その点は明らかだ。1922年、イギリスの老年従属人口指数は11％だった。それが現在は32％に達しており、2050年には46％に上昇する見通しだ。これまでのイギリス政府の経済予測はことごとく、この指数の上昇が負の影響をもたらすことを前提にしていた。しかし、過去にはもっと大幅に指数が上昇したこともあったが、それが経済成長率に大きな悪影響を及ぼしたと論じている経済史学者はいない。ここに大きな矛盾がある。過去の老年従属人口指数の上昇は経済成長率を大きく左右しなかったのに、未来の老年従属人口指数の上昇は経済成長率に大きな影響を及ぼすと考えられているのだ。高齢化社会の到来に関する一般的な悲観論は、歴史的なデータによる根拠を欠いていると言わざるをえない。

人口動態は運命であると述べたのは、19世紀フランスの社会学者オーギュスト・コントだが、現実には、歴史上、老年従属人口指数の上昇は経済成長率に大きな影響を及ぼしてこなかった。長くなる人生をより健康に、そしてより生産的に生きられるようになれば、高齢者の割合が増えたとしても、経済に明るい見通しを生み出すことができる。しかし、高齢の日々を重荷、そして問題と決めつける発想から出発していては、それは不可能だ。この点に関する考え方を変える必要があるのだ。

それは誰にとっての問題なのか

長寿化の必須課題に向き合ううえでは、長寿化がもっぱら高齢者の問題だという認識も改めなくてはならない。私の経験から言うと、人々に理解してもらうのが最も難しいのがこの点だ。

このタイプの思考の一例として、低所得国と中所得国では高齢化を心配しなくていいという考え方がある。そのような国々は、高所得国に比べると人口が若く、高齢者の割合が小さいためだ。逆に言えば、高所得国だけが高齢化社会の問題に直面していると考えられている。

確かに、高所得国ほど高齢者の割合が大きいことは事実だ。しかし、割合ではなく絶対数に目を向けると、話がまったく変わってくる。2020年の時点で、世界には60歳以上の人が推計で10億人あまりいる。このうち高所得国で暮らしている人は3億人にすぎない。裏を返せば、7億人は低所得国と中所得国で暮らしている。世界の高齢者のゆうに半分以上は、低所得国と中所得国にいるのだ。経済政策と社会政策を策定する際は、この現実を考慮に入れる必要がある。

もっとも、これだけでは、まだ高齢化社会の視点を脱却できたとは言えない。長寿化の視点から言うと、低所得国と中所得国が本当に心配するべきなのは、高齢者よりも若い世代なのだ。以下の点を考えてみてほしい。現在、ドイツとアメリカでは、人口に占める65歳以上の人の割合はそれぞれ22％と17％。それに対し、南アフリカとインドでは、この割合がそれぞれ6％と7％にとどまっている。これだけ見ると、南アフリカとインドは、高所得国ほど心配しなくてもいいように思えるかもしれない。まだ幼い子どもたちがたくさんいて、お年寄りはあまり多くないからだ。ここでも、社会の高齢化を心配する必要があるのは、豊かな国々だけだと言えそうに見える。

しかし、2085年には、南アフリカやインドのいま幼い子どもたちもすっかり年齢を重ね、65歳を超す。そのときには、65歳以上の人の割合は南アフリカで17％、インドで24％に達する見通しだ。今日のドイツやアメリカに匹敵する割合である。南アフリカとインドがとくに対策を講じず、いまの子どもたちが高齢者になるまで放置すれば、手遅れになる。重要なのは、いまの子どもたちが歴史上最も健康な高齢者になるように手を打つことだ。

長寿化の必須課題に優先的に取り組まない国では、長い人生を支えるのに適していない規範や制度、行動パターンを温存したまま、加齢にまつわる問題の数々を突きつけられる羽目になり、その状況からの出口を見いだせない状況が延々と続く。長寿社会では、高齢者の心配をするだけでなく、若い世代が将来の機会と試練に向き合えるよう準備することが重要になる。長寿社会を築くことは、豊かな国々や高齢者だけの課題ではけっしてない。それは、すべての国のあらゆる年齢層の人々が取り組むべき必須課題なのである。社会は、人口構成の変化に適応するだけでなく、人々が老い方を変える手助けをする必要があるのだ。

第2章

私たちはどのように老いるのか

自分がいつ、どのように死ぬかは選べない。自分で決められるのは、これからどのように生きるかということだけだ。

――ジョーン・バエズ〔アメリカのフォークシンガー〕

私の母方の祖父母は、いずれも比較的長生きした。祖父のビル・「フィンガーズ」・パーマーは91歳、祖母のレーチェルは88歳まで生きた。祖父母は、子ども時代の私がはじめて会ったときすでに、とても年を取って見えた。私だけではないはずだ。多くの子どもは、自分の祖父母に同様の印象をもつに違いない。おじいちゃんやおばあちゃんは「年を取っている」のが当然だと思っている子どもは多いだろう。年を取っているからこそ、おじいちゃんやおばあちゃんなのだとも思える。しかし、いま考えてみると、私が生まれたときの祖母の年齢は、現在の私の年齢とさほど違わない。

子どもの頃の私は、祖父母がわが家に訪ねてくるのを楽しみにしていた。しかし同時に、まだ幼かった私は、高齢による虚弱というイメージで祖父母を見ていた。記憶のなかの祖父はいつも、歩くときに杖をついて体のバランスを取っていた。祖父母がわが家にやってきたとき、私たちが最初にすることは、2人をひじ掛け椅子に案内してくつろいでもらうことだった。昼食のあとは、たいてい昼寝の時間。そして、1日の最後には、2人がドアの外で数段の段差を降りるのを手伝い、車に乗せてあげていた。

けれども、ときどき祖父が突然若返ったように見えて驚くことがあった。祖父は現役時代に、演芸場——昔のイギリスにはそのような場がたくさんあった——でピアノを弾いて生計を立てていた（だから、ピアノを弾く指にちなんで「フィンガーズ」というニックネームで呼ばれていた）。ピアノの前に腰かけると、祖父はまるで別人になった。時空を超えて、遠い時代の遠い場所のメロディーのなかに舞い戻ったかのようだった。目に光が宿り、ニコチンで変色した指先で鍵盤をやさしくなで、懐かしい曲に合わせて歌声を披露し、親戚一同を楽しませたものだ。その頃、祖父は70代後半だったと思う。しかし、歌っているときは、それまで刻まれてきた年齢が剝げ落ちたかのようだった。私は、ロックバンドのローリング・ストーンズがロンドンのハイドパークでおこなったライブを聴きに行ったとき、この祖父のことを思い出した。ボーカルのミック・ジャガーは79歳だったが、「ジャンピン・ジャック・フラッシュ」では相変わらず激しいパフォーマンスを見せ、ステージの上で飛び跳ねたり、観客に向けてアピールしたりしていた。観客のひとりは、ソーシャルメディアにこんな感想を投稿した。「私は40歳だけど、あんなに動けないよ」。

ビルとレーチェルの夫婦は、2人とも長生きしたが、人生終盤に経験した日々はまるで違った。ビルは年齢を重ねるにつれて、虚弱になり、疲れやすくなったが、毎日三つ揃えのスーツを立派に着こなし、チョッキのポケットには懐中時計を入れていた。そして、いつも途方もなく大きな白いハンカチを持ち歩いていて、ものを磨いたり、拭いたりするすべての用途でそれを使っていた。肉体は衰弱しても、頭脳は最後まで明晰だった。

一方、レーチェルは晩年、アルツハイマー病を患い、介護施設に入所した。おおむね穏やかでやさしかったけれど、そうとは言えないときもあった。病気が進行するにつれて、次第に記憶が失われ、ときには性格も変わり、最後には家族のこともわからなくなった。祖母が愛し、祖母のことを愛した家族の顔も忘れてしまったのだ。

私の家族との経験は、人生終盤の日々に対する2つの対極的なアプローチを映し出している。私が子どもの頃にいだいていた思い込み――高齢の祖父母は「年寄り」で衰弱しているという考え方――は、高齢化社会に関するネガティブな視点と言える。一方、最後まで身なりに気を配り、音楽のスキルを保ち続けたビルは、よい老い方をするためのエバーグリーンの課題を達成していたと言えるだろう。ここで、ひとつの重要な問いが浮上する。レーチェルの晩年が夫のビルと大きく異なるものになったのは、なぜなのか。彼女のような運命を避けるためにできることがあるとすれば、それはどんなことなのか。

私の家族の記憶を通じて、もうひとつくっきり見えてくることがある。よりよい老い方をするとは、健康を保ち、加齢に伴う病気を患わないことがすべてではない。エバーグリーンの課題の核を成すのは、人生終盤の日々を最大限有効に活用することなのだ。高齢の人たちがもつ可能性を過小評価すべきではない。そこで必要になるのは、老いることについての考え方を変えることだ。固定観念を捨て、高齢者に対する社会の姿勢を改めるべきだ。その点で、ミック・ジャガーは私たちに大きな贈り物をしてくれていると言えるだろう。ハイドパークのライブに詰めかけた大勢の観客は、ジャガーが79歳だからという理由でパフォーマンスを見たいと思ったわけではない。年齢はどうでもよかった。重要な意味をもっていたのは、音楽界に残した不朽の業績と、衰えを知らないパフォーマンスだった。それが大勢の観客を引きつけたのである。ジャガーは特異な存在に思えるかもしれない。けれども、私たちを勇気づけるような活動をしている79歳（やもっと高齢の人）は、ほかにも大勢いる。意識して探せば、そのような人たちがいたるところにいることに気づくだろう。エンターテインメントやテレビジャーナリズム、スポーツ、文学、ビジネス、政治など、あらゆる分野にそうした人たちはいる。

老い方を見直すには、老いに対するひとりひとりの考え方を変える必要がある。たとえば、私の祖父母は、年齢以上に老けていたと考えるべきなのか。最晩年の祖父が言っていたのは、これほど長生きするとは思っていなかったということだ。長生きすることを想像していなかった以上、有意義な準備もしていなかった。しかし、時代が変わり、予想される寿命は長くなった。今日の世界に生きる私たちにとって、90歳まで生きるというのは突飛な可能性ではもはやない。では、その長い人生を生きるうえで、私たちはどのように老いたいのか。よりよい老い方をするとは、具体的にどのようなことを意味するのか。

老いるとはどういうことか

「老化」とは、煎じ詰めればきわめてシンプルな概念だ。言うまでもないことに思えるかもしれないが、老化とは、人が生まれてから死ぬまで時間が経過していくプロセスのことである。しかし、時間が経過すればものごとは変わる。人生への満足度、経験、自分についての知識など、年齢を重ねるとともに増えていく（と期待したい）ものもあれば、健康や記憶力など、減っていく可能性があるものもある。老化は多面的な現象だが、高齢化社会の視点で考える場合は、もっぱら健康の側面に光が当てられる。その結果として、ものの見方が歪められ、年齢を重ねるとともに失われていくものにばかり目が向くことになる。

たとえば、世界保健機関（WHO）による「老化」の定義を見てみよう。その定義は、科学的にはケチのつけようがないが、精神を高揚させるにはほど遠い。WHOによれば、「（老化とは）きわめて多様な分子レベルと細胞レベルのダメージが蓄積していくことによる影響。それにより肉体的・精神的な能力が次第に減退する結果、病気を発症するリスクが高まり、最終的には死にいたる」というものだ[1]。

この定義は、老化をポジティブにとらえているとはお世辞にも言えない。私たちは年齢を重ねるなかで、経験や知恵が増え、成功と失敗を味わい、成就した愛と失われた愛を経験し、友情の喜びを知り、新しい世代の登場を見守る。それなのに、こうした好ましい側面をすべて無視し、冷徹な医学的要素ばかりを取り上げて、最終的な死へ向かう生物学的衰弱のプロセスだけに着目しているのだ。WHOの定義は、イギリスの作家マーティン・エイミスが小説『ロンドン・フィールズ』で記した言葉を、科学的な表現で言い換えたものと言えるだろう。そのエイミスの言葉とは、「時は太古の時代から変わらない仕事を続け、すべての人の外見と体調を惨めなものにする」というものである。

詩人のT・S・エリオットは、17世紀はじめのイギリスで活躍した劇作家のジョン・ウェブスターについて「死にとりつかれて／皮膚の内側の髑髏《どくろ》を見ていた」と述べている[2]。高齢化社会をめぐる議論も、ウェブスターと同様、死にとりつかれている。そのような発想は、「高齢」を医学的な視点でとらえる傾向が強まるとともに、長く存在し続けてきた。高齢を医学的な視点で見る場合は、加齢に伴う病気が高齢を特徴づける要素になる。そうなると、老いが好ましくないものとみなされることが避けられない。長寿社会を築くうえで、このような状況は好ましくない。

もっとも、老いに対する考え方は、歴史上ずっとこのようなネガティブなものだったわけではない。人々の一般的な考え方が変わったことは、過去210年間にわたるアメリカの新聞、雑誌、書籍（フィクションとノンフィクション）——すべて合わせると英文で6億ワード以上の資料だ——を対象とする興味深い研究によって明らかにされている。(3) この研究によれば、1800年代に高齢に関連して話題に上っていたのは、長く連れ添った夫婦関係、戦争の英雄たちへの称賛、若い親族の増加、個人の栄光といったテーマだったが、20世紀になると、死、介護、老人ホーム、病気、障害などが強調されるようになった。

過去2世紀の間、高齢者の数が増加し、若い世代が高齢者になるまで生きられる可能性が高くなったにもかかわらず、老いに対する私たちの考え方は、いっそうネガティブなものに変わってきたのだ。この2つの相反するトレンドをどのように解釈するべきなのか。人類の歴史を通じて高齢者が大切にされてきたのは、相対的に人数が少なく、希少な存在だったからなのか。それとも、医学の進歩により、強い者だけでなく、より多くの人がより長生きできるようになったとはいえ、誰もが良好な健康状態で生きられるとは限らないからなのか。

長寿化がもたらす機会を生かすためには、老いることに対するネガティブな認識を改めなくてはならない。年齢を重ねても人がすべての面で衰弱するわけではないと理解し、人々がより長く、より活発な人生を生きる手助けをする方法を見いだす必要がある。しかし、それだけでは十分でない。老いることと、健康が悪化することについての不安を取り除くための直接的な対策も不可欠だ。本章では、この後者の課題をテーマにする。

そうした不安を解消するためには、人が実際にどのように老いていくのかを客観的に見る必要がある。年齢を重ねるにつれて、死亡リスクは毎年どのように変動していくのか。高齢になると、健康にどのような変化が起きるのか。これらの問いの答えがはっきりしてはじめて、老いをこれほどまでに激しく恐れるのが正しいことなのかを判断できる。そうした問いに答えることを通じて、もっと重要な取り組みへの道も開ける。「よりよい老い方」の具体的な中身を知るための一歩を踏み出せるのだ。この点が明らかにならなければ、長寿化の必須課題は、漠然としたお題目にとどまってしまう。

また、人がどのように老いるのかを知ることにより、エバーグリーンの課題の根幹を成す真に重要な問題に切り込むことが可能になる。それは、よりよい老い方をするために、私たちはなにをすべきなのか、という問題である。私が長寿化について研究していると話すと、いつも決まって、相手は目を輝かせ、ぐっと身を寄せてきて、こう尋ねる――「その秘訣はなんですか」。長寿の魔法の類いは存在しないが、信憑性のある方法論はいくつも明らかになっている。

第1の長寿革命から第2の長寿革命へ

イギリス政府によれば、私と同じ年に生まれたイギリス人男性の想定寿命は平均84歳だ。これは合計4368週ということになるが、私がこの文章を書いている時点ですでに3000週が終わっている。つまり、私に残されているのは1368週ということになる。そう考えると、いささか気が滅入る。来年の夏休みの予定を立てようとすると、その頃には残り時間がさらに52週間減っているのだと改めて思わずにいられない。この本を書き上げるまでには、さらに104週が失われる。10年先に、私はどんなことをしていたいだろうか。その頃には、私の残り時間は848週に減っている。この点を考えれば、よい選択をすることがますます重要になる。

このように未来を意識するアプローチにおいては、その人に残されている人生の期間、別の言葉で表現すれば「死生学的年齢」（将来見込み年齢）を測ることになる（私の場合は、その期間が27年間、つまり1368週なのだ）。これは、一般的な暦年齢、つまり、その人が生まれてから現在までの年数を計測するアプローチとは対照的だ（こちらは、私の場合、この文章を書いている時点で57年。3000週ほどだ）。加齢は、古代ローマの双面の神ヤヌスと似ている。始まりと終わりをつかさどる神であるヤヌスには2つの顔があり、それぞれ未来と過去に向いている。暦年齢が同じでも死生学的年齢が異なる人が2人いれば、その2人の行動の仕方は大きく異なる可能性がある。現在の年齢が何歳かに関係なく、残りの人生が長ければ長いほど、未来の健康、スキル、生き甲斐、人間関係に投資する必要性が大きい。70歳まで生きることが予想できる57歳と、84歳まで生きることが予想できる57歳では、行動がまるで変わってくる。このように過去ではなく未来に目を向ける思考は、長寿社会を特徴づける重要な要素のひとつだ。

私たちが老いを恐れるのは、ひとつには、老いることにより、人生の終わりに近づくという意識があるためだ。暦年齢が上昇すれば、死生学的年齢は減る。言うまでもなく、自分の人生にどれだけの時間が残されているかを正確に知ることはできない。暦年齢は確定している事実だが（ただし、嘘をつく人も少なくない）、死生学的年齢は推測する以外にない。それでも、年齢が上昇すれば死亡率も上昇するので、私たちは年齢を重ねるほど、人生の終わりに近づいているという感覚をいだくのである。

したがって、よりよい老い方を実現するためのひとつの方法は、それぞれの年齢における死亡率を引き下げるというものだ。そうすれば、死生学的年齢が増加し、私たちはより多くの残り時間を手にできる。図3は、日本人女性の死亡率（それぞれの年齢ごとに死亡する確率）の推移を示したものだ。これを見るとわかるように、日本人女性の死亡率は大幅に改善してきた。このグラフの曲線は、時代が進むにつれて右へ右へと移動してきた。その結果、2019年の90歳の日本人女性の死亡率は、1983年の84歳、1947年の78歳と同水準まで下がってい

図3　日本人女性の死亡率

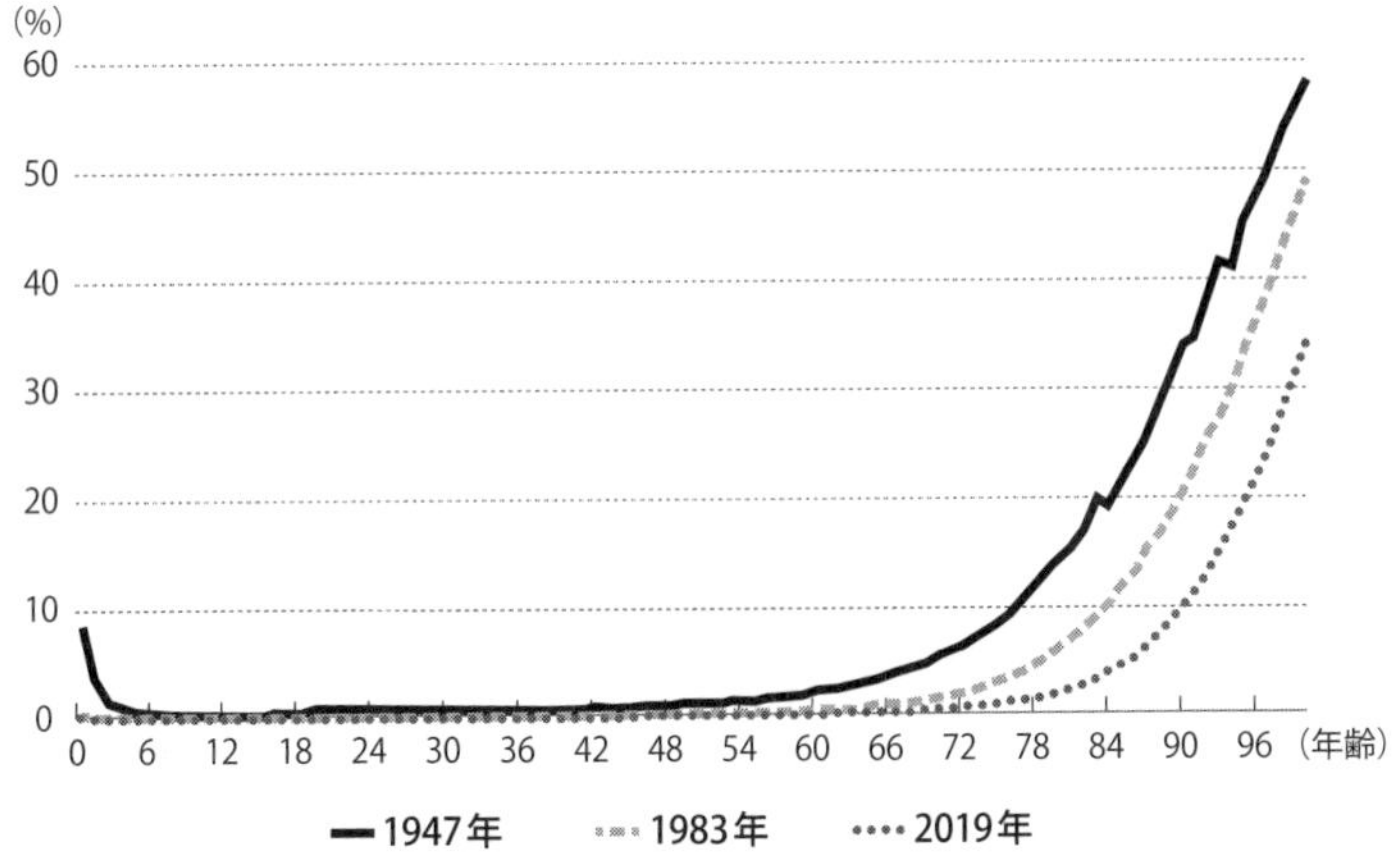

出典：HMD, Human Mortality Database: Max Planck Institute for Demographic Research (Germany), University of California, Berkeley (USA), and French Institute for Demographic Studies (France). Available at http://www.mortality.org

る。この意味では、いまの90歳は新しい78歳だという言い方もできる。

この図から明らかなように、死亡率はすでに著しく改善されており、第1章で5段階伸縮型の望遠鏡のたとえを通じて指摘したとおり、今後の死亡率の改善があるとすれば、もっぱら70歳を上回る年齢層で実現することになる。それよりも若い世代の死亡率は、すでに限りなくゼロに近づいているからだ。

この段階まで来ると、第1の長寿革命から第2の長寿革命への移行が始まる。旧約聖書の「詩編」(90編)に、「私たちのよわいは七十年」(聖書協会共同訳)という有名な一節がある。歴史を通じて、70歳は、人が天寿を全うする年齢と位置づけられてきたのだ。その名残は今日の世界にもあり、WHOも「早期死亡」を70歳未満での死亡と定義している。それに対し、70

歳以降は運に任せるほかないと考えられてきた。

第1の長寿革命により、いま日本で生まれる女の子の92％は、70歳まで生きることが期待できるようになった。１９４７年には、その割合は40％だった。このような平均寿命の上昇は目を見張る成果ではあるが、それが私たちの人生観を揺さぶることはない。子どもが大人になるまで生きられるようになることは、人類の進歩の自然な流れに思える。その点では、中年の人たちが70歳まで生きられるようになることも同じだ。それでも、女児の赤ちゃんの92％が70歳まで生きられるようになったことで、半分以上の人が70歳まで生きられるようにすることを目指す第1の長寿革命は完了したと言えるだろう。

いま進んでいるのは、それに続く第2の長寿革命だ。きわめて高い年齢層の死亡率が低下し始めているのだ。第2の長寿革命は、第1の長寿革命より劇的だ。人々が１００歳まで生きる確率が高まり、長寿についての考え方が根本から変わるだろう。今日の日本では、70歳の人の10人に1人が１００歳まで生きると予想される。私たちは「よわい七十年」を軽く超えて生きるようになりつつあるのだ。

第2の長寿革命は、多くの人の不安をかき立てる。この革命は、「人間とは？」という点についての考え方を根本から揺さぶるものだからだ。そのような現象は、子どもや中年世代の死亡率が下落したときには見られなかった。私たちの寿命が１００歳を超えようとしているという事実は、「人間」の定義を押し広げつつあるように感じられるのだ。また、第2の長寿革命への不安をいっそう増幅させているのが、老化科学（ジェロサイエンス）、すなわち、老化の生物学的な仕組みを明らかにすることを目指す学問分野の進歩だ。老化科学はまだ歴史の浅い学問だが、この数十年で急速な進歩を遂げている。研究機関のラボでは、さまざまな動物の細胞の老化を減速させたり、さらには若返りを実現させたりすることに成功するケースも珍しくなくなっている。

こうした研究成果がもつ意味は大きい。死の主たる原因が加齢に伴う病気であることを考えると、老化のペースを減速させることができれば、平均寿命を大幅に延ばせるからだ。たとえば、癌を完全に根絶できたとしても、平均寿命は約2年しか延びないと推計されている。[4] 癌は、いくつかの加齢に伴う病気のひとつでしかないからだ。私たちは、癌以外にも、心血管疾患や認知症など、ほかの加齢に伴う病気を患う可能性が高いのだ。しかし、老化のプロセスそのものを減速させることができれば、これらの病気すべての発症を先送りできる。そうなれば、80代や90代の人の死亡率が大きく低下するだろう。ここに、第2の長寿革命と第1の長寿革命の違いがある。第1の長寿革命は、過半数の人が高齢まで生きることを可能にするものだった。それに対し、第2の長寿革命は、私たちの老い方を根本から変えようとしているのである。

死亡率がさらに低下して、より多くの人が100歳以上生きるようになる——このような形でよりよい老い方が実現することに対して、人々はさまざまな不安をいだいている。そうした不安のひとつは、寿命が長くなりすぎると、非常に高齢の人たちが社会を切り回すようになり、社会のイノベーションと活力が失われるのではないか、というものだ。電気自動車大手テスラの総帥である起業家のイーロン・マスクもこう述べている。「人々が非常に長生きできるようにすることを目指すのは、よくないことだと思う……もし人が死ななくなれば、社会が古い考え方にはまり込み、進歩しなくなる」[5]。

マスクの発言には、もうひとつの大きな不安も顔をのぞかせている。「もし人が死ななくなれば」という言葉には、不死にまつわる不安が見て取れる。寿命がさらに延びる可能性が話題に上ると、人々はすぐさま不死の可能性を話題にし始める。しかし、死亡率が下落して人が100歳以上生きるようになる可能性と、不死が実現する可能性の間には、途方もなく大きな違いがある。それは言ってみれば、誰かがウサイン・ボルトの陸上100メートルの世界記録である9秒58を破れるかどうかという議論が、人がいつか空を飛べるようになるかという議論にすり替わってしまうようなものだ。老化をめぐる社会的議論は往々にして、2つの両極端な考え方のいずれかに終始する。片方は、私たちの老い方が今後も変わらないという前提の下、高齢化社会の負の側面を強調する考え方。一方、その対極にあるのは、老化のプロセスが大きく変わる可能性があり、その結果として、いずれ私たちは永遠に生きるという選択肢を手にするという考え方だ。しかし、よりよい老い方をするために必要な変化を起こしたいと思うのであれば、こうした両極端の可能性にばかり目を向けるのではなく、その中間に広がるエバーグリーン型の人生に関心を払う必要がある。

寿命がさらに延びることにまつわる不安のもうひとつの源泉は、高齢者が死ぬのはある意味で「自然」で避けられないことだという考え方だ。この考え方によれば、寿命に介入してもっと長生きしようとするのは正しいことではない、ということになる。すべての人が70歳まで生きられるようにするのは自然なことだが、それより長く生きるために努力を払うのは自然なこととは言えないというわけだ。WHOによる「早期死亡」の定義にも、このような考え方の影響が見て取れる。

第1の長寿革命は、画期的な医療技術の登場により、チフス、天然痘、コレラ、結核、猩紅《しょうこう》熱《ねつ》、はしかなど、さまざまな病気のリスクが取り除かれたことにより実現した。また、心血管疾患と癌の治療法が目覚ましく改善したことの影響も大きかった。私たちはこうした進歩にすっかり慣れてしまっていて、老いを誰もが経験する自然なことだと思うようになっている。

しかし、言うまでもなく、昔は、猩紅熱や天然痘に罹患して、多くの人が命を落としていた時代もあった（猩紅熱は30％、天然痘は20％の確率で患者の命を奪った）。人類の歴史のかなりの期間では、すべての年齢層で死亡率が高く、高齢になってから死ぬことのほうが不自然なことだと思われていた。16世紀フランスの思想家モンテーニュも、そのように考えていたひとりだ。「高齢で死ぬことは、珍しく、特異で、異常なことであり、ほかの死に方に比べて自然でない」と述べていた。感染症で死ぬことは「自然」なことで、高齢で死ぬことは不自然なことだったのである。組織移植・臓器移植に関する業績を評価されてノーベル生理学・医学賞を授与されたブラジル出身のイギリス人生物学者、ピーター・メダワーも同じような考え方をしていた。メダワーに言わせれば、高齢になるまで生きることは、「生きていれば当たり前に遭遇する危険から防御することで動物の寿命を延ばそうという、きわめて不自然な試み」によってはじめて実現するというのだ[6]。これは、まさしく第1の長寿革命が成し遂げたことである。それに続く第2の長寿革命を成功させるためには、これまでの老い方を変えることなど不可能だという思い込みに陥らないことが重要になる。

年齢を重ねると、私たちの健康はどう変わるのか

よりよい老い方を実現する方法としては、それぞれの年齢の死亡率を引き下げる以外に、良好な健康状態で生きられる期間を延ばすというアプローチもありうる。アメリカのジョン・F・ケネディ元大統領は、こう述べた――「偉大な国であるためには、人生に新しい日々を追加するだけでは十分でない。その日々に新しい生命を吹き込むことを目指すべきである」[7]。要するに、健康寿命を延ばし、寿命と健康寿命のギャップを縮小する必要があるのだ。その点、高齢者の死亡率をさらに引き下げることに不安を感じる人がいたとしても、人生終盤の不健康期間を短縮することに懸念をいだく人は少ないだろう。

人がどのように老いるのかを解明することの重要性が増すなかで、世界中の研究者がこの分

野の研究に乗り出している。老化のプロセスを明らかにするために、50歳以上の人たちについてのデータを収集する試みも活発におこなわれてきた。私自身も「英国縦断高齢化調査（ＥＬＳＡ）」――２００２年以降、１万８０００人を超す人たちを追跡調査してきた――のデータを分析したことがある。その経験から言えるのは、これらのデータを検討することにより、加齢とともに私たちの能力がどのように変わっていくかについて魅力的で示唆に富んだ知見を得られるということだ。

ＷＨＯの定義では、加齢の影響が次第に累積していくことが強調されている。この点は、ＥＬＳＡのデータにもくっきりとあらわれている。２０１６年の時点で、以下のことが明らかになっている。調査対象者のおよそ16人に１人が55歳までに癌に罹患していた。その割合は、60歳までだと９人に１人、74歳までだと５人に１人となっている。年齢を重ねるにつれて健康が悪化していく傾向があることは間違いなさそうだ。

ＥＬＳＡでは、調査対象者の認知機能についても調べている。突然だが、ここで読者のみなさんに小さなテストを受けてもらいたい。この本を誰かに渡して、巻末の注８に記されている10の言葉を読み上げてもらおう。あなたはそれを耳で聴く。そして、記憶できた言葉をすべて書き出す。(8) そのあと、またこのページに戻ってきてほしい。

あなたは、いくつ記憶できただろうか。ＥＬＳＡのデータによると、55歳と60歳の平均は約６・５個、74歳は約５・６個、80歳は約４・７個、90歳は約３・８個となっている。あなたの成績が不満足なものだったとしても、落胆する必要はない。数々のデータによると、読書や記憶ゲームなどの認知的活動をおこなうことにより、この課題への反応を改善できる可能性がある。読書には、アルツハイマー病の発症を最大5年遅らせる効果があることもわかっている。(9)この面でも、老化のプロセスを変えることは可能なのだ。あなたがこの本を読み続けることには意味があると言えそうだ。

このようなデータは興味深いが、老化はきわめて多面的な現象なので、もっと幅広い指標を用いて肉体的・認知的能力の全容をとらえる必要がある。そのひとつの手段が「フレイル（虚弱）指数」だ。(10)ＥＬＳＡのような調査では、調査対象者にいくつもの問いを投げかける。「あなたは１００ヤード（約91・５メートル）歩くのに苦労しますか」「階段を1階上るのに苦労しますか」「着替えに苦労しますか」「高血圧ですか」「孤独を感じていますか」……。フレイル指数は、この種の問いへの「イエス」の数を、問いの総数で割ることにより算出する。たとえば、40問のうち20問で「イエス」と答えた人の指数は０・５だ。指数が低いほど、肉体的・精神的状態が良好だとみなせる。

質問項目が適切であれば、フレイル指数の値は、暦年齢よりも正確にその人の死亡リスクを明らかにできる。(11)この指数は、加齢による細胞レベルの機能低下が人々の能力に及ぼす影響を手っ取り早く把握する手立てになるのだ。

図４は、ＥＵ（欧州連合）の10カ国で7万人を対象にフレイル指数を調べた結果を示したも

図4　EU諸国における年齢別のフレイルの度合い

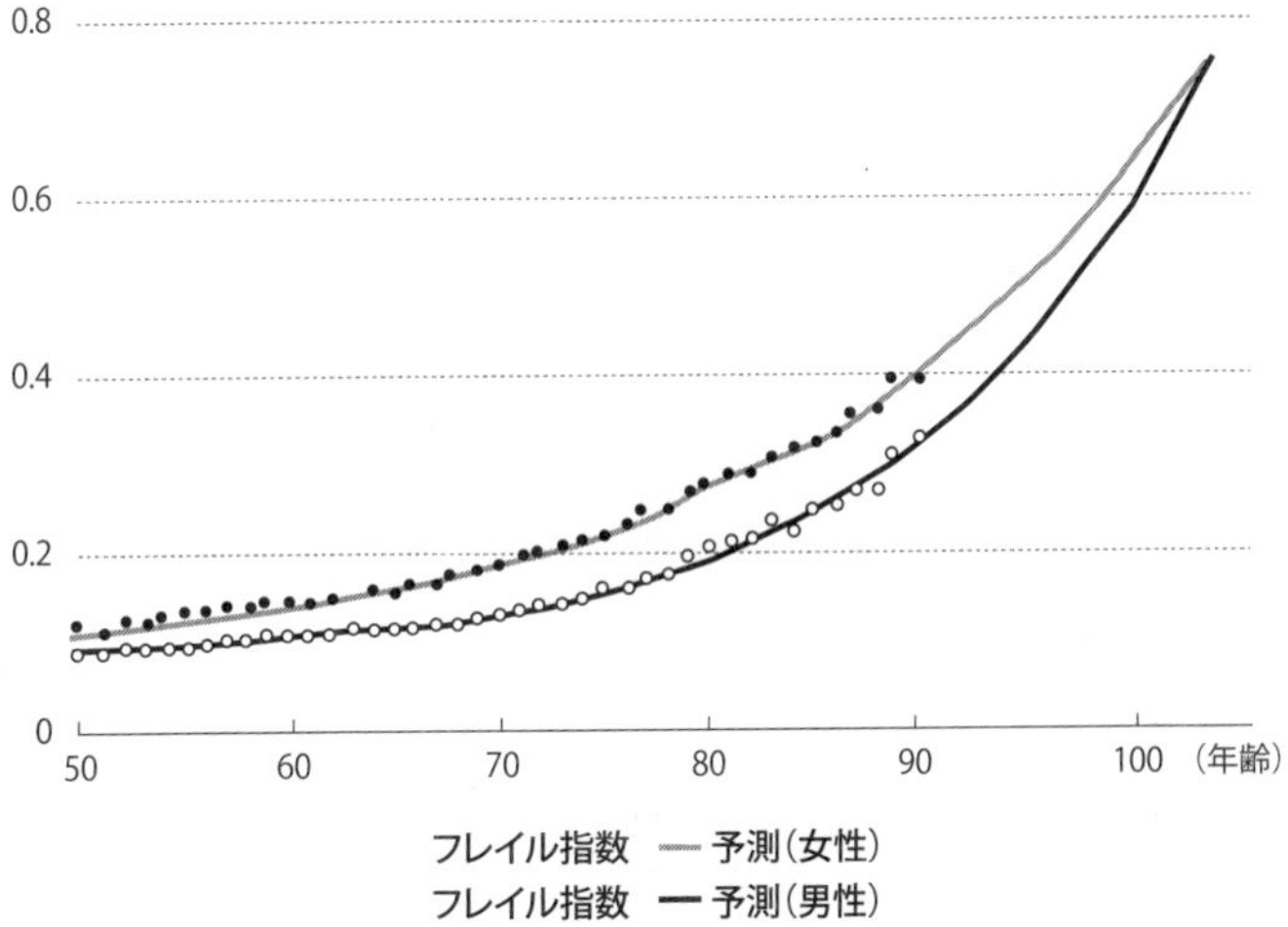

出典：Ana Lucia Abelianksy and Holger Strulik, "How We Fall Apart: Similarities of Human Aging in 10 European Countries," *Demography*, vol. 55, no. 1, 2018, 341–59

のである[12]。平均すると、ヨーロッパ諸国の人々の虚弱の程度は、1歳年齢を重ねるごとに約2・5％のペースで悪化している。まだ虚弱の程度が低いときは、1年ごとの変化は小さいが、次第に悪化のペースが加速し始める。悪化のペースはつねに1年に2・5％だが、1年間に虚弱が進む程度は年齢を重ねるほど大きくなっていくのだ。

一方、こうした平均値からは見えてこないが、人間の多様性は非常に大きい。80歳でも活動的な人生を送っている人がいる半面、60歳ですでにほとんど活動していない人もいるのが現実だ。イングランドのデータによると、90歳で虚弱の度合いが最も低い10％の人たちのフレイル指数は、50歳で虚弱の度合いが最も高い10％の人たちに比べて半分未満にとどまっている。また、70

歳の上位10％の指数は、50歳の平均より低い。

つまり、すべての人が同じように老いるわけではなく、年齢に基づく固定観念がつねに実態を正確に反映しているわけでもないのだ。そのような思い込みは、高齢化社会に関する議論がもつ大きな問題点と言える。65歳以上の人は誰も独り立ちして生きられず、職にも就けず、健康状態が悪いのに対し、それよりも若い人は例外なく、これとは正反対の状態にある、という決めつけは、事実に反する。個人レベルの違いの大きさを見ると、老化のプロセスを変えられる余地は一般的なイメージよりはるかに大きいのかもしれない。ことのほか健康な70歳は、平均的な50歳より単に運がいいだけだとは思えない。ここに、長寿化の必須課題の本質がある。問われるべきは、どうすれば人々が健康な70歳になれる確率を高められるのかという点なのだ。

幸い、アメリカ、EU、イングランドなどのデータによると、死亡率が改善しているだけでなく、健康と虚弱の面でも私たちの老い方は改善されてきている。[13] アメリカでは、人々の虚弱状態への陥りやすさは、誕生年が1年くだるごとに、推計で1％程度ずつ低下している。たとえば、1958年生まれの人が60歳で虚弱の状態にある割合は、1957年生まれの人が60歳の時点に比べると1％程度小さい。1950年生まれのアメリカ人は、それよりも30年前に生まれた人より長生きできるだけでなく、より健康に生きられる可能性も高いのだ。

高齢者の健康が大幅に改善し、虚弱な人の割合が低下した理由は、どこにあるのか。ELSAのデータを検討すると、大きな改善が見られているのは、人々の移動能力と、日常生活上の課題（着替え、入浴、料理など）を遂行する能力だ。この点は朗報と言える。人生終盤の時期に移動能力と活動量を維持することの重要性はきわめて大きい。高齢者の移動能力を改善するうえでは、テクノロジーとデザインが果たした役割も大きかったのかもしれない。また、これに加えて、高齢者の精神の健康と認知機能が改善しているというデータもある。この現象は、教育レベルの高い高齢者が増えたことも一因だ。

それに対し、あまり大きな進歩が見られていないのは、癌や糖尿病や関節炎などの病気になる人の割合だ（ただし、これらの病気を患った人の生存率は概して上昇している）。このような病気に関しては、喫煙率の低下など、人々の行動が変化したことにより状況が改善してきた面もあるが、その恩恵は、肥満率の上昇などの負の変化によって相殺されているのだ。ここからもうひとつ言えるのは、現代の医療システムが私たちを長く生きさせることには成功している半面、病気になる人を減らすことにはあまり成功していないということだ。

加齢に伴う病気を患う人が減っていないことを考えると、老化の生物学の歴史がいっそう興味深く思えてくる。人類の歴史を通じて、途方もない数の人たちが——そのなかには真面目な研究者もいれば、スキャンダラスな人物もいる——不死の秘薬を、言ってみれば中世の錬金術のシンボルである「賢者の石」を見いだすために人生を捧げてきた。[14] 17世紀フランスの合理主義哲学者のデカルトは、歴史上屈指の思想家のひとりと言えるが、40代のときに哲学研究から老化研究に転向した。しかし、老化研究で大きな成果を挙げることなく、53歳で肺炎により死去した。

老化のプロセスに打ち勝つという発想に人々が魅了されるのは、最近に始まったことではないが、半分以上の人が高齢者になるまで生きることが想定される時代になり、このテーマはいっそう重要性を増している。もはや、この分野に群がる夢想家や詐欺師にだけ任せておくわけにはいかない。目標は、不死の実現ではない。目指すべきなのは、老いが起きる理由とそのメカニズムを解き明かすことにより、新しい治療法を見いだし、私たちの老い方を変え、加齢に伴う病気の罹患率を引き下げ、フレイルが進行するペースを減速させることだ。個人の行動を変えることで老い方を改善できるが、不健康期間を飛躍的に短縮するためには、科学の進歩が欠かせない。

よりよい老い方をするとはどのようなことか

スペインに闘牛を見に行く主人公たちを描いたアーネスト・ヘミングウェイの小説『日はまた昇る』の登場人物のひとりは、自分がどのようにして破産したかについてこう語る――「ゆっくりと、そして突然に」。これは、私たちの老い方を考える際にも有益な比喩だ。前述したように、WHOは老化を「きわめて多様な分子レベルと細胞レベルのダメージが蓄積していくことによる影響」と定義している。私たちの肉体は、複数の構成要素が互いに結びついたシステムだ。そのひとつひとつの構成要素がダメージの蓄積を経験するが、そのペースはかならずしも一様ではない。しかし、やがてダメージがある水準に達すると、いくつかの構成要素がうまく機能しなくなる。肉体はこうしたことに対処する力をもっているが、うまく機能しない構成要素が多くなるほど、まだ機能している構成要素への負担が大きくなる。その結果として、ほかの構成要素の機能低下も加速し始める。こうして、老化のプロセスは「ゆっくりと、そして突然に」進むのである。

このパターンは、年齢ごとの死亡率の変化にもはっきりあらわれている。人生のほとんどの期間、死亡率は低い水準にある。細胞へのダメージが蓄積し始めても（そのプロセスは、髪に白いものが交ざるようになる頃から始まっている可能性がある）、まだ決定的な影響を及ぼすにはいたらない。しかし、さらに年齢が上昇すると、肉体のさまざまな構成要素に蓄積されてきたダメージが死亡率を急激に押し上げ始める。これを数式の形にしたのが、第1章で紹介した「ゴンペルツの法則」だ。7～8歳年齢が上昇するごとに、死亡率が2倍に上昇するという法則である。数値がまだ小さいときは、それが2倍に増えたとしても死亡率の水準はまだ低い（「ゆっくりと」の段階）。ところが、この倍々ゲームがある程度以上の回数繰り返されると、状況が一変する。数値が2倍になると、死亡率が一挙に跳ね上がるようになるのだ（「突然に」の段階）。

「ゆっくりと、そして突然に」のパターンは、フレイルの進行に関しても見られる。そのペースは最初こそ緩やかだが、年齢を重ねるにつれて加速していく。老化はつねに進行している。それも、つねに同じパーセンテージのペースで進んでいる。しかし、ある程度、肉体の衰弱が蓄積するまでは、影響が見えてこない。私たちは生涯を通じて老化し続けているのに、老化を人生終盤の問題と考える人が多いのは、このためだ。私たちが老化を最も意識するのは、「突然に」の段階に入ってからなのである。これは、船舶が海上の氷山に衝突してはじめて、氷山の存在を認識するのと似ている。氷山は海面下にずっと存在していたのに、最も目立つ部分を目の当たりにするまで、人々はその存在に気づかないのだ。

「ゆっくりと、そして突然に」のパターンを前提に考えると、よりよい老い方をするための方法は二通りある。ひとつは、「ゆっくりと」の段階をいっそう「ゆっくり」にすること。あらゆる年齢で死亡率を引き下げ、フレイルの度合いを軽減するのである。そうすることにより、フレイルの進行と死亡率の上昇のカーブが緩やかになり、より長く、より若々しく生きることが可能になる。2019年の時点でアメリカの80歳女性の死亡率が1933年の68歳女性と同等のレベルまで下がっており、2030年の80歳の健康状態が2020年の72歳の水準まで上昇すると予測されているのは、このアプローチが実を結んだ結果だ。死亡率に関しては「80歳は新しい68歳」になり、健康に関しては「80歳は新しい72歳」になると言えるだろう。私たちは老いることを極度に恐れているが、実際には、よりよい老い方をすることが可能になりつつあるのだ。

一方、よりよい老い方をするための方法は、「ゆっくりと」の段階をもっと「ゆっくり」にする以外に、もうひとつある。それは、「突然に」の段階をいっそう「突然」にするというものだ。一見すると、逆説的な表現に感じられるかもしれない。よりよい老い方をするために必要なのは、老化のプロセスを加速させることではなく、そのプロセスを減速させることではないのか。M・ナイト・シャマラン監督の2021年の映画『オールド』の登場人物たちは、あるビーチにいる。そこでは、特殊な鉱石の影響により、人々が30分の間に通常の1年分老いていく。この映画はホラー映画だ。したがって、老化が加速することをよりよい老い方ではなく、恐ろしい経験として描いている。若い登場人物たちが過度に速く老いていくのである。老化のプロセスをより「突然」にすることにより、私たちの老い方が改善されることなど、本当にあるのか。

フレイルについて考えてみよう。私たちが望む最善の結果は、生涯を通じて良好な健康状態を維持し、健康寿命と寿命が一致することだ。この望みを実現するためには、アルバート・アインシュタイン医科大学（ニューヨーク）の教授で老化研究の専門家であるニール・バルジライの言葉を借りれば、「長く生き、若く死ぬ」必要がある。頭が混乱してきた人もいるかもしれないが、よりよい老い方とは生涯を通じて健康を保つことだとすれば、それを実現するには2つのステップが欠かせない。ひとつ目のステップは、生涯を通じて良好な健康状態を維持するべく、フレイルの進むペースを減速させることだ。そうやって不健康期間を圧縮し、健康寿命を寿命に近づけていくのだ。しかし、不健康期間が圧縮されればおのずと、老いるときには、老化が急激に進むことになる。これが2つ目のステップである。このステップが実現しなければ、結局は人生終盤の日々を不健康に生きることになる。

不健康な状態で長生きすることへの不安を訴える人たちは暗黙のうちに、「ゆっくりと」の段階をいっそう「ゆっくり」に、「突然に」の段階をいっそう「突然」にするべきだと主張していることになる。ここで再び、起業家のイーロン・マスクに話題を戻そう。マスクは『ニューヨーク・タイムズ』紙のアンドリュー・ロス・ソーキンのインタビューに対して、自分は長寿を熱烈に支持しているわけではないと語っている。[15]「確かに、よい人生をもっと長く生きられるようになれば、それはよいことだろう。認知症など、高齢になったときに生じる問題を是正したいと、私たちは考える。そうしたことは重要なことだと思う。けれども、永遠に生き続けたいかはわからない。いや、絶対に嫌だ」。では、どれくらい生きたいのか。マスクの返答は、「100歳くらい、よい人生を生きたい」というものだった。これは、死亡率の悪化とフレイルの進行を遅らせ、「ゆっくりと」の段階をより「ゆっくり」にすることにより、よりよい老い方を実現したいという考え方にほかならない。しかし、マスクの願いを実現するためには、「突然に」の段階をより「突然」にして、100歳になるとすぐに死が訪れるようにし、人生の終わりがぐずぐずと長引いたり、死亡時期が不確実だったりすることを避ける必要がある。もし、死亡率がずっと低い水準にとどまったあと、100歳で一挙に跳ね上がるようになれば、言い換えれば、良好な健康状態がずっと続いたあと、人生の終わり近くになって急激に悪化するようになれば、私たちは健康な状態で長い人生を送れるようになる。もっとも、100歳になった時点でイーロン・マスク（やそのほかの人たち）が「突然に」をまだ望むのか、それとも「ゆっくりと」の段階がもっと続くことを望むのかは、わからないが。

よりよく老いることがもつ意味

ここまで、死亡率とフレイル、そして「ゆっくりと」と「突然に」という視点で、人がどのように老いるのか、よりよい老い方とはどのようなものなのかを検討してきた。以下では、それを基に、エバーグリーンの課題が私たちの人生観に及ぼす主な影響を整理しておこう。

＊暦年齢　エバーグリーンの課題を追求するためには、私たちの老い方を変える必要がある。具体的には、高齢化社会をめぐる議論に正面から異を唱えなくてはならない。老いについての画一的な考え方と、その考え方が絶対的に正しいと信じて疑わない発想を捨てるべきなのだ。また、エバーグリーンの課題に向き合ううえでは、暦年齢中心の考え方から脱却する必要もある。暦年齢は、すでに過ぎてしまった日々を数えるという性格上、長寿化により増える人生の日々と、それがさまざまな意思決定に及ぼす影響に目を向けることができない。しかも、私たちの老い方を変えることはできるが、暦年齢の重ね方を変えること

はできない。要するに、暦年齢は、手軽に計算できるファクトではあるかもしれないが、エバーグリーン的な視点から言うと、老いについて考えるうえで最も有益な方法とはとうてい言えないのだ。暦年齢よりも、前述した死生学的年齢と生物学的年齢を重んじるべきだ。

＊生涯を通じて　「突然に」の段階に入ってしまうと、老化と闘うことは非常に難しい。そこで、「ゆっくりと」の段階を長く延ばすことに力を注ぐことが重要になる。もちろん、健康状態が悪化した高齢者のニーズに対処することは重要だ。しかし、それは、私たちの老い方をよりよいものにするうえで有効なアプローチだとは断じて言えない。もっと若いときから、健康に老いることについて考えておくべきなのだ。端的に言えば、あとで治療することよりも、早い段階で予防することに、もっと関心を払う必要がある。

＊再帰的なプロセス　老化は、言ってみれば再帰的なプロセスだ。つまり、いま取る行動が未来の自分に影響を及ぼすのである。60代でよい老い方をしたければ、良好な健康状態で60歳を迎えるほうがいい。そして、60歳のときにどのような健康状態でいるかは、どのような50代を送るかに強く影響を受ける。そして、50代での健康状態はどのような40代を送るかに強く影響を受け、40代での健康状態は……という具合だ。イギリスの公務員1万人

を対象にした研究によると、多疾患併存（高血圧や糖尿病など、危険を及ぼす可能性のある病気を複数患っている状態）をはじめて経験した時期が若い人ほど、将来に認知症を発症するリスクが高いという。[16] この種の病気の発症を5年遅らせるごとに、認知症の発症率が18％低くなる。60代になってから老いについて考え始めるのでは遅すぎるのだ。

＊平均より上の健康　老化が再帰的な性格をもっているという現実は、きわめて重要なことを意味する。老化とは健康状態がゆっくり低下していくことだとすれば、未来の自分のために高いレベルの健康状態を確保するに越したことはないのだ。50代のときには、目先のことだけを考えれば、平均レベルの健康状態で十分だろうが、将来のことを考えると、飛び抜けて健康状態のよい50代でいたほうがいい。エバーグリーンの課題を達成するためには、あらゆる年齢で健康を重んじるべきだ。逆説的に聞こえるかもしれないが、長寿化の時代には、若い時期の健康がいっそう重要になるのだ。

＊病気よりも健康　「国際疾病分類（ＩＣＤ＝International Classification of Diseases）」の作成を担う国際機関が世界保健機関（ＷＨＯ＝World Health Organisation）であることは、よくよく考えると皮肉なことだ。「health（保健、健康）」に責任をもつべき国際機関が「disease（疾病、病気）」に強い関心を示すのは、本来あるべき姿なのだろうか。ネガティ

ブな材料をことさら重視しているという批判は、生物学的老化に関するＷＨＯの定義、そして健康の悪化を強調するフレイル指数に対してもありうるだろう。

エバーグリーンの課題においては、よりよく老いるという考え方をこれよりさらに一歩前進させる。ネガティブな要素だけでなく、ポジティブな要素にも目を向けるのだ。究極の目標は、「ゆっくりと」の段階を非常にゆっくりとしか進まないようにして、健康の悪化を防ぐことにある。もっとも、この言い回しはかなりもって回った表現と言わざるをえない。それに、「悪化を減らす」という二重否定的な発想に基づいていて、明快さを欠く。それよりは、エバーグリーンの課題とはより長く健康を維持することであると定義したほうがシンプルだ。実際、本質はここにある。私たちは老化を自然なプロセスとみなす結果、健康と老化の間に境界線を引いて考えがちだが、本当に必要なのは、老化そのものに目を向け、それを健康に関わるものと位置づけることだ。

心理学者のマーティン・セリグマンとミハイ・チクセントミハイは、心理学が精神疾患にばかり目を向けてきたことを批判して有名になった。精神のウェルビーイングの維持と向上を目指し、ポジティブな心理学をもっと重視すべきだと訴えたのである。エバーグリーンの課題に取り組むうえでは、医療システムも同様の考え方を取り入れるべきだ。健康とは、単に病気が存在しない状態ではないのだから。

ＷＨＯは２０２１年から始まった「健康長寿の10年」の行動計画として、「高齢期におけるウェルビーイングを可能にする機能的能力を発達させ続け、維持し続ける」ことを目標として掲げた。これはきわめて重要な方向転換と言える。この計画では、老いを健康の一部と位置づけており、病気の有無によって定義していないからだ。よりよい老い方を目指すうえで重視すべきことのひとつは、寿命が長くなって増えた人生の日々を最大限活用すること。それを実現するためには、加齢に伴う病気と闘うことも不可欠だが、本当に重要なのは、人生のあらゆる時期に、健康、生き甲斐、社会との関わりを高めることなのだ。

＊不平等　加齢のプロセスが固定的なものではないというのは、勇気づけられる話だが、それには当然ついて回る問題がある。人がどのように老いるかも、社会における格差の影響を受けざるをえないのだ。イングランドでは、50歳以上の大卒者のフレイル指数は、18歳までに学校教育を終えた50歳以上の人たちに比べて35％ほど低い[17]。所得レベルや教育レベルが低い人にとって、老化はけっして「ゆっくりと」進むものではないのだ。エバーグリーン型の社会を目指すのであれば、そのような不平等は解消しなくてはならない。

よりよい老い方をするためにできること

ここまで読んできた読者はおそらく、いたってシンプルだが有益な結論に到達していることだろう。それをエバーグリーン型の結論と呼んでもいいかもしれない。その結論は、以下の三段論法により導き出せる。

前提1――私は高齢になるまで生きる可能性が高い。

前提2――長生きすることに関する最大の不安は、ひどい老い方をすることである。

エバーグリーン型の結論――よい老い方をできる可能性を最大限高めるために、いまできることをするべきである。

このシンプルな結論は、ある当然の問いを生む。よい老い方をするためには、いまどうすればいいのか、という問いである。これは、私が長寿を研究テーマにしていると知ると、誰もが口にする問いだ。この問いに答えようとするネット記事も最近は多い。栄養、運動、睡眠についてのアドバイスを毎週のように掲載しているのは、有力紙だけではない。最新の「長寿法」の類いに関心をもつ人たちのオンラインコミュニティにも活気がある。抗老化の効能があるかもしれないとされる医薬品、たとえばラパマイシンやメトホルミンなどの効能を比較する議論も盛んだ。

ラパマイシンは、1965年にイースター島（ポリネシア語の呼称は「ラパ・ヌイ」）の土壌で見つかったバクテリアから開発された素晴らしい薬だ。臓器移植患者の拒絶反応を抑えるための免疫抑制剤として広く用いられてきた薬なのだが、長寿法に関心をもつ人たちの間では抗老化薬としても大きな期待を集めている。メトホルミンは、ガレガソウ（フレンチライラック）という植物に含まれる成分を素に1922年に開発された薬だ。糖尿病患者の血糖値を安定させるために広く用いられてきたが、健康長寿全般を目指す人たちの間でも人気が高い。ラパマイシンとメトホルミンは処方薬だが、レスベラトロール、スペルミジン、NAD（ニコチンアミドアデニンジヌクレオチド）、NMN（ニコチンアミドモノヌクレオチド）などのサプリメントへの関心も高まっている。これらのサプリメントは、程度はまちまちだが、老化のペースを減速させる効果を謳っている。これらの最先端の医薬品やサプリメントは非常に魅力的に見えるし、なかには有望に思えるものもある。しかし、長寿効果はこれまでのところほとんど実証されていない。

といっても、運を天に任せて誰かが魔法の薬を開発する日を待ったり、効果が実証されていない治療法に莫大な金をつぎ込んだりする必要はない。また、アメリカの喜劇俳優ルシル・ボールの有名なアドバイス――「若くあり続ける秘訣は、誠実に生き、ゆっくり食べ、自分の年齢を偽ること」――に従う以外に手立てがないわけでもない。今日では、よりよい老い方を可能にするために有効だとわかっている方法がたくさんある。最も信頼性の高い推計によれば、私たちがどれくらい長く生き、どのように老いるかを決める要因のうち、遺伝的要因は15～30％程度にとどまるという。このデータは特筆すべきものだ。その意味をじっくり考える必要がある。ここから言えるのは、私たちの老い方は固定的なものではなく、みずからの行動や環境の影響を受ける面が非常に大きいということだ。

よい老い方をすることに関心をもつ必要がある時代がはじめて訪れて、私たちは、ひょっとすると驚異的な効果があるかもしれないと期待して、新しい風変わりな方法論に飛びつく傾向が強まっている。しかし、皮肉なことに、現時点で最良のアドバイスの多くは、まったく目新しいものではない。長い歴史を通じて受け継がれてきた知恵に基づくものがほとんどだ。

よい老い方を見事に実践できているように見える地域が大きな関心を集めている理由のひとつも、この点にある。そのような地域は、ジャーナリストのダン・ビュイトナーの著書に基づいて「ブルーゾーン」と呼ばれている。この著書でブルーゾーンとしてリストアップされているのは、100歳以上の人（センテナリアン）の割合が著しく大きい5つの地域、イタリアのサルデーニャ島、中米コスタリカのニコジャ半島、ギリシャのイカリア島、日本の沖縄、カリフォルニア州（アメリカ）のサンバーナーディーノ・バレーに位置する町ロマリンダだ。

これらの長寿の理想郷は、よい老い方の貴重な実践例と考えられており、最近はネットフリックスのドキュメンタリーの題材にもなった。ブルーゾーンに共通する特徴――人々が活発に体を動かしていること、生き甲斐をもって生きていること、人とのつながりがあること、植物性食品中心の食生活を実践していることなど――は、よりよい老い方をするためのヒントとみなされている。これらの地域の食生活を取り入れるためのレシピ本を見れば、コメなどをブドウの葉で包んだ料理（イカリア島）やトウモロコシ粉のワッフル（カリフォルニア）などのつくり方もわかる。トウモロコシ粉のワッフルの味が気に入ったのであれば、好きにつくって食べればいい。しかし、長寿のためにこのような食生活を実践しようと思う人は、頭に入れておくべきことがある。ブルーゾーンに共通する要素がもうひとつあるのだ。一部の論者は、その点こそがこれらの地域で100歳以上の人が目を見張るほど多い理由だと考えている。その共通点とは、公的な記録が不十分なことだ。オーストラリア国立大学の上級博士研究員であるソール・ジャスティン・ニューマンによれば、「比較的貧しくて、重要な記録が欠けていることは、その地域で100歳以上の人や110歳以上の人の割合が大きいことの思いがけない予測因子と言える。この点は、目覚ましい長寿の記録を生む主たる要因が不正や誤りであることを裏づけている」とのことだ。[18] もしかすると、「若くあり続ける秘訣」として「年齢を偽ること」を挙げたルシル・ボールの言葉は、ある意味で真理を突いているのかもしれない。

現時点で最も定評のあるアドバイスの多くで説かれているのは、基本的な健康習慣の重要性だ。とくに、質の高い睡眠を十分に取ることの大切さがしばしば指摘される。睡眠時間は、脳と体の細胞が自己修復する時間だからだ。睡眠に問題がある人は、アルツハイマー病やそのほかのさまざまな病気（心血管疾患や癌、糖尿病など）を発症しやすくなることがわかっている。一方、睡眠が多すぎることも好ましくないのかもしれない。将来、認知機能に問題が生じやすくなる可能性があるとされている。

難しいのは、「よい睡眠」とはどのようなものかという点だ。どれくらいの睡眠時間を取り、夜(や昼)のどの時間帯に眠り、どの程度中断なく眠り続けるのかは、人によってまちまちだし、同じ人でも年齢を重ねるにつれて変わってくる。「1晩に8時間の睡眠」が好ましいと言われることが多いが、おそらくすべての人にそれが当てはまるわけではない。ひとりひとりにとって最適の睡眠のあり方を明らかにするには、実験が必要だ。そこで、睡眠のデータを取るための装置やアプリも続々と登場している。しかし、ひとことで言えば、目が覚めたときにリフレッシュできたと感じることができれば「よい睡眠」が取れたと思っていいだろう。そのような睡眠を取るためにどうすべきかを知ることが重要だ。

このほかに当然のアドバイスとしては、タバコやアルコールを避け、肥満にならないようにすべし、というものが挙げられる。喫煙は、さまざまな加齢に伴う病気を悪化させ、老化を加速させる。一方、アルコールの適量をめぐっては、長く議論が戦わされてきた。赤ワインを飲むことが健康によいのか悪いのかという議論もある。しかし、飲酒がどんなに楽しくても、控えめの量にとどめるべきだという点には、ほとんどの人が納得するだろう(アルコールは一種の毒物だ)。問題は「控えめ」とはどれくらいかという点だが、その量は、大半の「控えめ」な飲酒愛好者が思うよりも少ない。

肥満(WHOの基準によるとBMI〔体格指数〕が30以上)が将来の健康に及ぼす影響はきわめて大きい。糖尿病、心血管疾患、癌、認知症など、さまざまな恐ろしい病気との関連が指摘されている。アメリカでは、人口の40%以上が肥満の状態にあり、重症肥満（BMIが40以上）の人の割合も10人に1人近くに達する（BMIが40とは、身長173センチの人の場合、体重が122キロを超えていることを意味する）[19]。

問題は、どれくらい食べるかという点だけではない。なにを食べるかも重要だ。アメリカの著述家マイケル・ポーランの「食べすぎを避け、植物性食品を中心に食べよ」というアドバイスは、一般的に好ましいとされる食生活を簡潔に言いあらわしている。長寿を目指すうえでは、加工度の高い食品を避け、赤身肉と糖分の摂取を減らし、地中海式の食生活（ブルーゾーンのひとつであるサルデーニャ島のような食生活）を実践すべし、ということになる。また、腸の健康を保つために、多くの種類の微生物を腸内にもっておくことが重要であることもわかっている。専門家は、世界のさまざまなプロバイオティクス食品〔腸内で作用して健康に好影響を及ぼす微生物を含んだ食品〕を推薦する。たとえば、韓国料理のキムチ（野菜を発酵させた食品）、ドイツのザワークラウト（キャベツを発酵させた食品）、インドネシアのテンペ（大豆を発酵させた食品）、コーカサス地方のケフィア（ヨーグルト風の発酵飲料）、日本の味噌（大豆でつくる発酵調味料）などである。

どれくらいの頻度で、どのタイミングで食事をするかも重要だ。ラットの実験でカロリー制限と長寿の関係を示した研究がはじめて発表されたのは、1935年のこと。それ以降、この考え方はさまざまな生物で正当性が実証されてきた[20]。しかし、カロリー制限を人間で実践するに当たっては、2つの問題がある。第1に、カロリー制限が寿命を延ばすかどうかを人間で実験することは不可能だ。2つのグループの実験対象者を用意し、食べる量以外はすべての点が同じになるようにしたうえで、その人たちが生涯を終えるまで観察し続けることなどできない。そこで、このアプローチを人間で実践する場合は、ほかの生物と同様の効果が人間でも生じるものとみなすほかない。第2に、このアプローチで恒久的に要求されるカロリー制限のレベルは非常に厳しい（カロリー摂取量を25%以上減らす必要がある）。このレベルのカロリー制限を続けることは、多くの人にとってきわめて困難だ。少なくとも私には難しい。そこで、「こんなに食事制限をしても長生きなんてできないよ。ただの自己満足だ」というお馴染みの言い逃れをする人が続出することになる。

カロリー制限は有効そうに思えるが、実践することは非常に難しい。そのため、あまり自分に厳しくしなくても、カロリー制限に類する効果を生み出せる方法を見つけることに関心が向けられている。長寿関連の学術会議の休憩時間には、（誰もがペストリーやチョコレートビスケットに関心がないふりをしながら）断続的断食に関するアドバイスを交換するのが常だ。「5：2ダイエット」（5日間制限なしに食事をし、2日間カロリーを制限する）や、最近人気が高まっている「16：8ダイエット」（1日の16時間は断食し、夜8時までの8時間の間に食事をとる）は、さまざまな健康上の効果を謳っており、多くの長寿研究者によって実践されている。

老化の「突然に」の段階で問題が発生することを避けるためには、社会全体として予防医療の啓蒙活動をおこなうこと、そして、ひとりひとりのレベルでは、個人のエバーグリーン戦略の一環として自分の健康状態をモニタリングすることが重要だ。毎年健康診断を受けたり、血圧や心拍数や血糖値を定期的に測定したり、しこりの有無をチェックしたり、デジタル機器やアプリを使って健康状態に関するデータを記録したりすればいいだろう。方法はどうあれ、自分の健康に気を配ることは、エバーグリーン型の世界で生きるうえで欠かせないことなのだ。

エバーグリーンの課題を追求するうえで、これと同じくらい重要なのが運動だ。エクササイズを習慣にすることの恩恵は計り知れない。よりよい老い方をするために運動がいかに重要かは、どんなに強調しても強調し足りない。高齢になったときにバランス能力と移動能力を維持するうえでは、有酸素運動と筋力トレーニングの両方を習慣づけることが非常に有益だ。また、運動は、抑鬱と認知症の発症を減らし、認知機能の維持にも役立つ。

社会的・心理的な要素も無視できない。家族や友人と一緒に時間を過ごし、社会への参加意識と生き甲斐をもつことの価値は非常に大きい。多くの研究によると、年齢を重ねることを前向きにとらえている人は、そうでない人よりも長生きする傾向があるようだ。たとえば、老化に関わるバイオマーカー（生物学的指標）を血液検査で調べた研究では、孤独を感じていたり、不幸せに感じていたりする人は、生物学的年齢が1・65年高くなることがわかっている[21]。

以上の助言を聞いて驚く人は少ないだろう。エバーグリーン型のライフスタイルを実践し、これらの助言にすべて従えば、健康に長生きするうえで大きな効果が期待できる。その有効性を理解するために、ヨーロッパでおこなわれた12件の研究を集約した研究について見てみよう。[22]研究対象者は40～75歳の合計11万6000人。この研究では、4つの生活習慣上の要因に着目した。その4つの要因とは、飲酒、喫煙、身体活動、そしてBMIである。それぞれの要因に関して、ある人が適切な行動を取っていれば2点、中程度もしくは平均レベルの行動を取っていれば1点、お粗末な行動を取っていれば0点とした。合計点は、最高が8点、最低が0点ということになる。この研究によると、8点だった人は0点だった人に比べて、慢性疾患を患わずに生きられる年数が10年長かった。すべての要因に関して最高点を取ることは難しいかもしれないが、悲観する必要はない。合計点が平均1点高くなるごとに、慢性疾患を患わずに生きられる年数が約1年長くなる。もしこの本を読みながらタバコを吸ったり、お酒を飲んだりしている人がいれば、生活習慣を考え直したほうがよさそうだ。

ここで紹介した助言がどれも目新しく感じられなかったとしても、それらが重要でないことにはならない（ただし、どのような睡眠と運動の仕方、食事の内容とタイミングが最良かに関しては、これまで以上に科学的に精査されるようになっている）。むしろ、長寿化の課題がかつてなく重要性を増すなかで、これらの助言に従うことの意義はいっそう高まっている。社会と個人にとっての課題は、健康の面で好ましい行動を取りやすいライフスタイルをどうやって築くかということだ。あなたがどのような働き方を実践し、1日をどのように過ごしていて、買い物をする際にどのような選択肢があるかを考えてみてほしい。エバーグリーン型のライフスタイルにつながるものがいかに少ないかに気づくだろう。好ましい選択を容易に、そして自然に選べるようにすることを目指すべきだ。

最後に、長寿化に関する議論でよく持ち上がる問題だが、社会における不平等の問題も見過ごせない。以上で紹介したようなライフスタイルの転換を遂げるには、時間とカネが不可欠だ。誰もがたっぷり睡眠を取り、ヘルシーな料理をつくる時間的余裕があるわけではない。スポーツジムに入会する金銭的余裕がない人もいる。そこで、エバーグリーン型の経済を築くに当たっては、最良の結果を手にできる人たちの状態をさらに向上させることだけでなく、より多くの人が恩恵に浴せるようにすることも忘れてはならない。長寿化に関しては、上げ潮が海上のすべての船を高い場所に押し上げるとは限らないのだ。

「レッドゾーン」へ向けて

死亡率と健康状態の両面でよりよい老い方が可能になっているのだとすれば、どうして高齢化社会への不安が渦巻いているのか。どうして、エバーグリーンの課題に取り組むことがそれほどまでに重要なのか。これらの問いには、よりよい老い方に関連して最後にもうひとつ検討すべき問題が潜んでいる。死亡率の改善と健康状態の改善のギャップにどう対処するのかという問題である。

問題の原因は、これまで死亡率の改善がフレイルの改善より速いペースで進んできたことにある。そのような現象が起きていても、死亡率が改善して40代もしくは50代まで生きる確率が高まる分には、さほど困ったことにはならなかった。40代や50代でフレイルの状態に陥る人は少なく、寿命が延びたことで増えた人生の日々は、おおむね健康に過ごすことができたためだ。しかし、状況は変わった。死亡率の改善は、80代や90代まで生きる人が増えることを意味するようになった。それに伴い、健康が悪化して虚弱の状態で生きる人が増えている。人生の最終盤にきわめて不健康な状態で生きる期間――人口学者のジェイ・オルシャンスキーはその期間を「レッドゾーン」と呼んだ――が拡大しつつあるのだ。エバーグリーンの課題で求められるのは、この「レッドゾーン」の期間をいわばグリーンに、つまり健康な日々に変えることだ。

人々が高齢化社会に不安をいだくのは、このレッドゾーンが存在するからだ。私たちがしばしば、寿命が延びることを好ましくないことと考える理由も、これにより説明がつく。私たちが築いてきた医療システムは、人々を長く生き続けさせることはできても、長生きするようになった人たちを健康に生きさせることはできていない。フレイルの改善が死亡率の改善より後れを取れば取るほど、私たちがレッドゾーンで生きる期間は長くなる。第1の長寿革命が恩恵を生み出す日々は、終わりに近づきつつあるのだ。

ここで難しい問題が持ち上がる。平均寿命がこれ以上延びるのは好ましいことなのか。それとも、レッドゾーンの存在を考慮に入れると、寿命が延びることにより、よりよい老い方が実現するとはもはや言えなくなったのか。既存の医療システムは、健康を保つよりも、人々を長く生きさせることにより、問題を悪化させているのか。人類はすでに、望ましい寿命の上限に達してしまったのか。

これらの問いに答えるには、生物学的老化のプロセスを解き明かしたり、不死について哲学的な議論をしたりするだけでは十分でない。医学や哲学から経済学の領域に足を踏み入れる必要がある。寿命や健康ではなく、お金という非人間的指標に話題を転じなくてはならない。そこで、次の第3章では、経済学的なツールを用いて、以下の2つの問いに対して金銭的な回答を示す。

よりよい老い方をすることには、どれほどの価値があるのか。

健康寿命と比較した場合、寿命にどれほどの価値を認めるべきなのか。

第3章

老いがよければ、すべてよし

現代における人生の終わりとは？　人生はいつ終わるのか。どのように終わるのか。どのように終わるべきなのか。人生の価値とはなにか。その価値をどのように測るべきなのか。

――ドン・デリーロ〔アメリカの小説家〕

私の父は、運動ニューロン疾患の一種である筋萎縮性側索硬化症（ＡＬＳ）により、77歳で死亡した。スポーツ好きだった父にとっては、とりわけ残酷な病気だった。この病気を発症すると、脳と脊髄の神経細胞が変性して、筋肉を動かす能力が次第に失われていく。父は最後の日々を病院で過ごし、最終的には人工呼吸器を装着するようになった。私にとっても、感情を痛めつけられる日々だった。しかし、あるとき病床の父を見舞って、ある強力な真実を知り、それをきっかけに父の置かれた状況に対する見方が大きく変わった。そのとき、母がベッドサイドで父の手を握っていて、その場の空気は、生涯連れ添った伴侶の間にしか生まれない、心穏やかな静寂に包まれていた。母は私のほうを見て、大丈夫だというようにうなずいた。私は知った。父は体の自由を大幅に失っていたけれど、母と一緒に過ごせることに喜びを感じていたのだ。「人生は甘美」と、そのとき母はしみじみと、悲しみのこもった声で言った。

母が死亡したのは、その10年後。腰の手術で入院した際に感染症を患い、85歳で世を去った。腰の手術にリスクが伴うことは、医師からも言われていた。私自身、リスクについてじっくり母と話し合った。それでも、母は手術を受けたいと言って譲らなかった。腰の痛みは耐え難く、自由に動けず、自分のやりたいことができない状況にうんざりしていたのだ。それに、私が思うに、夫がいない人生も耐え難く感じていたのかもしれない。母にとって、人生はもはや「甘美」ではなかったのだ。

母のような人生の選択に直面する人が増えている。煎じ詰めれば、それは、人生の質と量のバランスをどのように取るかという選択だ。私たちひとりひとりが、前章で紹介した生物学者のピーター・メダワーが言うところの「不自然な試み」によって人生を長くしようとすることの是非を問われるのだ。どの時点で、頑張って生き続けることによるマイナスの要素が、長生きすることによるプラスの要素より大きくなるのか。

人生の質と量のトレードオフの関係を改善して、こうした個人レベルのジレンマを緩和するためには、長寿化の必須課題が重要な意味をもつ。しかし、よりよい老い方を可能にするには、個人と政府が多大な投資をする必要がある。問題は、誰もが痛いほどよく知っているように、時間とお金は有限だということだ。そこで、実行すべきことを選択し、目標の優先順位を決めなくてはならない。では、どうして、よりよい老い方をすることを人生のほかのさまざまな目標よりも優先すべきだと言えるのか。

いまイギリスでは、公的医療サービスを提供する国民保健サービス（ＮＨＳ）が「史上最大の危機」に直面しているという報道が盛んになされている。１９４８年に誕生したＮＨＳは75歳を迎えたが、よい老い方ができているとは言えない。ＮＨＳは、新型コロナウイルス感染症の大流行により疲弊しているうえに、コロナ対応のために後回しにされた診療の積み残し、季節性のインフルエンザ、高齢者の増加という難題を抱えている。この状況に人員不足と予算不足も相まって、きわめて苦しい状況に置かれているのだ。その結果として、イギリスでは、平均年齢から予想されるよりも多くの人が死亡している。(1) エバーグリーンの課題における理想とはほど遠い状況だ。しかし、政府が予算を支出すべき対象はきわめて多く、もしかすると、こうした状況は避け難いのかもしれない。では、よい老い方をすることは、必須課題ではなく、「あるに越したことはない」ものと考えるべきなのだろうか。個人と政府が対処しなくてはならない数々の課題のなかで、エバーグリーンの課題はどれくらいの優先度にあるのか。

世界の国々の政府はつねに、資源をどのように分配すべきかを考えなくてはならない。そこで、どのような医療上の措置が「割に合う」のかを判断するためのツールがいくつも編み出されてきた。本章では、それらのツールを活用して、よりよい老い方をするためのさまざまな方法の金銭的価値を示す。読者のなかには、よりよい老い方をすることが重要だという考え方に納得していない人もいるだろう。そのような読者は、以下の経済学的な細かい計算を飛ばし読みしたいと思うかもしれないが、経済的なツールを用いた分析により、2つの発見が得られる。

まず、金銭的価値を示すことにより、重要な問いに答えを出すことができる。それは、よりよい老い方をすることにどの程度の価値があるのか、そして、人生の質と量のどちらにより大きな価値があるのかという問いだ。これらの問いに対する答えは、本書の議論の土台を成すものである。また、このような分析は、よい老い方を実現することが社会に途方もない経済的価値をもたらすことも浮き彫りにする。「終わりよければ、すべてよし」とはよく言われるが、「老いがよければ、すべてよし」なのである。本章の分析を通じて明らかになるのは、誰もがエバーグリーンの課題を最優先課題に位置づけるべきだということだ。現状を大きく改める必要があるのだ。それに、私たちが目指すべきなのが寿命を延ばすことではなく、健康寿命を延ばすことだということも、はっきり見えてくる。人生は甘美かもしれないが、ただ長く生きるだけでなく、健康で長く生きることができれば、より甘美になるだろう。

経済的なツールは、定量的なデータだけでなく、定性的な知見ももたらす。個々の病気を治療することよりも、加齢のプロセスに焦点を当てて健康を改善することに力を入れるべきだという結論が導かれるのだ。ここから、私たちの未来を垣間見ることができる。よりよく老いることが可能になれば、人はより長く生きたいと思うようになり、より長く生きられるようになれば、さらによりよい老い方をしたいと思うようになり……という好循環が生まれる。その意味で、いま人類はまったく新しい段階へ移行しつつあると言える。健康の面でも寿命の面でも老いることの意味が様変わりし、人々がどれくらい長く生きたいと思うかも大きく変わる。

物語の登場人物を通して老いを考える

人類は、歴史が始まって以来ずっと、老いに打ち勝つという可能性に魅了されてきた。早くも3000年前には、現在に伝わる最古の叙事詩がこのテーマを取り上げている。そのストーリーは、古代メソポタミアで栄えたシュメール王朝の王ギルガメシュが不死の力をもたらす植物を探す旅に出る、というものだ。本章では、不老や不死を題材にした文学作品の登場人物を通して、よりよい老い方の4種類のパターンを検討する。それぞれのパターンごとに、人生の量と質をどのようなバランスで改善させるかが異なる。紹介するキャラクターは、ジョナサン・スウィフトの『ガリバー旅行記』のストラルドブラグ、オスカー・ワイルドの『ドリアン・グレイの肖像』のドリアン・グレイ、J・M・バリーの『ピーター・パン』のピーター・パン、そしてマーベル・コミックの非正統派ヒーロー、ウルヴァリンだ。[2] これらのキャラクターを通して考えることにより、第2章で示した死亡率とフレイル（虚弱）のグラフを変容させ、よりよい老い方を実践するためのいくつかのパターンを簡潔に紹介できる。まず、船に乗り、大海原に浮かぶストラルドブラグの島を訪ねよう。

「長生きはしたいけど老いたくはない」ジレンマ

1726年にアイルランドの聖職者ジョナサン・スウィフトが発表した『ガリバー旅行記』は、人間社会を重層的に風刺した小説であり、英文学の古典と位置づけられている。この物語のなかで主人公ガリバーは、小人の国リリパットに始まり、巨人の国ブロブディンナグ、さらには馬の国フウイヌムにいたるまで、さまざまな空想上の土地を訪れる。日本から南東へ100リーグ離れた場所にある孤島ラグナグもそうした土地のひとつだ。この島の住人の一部は、額に赤い印がついて生まれてくる。「ストラルドブラグ」と呼ばれる人たちである。ストラルドブラグの特徴は、ほかの人たちと同じように老いるが、死ぬことがないという点にある。要するに、ストラルドブラグは不死の存在なのだ。

この島にやって来たガリバーは最初、不死の可能性に魅了されるが、やがて現実を知って考えが変わる。ストラルドブラグたちは、第1章で紹介したギリシャ神話のティトノスと同様の運命をたどるのだ。スウィフトは、この人たちの残酷な人生を容赦なくありありと描いている。

20世紀フランスの哲学者シモーヌ・ド・ボーヴォワールは、その描写を「これまでに老年を描いたなかで最も残酷なもの」と評した。(3) ストラルドブラグたちは永遠に生き続けるが、永遠に若さを保つわけではない。視力を失い、髪の毛が抜け落ち、加齢に伴う病気をことごとく経験するのだ。ストラルドブラグたちは、万人共通の「愚かしさと虚弱のすべて」を経験するだけでなく、自分がそれを永遠に経験し続ける運命にあることを知っている。この人たちは80歳になると、法律上の死を宣告される。その後もずっと生き続けるにもかかわらず、働くことも、財産を所有することも、意思決定をおこなうことも許されなくなるのだ。このような措置が講じられるのは、「そうでもしなければ、老人はどうしても強欲になるため、不死の人々がやがて国全体を所有し、世俗の権力をほしいままにするが、その人たちはものごとをしかるべく管理する能力を欠いているため、しまいには社会が破滅することになる」からだ。スウィフトによるストラルドブラグの描写は、18世紀に高齢化社会について手厳しく描いた記述と言える。

今日の人口学の表現を使えば、ストラルドブラグたちの人生は、死亡率の面に限定して老い方が改善するシナリオと言える。第2章の説明に即して言うと、死亡率の曲線は右方向へ移動したものの、フレイルに関する曲線は動いていない。そうなると、寿命と健康寿命の間のギャップが拡大し続け、「レッドゾーン」がどんどん大きくなる。ストラルドブラグたちの経験が浮き彫りにしているように、単に寿命が延びるだけでは好ましい状況が生まれなくなる段階がいずれ訪れるのだ。『ガリバー旅行記』を書いたときに50代後半だったスウィフトは、その段階が80歳で訪れるという設定で物語を記した。

スウィフト自身は、78回目の誕生日を迎える少し前に死去した。最後の数年は、認知能力の衰えに苦しめられたという。おそらく認知症を患っていたのだろう。しかし、それより早い段階で、自分の老いを重荷と考えていた。将来のことを考えてそう思っていたのではなく、すでにそう実感していたのだ。「朝、目が覚めて、人生への興味が前の日よりいくらか薄れていない日はない」と記している。

今日多くの人がいだいている懸念は、現在の医療制度の下で私たちがこのストラルドブラグ型のシナリオへと追いやられつつあるのではないか、というものだ。南カリフォルニア大学のアイリーン・クリミンズ教授（老年学）の表現を借りれば、私たちは老化を遅らせることにはまだ成功していないが、死を遅らせることはできるようになった。病気を治療することに土台を置く病院システムは、人々を生き続けさせることはできても、その人たちの健康を良好に保てている場合ばかりではないのだ。癌を患っても生き延び、脳卒中の発作を起こしても死を免れるケースは増えたが、健康状態や心身の機能がそこなわれるケースが少なくない。患者がもっと早く死ぬよりは好ましいように思えるかもしれないが、このような世界では、寿命を延ばすためにさらに投資することへの疑問が浮上しても無理はない。

スウィフトの風刺は、人間がいだく解決不可能なジレンマの本質をえぐり出している。それは、「長生きはしたいけど、老いたくはない」というジレンマだ。しかし、スウィフトは長寿を揶揄《やゆ》するだけでなく、エバーグリーンの課題と同様の結論に達していた。人生が長くなるのであれば、よい老い方をすることが不可欠だと考えていたのだ。

老いて若々しく死ぬ

次は、ストラルドブラグとは対極に位置するパターンに目を向けよう。死亡率の改善は進まないが、それぞれの年齢ごとの健康状態が改善するパターンである。再び第2章の図を基に考えると、死亡率の曲線は動かず、フレイルの曲線だけが右方向に移動する。この場合、人生の質は向上するが、人生の量は変わらない。こうした状況を、オスカー・ワイルドの1890年の小説『ドリアン・グレイの肖像』の主人公にちなんで、ドリアン・グレイ型のシナリオと呼ぶことにしよう。

この小説の主人公ドリアン・グレイは、享楽主義的な日々を送る美青年だ。友人である画家の手による肖像画に描かれた自分の肉体的な美しさを保ちたいと願い、いわば悪魔と契約を結ぶ。肖像画のなかの自分が老いていき、その代わりに実際の自分は肉体の若さと美しさを維持し続けたいと願ったのである。すると、ドリアンが自堕落で不道徳な生活を送れば送るほど、肖像画のなかのドリアンが老い、醜くなっていくようになった。その一方で、現実のドリアンの容貌はまったく変わらない。

ドリアン・グレイの物語が描くのは、寿命は延びないけれど、健康でいられる期間が延びるというパターンだ。この場合、寿命と健康寿命のギャップが狭まり、人生終盤の不健康期間が圧縮される。レッドゾーンが小さくなるのだ。これを極限まで推し進めれば、第2章で紹介したニール・バルジライの言葉にあるように「長く生き、若く死ぬ」ことが可能になる。加齢とともに健康が悪化するプロセスの「ゆっくりと」の段階が非常にゆっくりと進むようになり、ほとんど健康状態に変化が起きなくなる。そして、やがてかなり高齢になってから、「突然に」の段階がきわめて突然起こり、一瞬でそのプロセスが完結するようになるのだ。

ストラルドブラグ型のシナリオは、惨めな状態でずっと生き続けるという背筋が寒くなるものだった。それに比べれば、ドリアン・グレイ型のシナリオのほうが格段に好ましいと言えるだろう。年齢を重ねても健康と心身の機能が維持される結果、私たちがいだく最大の不安が緩和され、しかも長生きしすぎるという悪夢を回避することができる。しかし、よいことばかりではない。

若さと健康の維持を重んじるあまり、ドリアン・グレイ型のシナリオは、若さ至上主義の発想を生みかねない。古代ローマの哲学者キケロは著書『老年について』で、自分にとって老いることの大きな利点は、激情と情欲から解放されることだと述べている。これらの感情に心を乱されずに執筆に集中できるようになったキケロは、18世紀フランスの哲学者ヴォルテールに「古代ローマにおける最も偉大で最も格調高い著作を残した哲学者」と評されるまでの業績を残した。年齢を重ねるとともに知識が蓄積されていくという、昔ながらの考え方の土台にあるのは、このキケロのような視点だ。ドリアン・グレイも小説の最後で、若さと美しさと快楽だけが人生の価値ではないと気づく。そして、肖像画を切り裂こうとして、その結果、自分の命を終わらせる。この物語が力強く表現しているのは、生物学的現象が加齢のすべてではないということだ。長い人生をよい人生にするうえでは、健康を維持することが土台にはなるが、知恵と経験と友情を蓄積することも不可欠なのである。

老化を遅らせる

ストラルドブラグとドリアン・グレイに共通するのは、寿命の改善と健康の改善が両立しないことだ。前者では、死亡率は改善するけれど、健康は改善しない。後者では、健康は改善するけれど、死亡率は改善しない。しかし、老化の進行そのものを遅らせることができたら、どうだろう。70歳を「新しい60歳」にできれば、70歳の人の健康状態と死亡率が60歳並みになる。第2章のグラフで言えば、死亡率の曲線とフレイルの曲線がともに右方向へ移動するのだ。これが実現すれば、二重の恩恵が得られる。寿命と健康寿命の両方が延びるのである。禁煙したり、エクササイズを始めたりした人は、まさにこの二重の恩恵を手にする。そして、老化科学が進歩して、生物学的老化を減速させるための治療法が開発された場合にも、同様の恩恵が実現するのだ。

もし生物学的老化がまったく進まなければ、私たちは永遠の若さを手にできる。このシナリオをピーター・パン型のシナリオと呼ぶことにしよう。J・M・バリーの戯曲『ピーター・パン』に登場する少年ピーター・パンは、けっして大人にならない。このような極端なケースでは、生涯を通じて健康と死亡率がまったく変わらない。しかし、一般的にピーター・パン型のシナリオで目標にするのは、生物学的老化のペースを遅くすることだ。それにより、より長く生きるだけでなく、あらゆる年齢でより健康に生きることを目指すのだ。

言うまでもなく、ピーター・パンは架空の物語のなかの存在だが、加齢が死亡率と健康にほとんど影響を及ぼさない動物は現に存在する。とくに、ある地味な生き物が長寿研究者たちを魅了し続けてきた。その動物とは、東アフリカに生息するハダカデバネズミだ。ほとんど体毛がなく、肌は皺だらけで、大きな鋭い歯が突き出している。お世辞にも見栄えがいいとは言えないが、死亡率の低さでは抜きん出ている。ハダカデバネズミは、年齢を重ねても死亡率がほとんど上昇せず、小さな哺乳類としては寿命が異例に長い（自然界で17年、実験室で30年[4]）。この点は目を見張るべきことと言える。一般的に大きな動物ほど長く生きる傾向があるなかで、ハダカデバネズミの寿命は、体重から推定される年数のおよそ5倍に達するのだ[5]。そこで、この動物の遺伝学的特徴から学ぶことにより、人間がよりよく老いる方法を明らかにできるのではないかという、興味深い可能性が浮上している。

老化を遅らせることにより、加齢とともに死亡率が上昇しないようにできたとしても、永遠に生きられるわけではない。ハダカデバネズミも不死ではない。年齢を重ねても死亡率がほとんど上昇しないだけであって、死亡率がゼロではないのだ。それでも、加齢に伴う死亡率の上昇がほとんど起こらないようになれば、私たちの平均寿命は大きく変わる。

その影響は途方もなく大きい。私の長男はもうすぐ30歳になる。30歳の誕生日に科学の進歩が実現して、それ以降は老化が進まなくなるとしよう。途方もなく大きな誕生プレゼントだ。このあとは、1年経つごとに暦年齢は1歳増えるが、死亡率とフレイルの度合いは30歳のときのまま変わらないのだ。その場合、息子はあと何回、誕生日を迎えられるだろう?

幸い、30歳で死ぬ確率は非常に小さい。イギリス人男性の場合、その確率は約0・07%だ。このまま死亡率が永遠に変わらないと仮定した場合、計算すると、いささか気が滅入る話だが、1462歳まで生きることが予想できる。1年の間に死亡する確率が1000分の1より低ければ、その人は、新しいミレニアム(千年紀)を迎えて、西暦3000年を軽く超えて生き続ける計算になる。この単純だが魅力的な設例は、老化が私たちの寿命に及ぼす影響の大きさを物語っている。いま人類の平均寿命が100歳に届いていないのは、現在のようなペースで加齢とともに死亡率が上昇するからだ。ピーター・パン型のシナリオが実現して生物学的老化のペースが減速すれば、状況が一変して、私たちの平均寿命は大きく上昇する。

しかし、年齢を重ねても死亡率が上昇しない状況が実現したとしても、このように長く生きられるとは限らない。言うまでもないことだが、重要なのは、老化が停止する年齢だ。50歳のイギリス人男性の死亡率は0・4%で、30歳の数値より高い。そこで50歳の時点で老化が止まると仮定して計算し直すと、その人は303歳まで生きると予想できる。1462歳に比べれば対処しやすいが、それでも目を見張る年齢だ。いま私がこの文章を書いている時点で303歳の人が存命だとすれば、その人物は1720年に生まれたことになる。これは、歴史上はじめて株式のバブルが崩壊し（イングランドの南海泡沫事件と、実業家ジョン・ローによるミシシッピ計画）、ジョナサン・スウィフトが『ガリバー旅行記』の執筆に着手し、作曲家ウォルフガング・アマデウス・モーツァルトの母アンナ・マリア・モーツァルトが生まれた年である。この年に生まれた人は、アメリカ独立戦争のときにはまだ50代、フランス革命が起きたときには60代だった計算になる。303歳という寿命は、推定で300年以上生きるとされるニシオンデンザメに匹敵する。もっとも、動物界にはもっと長く生きる生物もいる。北大西洋に生息する二枚貝であるアイスランドガイは、500年以上生きる。寿命の長い短いは、すべて相対的なものなのである。

もし70歳の時点で、死亡率の上昇が止まるとしたらどうだろう？　この場合、平均寿命の延びはかなり控えめなものにとどまる。70歳のイギリス人男性の死亡率は2％。寿命は106歳という計算になる。それでも、ピーター・パン型のシナリオを実現させ、100歳を「新しい70歳」にできれば、「100歳くらい、よい人生を生きたい」という起業家イーロン・マスクの願いをかなえることができる。

これらは数学的な机上の計算にすぎず、本格的な未来予測とは言えないが、それでもいくつかの結論を導き出すことができる。まず、生物学的老化を止めても、永遠に生きられるわけではない。また、度を越した長寿が実現するとも限らない。すべてのカギを握るのは、老化が止まる年齢なのだ。この結論は、老化が完全に停止するのではなく、老化のペースを遅くできるだけにとどまる場合、いっそう強固なものになる。

しかし、高齢になってからフレイルの悪化と死亡率の上昇のペースが止まった場合には、これとは別の意味で、老化に対する私たちの感じ方が変わる可能性がある。その傾向は、今日すでに見て取れる。影響があらわれるまでに、１５００年近くもの年数を要しないからだ。

高齢者が若い人より先に死ぬのが当たり前だと考えられているのは、年齢とともに死亡率が上昇していくからにほかならない。もし、年齢を重ねても死亡率が変わらなくなれば、30歳の人も50歳の人も70歳の人も、予想される余命に違いはない。その場合、あなたが親や祖父母よりあとまで生きることは、当たり前ではなくなる。奇妙に聞こえるかもしれないが、そのような状況は、歴史を振り返ると別に珍しいことではなかった。私の両親は、生まれたばかりの息子（私の双子の兄弟）を亡くした。第1章で紹介した18世紀の保険数理士ベンジャミン・ゴンペルツも、息子を幼くして亡くしている。人類の歴史では、乳幼児の死亡率がきわめて高い時代が長く続いたのだ。若い人が高齢者よりあとまで生きるのが当たり前になったのは、比較的最近のことなのである。

人によって老い方がまちまちであることと、高齢者の死亡率が低下していることが相まって、家族における老いのあり方の多様化が劇的に進むだろう。イギリスのリバプールに住む98歳の女性エイダ・キーティングは、2017年に老人ホームへの入居を決めた。といっても、介護を必要としていたわけではない。80歳の息子トムが先にその老人ホームに入居していて、その世話をしようと考えたのだ。キーティングはこう述べている。「毎晩、トムの部屋を訪ねておやすみなさいの挨拶をして、朝おはようと挨拶します。そして、朝食の時間にまた来るからねと伝えます。私が美容院に出かけると、息子は私のことを探し、私が帰ってくると、両腕を大きく広げて歩み寄り、私を抱擁します。何歳になっても母親は母親なんですね！」[6]

老化のプロセスを逆転させる

老化のペースを遅らせることでピーター・パンのような人生を実現しようという考え方は、突飛に感じられるかもしれない。しかし、私たちの現実の経験から遠くかけ離れたものではない。誰でも、友人や知人のなかに、食べるものに気をつけ、アルコールやタバコを避け、規則正しく運動していて、「年齢のわりに元気」に見える人がいるだろう。そう、生物学的年齢には可変性があるのだ。ピーター・パンのような極端な状態を実現することはまだ不可能かもしれないが、生物学的年齢の加齢を遅らせることは可能だ。

しかし、老化の進行を遅らせるだけでなく、老化のプロセスを逆転させることができるとしたら？　もっと若かったときのように、健康に生きられるようになったら？　それも、ハリウッド映画でよくあるようにタイムトラベルで過去に戻るのではなく、いわば身体の時計を操作して、生物学的な意味での若さを取り戻せるとしたら？　時計は、進むスピードを遅くするより、時間を逆戻りさせるほうがはるかに簡単だ。私たちの加齢のシステムにも、これと同じことが言えるとしたらどうだろう。

老化科学は、そのように老化のプロセスを逆転させる可能性について研究している。2023年1月、カリフォルニア州サンディエゴに本社を置くバイオテクノロジー企業、リジュブネイト・バイオは、マウスの細胞をリセットして若い状態に戻し、マウスの寿命をおよそ10％延ばすことに成功した。カリフォルニア州のバイオ製薬企業アルカヘストは、神経変性疾患と加齢関連疾患を対象に研究開発に取り組んでおり、若い人の血漿《けっしょう》を高齢の患者に輸血する臨床試験を実施している。ライジェネシスという別のアメリカ企業は、肝移植の代わりに、幹細胞を使って肝臓を再生させる実験をおこなっている。

予想どおりと言うべきか、若返りというテーマに真っ先に飛びついたのは、スーパーヒーロー映画のファンなら誰もがよく知っているように、ハリウッドの映画産業だった。マーベル・コミックスの人気キャラクター、ウルヴァリンは、どんなに大きなけがを負っても、元どおりに修復する能力をもっている。臓器や組織を再生して、元の健康な状態に戻すことができるのである。そこで、老化のプロセスを逆転させるパターンをウルヴァリン型のシナリオと呼ぶことにしよう。ウルヴァリンは、時間の流れを逆転させ、避けることのできない衰弱を再生の可能性に転換させることにより、老化に関する固定観念を打ち壊す。

ピーター・パン型のシナリオを地で行くハダカデバネズミがいたように、自然界には、ウルヴァリン型のシナリオを実践している動物もいる。メキシコに生息する両生類のメキシコサンショウウオ（アホロートルと呼ばれることもある）〔日本ではウーパールーパーという名称で知られている〕は、四肢や皮膚など、体の大半の部分を再生できる。もっと興味深いのは、ヒドラという動物かもしれない。淡水に生息し、固着生活を送る細長い生き物だ。長さは1センチほどまで成長し、長い触手をもっている。「ヒドラ」という名前は、ギリシャ神話に登場する怪物のヒドラに由来する。この怪物は多くの頭をもっていて、頭が切り落とされてもまた新しい頭が生えてくる。動物のヒドラも、体の大部分が幹細胞で構成されていて、細胞を絶えず再生させることができる。このような性質があるため、ヒドラは永遠に若さを維持し、老化の兆候がまったくないように見える。(7)

ここまで、よりよい老い方を可能にするための4つの方法を象徴する4人のキャラクターを紹介してきた。この4つのシナリオの違いは、死亡率が改善する度合いと、健康状態が改善する度合いの組み合わせ方の違いにある。いずれのシナリオも現実離れしている。フィクションの世界のキャラクターなのだから当然だ。それでも、これほど極端なシナリオは無理にしても、どうすればよりよい老い方ができるかを知る手がかりにはなる。

私たちがいま歩んでいる道に最も近いのは、ストラルドブラグ型のシナリオだ。特徴は、健康寿命の延びを寿命の延びが上回っていることにある。ドリアン・グレイ型のシナリオは、健康寿命を延ばして健康な老いを実現し、人生終盤の不健康期間を圧縮することを目指すものだ。ピーター・パン型とウルヴァリン型は、生物学的老化のプロセスを標的に定め、健康寿命と寿命の両方を改善しようとする。

もしかすると、あなたはすでに、4つのシナリオのどれが最も魅力的かについて自分なりの意見をもっているかもしれない。しかし、これらのシナリオをランクづけし、優先順位を正確に判断するためには、経済学の知識を活用して、それぞれのシナリオで実現できる結果を金銭評価する必要がある。よい老い方をすることにどれくらいの経済的価値があり、人生の量と質のどちらの経済的価値が大きいのかを明らかにするべきなのだ。

健康と寿命の価値はいくら？

健康と寿命にどれくらいの価値を認めるかという問題は、コロナ禍で大きなテーマになった。2020年はじめに、新型コロナウイルスの感染が拡大し始めると、個人と政府は、この感染症がきわめて大きな問題に発展する可能性があることを知り、愕然とした。ある有力な報告書によると、対策が取られなければ、イギリスでは50万人以上、アメリカでは200万人以上が新型コロナ関連で死亡する可能性があるとのことだった。[8]

こうした不吉な予測を受けて、私たちは自分たちの行動を変容させ、政府は緊急の感染対策を実行した。その結果として、景気は大きく落ち込んだ。イギリスでは、1四半期の間にGDPが20％下落し、1709年の大寒波以来最悪の景気後退に見舞われるという予測も広がった。1709年とはずいぶん昔の話だ。この大寒波を経験して現在も生き続けているのは、ニシオンデンザメくらいのものだろう。コロナ禍でこのような経験をしたのは、イギリスだけではない。世界の64カ国では、最初のロックダウン（都市封鎖）によりGDPが平均30％下落した(9)。

過酷な景気悪化を経験したことにより、すぐに、ためらいがちではあるものの、避けて通ることのできない議論が始まった。健康とお金という2つの優先事項がぶつかり合うなかで、どちらを優先させるべきなのか、という議論だ。新型コロナとの闘いについて回る途方もない経済的代償は、コロナ対策によって守られる人命の数を考えた場合、割に合うものと言えるのだろうか。問いを発するだけでも気が滅入ってくる。ましてや、問いに答えを出すのは、あまりに気が重い。こうした問いを投げかけること自体が不謹慎だと考える人もいる。当時アメリカのニューヨーク州で知事を務めていたアンドリュー・クオモは、この難しくて、ことによると刺々しいものになりかねない論争に加わることを拒んだひとりだ。クオモに言わせれば、この問いの答えはひとつしかありえない。「人の命の価値は、値段をつけられないくらい大きい。それ以上言うことはない」というのだ。

政治家は、有権者の意向に従って行動する。それに対し、経済学者は、ものごとのトレードオフの関係を明らかにすることを専門とする。経済学という学問の核を成すのは、希少な資源をどのように分配するべきかという問いだからだ。もしあなたがXという選択肢にお金や時間やその他の資源を費やせば、別のYという選択肢のために使える資源はその分だけ少なくなる。経済学は、こうしたトレードオフの関係について理解を深め、それを定量的に、具体的に言うとつねに金額の形で評価しようとする。

経済学者以外の人たちは、あらゆるものを金額で評価する必要などないと思っている。というより、そのような行為を不愉快だと感じる人が多い。オスカー・ワイルドの戯曲『ウィンダミア卿夫人の扇』の登場人物のひとりは、「冷笑家とはどのような人物のことか」と問いかける。その問いに対して、この人物が挙げた答えはよく知られている。「それは、あらゆるものの値段を知っているが、いかなるものの価値も知らない人間である」というものだ。ひょっとすると、ワイルドはこのくだりを書いたとき、経済学者のことを念頭に置いていたのかもしれない。

しかし、ワイルドの同じ戯曲のなかには、この言葉ほどはよく知られていない別の言葉も出てくる。それは、「センチメンタルな人」とは「あらゆるものに馬鹿げた価値を見いだし、いかなるものの市場価値も知らない人」であるという言葉だ。私たちが高い価値を認めているものはたくさんある。しかし、手持ちの資源に限りがあるために、そのすべてを獲得することはできない。たとえば、広い家に住みたいという願いと、働く時間を減らしたいという願いをいだいている場合、たいていの人はトレードオフの選択をすることになる。社会全体に規模を広げて考えると、コロナ禍で世界の国々の政府は、人々の命を救うための政策と、景気を維持するための政策の間でトレードオフの選択を迫られた。

ここまでこのようなことを述べてきた趣旨はもう明らかだろう。よい老い方をするのが好ましいことは言うまでもない。誰だって、悪い老い方はしたくない。問題はコストだ。よい老い方をすることは、あなたの時間とお金を必要とするほかのすべてのニーズと比較した場合、どれくらい優先すべきことなのか。

政府がお金と健康の間でトレードオフの選択を突きつけられることは珍しくない。多くの国で医療制度を論じる際に経済学の考え方が用いられているのは、それが理由だ。イギリスでは、２０２１年の医療費支出の総額が２７７０億ポンドに達した。これは国民１人当たり４０００ポンドという計算だ。[10] しかし、これほど莫大な金額を費やしても、健康に関するニーズをすべて満たすことはできない。そこで、どの治療法や薬にお金を使い、どの治療法や薬にお金を使わないことにするかを選別する必要がある。

イギリスの場合、その判断は、英国国立医療技術評価機構（ＮＩＣＥ）が定めるガイドラインに従っておこなわれる。この種のガイドラインの土台を成す緻密な計算では、実質的に人間の命を金額に換算して評価する。その際にカギとなる指標が「質調整生存年（ＱＡＬＹ）」だ。これは、ある人の余命を健康の度合いで調整して評価する指標である〔完全に健康な状態での余命1年が1QALY。1年間の健康の度合いが低くなれば、その分だけQALYの値が小さくなる」。NICEの基準では、ある治療により患者の余命が1QALY増える場合、治療のコストが3万ポンドを上回らなければ、その治療には価値があるとみなされる。したがって、ある治療法が30万ポンドの費用を要せずに、患者の余命を10QALY延ばせるのであれば、その治療法は承認される。もっとも、1QALYに対して3万ポンドという基準に明確な理論的根拠はない。おそらく、医療費支出を予算内に収めるために選ばれた基準なのだろう。[11]

2021年、イギリスのNHSがゾルゲンスマという薬を承認した。この薬品には、さまざまな面で目を見張らされる。最も特筆すべきなのは、幼い子どもの脊髄性筋萎縮症（SMA）の進行を食い止める効果だ。SMAは、次第に筋肉が弱くなっていく遺伝性疾患。この病気を発症した赤ちゃんの平均余命は、悲劇的なことにわずか2年だ。SMA患者は、SMN1という遺伝子をもっていなかったり、この遺伝子が変異していたりする。そこで、点滴でゾルゲンスマを1回投与して、SMN1遺伝子を補う。

この薬のもうひとつ目を見張るべき点は価格だ。1回の投与で179万ポンド。世界で最も高価な薬なのだ。[12] しかし、いまイギリスで生まれた赤ちゃんは平均すると83歳まで生きると期待できる。したがって、この薬を使えば、きわめて多くのQALYを増やすことができる。だからこそ、この薬が承認されたのである。余命を延ばす効果が実証されている個々の治療法に莫大な資金を投じることが、予算上のルールによって妨げられることはない。私たちの健康には、途轍もなく大きな価値があるからだ。

健康の価値をどうやって評価するか

医療予算の配分を決めるうえでは、NICEのような機関が定めるガイドラインを一貫した基準として用いればいい。しかし、もっと根源的な問題は解決しない。人々の健康や寿命を改善することの経済的価値をどうやって評価すればいいのか、という問題である。そのためのひとつの方法は、よりよい老い方をすることが経済に及ぼす影響を計算するというものだ。人々がより健康な状態でより長く生きるようになれば、より長く働けるようになり、その結果としてGDPが押し上げられる。したがって、よりよい老い方をすることの経済的価値は、このGDPの増加分を基準に金銭評価することができる。また、もうひとつの方法としては、認知症や癌などの病気を治療するための支出の減少分に目を向けるというアプローチもありうる。医療費支出を節約できれば、教育、住宅、環境など、ほかの重要課題のために使えるお金が増えるからだ。

いずれのアプローチも理にかなっているが、どちらの方法によっても、よりよい老い方をすることがもつ価値の全容はとらえられない。あるものごとの経済的価値が経済への影響だけで決まると考えるのは間違っている。親はわが子が健康であることの価値を、その子が大人になったときの稼ぐ力に及ぶ影響を基準に判断したりはしない。それに、90歳の人がもう働いていないからというだけの理由で、その人の健康を改善することが重要でないということにはならない。同様に、コストだけでものを考えるのも正しくない。たとえば、ある治療を受ければ認知症を治せるが、現在の介護費用よりも費用が10％多くかかるとしよう。それでも私たちはその治療法に金を払い、それをよい投資と考えるに違いない。健康であることには、金銭的価値とは関係なしに、それ自体にきわめて大きな価値があるのだ。

このような広い意味での健康の価値を評価するために、経済学者は「統計的生命価値（ＶＳＬ）」という概念を用いる。[13] ここで見落としてはならないのは、ＶＳＬの「Ｓ」の要素だ。これはあくまでも統計上（Statistical）の概念であって、道徳上の概念ではない。ある人の生命にどれだけの価値があるかを算出することは目的にしていないのだ。狙いは、もっと小さな問いに答えることにある。それは、死亡のリスクを減らすためにどれだけの金額を支出するのが妥当か、という問いだ。あなたがマイカーの事故による死亡リスクを1％減らせる安全装置に1万ドル支払うつもりがあるとすれば、あなたのＶＳＬは１００万ドルということになる（1％が1万ドルなので、１００％だと１００万ドルになるという計算だ）。

２０２２年、アメリカ政府は、国民１人当たりのＶＳＬを１１４０万ドルと認定した。[14] 大きな金額だ。まさに人生は甘美なり！　ＶＳＬを１１４０万ドルとすることの意味を具体的に見ていこう。たとえば、政府の試算によると、ある道路（事故の起きやすい場所だ）にガードレールを設置した場合、10人の命を救えると予想できるとしよう。救われる命のＶＳＬは、合計で

1億1400万ドルという計算になる。もしガードレールが1億1400万ドルより安く設置できるのであれば、それは有意義な投資とみなされる。

アメリカ政府は、どのようにして1人当たりのVSLを1140万ドルと結論づけるにいたったのか。その計算は、人々が職場におけるリスクを小さくするのと引き換えに、どれくらい所得が下がることを受け入れるか、そして、自動車の安全装置や家屋の火災報知器などにどれくらい支出するかを基準におこなった。これらの点に関する意思決定は、人々が死亡率の軽減にどれくらいの価値を認めているかを映し出すものであり、VSL算出の基準にできると考えたのだ。VSLの値がきわめて大きいということは、私たちが健康と生命に非常に大きな価値を見いだしていることを意味する。これほど生命に大きな価値があると考えているのなら、新型コロナ対策によって死者の数を減らせたのは安いものだったと言えるだろう。ロックダウンによりGDPが減少したものの、それを補ってあまりある恩恵があったということになる。(15)

VSLの考え方を用いれば、本章で紹介した4人のキャラクターが達成した健康および寿命の改善がもつ経済的価値も算出できる。4つのシナリオは、2つの方法のいずれかによってVSLを変化させている。ひとつは、寿命を延ばすことにより、人生の量を増やすという方法。一般論としては、人生の時間は長ければ長いほど好ましい。しかし、人生の時間がもつ価値は、すべてが同じではない。そこで、VSLでは、人生の質、つまり健康状態と生活水準も考慮に入れる。健康状態が良好で、消費が多く、余暇時間が長い日々は、健康状態が悪く、消費が少なく、労働時間が長い日々よりも価値があると考えるのだ。4つのシナリオは、この人生の量と質の組み合わせ方が異なり、VSLの水準も異なる。この違いに着目することにより、それぞれのシナリオの金銭的価値を明らかにできる。

VSL分析の重要な要素のひとつは、健康と平均寿命が変わると、人々が生涯の間に仕事と支出と貯蓄に関してくだす決定も変わるという現実を考慮に入れられる点だ。寿命が延びることの影響を検討する際は、人生の終盤に寿命が延びた期間における人生の質と量だけでなく、それより前の日々の人生の質に及ぶ影響も考えなくてはならない。VSLの算出では、健康と平均寿命の変化に応じて平均的なアメリカ人が取る最善の経済的反応を明らかにし、それを基に数値を計算し直している。[16]

予想される寿命が延びるケースを考えてみよう。この場合、引退生活に入る時期を遅らせないとすると、生きる年数が長くなるにもかかわらず、生涯に稼ぐお金の総額は変わらない。そのため、人生を通じて節約を実践し、毎年の支出を減らす必要が出てくる。引退後に過ごせる余暇時間は増えるが、毎年使えるお金は減ってしまうのだ。あなたが余暇時間を大切に考えているのであれば、これで大満足だろう。しかし、人によっては、支出を減らすより、あと数年長く仕事を続けたほうがいいと思う人もいるかもしれない。いずれの場合も、人生の終盤の年数が増えたことで、それより前の人生の質に変化が生じる。支出を減らすにせよ、長く仕事を続けるにせよ、人生の質が変わるのだ。VSLは、こうした人生全体を通じた複雑な調整も考慮に入れることができる。

あなたにはその価値がある

ＶＳＬ分析の基本的な仕組みは、ここまで述べたとおりだ。以下では、本章の４人のキャラクターを使って、この分析による知見を紹介する。その内容はすべて、私がオックスフォード大学のマーティン・エリソン、ハーバード大学医学大学院のデビッド・Ａ・シンクレアと共同で執筆した『ネイチャー・エイジング』誌の論文に基づいている。(17)

寿命が延びることには（差し当たりは）価値がある

『ガリバー旅行記』のストラルドブラグの人生は、４人のキャラクターのなかで最も魅力が乏しい。なにしろ、健康が衰えた状態で長く生き続けなくてはならない。しかし、ＶＳＬ分析によれば、このような人生にも価値はある。ＶＳＬを計算すると、アメリカ人が平均寿命である79歳より1年長く生きることの価値は10万ドル近い。ジョナサン・スウィフトが考えたように、ある水準よりも健康状態が悪化すると、それ以上生き続けても望ましくないのかもしれないが、ＶＳＬを見る限り、私たちがその水準に達するのはまだずっと先らしい。その時期が訪れるのは、平均的なアメリカ人にとって80歳よりもはるかにあとなのだ。

ストラルドブラグにとっても人生の年数が増えることには恩恵があるが、問題がひとつある。アメリカ人のVSLが1140万ドルで、平均寿命が79歳だとすれば、1年間の人生の価値は平均約15万ドルということになる。79歳から1年長く生きることの価値が10万ドルだとすれば、その価値は人生の平均的な1年よりかなり小さいのだ。

どうして、このようなことが起きるのか。それを検討することにより、私たちが高齢化社会を恐れる理由が見えてくる。高齢期の1年間がもつ価値が相対的に小さい理由のひとつは、この時期の健康状態が平均を下回ることにある。健康状態が悪くなれば、生活の質が下がるからだ。しかし、問題はそれだけではない。1年長く生きるとすれば、その期間の生活に必要な資金を確保するために、それ以前の人生で貯蓄を増やすなり、働く年数を増やすなりしなくてはならない。その結果として、それまでの人生における生活の質も下がる。ストラルドブラグ型のシナリオで寿命が1年延びることは確かに恩恵と言えるが、それ以前の人生への負担も増えるのだ。このパターンで平均寿命が上昇すればするほど、恩恵は縮小し、人生のもっと早い時期に要求されることが多くなる。高所得国で高齢化社会への不安が高まり、平均寿命がさらに延びることへの懸念が増している理由は、ここにある。

重要なのは健康に老いること

このように、VSL分析によれば、単に寿命が延びるだけの場合、人生の年数が長くなるほど1年当たりの人生の価値が下がる。したがって、最も重んじるべきなのは、健康の面で老い方を改善することだ。アメリカ人の平均寿命は79歳だが、平均健康寿命は69歳にとどまっている。もし、ドリアン・グレイのように、人生のあらゆる段階における健康状態を改善することにより健康寿命を1年延ばせれば、VSL分析によると、その1年間の価値は21万6000ドルに上る。これは、79歳の時点でストラルドブラグ的な人生が1年長くなる場合の2倍以上だ。ストラルドブラグ型のシナリオでは、人生は1年延びるが、健康状態は悪化する。それでも寿命が延びるのは好ましいことだが、その代わりに高齢になるまでの人生への負担が増す。それに対し、ドリアン・グレイ型のシナリオでは、人生の時間は増えないが、健康状態が改善し、人生のそれぞれの年がよりよいものになる。高齢になるまでの人生への負担が増すこともない。人生の年数が増えずに、健康に生きられる年数だけが増える分には、その日々に必要なお金を確保するためにより多く働く必要はないからだ。

話はこれで終わらない。健康寿命の延びが寿命の延びよりも大きな価値をもつのは、最初の1年だけではない。その状況は、健康寿命が寿命に追いつくまで続く。VSL分析から導き出せる結論は非常に強力だ。現在の医療で最も重んじるべきなのは、寿命を延ばすことではなく、寿命（＝ライフスパン）に健康寿命（＝ヘルススパン）を近づけることなのだ。そのためには、第1の長寿革命（寿命を延ばすことを目指す）から第2の長寿革命（老い方を変えることを目指す）へ移行する必要がある。

過激なメッセージに聞こえるだろう。今日の医療制度と現代医学では、寿命を延ばすことを重んじる発想がきわめて強いからだ。現場の医師が患者を生き続けさせようとするのは、完全に理解できる行動だ。しかし、その結果として、健康が悪化した状態で生き続ける人が増えるとすれば、医師たちは患者に前述の「レッドゾーン」への片道切符を手渡し、悪い老い方に追いやっていることになる。ドリアン・グレイ型のシナリオを分析することによりわかったのは、このレッドゾーン、つまり健康寿命と寿命のギャップを埋めることこそ、私たちが医療で追求すべき最優先課題だということだ。世界の国々の政府は、これまでのように平均寿命を重視するのではなく、政府の取り組みの成功度を測る主要な指標として、平均健康寿命を重んじるべきなのである。

寿命より健康寿命が重要だというのは、国単位だけでなく、個人単位でも言えることだ。長生きすることに伴う努力や犠牲のことを考えると、長生きしたいとは思わない――こんなことを言う人は少なくない。太りすぎないように自分に目を光らせ、アルコールの摂取を減らし、規則正しく運動するには、努力が必要だ。それに、こうしたことを気にせずに生きるほうがもっと楽しい。このように感じる人たちの気持ちは痛いほどよくわかる。人生は、トレードオフの選択の連続だ。目先の人生を楽しく生きることを優先させ、長く生きることを諦めるというのは、別に不合理な選択ではない。しかし、そこにはひとつ落とし穴がある。それは、私たちが生きている社会がストラルドブラグ型の生き方を追求しているということだ。今日の医療制度は、さまざまな手術や医薬品や救急処置などにより、人々を長く生きさせることに非常に長けている。この点を考えると、あなたが突きつけられているトレードオフの選択は、現在の人生の質を取るか、未来の人生の量を取るかというものではない。そのトレードオフは、いま良好な健康状態で生き、未来にも良好な健康状態で生きるか、それとも、いま劣悪な健康状態で生き、未来にいっそう劣悪な健康状態で生きるかという選択なのかもしれない。エバーグリーン型の世界では、ゲーテの『ファウスト』の世界とは「悪魔の取引」の中身も変わる。それは、ギリシャ神話のティトノスが思い知らされたとおりだ。

生物学的老化を減速させることの利点

しかし、ドリアン・グレイ型の人生を分析するだけで終わりにするわけにはいかない。長く健康を維持できることには、確かに途方もなく大きな価値がある。しかし、私たちは、長く生きることにも大きな価値を見いだしている。そこで、ピーター・パン型の人生がもたらす二重のご褒美がひときわ大きな価値をもつ。生物学的老化を減速させることができれば、よりよい健康とより長い人生の両方を手にできる。ピーター・パン型の人生は、ストラルドブラグ型の人生はもとより、ドリアン・グレイ型の人生よりも魅力的だ。

生物学的老化のプロセスを遅らせ、あらゆる年齢で死亡率とフレイルの度合いを引き下げることにより、アメリカ人の平均寿命を79歳から80歳に上昇させられれば、その経済的価値は

VSL分析によれば18万ドルに達する。この金額は、ストラルドブラグ型のシナリオの下で寿命が1年延びることの価値（10万ドル）より大きいだけではない。アメリカ人の人生における1年間の価値（前述のとおり、人生全体の平均でおよそ15万ドル）をも上回る。ピーター・パン型の人生で平均寿命が1年延びる場合、その1年間の人生の質は、ストラルドブラグ型の人生よりも高い。健康状態がより良好だからだ。しかも、それだけにとどまらず、ピーター・パン型の人生では、人生のもっと早い時期の健康レベルも改善し、その時期の人生の質も高まる。ピーター・パン型のシナリオは、高齢になる前の人生に負担を課すどころか、その時期の人生の質を改善するのだ。このように、ピーター・パン型のシナリオで増える1年の価値は、ストラルドブラグ型のシナリオで増える1年の価値より格段に大きいと言える。さらに、ピーター・パン型の人生で増える1年は、ドリアン・グレイ型の人生で増える1年に比べても大きな価値がある。生物学的老化を遅らせることで健康寿命が1年延びれば、その価値は29万4000ドルに上る。これは、ドリアン・グレイ型の人生における21万6000ドルを上回る。ピーター・パン型のシナリオの場合は、よりよい健康とより長い人生という二重の恩恵が実現するからだ。

では、ピーター・パン型とウルヴァリン型を比較した場合はどうか。老化を遅らせることと、老化を逆転させることの間には、根本的な違いがあるように思えるかもしれない。しかし、多くの場合、両者の違いはさほど大きくない。理由を説明すると長くなるが、いずれのシナリオも、実質的に若さを維持するという点は共通している。その方法が違うだけだ。以下の2種類の医療措置について考えてみよう。ひとつは、私の息子にピーター・パン型の処置をおこない、30歳の誕生日以降、老化のペースを遅らせるというもの。もうひとつは、息子が60歳のときにウルヴァリン型の薬品を服用することにより、生物学的年齢を30歳まで戻すというもの。30歳から60歳までの間のことを考えると、ピーター・パン型のほうが好ましい。その期間の健康状態がウルヴァリン型より良好だからだ。一方、60歳以降は、ウルヴァリン型のほうが好ましい。要するに、両者がまったく同じというわけではないが、それぞれに強みと弱みがあり、結局のところ、違いはそれほど大きくないのだ。そうなると、どちらがより好ましいかは、どちらがより達成しやすいかによって決まる。つまり、それぞれの医療措置のコストと有効性および再現可能性で判断することになる。

ただし、もし実現するのであれば、臓器や組織を再生して元の健康な状態に戻せるウルヴァリン型のほうが魅力的な点がひとつある。老化科学の飛躍的な進歩がやがて実現するのか、実現するとしていつ実現するのかは誰にもわからないが、もしそれが実現するのであれば、私はウルヴァリン型のものであってほしいと思う。30歳の息子であれば、どちらの方法でも生涯を通じた恩恵はあまり変わらないかもしれないが、私にとってはウルヴァリン型のほうが好ましい。私が80歳になる頃に、老化のプロセスを減速させる治療法が登場した場合、同じときに、80生物学的年齢を引き下げる治療法が登場した場合よりもはるかに価値は小さい。もちろん、歳になったとき、90歳になっても以前思っていたより健康でいられると思えるようになれば、それは喜ばしいことだ。けれども、80歳になったときに、50歳の頃のような健康を取り戻せるほうがもっとうれしいだろう。

病気ではなく老化を標的にすることの重要性

ピーター・パン型のシナリオとウルヴァリン型のシナリオから浮き彫りになることは、ほかにもある。老化のプロセスそのものを減速させることによる恩恵は、特定のひとつの病気を根絶することの恩恵よりはるかに大きい、ということだ。この点を前提にすると、健康に関する議論では、病気ではなく老化を中心に据えて考えるべきだということになる。

そのような発想の転換がきわめて重要である理由は2つある。ひとつは、単純な算数の問題だ。数々の加齢に伴う病気の根本原因が老化だとすれば、個別の病気に対処するより、根本原因に対処するほうが合理的だろう。もし、生物学的老化を減速させることにより、癌、認知症、心血管疾患のすべての発症率が大幅に下がるのであれば、その恩恵はいずれかひとつの病気を根絶する場合よりはるかに大きい。老化のペースを遅くすることによる恩恵が大きいのは、複数の病気の発症を遅らせることができるからなのだ。

しかし、理由はそれだけではない。老化のペースを遅らせることで得られる恩恵は、個々の病気に関する効果の合計よりもっと大きい。「競合リスク」と呼ばれる現象があるためだ。癌を根絶できれば、それは素晴らしい成果と言えるが、それにより健康と寿命に及ぶ恩恵は、ほかの加齢関連の病気が複数存在するせいで限定されてしまう。同じことは、認知症や心臓病の根絶に成功した場合にも言える。これは人生の量だけの問題ではない。人生の質に関しても当てはまることだ。もし、癌を生き延びることができても、認知症を患えば、寿命は延びるけれど、その人の健康は良好とは言えない。老化と加齢に伴う病気に関しては、シェイクスピアの戯曲『ハムレット』でクローディアスが述べる言葉が的を射ている。「悲しみは、ひとりではやって来ない。いつも大挙して押し寄せる」のだ。このような現象があるために、老化のプロセスを減速させることの恩恵は、個々の加齢関連の病気を根絶することの恩恵を合計したよりも大きいのである。

以上の2つの点を考えると、発想を大きく転換させる必要がある。個々の病気を治療することを目指すモデルに固執し続けるよりも、健康を維持して老化を遅らせることに重きを置くべきなのだ。人々が病気になってから介入するよりも、よりよい老い方をする後押しをして人々の健康を維持するほうが好ましい。求められるのは、病気と治療よりも、健康と予防に力を入れる医療システムだ。個々の病気との関係で健康を考えるのではなく、加齢との関係のなかで、もっと全体的な視点で健康について考えるべきなのである。

数兆ドル規模の好機

最後に、VSL分析から導き出せる視点をもうひとつ紹介しよう。それは、長寿化の必須課題に取り組むことが社会全体に対しても非常に大きな意義をもつという点だ。個人にとって大きな恩恵があることを考えれば、その効果が社会全体で何億人分も合わさった場合に、途方もない規模の恩恵が生まれることは意外でない。

まず、ピーター・パン型のシナリオについて考えてみよう。生物学的老化のペースを減速させて、あらゆる年齢で健康状態を改善し、寿命を1年延ばすことができた場合、VSL分析によると、ほとんどの国では、単年でGDPの3~4%程度の価値が生み出されると計算できる。この数値の大きさに驚いた人は思い出してほしい。前述したように、コロナ禍の時期に、平均寿命が1年短縮することを防ぐ代償として各国政府が受け入れてもよいと考えたGDPの下落率も、これとほぼ同じくらいだった。

しかし、ピーター・パン型のシナリオにおけるGDPの3~4%というのは、1年分の価値を計算しただけの金額だ。平均寿命が恒久的に延びるのであれば、この恩恵を未来にわたりすべて合計する必要がある（ただし、その際、未来の恩恵は割り引いて考えなくてはならない。未来に得られるお金は、いま手にできるお金よりも価値が小さいからだ）。これを計算すると、その恩恵は、アメリカでは51兆ドルという途方もない金額になる。これは2021年のGDP

（24兆ドル）の2倍以上だ。この金額は、イギリスでは6・5兆ドル、日本では11兆ドルとなる（この両国はアメリカより人口が少ないので、金額も小さい）。

老化を遅らせることの恩恵がこれほどまでに大きいのは、人の命を救い、健康を改善することの価値がきわめて大きく、しかも、世界における死亡と病気の最大の原因が加齢関連の病気だからだ。私たちはコロナ禍のとき、生命と健康を最優先にしてかなり思い切った対策を講じた。それなら、人々が健康に老いる後押しをすることも同じくらい重んじるべきだろう。よりよい老い方を可能にすることで51兆ドルの恩恵を生み出せるのであれば、政府は長寿化の必須課題に最優先で取り組んでしかるべきだ。

では、どうして現状はそうなっていないのか。それは、比較的最近までそれが重要な課題ではなかったからだ。若い世代が非常に高齢になるまで生きることが当たり前になってはじめて、こうした課題に取り組むことが大きな恩恵を生むようになったのである。実際、過去の時代についてVSL分析をおこなうと、その数値はいまよりもはるかに小さかった。1922年には、20歳のイギリス人が80歳まで生きる確率は5人に1人にとどまっていて、長寿化の課題はそれほど切実なものではなかった。実現する確率がきわめて小さい未来について心配しても意味がない、と考えられていたのだ。確かに、高齢になるまで生きる可能性が乏しければ、加齢に伴う病気の心配をする必要は小さい。しかし、いまイギリスで生まれる子どもが80歳まで生きる確率は75％を超えている。90歳まで生きる確率も、50％以上ある。長寿は、1922年には議論のテーマではなかったかもしれないが、いまは間違いなく重要なテーマと言える。

私たちがこれまで築いてきた社会では、人生終盤の時期のために十分な投資がなされていない。人類の歴史のほとんどの期間、それほど長く生きる人はごく一部にすぎなかったからだ。しかし、状況は変わったのだ。今日、エバーグリーンの課題に取り組むことで得られる恩恵は非常に大きく、しかも重要性を増しており、もはや無視できないものになっている。

まとめると、ここまでのVSL分析から導き出せる重要な結論は以下の2つだ。ひとつは、不健康期間を圧縮し、寿命に占める健康寿命の割合を高めることが著しく重要だということ。私たちは老い方を変える必要があるのだ。この点がもうひとつの結論につながってくる。それは、加齢に伴う個別の病気に関心を払うよりも、生物学的老化のペースを遅らせて、病気の予防と健康の維持に重きを置くべきだということだ。

人類の新しい時代へ

100年前、イギリスで生まれる子どもの8人に1人は、5歳以上生きられなかった。そのため、乳幼児死亡率を引き下げることが最も重要な健康関連の課題だった。その後、1970年代になると、乳幼児死亡率を引き下げることを目指す闘いは勝利に近づき、中年期の死亡率を引き下げることに関心が移った。半世紀前の時点では、50歳の人のうち80歳まで生きる人は

3人に1人にすぎなかったのである。しかしいま、子どもの5人に4人が80歳以上生きると予想されるようになった。

今後は、これまでとはまるで違うことが起きる。よりよい老い方が実現すれば、子どもや中年の健康が改善した際には見られなかった好循環が生まれると予想できる。ストラルドブラグ型の人生が現実になり、健康が改善せずに寿命だけ延びれば、長生きすることの恩恵は、寿命が延びれば延びるほど小さくなる。それよりも好ましいのは、ドリアン・グレイ型の人生だ。健康寿命を延ばして、それを平均寿命に近づけるのである。それが実現すると、長生きすることの恩恵が大きくなる。不健康に80代の10年間を過ごす場合、90歳まで生きることの価値は比較的小さいが、80代を健康に過ごせるなら、90代まで生きることの価値はより大きくなる。その結果、よりよい老い方が可能になればなるほど、私たちはもっと長く、もっと健康に生きたいと思うようになる。過去のさまざまな病気の場合、人類が病気への対処に成功すればするほど、私たちはその病気への関心を失っていったが、老化に関してはそうはならないのだ。そこで、ピーター・パン型の人生がきわめて大きな価値をもつ。ピーター・パン型では、寿命が延びるのと足並みを揃えて健康が改善されるため、長生きすればするほど長寿の恩恵が縮小していくという落とし穴を避けつつ、長く生きることができる。

ひとことで言えば、いま人類の歴史における転換点が訪れようとしている。私たちは、まったく新しい時代へ移行しつつあるのだ。世界の平均寿命は70歳を突破しており、老化との闘いは終わったと思う人もいるかもしれない。確かに、ひとつの長寿革命は完了したと言えるだろう。しかし、それにより、2つ目の長寿革命が幕を開けたのだ。差し当たりの重要課題はよりよい老い方を実現することだが、それが可能になれば、人はもっと長く生きたいと思うものだ。そして、より長く生きるようになれば、もっと長く健康を維持したいと思うようになる。

言うまでもなく、老化のペースを遅らせる試みが実を結ぶ保証はどこにもない。ましてや、その試みがただちに成功するとは考えにくい。科学の進歩は、大きな変化が急激に起きる場合もあれば、ゆっくりと段階を追って進む場合もある。画期的な成果が実現するまでに、何十年もかかったり、何世紀もかかったりすることもあるし、ずっと実現しないままになることもある。それでも、私たちは人の老い方に画期的な変化を起こすことを目指すべきだ。その試みが成功するかどうかは、私たちがどれくらい発明の能力を発揮できるか、その取り組みに資源が十分に配分されるか、そして、人間の生物学的な複雑性がどれくらい大きいかによって決まる。

エバーグリーンの課題を追求するには、莫大な費用がかかるだろう。それでも、よりよい老い方を可能にすることの価値がきわめて大きい以上、金額は問題でない。経済学の世界では、健康は「奢侈《しゃし》財」と呼ばれる。国が豊かになればなるほど、支出される金額が多くなる贅沢品のことだ。これまでの歴史を見ると、実際にそのような傾向が見られる。アメリカで医療サービスに支出された金額は、1950年にはGDPの5%だったが、2020年には20%に達した（この値はほかの大半の国より大幅に大きい）。しかも、この割合は今後さらに上昇し、30%

に達する可能性も十分にある。[18] そうだとしても、私たちのVSL分析によれば、病気を患いながら生き続けるためではなく、良好な健康状態を維持するための支出であれば、それはよいお金の使い方と言える。問題は、現状ではそのようなお金の使い方がされていないことだ。

本章では、よい老い方をするという長寿化の必須課題を健康の側面から見てきた。しかし、医学的な要素は、人生の質を人生の量と釣り合うものにするために必要な要素の一部にすぎない。長くなる人生に備えて金銭面の計画を立て、さまざまな活動や生き甲斐をもつことも不可欠だ。社会に積極的に関わり、人間関係を維持し、新しい人間関係を構築し、退屈な人生を避け、新たな挑戦をするべきなのだ。こうしたことは、医療体制を変革し、新しい医薬品を開発するだけでは実現できない。職業人生の設計を変更し、お金をしっかり管理し、老いについて、さらには生き方全般についての考え方を変える必要がある。エバーグリーンの課題を達成するには、ハダカデバネズミの遺伝学的特性を解明し、その老いにくい特性を人間に応用する方法を考えるだけでは十分でないのだ。

平均寿命と釣り合うように健康寿命を延ばすという重要な目標を達成できなければ、私たちの未来の人生の質を量と釣り合うものにすることは難しい。しかし、その目標を達成するためには、社会のあり方と、私たちの行動および考え方に多くの面で変化を起こす必要がある。また、その目標が達成される結果として、そのような社会と個人の変化を起こしやすくなるという面もある。次章以降では、エバーグリーン型の人生の構成要素を見ていこう。

第2部

エバーグリーン型の経済を築く

第4章

健康革命

健康とは、医療が口を出す余地のない状態のこと。

——W・H・オーデン〔詩人〕

テリー・ギリアム監督の映画『12モンキーズ』の舞台は2035年。ブルース・ウィリス演じる服役囚が、ある任務を実行すれば恩赦を与えると提案される。恩赦を受けるために求められるのは、1996年にタイムトラベルし、あるウイルスの原株を入手すること。そのウイルスにより50億~60億人が命を失い、生き残った人たちは地下での生活を余儀なくされていた。ウイルスの拡散を防ぐなり、有効なワクチンを開発するなりできれば、人類は元どおりの生活を取り戻せる。これがウィリスに課されたミッションだった。

私は健康革命を実現する必要性について考えると、この映画を思い出す。理由はいくつかある。世界の人口が80億人を突破し、世界の平均寿命が70歳を超えている今日、膨大な数の人たちが加齢関連の病気に苦しむ未来を防ぐには、そのために行動を起こすヒーローが必要だ。ただし、よりよい老い方を実現して何兆ドル相当もの恩恵を手にするには、タイムトラベルに頼るのではなく、いまただちに思い切った行動を起こさなくてはならない。成功のカギを握るのは、病気が蔓延したあとに対処しようとするのではなく、予防的な措置を講じることだ。感染症と同様に、老化も早く手を打つに越したことはないのである。

『12モンキーズ』は未来を舞台にしたSF映画だが、私たちの健康観がもっている2つの特徴を土台にしている。そのひとつは、私たちが歴史を通じていだいてきた考え方、もうひとつは、きわめて今日的な考え方だ。前者は、ウイルスに対していだく根深い恐怖心である。その恐怖心は、新型コロナウイルス感染症の世界的流行の際にも浮き彫りになった。このパンデミックにより、現代社会がたちまち機能停止状態に陥ったことは、記憶に新しい。人類とウイルスは長い闘いを続けてきた。人類の歴史において高齢まで生きる人が少数派だったのは、さまざまな感染症が原因だった。ペスト、天然痘、チフス、コレラ、結核、マラリアは、それぞれ何億人もの、ことによるともっと多くの人命を奪った。私たちを脅かす最大の脅威は、こうした感染症だったのである。

しかし、この映画は、もっと今日的な健康観も土台にしている。それは、病気を制圧することが可能だという考え方である。第1の長寿革命は、予防、診断、治療の進歩を通じて、感染症など、多くの病気の脅威が劇的に減ることにより漸進的に進んだ。たとえば、天然痘。「まだらの怪物」という異名をもつこの病気は、少なくとも古代エジプトではすでに存在しており、ファラオ（王）のラムセス5世の死因になったと言われている。新型コロナを上回る感染力をもち、致死率が30％に達する天然痘は、直近の100年の間に50億人以上の命を奪ったと推計されている。[1] しかし、ワクチンが普及したことにより、患者の発生数が減少に向かい、ついに1980年5月8日、世界保健機関（WHO）は天然痘の根絶を宣言した。素晴らしい成果と言っていい。

私たちが長生きすることを期待できるようになったのは、こうした進歩の賜物だ。科学の進歩（「病原菌説」の登場など）や、医学上の画期的な発明（ワクチン、抗生物質、輸血、放射線治療など）、公衆衛生の改善（下水道の整備、禁煙、シートベルトの普及など）、そして生活水準の向上（よりよい食生活、安価で洗濯可能な繊維、石鹼、屋内トイレなど）が相まって、平均寿命を大きく押し上げてきたのである。

しかし、私たちはいま、第2の長寿革命の入り口に立っている。この革命で目指すべきは、よりよい老い方を実現することだ。ここでは、第1の長寿革命を支えたのとは大きく異なる科学的進歩が求められる。必要なのは、治療介入よりも予防を大幅に重視する医療システムだ。個々の病気ではなく、老化の生物学的メカニズムを解き明かすための科学的研究を進めなくてはならない。

イギリスの国民保健サービス（NHS）が創設されたのは、1948年。当時は人口のおよそ半分が65歳より前に死亡しており、最も一般的な死亡原因は感染症だった。しかし、65歳を迎えずに死亡する人の割合は8人に1人に減り、感染症は最大の死亡原因ではなくなった。[2]今日の世界では、人々が高齢になってから非感染性疾患で死ぬことが一般的になっている。この種の病気は、発症するまでに時間がかかるが、長く患い続けることが特徴だ。そのため、医療制度の財政面の苦境がますます深刻化し、病気の治療に主眼を置く医療制度は、国民の健康増進という目的といっそう乖離《かいり》しつつある。

このような状況で、健康革命の必要性が高まっている。医療システムは、リーダーシップ論の権威、マーシャル・ゴールドスミスのアドバイスを実践するべきだろう。ゴールドスミスは、そのアドバイスを「あなたをここまで連れてきたものは、あなたをあそこまで連れていってはくれない」という格言の形で紹介している。「ここ」――今日生まれる子どもの過半数が高齢まで生きると期待できる世界――に到達したあとは、「あそこ」――人々が長く生きるだけでなく、長く健康を保てる世界――を目指すためにアプローチを変えなくてはならないのだ。

そのために取り組むべき課題を明らかにするうえでは、医療システムを構成する3つの要素、すなわち、公衆衛生、医療、介護について考える必要がある。公衆衛生とは、特定の個人ではなく、社会全体の健康を守ることを目指す活動だ。その範疇《はんちゅう》には、健康的な生活習慣の啓蒙キャンペーン（タバコやアルコールの摂取量削減の呼びかけや自動車のシートベルトの装着義務化など）や、感染症のモニタリングなどが含まれる。医療では、ひとりひとりの健康に目を向け、医師や看護師などの専門職、診療所や病院や薬局などの組織が一次医療と二次医療を担い、介護では、さまざまな加齢関連の病気を患う高齢者を自宅や施設で支援する。

第2の長寿革命では、この3つの要素すべてを根本から変えなくてはならない。まず、現状では公衆衛生システムに支出されている予算が概して少なすぎる。人々の生活習慣を改めて、より健康的に生きられるようにすることの重要性を考えると、この状況はきわめて問題だと言うほかない。一方、予算のほとんどは医療につぎ込まれているが、主眼が置かれているのは、病気の予防と健康の維持ではなく、病気の診断と治療だ。高所得国の医療関連予算のうち、病気の予防に支出されている金額は、全体の2・5％程度にすぎない(3)。前章で取り上げたストラルドブラグのような状況が生まれるのは、医療で治療ばかりが重んじられているためだ。この結果として、介護に重い負担がのしかかっている。ところが、介護の仕組みは、十分な予算を配分されておらず、利用料が高額で、医療システムと十分に統合されていない。要するに、第1の長寿革命を見事に支えてきた医療システムは、第2の長寿革命を実現させることには適しておらず、持続可能性もないのだ。

ただし、第2の長寿革命を成し遂げるためには、新しい医療システムだけでなく、よりよい老い方を可能にする科学と医学の飛躍的進歩も不可欠だ。老化の生物学的メカニズムを研究する老化科学への投資も増やす必要がある。

エバーグリーン型の医療システムを築く

現在の医療システムで圧倒的に大きな比重を占めているのは、病気の診断と治療だ。アメリカでは、すべての医療関連支出の80％近くが臨床医療（一次医療、二次医療、医薬品）につぎ込まれている。[4] しかし、アメリカの自治体（郡）単位で住人の健康を調べた研究によると、人々の健康状態の違いを生む要因の80％は、社会的・経済的要因（全体の半分近く）と個人レベルの行動（全体の3分の1ほど）が占めている。[5] 臨床医療の影響は16％にすぎない。治療から予防への転換を遂げるには、私たちの生活環境と意思決定を改善することを目的に、臨床医療以外の医療政策への支出を増やす必要がある。

エバーグリーンの世界では、ひとりひとりの健康は、ますます医師や病院とは無関係の要素に左右されるようになるだろう。私たちがどのように老いるかは、都市空間のあり方、従事している仕事の種類、公共交通網の整備状況、孤独の度合い、食べるもの、お金の面での安定性、年齢差別、教育、デザイン、上下水道など、さまざまな要素の影響を受ける。エバーグリーンの世界では、医療システムを構成する要素が大きく広がるのだ。

公衆衛生の重要性

このように課題が拡大すれば、公衆衛生への投資を増やす必要が出てくる。医療が個々の患者を治療するのに対し、公衆衛生の目的は人口全体の健康を支えることだ。人々の健康に及ぶリスクを明確に示し、環境を変えたり、人々の行動を転換させたりすることを通じて、そのリスクを減らすことを目指す。

コロナ禍の経験を通じて明らかになったように、公衆衛生は、さまざまな病気に対する重要な第1防衛ラインだ。コロナ禍の初期には、ワクチン接種もしくは治療による信頼性のある医療介入がまだ実現しておらず、公衆衛生上の措置による予防が頼みの綱だった。具体的には、データを分析して、どの地域で感染が拡大しているかを明らかにし、手洗いとマスクの着用を奨励し、検査を実施し、ウイルスの拡散を防ぐためのロックダウン（都市封鎖）を実行した。

一方、コロナ禍は、公衆衛生がきわめて複雑で意見のわかれるテーマであることも浮き彫りにした。公衆衛生を強化しようとすれば、個人の行動変容と社会慣習の変革が求められる。そのため、どうしても経済的な既得権と衝突する。公衆衛生は、国家の役割と個人の自由がせめぎ合う領域なのである。また、公衆衛生システムが介入したことで人命が救われたとしても、その恩恵が目につきにくいという事情も見落とせない。問題を防ぐための介入は、問題を解決するための介入ほど高く評価されないのだ。公衆衛生予算が医療関連支出全体に占める割合が

大きく減少してきた理由は、この点にあるのかもしれない。アメリカでは、その割合は現在約3％にとどまっている。(6)

このように複雑な問題はあるものの、これまで公衆衛生は数々の成功を収めてきた。下水道の整備に始まり、道路の安全向上にいたるまで、さまざまな公衆衛生上の措置により救われた人命は莫大な数に上る。比較的新しい例としては、喫煙を減らすことを目的とした政策を挙げることができる。喫煙は、寿命を10年短縮し、寿命と健康寿命のギャップを6年長くするとされており、(7) 20世紀には1億人が喫煙により早期死亡したと推計されている。(8) しかし、あの手この手で喫煙を減らす取り組みが始まって以降、喫煙が原因の死者数は大幅に減少した。アメリカでは、1990年から2019年までの間に、喫煙により死亡する人がすべての死者に占める割合はおよそ半分に減っている。(9)

老化に関しても、公衆衛生が最初の防衛ラインの役割を務める必要がある。この点でとりわけ重要な領域が6つある。喫煙、アルコール、大気汚染、社会的孤立、運動不足、肥満である。このそれぞれが健康と寿命に大きな悪影響を及ぼす。これらの領域で対策を成功させるには、個人の行動を変えることと、私たちが生きる環境を変えることが必要とされる。前進することは容易でないだろう。劇的な進歩が一挙に進むのではなく、段階を追って成果を積み上げていくことになりそうだ。

喫煙に関しては、進歩が見られているものの、まだ達成されていないことが多い。とくに、高所得国以外の状況はとうてい十分とは言えない[10]。世界全体で見ると、成人のおよそ4人に1人が喫煙している。また、タバコが原因の死者は年間で約800万人に上り、そのうちの7人に1人は受動喫煙が原因だ。

大気汚染が健康に及ぼす影響も次第に明らかになってきている。大気汚染による死者は世界全体で900万人近くに上っており、大気汚染と認知症の関連を示すデータも増えている[11]。環境汚染対策は、地球のために重要というだけでなく、私たちの健康のためにも重要なのだ。

孤独と社会的孤立は、私たちの精神的・肉体的な健康に、そして私たちがどのように老いるかに悪い影響を及ぼす。ノリーナ・ハーツが著書『THE LONELY CENTURY』(邦訳・ダイヤモンド社)で挙げているデータはきわめて強烈だ。ハーツによると、「もしあなたが孤独であれば、冠動脈疾患のリスクが29%、脳卒中のリスクが32%、臨床的認知症のリスクが64%高まる。もしあなたが孤独を感じていたり、社会的孤立の状態にあったりすれば、そうでない場合に比べて、早期死亡の確率が30%近く高くなる[12]」。

いまおそらく最も切実な公衆衛生上の課題は、肥満の増加への対処だろう。100万人近くの人を対象にした研究によると、BMI(体格指数)の値が30~35の軽い肥満の場合、寿命が約3年短くなり、40~50の重い肥満の場合、寿命が約10年短くなるという[13]。健康寿命はこれよりもっと短くなる。肥満の人は、糖尿病、癌、心臓病、関節炎など、さまざまな病気を発症しやすくなることが理由だ。影響を受けるのは、ひとりひとりの個人だけではない。イギリスでは、肥満による経済損失の総額は、生産性の低下、税収の減少、社会保障支出の増加、そして言うまでもなく医療費支出の増加をすべて合わせると500億ポンドを超すと推計されている。[14]

公衆衛生対策の一環として肥満と闘うのは、とうてい簡単なことではない。しかし、喫煙を減らすまでの道のりも簡単ではなかった。肥満対策と喫煙対策には、同じ問題がついて回る。いずれも、個人の自由と既得権の壁を乗り越えること、個人の行動の引き金を引く要因を明らかにすること、科学界におけるコンセンサスを見いだすことが課題となる。

社会として肥満対策を成功させるためには、喫煙対策と同様のアプローチを実行する必要がある。つまり、税金を課すこと、生活習慣の転換を後押しするプログラムを導入すること、マーケティング・キャンペーン（現在の生活習慣の危険性を強調するメッセージと、より健康的な生活習慣の恩恵を説くメッセージの両方を発信する）を実施すること、有害なものが人々の手に届きにくいようにすること……こうしたことを組み合わせておこなうべきだ。喫煙対策でタバコ産業が対策の中心になったように、長寿社会では食品・飲料品産業が対策の中心になるだろう。古代ギリシャの医学者ヒポクラテスも、「汝の食事を薬とせよ」と述べていた。産業革命がもたらした大きな恩恵のひとつは、安価な食料が供給されるようになったことだったが、ストラルドブラグ型の人生を避けようと思えば、食べ物と健康の関係にいっそう注意を払わなくてはならない。とくに、砂糖、塩、添加物が課税と規制の対象になるだろう。

公衆衛生上のリスク要因を明らかにしようとする際は、よい老い方ができない危険がとりわけ高い集団に目を向けることが重要だ。本書でも強調してきたように、所得の低い層は、平均寿命が短く、フレイルの度合いも深刻な傾向がある。また、コロナ禍のイギリスとアメリカでは、特定の民族の人たちが健康上のリスクにさらされやすく、しかも医療へのアクセスも不十分であることが浮き彫りになった。予防医療に関しては、こうした格差がいっそう拡大する可能性が高い。不平等を増幅させず、長寿化がすべての人に恩恵をもたらすようにするには、先手を打って対策を講じなくてはならない。

予防への移行

オックスフォード大学で栄誉ある欽定教授の職にあるジョン・ベル卿は、非常に心配していることがある〔ベルは、2024年3月でオックスフォード大学の欽定教授を退任。エリソン工科大学オックスフォード・キャンパスの総長に転身した〕。「私に言わせれば、現状で持続可能な医療制度をもっている国は、世界にひとつもない。すべていずれは崩壊する」と言い切っているのだ。[15] イギリスのNHSもその例外ではない。「NHSのデータを見れば一目瞭然だ。まったく救いようがない」と、ベルは指摘する。「膨大な数の患者が受診を待たされ続けていて、病院はいつも満杯。誰もが不幸せな状況が生まれている。では、どうするのか。4万人の看護師と1万人の医師を新たに育成する計画だという。本気で言っているのだろうか。うまくいくはずがない。これは、ソンム（の戦い）でやったのと同じことだ。人間を次々と投入しても、システムのせいでことごとく命を落とすことになる。問題の解決策として採用されている方法そのものに、根本的な問題がある」。

非常に強烈な言葉だ。ソンムの戦いは、第一次世界大戦で4カ月にわたって続いた会戦で、双方で100万人を超す兵士が死亡した。イギリスの詩人ジークフリード・サスーンは、この戦いを「陽光の下の地獄絵図」という言葉で表現している。[16] イギリスは戦いの最初の1日で2万人近い兵士を失ったが、双方の上層部はいずれも、より多くの兵員を投入する以外に前進する道はないと結論づけた。それは、より多くの兵士を死に追いやることを意味したのだが……。ベルの言いたいことはきわめて明確だ。加齢に伴う病気との闘いに勝ちたければ、新しいアプローチが必要だというのだ。アプローチを変えずにさらに多くの人員を投入しても、結果は変わらないのである。戦争と言えば思い出すのは、アメリカの作家フィリップ・ロスが小説『エブリマン』に記した不吉な言葉だ――「老いは闘いではない。老いは大虐殺である」。

問題のひとつは、増加するばかりの高齢者のケアとサポートを担う人材を十分に確保できないことだ。アメリカでは、労働省労働統計局の予測によると、2020~30年の期間に最も急速に従事者が増える職種は看護師だという。その数は、2030年までに27万5000人増加する見通しだ。また、日本では過去10年の間に、老人ホームの数が1・5倍近くに増加している。イギリスでも看護師や介護士へのニーズは増す一方だが、2022年の時点で高齢者介護の人材は16万5000人不足している。看護や介護は、難しく、しかもしばしば給料の少ない職だ。しっかり訓練を受けた人材を確保することは容易でないだろう。しかも、現在の状況が持続不可能である要因は、看護師と介護士の不足だけではない。高齢者の介護は家族にも重い負担を課す。イギリスでは、40歳以上の人のおよそ5人に1人がなんらかの形で高齢者介護を担っている。[17]

ストラルドブラグ型のシナリオは、介護の担い手への需要を際限なく膨らませることに加えて、医療コストを持続不可能なレベルに膨らませる。イギリスでは、慢性疾患がない人の場合、1年間の医療費は平均1000ポンド、2種類の疾患がある人の場合は3000ポンドだ。この金額は、疾患が3種類の場合は6000ポンド、4種類以上の場合は7700ポンドに上る。[18] 現状では、多くの慢性疾患は完治しないうえに、そもそも避けられない。もっと優れたシナリオを模索するべきだろう。その点、ドリアン・グレイ型のシナリオやピーター・パン型のシナリオを実現させようと思えば、病気の予防に振り向ける資金をもっと増やす必要がある。2020年、アメリカの医療費支出の総額は4・1兆ドルに達した。[19] 1人当たりにすると1万2516ドルだが、このうち予防に費やされた金額は363ドルにすぎない。[20] 予防にも多くのお金がかかるとはいえ、病気を治療するよりも健康を増進するためにお金を使うほうがいいことは間違いない。

問題は、感染症の予防に関しては、ワクチンを筆頭に多くのイノベーションが実現してきたが、非感染性疾患の予防に関してはほとんどイノベーションらしいイノベーションが起きていないことだ。公衆衛生当局が食生活や運動習慣の改善を強調するのは、それが理由だ。

問題はイノベーションの不足だけではない。ある人がいずれかの病気になりやすいかどうかを前もって調べるために検査をおこなうには、多額の費用がかかる。まだ病気を発症していない段階では、調べなくてはならない病気の種類が膨大な数に上るからだ。乳癌と前立腺癌の早期発見を目的とする検診や検査は普及しているが、ほかのあらゆる病気に関して前もって検査をおこなうのは現実的でない。そこで、資金面の理由により、病気を発症してから介入するという選択をすることになる。ところが、病気が進行してから治療するのは、予防するよりも難しい。それに、そうしたアプローチを採用すれば、どうしても健康よりも病気に関心が向くことになる。その結果として待っているのは、ストラルドブラグ型の世界だ。

それでも、ようやくイノベーションの地平が広がり始めたのかもしれない。いまや100ドル程度の費用でDNA解析ができるようになり、ビッグデータと人工知能（AI）の発展により、膨大な量の情報に基づいて健康状態のモニタリングと予測をおこなうことも可能になった。ここから新しい可能性が開けてくる。現実問題として、すべての人に対してあらゆる予防医療の措置を講じることは難しい。それをおこなうには、あまりにお金がかかりすぎる。そうかといって、ごく一握りの人にだけ、あらゆる予防医療の措置を提供することも好ましくない。それでは、あまりにエリート主義的すぎる。その点、新しいテクノロジーを活用すれば、個人のリスクに応じた検診をすべての人に実施できるかもしれない。

たとえば、まず遺伝子検査によるスクリーニングをおこなえば、ある人が糖尿病、認知症、乳癌になりやすいかどうかを知ることができる。すべての病気の検診をおこなうのではなく、遺伝子検査によるスクリーニングの結果を基に、ひとりひとりがとくに大きなリスクをもっている病気に関してのみ検診を継続的に実施すればいいのだ。

このアプローチの利点は2つある。第1は、病気が進行する前に、早期に治療したり、予防したりすることができる。これが実現すれば、ストラルドブラグのような状況を避け、ドリアン・グレイに近づける。第2は、予防に力を注ぐことにより、医療費支出を削減できるし、早期の治療が可能になる結果として、人々の健康状態もよりよいものになる。つまり、言ってみれば「一石三鳥」の効果が期待できるのである。

そのすべての土台を成すのは、ひとりひとりの健康状態と遺伝子について目を見張る量の情報が入手できるようになったことだ。手元のスマートフォンを活用すれば、自分がどのように睡眠を取っているか、どれくらい運動しているか、どれくらいのスピードで、どのような姿勢で歩いているかについて、大量の情報を得ることができる。自宅で血糖値や血圧を測ることもますます簡単になっている。このようなデータは、予防の有効性を向上させるためだけでなく、診断と治療の改善にも生かせるかもしれない。

そうしたことを実現するために、イギリスでは「アワ・フューチャー・ヘルス（私たちの未来の健康）」と題した取り組みが始まっている。500万人の成人を対象に、健康状態とライフスタイルに関する情報、そして詳細な遺伝子分析をおこなうための血液サンプルを提供させる試みだ。アメリカでは、「オール・オブ・アス（私たちみんな）」というプログラムが100万人を対象に同様の取り組みをおこなおうとしている。新しい医療システムの夜明けが訪れつつあると言えるかもしれない。

更年期の影響と可能性

健康長寿を目標とする予防医療プログラムをつくるのであれば、更年期の問題は避けて通れない。女性は閉経を経験するため、生殖機能の喪失から死亡までの期間が男性よりも長い。数々の研究によると、閉経は女性たちのその後の健康にきわめて大きな影響を及ぼしている。(21)

更年期はたいてい45～55歳に始まり、平均すると7年ほど続く。人によっては15年続くケースもある。更年期の女性は、さまざまな肉体的変化を経験する。女性ホルモンのエストロゲンの分泌量が減り、体脂肪が増加する。それに伴い、インスリン抵抗性が高まり、脂質（中性脂肪とコレステロール）の数値も悪化する。その結果として、健康上のリスクも変化する。55歳未満では、死亡原因に占める心血管疾患の割合は女性より男性のほうが高いが、55歳を過ぎると、これが逆転する。(22)また、インスリン抵抗性の上昇により、糖尿病のリスクも高まるし、エストロゲンの減少により、骨粗鬆症《こつそしょうしょう》のリスクも高まる。

長生きするうえで健康がきわめて重要であるにもかかわらず、高齢化社会の課題として更年期の問題にほとんど光が当たってこなかったのは驚くべきことだ。更年期については、まだわかっていないことも多い。そもそも、どうして人間を含む5つの動物の種だけが更年期を経験するのかも明らかになっていない(ほかの4つの種はすべてクジラの仲間だ。シロイルカ、イッカク、シャチ、ゴンドウクジラである)。

いま、大多数の女性は更年期が訪れるまで生き、その後も長く生きるものと予想できる。1933年の時点では、20歳のアメリカ人女性が55歳まで生きて更年期を経験する確率は80%だったが、今日その確率は94%に達している。また、1933年に55歳のアメリカ人女性がその後生きると予想できる年数は20年だったが、今後の平均寿命の上昇がないと仮定しても、その年数は平均28年に延びている。つまり、女性たちが更年期を経験する割合が高まり、更年期がその後の健康に及ぼす影響も、これまでになく大きくなっているのだ。更年期にまつわる問題がエバーグリーンの課題の一要素であることは明らかだ。

更年期により影響を受けるのは、女性たちの健康だけではない。さまざまな症状が相まって、職業生活や家庭生活にも悪影響が及ぶ。その結果として、労働市場から退出する女性も多い。そうなれば当然、経済的なダメージが生じる。人生終盤の日々を有意義に生きたければ、アメリカのテレビ司会者オプラ・ウィンフリーの言葉を肝に銘じるべきだろう。「私が話を聞いてきた多くの女性は、更年期を人生の終わりのように考えています」と、ウィンフリーは述べている。「でも、私は気づきました。更年期は、女性が自分を刷新するための時期なのです。それまでずっと、ほかの人たちの世話をして生きてきた女性たちに、ようやく自己刷新の時期が訪れるのです」。

人間中心の発想へ

長寿社会では、病気を治療することよりも、健康を維持することが重要になる。ところが、現在の制度は、多くの面でそれとは正反対の仕組みになっている。たとえば、病院の手術件数など、患者に関する数値を基に予算の配分が決まることが多い。地域の人口ではなく、病気を患っている人の数に予算が連動しているのだ。このようなやり方を改めて、地域の人口に基づいて予算を割り振るようにすれば、予防にお金を使って効果が上がった場合、患者数と手術件数が減り、予算の逼迫《ひっぱく》が緩和される。２０２２年３月にこの方向に舵を切ったのがシンガポールだ。オン・イエクン保健相はこう述べている。「このように予算配分の基準を変更することにより、医療機関に対して、予防医療を通じて地域住民の健康を保つよう促すインセンティブを自然にもたせることができる[23]」。

病気に土台を置くアプローチの問題点は、ますます大きくなりつつある。高齢者がしばしば多疾患併存の状態になることがその原因だ。複数の慢性疾患がある人に対しては、医療の細切れ化が起こり、患者のニーズや幸せをかえりみることなく、さまざまな分野の専門医がそれぞれ別々に個々の病気を治療することになる。その結果として、医療上の処置が重複し、薬の過剰処方が起き、医療費が膨れ上がり、しばしば医療の効果も乏しくなる。薬の過剰処方――ポリファーマシー（多剤併用）と呼ばれる――が大きな問題なのは、お金の無駄遣いだけが理由ではない。薬の飲み合わせの問題により、健康に悪影響が及んだり、薬の効果が弱まったりする場合もある。こうした問題が起きないように、より統合的な医療サービスを提供するためには、個々の病気の専門医よりも老年科医の出番を増やすこと、ひとつのクリニックでさまざまな分野の専門医がチームで診療に当たるケースを増やすこと、一次医療と二次医療の連携を強化することが求められる。

このような変革を実現するには、地域ベースでさまざまな健康上の問題に取り組む体制が不可欠だ。具体的には、大規模な病院に依存する状態から脱却し、その代わりに、予約なしで受診できる地域の医療センターや、モバイル端末を活用した医療サービス、近所のクリニックなどの役割を拡大する必要がある。また、この点と関連して、ひとりひとりの患者について、そしてその人の目標について理解することも重要だ。私たちは、誰もが健康でありたいと願う。しかし、それだけでなく、自分にとって最も意味のある人生を生きたいとも思っている。健康のどのような側面に最も価値を見いだすか、どの要素を最も重んじるかは、ひとりひとり異なる。たとえば、デスクの前で過ごす時間が長く、ものを読むことが好きな研究者の私がとくに心配する病気は、屋外で働く人や、登山が趣味の人とは違うかもしれない。老い方はみんな同じではない。その多様性に対応できるように、医療のあり方は柔軟であるべきだ。

責任をもつのは誰？

予防医療への転換が進むと、個人の責任が大幅に拡大する。「医療において最も活用されていない人材は患者自身」だと、ハーバード大学のデヴィッド・カトラー教授（応用経済学）は述べているが、そのような状況は変わっていくだろう。これまで患者は病院やクリニックを訪ねれば、あとは受け身で医療を受けるだけだった。検査、診断、治療は、もっぱら専門的な訓練を受けた医療従事者の役割だったのである。

それに対し、予防医療の比重が大きくなる時代には、もっと患者がプロセスに参加する必要がある。具体的には、スマートフォンで自分自身のデータをチェックして、変化を見逃さないようにしたり、血糖値をモニタリングするために新しい機器を活用したりしてもいいだろう。

できるだけ医療機関を受診せずに済むようにするために、個人ができることは多い。糖尿病を患ってから受診するよりも、発症する前に行動を起こすに越したことはない。空腹時血糖値が7・0ミリモル／リットル〔日本で一般に採用されている単位に換算すると、126ミリグラム／デシリットル〕以上だと、糖尿病と診断される。しかし、多くの検査数値がそうであるように、特定の基準値を超えるか否かによって、健康か不健康かが決まるという単純な話ではない。重要なのは、できるだけ長い間、血糖値を低く抑えることだ。その点、自分の体の状態を把握するために投資することは、医療の専門家でなくてもできる。どの指標に注意を払い、どのような対策を講じるべきかを学べばいいのだ。

こうした転換を遂げることは容易でない。そのためには、非常に多くの調整が必要になる。求められる変化はきわめて大きく、政府が一定の役割を果たすことが不可欠だ。具体的に政府がすべきことは、国によって異なる。医療制度の細部は、国ごとに大きく異なるからだ。どの国でも公衆衛生は政府が担っているが、医療の提供に関しては政府の役割と民間の役割が交ざり合っているのだ。また、人がどのように老いるかに影響を及ぼす要因はきわめて多岐にわたり、私たちの健康はかなりの部分、医療システムの枠外で決まっている。そこで、各国政府は健康寿命を延ばすことを目標と位置づけ、専門の委員会の類いを創設して、寿命と健康寿命のギャップを埋める役割を課すべきだろう。経済政策や金融政策の分野で、アメリカの大統領経済諮問委員会やイギリスの金融政策委員会のような機関が設けられているように、国民の健康維持を任務とし、必要な変革を提唱し、目標を追求する機関が必要なのだ。

科学的なソリューション

第2の長寿革命を実現するには、医療制度を変革するだけでなく、新しい科学的な方法論を見いだすことも不可欠だ。心血管疾患、糖尿病、ある種の癌など、いくつかの加齢に伴う病気に関しては、すでに進歩が見られている。しかし、加齢により生じる病気の重要性が増していることを考えると、老化の生物学的メカニズムにもっと光を当てて、老化のプロセスそのものに影響を及ぼす必要性が高まる。

この20年ほどの間、老化科学、つまり老化の生物学的メカニズムを研究する学問で目覚ましい進歩が実現した。それにより、これまで考えられていた以上に、私たちが老化のプロセスに影響を及ぼせる余地が大きいことがわかってきた。具体的には、どのようなことが明らかになったのか。その発見は、私たちの未来にどのような意味をもつのか。私たちは、老化のペースを操作できるのか。老化を治療する手立てが見いだされる日は近いのか。

私たちはなぜ老いるのか

入浴中に「わかったぞ!」とひらめいた人物は、古代ギリシャの数学者アルキメデスが最初かもしれないが、同様の経験をした科学者はほかにもいる。生物学者のトム・カークウッドは1977年のある日、イングランドのニューカッスルの自宅で入浴しながら、老化の謎に思いを巡らせていた。このときカークウッドの頭に浮かんだのは、動物の老化が遺伝的に設計されたものではないとしても、進化に関わる要因によって老化が進むのではないかという考えだった。この仮説が老化科学に対してもつ意味は大きい。もしこの考え方が正しければ、老化は、これまで考えられていたほど遺伝子に深く組み込まれていない可能性が出てくるからだ。

カークウッドの仮説の前提を成すのは、2種類の細胞を区別する考え方だ。種の存続に不可欠な生殖細胞(精子と卵子)は、生殖を通じて永遠に生き続ける。一方、それ以外のすべての細胞、すなわち体細胞は生殖に関わらない。体細胞は、つねに損傷や変異などによる脅威にさらされやすく、そうした損傷や変異の結果としてやがて死にいたる。

進化のプロセスにおける必須課題は、生殖を通じて生殖細胞を生き延びさせて、種を存続させること。その点、カークウッドに言わせれば、体細胞の役割は、生殖細胞を親から子へ受け渡すのを助けることだけだ。肉体は、重要な手紙を運ぶための封筒のようなものなのだ。手紙が無事に届けば、それが入っていた封筒は捨ててしまって構わない。そのため、カークウッドの理論では「使い捨ての体」という言葉が用いられる。

細胞が機能するためには、エネルギーが必要だ。ところが、体が使えるエネルギーには上限があるので、限りあるエネルギーを細胞レベルで成長、再生産、修復のいずれに用いるかという決定をくださなくてはならない。たとえば、ある動物が老化しないように遺伝的に設計されていると考えてみよう。その動物の肉体は、細胞のエネルギーを若さの維持に用いることになる。ただし、老化することはなくても、感染症を患ったり、肉食獣に襲われたりして死ぬリスクは依然としてある。そのようなリスクにより、その動物が1年間生き延びる確率が50%にとどまると仮定しよう。

ここで遺伝子変異が起きて、若さの維持に用いるエネルギーが少なく(その結果として老化のスピードが加速する）、その一方で成長と生殖に割り振られるエネルギーが多い個体が登場したら、どうなるだろう。それによるメリットは、成長のペースが速くなり（個体が捕食者や病気の脅威を跳ね返しやすくなる）、生殖の時期も早くなる（生殖細胞が存続しやすくなる）ことだ。しかし、デメリットもある。それは、長く生きるほど虚弱になることだ。一見すると、悪い話に思えるかもしれないが、その動物が1年間生き延びる確率が50％にすぎないのだとすれば、この点が生殖に及ぼす悪影響は大きくない。4歳まで生きる個体は約6％だけなので、それより長く生きる個体が生殖細胞の存続に貢献する度合いはそもそもきわめて小さいのだ。種の存続にとっては、成長が加速し、生殖をおこなう時期が早まることの恩恵のほうがはるかに大きい。そのため、自然淘汰のプロセスを重ねるうちに、このような遺伝子変異をもつ個体がそうでない個体を数で上回るようになる。

カークウッドの「使い捨ての体」仮説は、エバーグリーンの必須課題の考え方を裏返しにしたものと言える。肉体が手紙を届けるための「封筒」だとすれば、高齢まで生きる可能性が乏しい状況では、加齢とメンテナンスよりも成長と生殖を重んじるほうが進化のプロセスにとって好ましいのだ。これは、私たちが老いる理由についてのひとつの説明と言えるが、この考え方から導き出せる重要な結論がある。

その結論とは、老化はけっして進化のプロセスにおける優先事項ではない、というものだ。進化のプロセスを通じて選ばれるのは、あくまでも生殖に役立つ遺伝子だ。生殖が終わったあとの人生に役立つかどうかは関係ない。もし、老化が細胞に組み込まれたプログラムに基づく現象で、進化の面で強みになる要素を次の世代に伝える機能を担っているのだとすれば、わずかな割合の人しか到達しない年齢になってから、老化が起きることはないはずだ。そう考えると、老化は、進化のプロセスにおける意図に基づいたものではなく、怠慢の産物に思える。

この点は、エバーグリーンの課題を追求するうえで試練と機会の両方を生む。まず、試練とは、健康に老いることを後押しするためにできることは多いものの、依然として生物学的な現実からは逃れられないという点だ。よりよい老い方を実現するためには、老化科学の飛躍的進歩が不可欠なのだ。一方、機会とは、老化が遺伝的にプログラムされた機能ではなく、言ってみればバグ（不具合）によるものだとすれば、老い方を操作できる可能性について楽観的になれるという点だ。エバーグリーンの課題を科学によって解決することは可能なのかもしれない。

私たちはどのように老いるのか

カークウッドが示したのは、私たちがなぜ老いるのかについての仮説だったが、私たちがどのように老いるのかを明らかにすることを目指す研究も進められている。さまざまな大学が「老化の生物学」に関する研究機関を新設し、高名な研究者を招いて先駆的な研究に従事させている。有力学術誌の『ネイチャー』と『ランセット』もそれぞれ、このテーマに特化した専門誌を創刊した。画期的な成果を挙げた研究者には、高い評価と富、そして（少なくとも知名度の面では）永遠の命が約束される。

新しい学問分野が確立されつつあるとみなせる根拠としては、生物学的老化を構成する生物学的プロセス――「老化の特徴」と総称される――についてのコンセンサスが形成されていることも挙げることができる。[24]その「特徴」は全部で12ある。①ゲノム不安定性、②テロメアの短縮、③エピジェネティックな変化、④タンパク質恒常性の喪失、⑤マクロオートファジーの機能低下、⑥栄養感知の異常、⑦ミトコンドリアの機能異常、⑧細胞老化、⑨幹細胞の消耗、⑩細胞間コミュニケーションの変化、⑪慢性炎症、⑫腸内細菌叢の変化である。

これらの要素は、それぞれ異なる形で、細胞および分子のダメージがどのように生物学的老化を引き起こすのかを説明している。12の特徴のひとつひとつを解説することは、本書のテーマを大きく逸脱している。以下では、ひとつの例として、8番目の特徴、細胞老化について考えてみよう。[25]

正常な細胞は、絶えず複製と分裂を繰り返すことにより、肉体の成長と修復を実現させている。しかし、アメリカの生物学者レナード・ヘイフリックによる1960年代の有名な研究により、細胞が分裂できる回数に上限（40～60回程度）があることが明らかになった。細胞の分裂回数がこの上限に達すると、その細胞はいわばゾンビ状態になり、老化する。高齢になればなるほど、老化した細胞がたくさん蓄積してくる。リンゴがたくさん入ったボウルの中に腐ったリンゴがいくつか含まれている場合と同じように、このように使い古された細胞が体内で炎症を引き起こし、まわりのほかの細胞も老化させる。免疫システムがそれに対抗する能力は、次第に弱まっていく。こうしたことはすべて、生物学的老化、とりわけその「ゆっくりと、そして突然に」という性格を生み出す細胞上のプロセスの一部だ。科学者たちは、老化の特徴についての知識を生かして、「老化細胞除去薬（セノリティクス）」と呼ばれる新しいタイプの医薬品を開発しようとしている。文字どおり老化細胞を標的にして、そのような細胞を取り除くことを目指す薬だ。そうした治療法により、たとえば関節炎を治療できるかもしれない。それが実現すれば、好ましいドリアン・グレイ型のシナリオと言える。

もうひとつ大きな可能性を秘めているのが幹細胞の領域だ（老化の特徴の9番目）。幹細胞が分裂すると、新しい幹細胞になるか、そうでなければ、肝臓、心臓、脳、皮膚など、体内のさまざまな場所で特定の役割を担う細胞になる。しかし、分裂を重ねれば重ねるほど、幹細胞の消耗が起きやすくなる。そうなると、言ってみればコーディングのエラーが生じ、新しい細胞がうまく機能を果たせなくなる。ところが、2012年のノーベル生理学・医学賞を受賞した山中伸弥の研究により、このプロセスを逆転させ、大人の細胞を「多能性」をもった状態（体内のあらゆる細胞になる能力をもった幹細胞の状態）に転換できる可能性があることがわかった[26]。もしかすると、ある人のみずからの細胞を使って多能性幹細胞をつくり、それを活用して、老化した臓器などを補充できるようになるかもしれない。ウルヴァリン型の治療が実現する可能性があるのだ。

このような可能性には途方もなく胸躍らされるし、理論とラボの実験の両方で進歩が実現しているという感覚は間違っていない。しかし、生物学的老化が起きるプロセスを解明できたとしても、そのプロセスをコントロールできるかどうかは別の問題だ。12もの老化の特徴があり、そのすべてが互いに影響を及ぼし合う可能性があることを考えると、老化のプロセスがきわめて複雑に入り組んでいても不思議でない。

私は研究者としてのキャリアを通じて、これとは別の気が遠くなるくらい多面的なシステムを研究対象にしてきた。そのシステムとは、経済である。人間の体と同じように、国の経済は、さまざまなシステムが複雑に入り組んだネットワークの上で動いており、外的なショックに対しては非常に弱い。そのため、経済の先行きを予測することは難しい。というより、予測を試みること自体が愚かと言うほかない。それでも、各国政府は、いくつかの政策上の手段、とくに税率、金利、政府支出を活用することによって、経済に大きな影響を及ぼせることを見いだした。これと同じように、私たちの老い方を大きく変容させる道筋を明らかにすることはできないのか。

カリフォルニア大学サンフランシスコ校の分子生物学者シンシア・ケニヨンが1993年に見いだしたのは、そのような道筋だった。「Cエレガンス」という線虫の一種では、「daf-2」というひとつの遺伝子を改変するだけで、寿命を2倍に延ばせることを明らかにしたのだ。[27] しかも、そのような操作を加えた線虫は、最後まで健康を保てるように見えた。言ってみれば、ストラルドブラグではなく、ピーター・パンのような線虫を生み出せたのである。もちろん、線虫と人間の間には非常に大きな距離がある。人間は、線虫とは比較にならないくらい複雑な遺伝的フレームワークをもっている。それでも、ケニヨンがみずからの発見について述べた言葉は注目すべきだ――「あなたはこう思うでしょう。『すごい！　ひょっとすると、私もあの長生き線虫みたいになれるかもしれない』」。

このケニヨンの発見がもつ意味は大きい。ここから見えてくるのは、システム全体を操作しなくても、カギを握るいくつかの経路を操作するだけで、老化のプロセスに大きな影響を及ぼせる可能性があるということだ。しかも、カークウッドの「使い捨ての体」仮説によれば、老化のプロセスを変えられる余地は、以前考えられていたより大きい可能性がある。

よりよい老い方を可能にする未来の医療を実現するうえで、こうした発見はどのような意味をもつのか。それを理解するために、経済のシステムと老化の生物学的メカニズムを比較してみよう。経済は、複数のショックを受けると弱く、システム内の異なる要素間の相互作用によって不安定化する。しかも、経済が大規模なショックの直撃を受けた場合、政府がその影響を緩和できる可能性には限りがある。まったく同じことが私たちの体についても言える。老化科学の飛躍的進歩により、私たちの老い方が改善される可能性はあるが、ただちに成果が挙がる保証はない。ましてや、不死が約束されているわけでもない。老化というプロセスの性格上、難しい課題はかならず残る。スタンフォード大学のトム・ランド教授はこう述べている。「Aが

Bを引き起こし、BがCを引き起こし、CがDを引き起こすといったプロセスを通じて、老化が起きるわけではない。老化のプロセスは、さまざまなノード（点）とリンク（線）によって形づくられるネットワークという性格が強い。このそれぞれの要素がフィードバックループを構成し、原因が結果になり、結果が原因になる。その作用により、次第にネットワークが不安定化していくのだ」[28]。政府の経済政策と同様に、老化のプロセスに影響を及ぼして、より好ましい結果を生み出すことはできるかもしれないが、老化のプロセスを完璧にコントロールできるわけではないのだ。

また、苦境に陥っている場合、問題を一挙に解決できる魔法の杖はない。政府は、インフレや失業を緩和したり、輸出を増やしたり、成長を促進したりするために、さまざまな政策上の措置を組み合わせて実行する必要がある。同様に、ひとつの措置で老化の特徴をすべて解消することはおそらく不可能だ。脳と心臓と皮膚と免疫系では、老化の進み方が違う。多くの病気の発症率が年齢とともに上昇し、加齢関連の病気と総称されているからといって、すべての病気で同じひとつの生物学的経路を通じて老化が起きているとは限らないのだ。

そこで、政府が経済政策において、経済全体に影響を及ぼす政策（金利、為替レートなど）と、特定の目的を標的にした政策（投資税額控除、資産売却益課税の軽減措置、雇用補助金など）を組み合わせて用いるのと同様のことが、老化科学によって有効な医薬品が開発された場合にも実践されるようになると予想できる。線虫のごく少数の遺伝子を操作することで老化のプロセスを変えられるというケニヨンの発見は、確かに驚異的なものだ。しかし、人間の老化のプロセスには、もっと多くの経路が関わっている可能性が高い。ある動物の生物学的メカニズムが複雑であればあるほど、特定のひとつの措置だけで寿命を延ばせる可能性は小さくなると考えられる。

さらに、政府がある領域で経済に介入すれば、経済のほかの領域に影響が及ぶ場合が多いことも見落とせない。中央銀行は、インフレを抑制したいときに利上げをおこなう。そうすればインフレは鎮静化するかもしれないが、経済成長が減速し、失業が増える可能性がある。生物学的老化を標的とする治療についても、悪しき副作用の有無を分析評価することを怠ってはならない。癌の脅威は、年齢を重ねるにつれて比較的小さくなる。高齢になるとあらゆる細胞の成長スピードが遅くなり、その点では悪性の細胞も例外ではないからだ。しかし、よりよい老い方が実現すれば、そうは言えなくなるかもしれない。ある問題を解決すると、別の領域でジレンマが生まれる場合もあるのだ。

とはいえ、このような但し書きは必要だとしても、老化の特徴を治療できるようになれば、老化科学の胸躍る可能性が開けることはほぼ疑問の余地がないだろう。実際、多くの研究者は未来に関して楽観的な見方をしている。ハーバード大学医学大学院のデビッド・A・シンクレア教授（遺伝学）はこう述べている。「私が思うに、老化は病気である。それは治療可能だ。私たちの世代が生きているうちに、治療が可能になるだろう」[29]。

イギリスの老年生物学者オーブリー・デグレイも、この点に関して楽観的な研究者のひとりだ。長く伸びた顎ひげと、独特の言葉遣いが特徴的で、知的論争を戦わせることを好むデグレイは、長寿研究の世界で異彩を放つ存在と言える。物議を醸す発言も多い。ツイッター（現「X」）のアカウントには、簡潔だがきわめて野心的な自己紹介が記されている。「老化に打ち勝つための世界規模の運動の先頭に立っている」。「メトセラリティ」（若返り研究が飛躍的に進歩して、加齢関連の不健康から解放されること）〔1000年近く生きたとされる旧約聖書「創世記」の登場人物メトセラ［メトシェラ］にちなんだ造語〕や、「寿命脱出速度」（寿命が毎年1年以上のペースで延びるようになること）などの新語もつくり出した。

魅惑的な概念と具体的な数字、そして徹底的に理詰めの予測を盛り込んだデグレイの主張は、多くの関心を集めてきた。デグレイが恐れているのは、このようなメッセージが大々的に、そしてドラマチックに発信されなければ、社会にとって最も切実な健康上の問題に対処するために必要な研究資金が十分に確保されず、しかも、科学の飛躍的進歩が起きたとき、人々が虚を突かれるのではないかという点だ。そうした進歩はすでに現実に近づいていると、デグレイは考えている。「このテクノロジーが実用化されるという予想が広がれば、たちまち究極の大混乱が起きるに違いない」とも述べている。[30]

しかし、長寿研究に取り組む人のなかには、このような主張を危険と感じる人たちもいる。この種の主張が注目を集めると、人々の関心が高まるという利点がある半面、人々の期待が高まりすぎて、過剰な売り文句がまかり通ったり、嘲笑を浴びせられたりするリスクが生まれるからだ。それに、加齢に伴う病気という、今日の最も切実な健康上の問題の解消を目指すことへの興奮よりも、不死を達成することへの不安が社会に広がりかねない。このような不安をいだく人たちは、第2の長寿革命が段階を追ってゆっくりと進むことを好む。学術論文や動物実験の積み重ねを通じて漸進的に進歩を成し遂げ、そのうえで満を持して人間に対する実験を始めるべきだと考えるのだ。また、「不死」という言葉を避けて、「健康寿命」という言葉を好む傾向もある。あらゆる年齢で若々しく見え、若々しく感じられるドリアン・グレイ型のシナリオを実現したいと考えているからだ。科学的な言葉で表現すると、不健康期間を極限まで圧縮すること――慢性疾患の発症を人生の最後まで遅らせること――の意義を強調していると言えるだろう。このような論者は、「長寿化」よりも「健康な老い」について語りたがり、エバーグリーンの課題においては健康に老いることが最も重要だと主張する。

生物学的年齢を計測する

ギリシャ神話では、「運命の三女神」により、ひとりひとりの寿命が決められるとされていた。女神クロトが運命の糸を紡ぎ、ラケシスが糸の長さを測り、3人のなかで最年長のアトロポスが糸を切る。誰もこの運命には逆らえない。暦年齢を見れば、自分がこれまでどれだけ生きてきたかはわかるが、いつアトロポスの刃の犠牲になるかはわからないのだ。

その点では、エバーグリーンの世界の暦年齢も同じだ。私たちがなにげなく使っている言い回し（「あの人は年齢よりも若く見える」「最近、年齢を感じることが増えたよ」など）は、誕生日のケーキに飾るロウソクの本数と、私たちが実際の老化の度合いについて直感的にいだく認識の間に、微妙なズレがありうることを示唆している。エバーグリーンの課題に関連して重要なのは、実際の老化の度合いのほうだ。もし老化のプロセスを変えられるのなら、私たちは、誕生ケーキのロウソクの本数よりも、とらえどころがない概念ではあるけれど、実際の老化の度合いを変えたい。そこで、予防医療を成功させるには、人がどれくらい老いているかを定量評価する手立てとして、ラケシスの物差しに代わる基準が必要になる。

老化科学は、そうしたニーズに応えるべく、老化の特徴に関する理解を土台に、生物学的年齢を測る方法を開発することを目指している。私たちの肉体の秘められた謎を解明することは魅力的だが、それ以上に、生物学的年齢に向き合い、老化のペースを遅らせること、つまり、運命の女神に寿命を委ねるのではなく、自分たちの寿命を自分でコントロールすることのほうがもっと魅力的だ。

現時点で最先端のアプローチは、ドイツ系アメリカ人の遺伝学者スティーブ・ホーヴァスによるものだろう。細胞の若返りについて研究しているカリフォルニア州のアルトス・ラボ社で働くエリート科学者のホーヴァスは、高度なＤＮＡ検査でＤＮＡメチル化のレベルを明らかにし、それを基に生物学的年齢を正確に推計するという手法――ホーヴァスの「老化時計」と呼ばれている――を開発した[31]。私たちのDNAは、エピジェネティクスと呼ばれるメカニズムを通じて、その人自身の行動や環境との関わりによって変化する場合がある。DNAメチル化は、そうしたエピジェネティクスのメカニズムのひとつだ。そのプロセスでは、メチル基がDNAのある部分にくっつくことにより、ある種の遺伝子の働きがオフになる。ホーヴァスいわく、老化は「自動車の車体につくサビのようなもの……私たちが年齢を重ねると、さまざまな変化が起きる……その変化がメチル化である。そこで、そうした『サビ』の量を計測することにより、その人がどれくらい老いているかを測ることができる」。このホーヴァスの手法は、老化の特徴の3つ目の要素、エピジェネティックな変化に関わるものと言える。

こうした生物学的年齢の計測方法がもつ潜在的な意味は大きい。しかし、老化科学の多くの領域がそうであるように、勝利を宣言する前に解決しなくてはならないことが非常に多い。テレビアニメ『ザ・シンプソンズ』のあるエピソードで、医師のヒバートがマージという女性にこう説明する。「(あなたの夫であるホーマーの)心臓を治すことはできません。でも、どれくらい心臓がダメージを受けているかは正確に説明できます」。このアニメの会話が浮き彫りにしているように、生物学的年齢を制御する方法を見いだせなければ、正確な測定方法が明らかになっても恩恵には限りがある。

また、生物学的年齢の測定値が実際の生物学的年齢を反映するようにすることも重要だ。温度計は気温を計測するためのものだが、温度計に冷たいタオルを巻きつけて温度計の数値を下げても、実際の室温はまったく変わらない。この場合、変わるのは現実ではなく、測定値だけだ。このような事態を避けるためには、単に老化と相関関係があるだけでなく、因果関係があるバイオマーカー（生物学的指標）を用いて生物学的年齢を測る必要がある。幸い、まだ研究の初期段階ではあるが、明るい兆しも見られている。生物学的年齢の計測結果を変えることは可能であり、しかも計測結果には私たちの健康状態が正確に反映されるようになると言えそうだ。ただし、皮肉なことに、私の生物学的年齢を計測した結果がどれくらい正確で、私の寿命をどの程度言い当てているかを知るには、暦年齢を重ねるほかにないのが現実だ。

もうひとつの問題は、ある人の老化の度合いをひとつの数値に集約して示すことがそもそも可能なのかという点だ。人がどのように老いるかはひとりひとり異なる。人によっては、免疫システムの老化がとくに速く進む人もいれば、循環器系や皮膚や認知能力の老化が速く進む人もいる。体の異なる部分ごとに、生物学的年齢が異なるケースもあるだろう。その場合は、そのなかで最も注意を払うべき要素に焦点を当てればいい。予防医療の質を高めるには、その人にとって老化が最も速く進んでいる部分を知ることが有益だ。

老化科学の新薬開発

老化科学の究極の目標は、エバーグリーンの課題を達成する後押しができる医薬品を開発することだ。そのような医薬品は、老化を予防する「老化防止薬（ジェロプロテクター）」、もしくは加齢に伴う病気を治療する「老化治療薬（ジェロセラピューティクス）」のいずれかということになる。ただし、癌や認知症などに関する研究と異なり、老化科学はひとつの病気ではなく、老化のプロセスそのものに目を向ける。既存の医療制度では病気中心の思考が主流になっているため、医薬品開発のあり方を大きく変える必要がある。

新薬の開発を成功させるには、平均すると12年ほどかかる。[32] しかも、大半の新薬候補は最後の段階まで到達できずに終わる。非臨床試験（ラボで主に動物を対象に実験をおこなう）にこぎつけるのは、1000に1つ。このハードルを突破した新薬候補のなかで、安全性と有効性を確認するための3段階の臨床試験を生き延びるものは、およそ10に1つにとどまる。その結果として、医薬品の開発には途方もない資金が必要になる。新しい医薬品を市場に投入するまでにかかる予算は、平均して13億ドル。[33] 医師や患者が望むほど多くの新薬が登場しない理由はここにある。

新薬開発のペースを加速させ、コストを引き下げ、そのプロセスがもっと安定的に進むようにする必要がある。この点で大きな期待を寄せられているのが、人工知能（ＡＩ）の活用と、既存の医薬品の転用だ。製薬会社はＡＩ研究に莫大な資金を投資している。ＡＩを使って過去のすべての研究成果や試験結果を検索し、これまで見いだされていなかったパターンを見つけ、医薬品の設計と試験に役立てようというのだ。

一方、既存の医薬品を転用する土台を成すのは、老化の特徴に関する知識の充実だ。ある加齢関連の病気を治療するために用いられている医薬品が別の加齢関連の病気を治療する目的でも有効な場合がある。その最も有名な例が、第2章でも言及したメトホルミンだ。メトホルミンは１９２２年に開発された医薬品で、糖尿病の薬として広く用いられてきたが、多くの研究により、老化防止薬としても有効である可能性が示唆されている。[34]一部の研究によると、この薬を摂取した糖尿病患者は、摂取していない非糖尿病患者に比べて、長生きし、加齢に伴う病気を患う確率も低かったのだ。しかし、メトホルミンに飛びつく前に、よく理解しておくべきことがある。このような研究には異論もあり、まだ臨床試験による裏づけを得られていないということだ。それでも、非常に安価な薬（メトホルミンは1錠30セントほど）をスタチン（コレステロール値を下げる薬）やアスピリン（解熱・鎮痛薬）のように気軽に服用することで、よりよい老い方が可能になるとすれば、それは胸躍る可能性と言えるだろう。

しかし、老化のプロセスに光を当てる老化科学のアプローチは、臨床試験の段階で難しい問題にぶつかる。医薬品の臨床試験は、その薬が病気を治療するうえで有効である（もしくは有効でない）という証拠を得ることを目的におこなわれる。ところが、老化は病気とはみなされていないのだ。老化を病気と位置づけるべきかどうかをめぐっては、これまで激しい論争が戦わされてきた。世界保健機関（ＷＨＯ）は２０２２年に「国際疾病分類（ＩＣＤ）」を改訂するに当たり、侮蔑的なニュアンスを伴うようになっている「老衰（senility）」という言葉を「老年（old age）」に置き換えることを計画していた。しかし、この方針は一部の激しい反発を買い、「加齢に伴う本来的能力の衰え」という、より微妙な表現が最終的に採用された[35]。細かい言葉尻の違いにすぎないように思えるかもしれないが、実はきわめて重要な意味がある。エバーグリーンの課題で追求すべき目標は、人生終盤の時期の可能性を過小評価しないこと。そうであれば、「老年」に達しているというだけの理由で人を病気扱いすることには問題があるように思える。しかし、そうは考えない人もいる。前出のデビッド・Ａ・シンクレアに言わせれば、老化を病気とみなさないことこそ、差別的だという。「老化を甘んじて受け入れるべきだという現在の発想は、それ自体が年齢差別的だ[36]」というのだ。

一方、老化が多くの病気の発症を突き動かすからといって、老化そのものが病気だということにはならないと主張する人たちもいる。また、老化が多面的な現象であるなら、それはひとつのプロセスの結果とは言えず、ひとつの病気とみなすこともできないのではないか。この論争を通じて、いくつもの断層線が浮かび上がってくる。「老化」はきわめて多義的な言葉だ。科学者が「老化」を病気と位置づけるとき、この言葉にこめている意味は、同じ言葉がほかの文脈で用いられるときとは大きく異なる。そのため、よりよい老い方に関する議論では、「老化」という言葉がどうしても誤解を生んでしまう。

老化科学においては、老化の特徴が12も挙げられていることからも明らかなように、老化とは厳密に言うとどのような現象なのかをめぐって意見がわかれる余地が大きい。その点、「老化」を病気とみなすことを拒む考え方は、老化科学者たちがより正確に老化の特徴を分析評価し、描写し、ランクづけする妨げになる。

老化に関する医薬品の臨床試験を取り巻く問題はほかにもある。臨床試験を短期間で完了することができないのだ。理想としては、健康的な若い人たちを長期間にわたり追跡調査して、その薬を使用した人たちと使用しなかった人たちにあらわれる違いを調べることが望ましい。しかし、製薬会社は、長期間の試験をおこなう際に発生するコストを歓迎せず、若い人たちが高齢者になるまで待つことに魅力を感じない。医薬品の有効性を評価するための定番の方法であるランダム化対照試験（ＲＣＴ）は、健康に長生きするための医薬品の場合、実施することが難しいのだ。

しかし、こうした問題があるからこそ、生物学的年齢を正しく測定することが大きな意義をもつという面もある。もし生物学的年齢を正確に測定できれば、長期間の臨床試験をおこなわずに済む。実際、メトホルミンの老化防止薬としての効果を検証するために提案されている臨床試験「ＴＡＭＥ」――「メトホルミンで老化を狙い撃ちにする（＝targeting aging with metformin)」の略――では、老化のバイオマーカーの計測が主要な要素のひとつになっている。前出のニール・バルジライ教授が主導し、アメリカ食品医薬品局（FDA）との協議の上で設計されたTAME試験は、65~79歳の3000人を6年間にわたり追跡調査するものとしている[37]。この臨床試験では、特定の病気の発症率ではなく、癌や認知症、心臓病など、さまざまな加齢に伴う病気の複合的な指数を算出する。そして、このような旧来型のデータのモニタリングに加えて、生物学的年齢を計測することにより、メトホルミンが老化のプロセスそのものに及ぼす影響を明らかにすることも目指しているのだ。

もっとも、誰もがメトホルミンに大きな期待を寄せているわけではない。有効性を疑う人もいるし、有効性を認めつつも、その効果は小さいと考え、もっと強力な治療法の臨床試験を優先させるべきだと主張する人もいる。しかし、もし仮にTAME試験によりメトホルミンの有効性が否定されたとしても、まったく意味がなかったことにはならない。この臨床試験は、老化を標的にした新薬に評価をくだすための方法論に関して、FDAのお墨つきを得たヒナ型を確立することも目的にして設計されているからだ。

老化関連の医薬品開発をめぐる最新の状況を知りたければ、犬の医療に注目すればいい。私たちはたいてい、ペットにできるだけ長く快適に生き続けてほしいと願う。アメリカでは、ペットに関する支出が年間1100億ドル近くに達している。その金額は、犬1頭当たり1400ドルに上る。しかし、犬を飼ったことがある人なら誰もが知っているように、犬の生涯は、私たちが犬を溺愛せずにいられないくらい長いが、私たちが犬の死に際して傷心のどん底に突き落とされるくらい短い。犬の寿命はたいてい10~13年程度だ。そこで、犬を長生きさせることを目指す医療が魅力的な市場として成立する。そして犬の場合は、人間よりも短い期間で、はるかに少ない規制の下で臨床試験をおこなえる。たとえば、マット・ケーバーライン教授が率いるワシントン大学シアトル校の「犬の老化プロジェクト」などがそれを目指している。人間の老化を遅らせるという議論はたちまち、不死への不安に関する議論に移行してしまうが、犬の寿命を延ばすための治療に関して同様の不安は聞いたことがない。犬を取り巻く状況は、老化関連の飛躍的進歩を先取りしていると言えそうだ。

今度は違う

長寿関連業界は、近年多くの進歩を遂げているものの、ある問題を抱えている。この業界には昔から、誇大宣伝がつきものなのだ。古くは1317年に、ローマ教皇ヨハネス22世が錬金術師たちを厳しく批判している。賢者の石と不老不死の霊薬をつくり出そうとする錬金術師たちは、「果たせない約束をしている」というのが理由だった。しかし、それ以降も誇大宣伝は増えるばかりだった。こうした状況は、おそらく今後も変わらないだろう。老化科学には、1000年単位で信用性の問題がつきまとってきたのだ。この問題は、私たちが第2の長寿革命に乗り出そうとしている今日も、老化科学のイメージに暗い影を落としている。

長生きを約束することにより莫大な利益を上げられることは、いつの時代も変わらない。そのため、長寿の秘訣を知っていると自称する「教祖」の類いには事欠かない。ジェイ・オルシャンスキーとブルース・カーンズの著書『長生きするヒトはどこが違うか？』（邦訳・春秋社）に、辛辣な記述がある。「寿命延長業界は、一粒の真理とともに始まるが、すぐに、スプーン大さじ1杯分のニセ科学と、カップ1杯分の欲望と、1パイント分の誇張、そして1ガロン分の健長寿への欲求と混ざり合う。このレシピで完成するのは、誤った希望と、守られない約束、そして満たされない夢だ[38]」。オルシャンスキーは皮肉を込めて、「抗老化のイカサマを称えるシルバーフリース賞」という賞まで設立している。受賞対象は、「老化や老化関連の病気について、最も荒唐無稽で、最も言語道断で、最も科学的根拠が乏しく、最も誇張された主張を展開している商品」だ。賞品は……植物オイルのボトル。ただし、ラベルは「スネークオイル」（万能薬を謳う「インチキ薬」の意味）に貼り替えられている。

金融市場のバブルではいつも決まって、投資家たちが「今回は違う」という思い込みにはまる。18世紀前半のイギリスで起きた南海泡沫事件や、19世紀半ばのイギリスの「鉄道狂時代」に始まり、2000年前後のドットコム革命を経て、最近の暗号資産（仮想通貨）の急騰と急落にいたるまで、投資家たちはあらゆるバブルで、いま新しいことが起きつつあり、それにより未来が根本から変わり、期待と資産価格が上昇するのが当然だと信じ込んできた。1999年の

『マネー』誌で「今世紀最高の株式銘柄の目利きと言っても過言でない」と評されたジョン・テンプルトン卿の有名な言葉がある。それは、「今回は違う」という言葉ほど投資家が警戒すべき言葉はない、というものだ。

これと同じように、どの時代の人たちも、科学のフロンティアから魅力的な研究の報告が届くたびに、老化の治療薬が遠からず手に入るという期待に胸を膨らませてきた。しかし、人類の歴史では、不老薬をめぐる妄想家やペテン師、ほら吹きが無数に跋扈《ばっこ》してきた。そのため、この類いの研究をまず疑いの目で見る人が多いことも理解できる。イソップ童話のオオカミ少年の話とよく似ている。オオカミが来るぞと叫んでも、オオカミがあらわれないことが続けば、しまいには誰もその人の話を真に受けなくなるのだ。

しかし、後講釈で馬鹿にするのは簡単だが、科学のフロンティアは不透明なのが当たり前。最先端の研究では、なにが実を結び、なにが実を結ばないか、確かなことは誰にもわからない。1920年代には、オーストリアの内分泌学者オイゲン・シュタイナハが、老化を遅らせて若々しさを維持する手段として、精管結紮術（パイプカット）を提唱して脚光を浴びた。当時、この手術を受けたなかには、精神分析学者のジークムント・フロイトや、詩人のW・B・イエイツ――イエイツはこの手術を受けたことを理由に、grand old man（長老）のgrandをgland（腺）に代えてgland old manと揶揄された――といった面々もいた。結局、この長寿法には効果がないことが明らかになったが、シュタイナハは内分泌学の研究に真剣に取り組み、

9度にわたりノーベル賞候補にもなった。老化を遅らせるためのアイデアこそ間違っていたが、ホルモンに関するシュタイナハの研究は、のちのインスリンの発見にも直接結びついた。インスリンが寿命と健康寿命の両方を大きく改善させたことは知ってのとおりだ。

現在おこなわれている老化科学の研究は、3つの異なる道にわかれていくだろう。ひとつは、よりよい老い方を可能にする真の画期的成果を生む道。もうひとつは、最終的になにも生み出さない道。そしてもうひとつは、最新の目覚ましい科学的成果をときに詐欺的に利用して、科学的な価値の乏しい膨大な数の治療法を生み出す道だ。この第3の領域では、つねに現実離れした言葉がメディアを賑わせ、シルバーフリース賞候補が溢れ返っている。というより、老化科学が真の進歩を遂げたように見えれば見えるほど、それに便乗しようとするイカサマ師たちの売り込みの声が賑やかになる。このことは頭に入れておいたほうがいい。今後、エバーグリーン型の人生への期待を煽る報道や商品が続々と登場すると予想できるからだ。

しかし、私たちが「今回は違う」という思いをいだき続けるのは、これとは異なる歴史も現に存在するためだ。それは、詐欺師の類いではなく、科学界のヒーローたちが画期的なテクノロジーを活用して難しい課題を克服してきた歴史である。そうした人たちの業績のおかげで、若者たちが非常に高齢になるまで生きることが当然の時代が訪れたのだ。その進歩の歴史がここで終わりになると、どうして考える必要があるのか。きっと、次に科学が解き明かすのは老化の謎に違いない。いますぐにはそれが実現しないとしても、いつかはそのときがやって来る。

そうなれば、すべてが根本から変わる。DNAの二重らせん構造の発見によりノーベル生理学・医学賞を受賞した故フランシス・クリックのような権威ある研究者も、こう述べている。「老化のプロセスはおそらく単純なものではないが、いずれはそれも解明されるだろう……うまくいけば、老化を遅らせたり、防いだりできるようになるかもしれない」。こうした言葉を聞けば、期待をもつのも不合理な姿勢とは言えない。

実際、今回は本当にこれまでとは「違う」のかもしれない。そう思わせるだけの材料がすでにある。第1に、最近の老化科学の進歩には目を見張るものがある。ラボ実験では、老化を遅らせることに成功するケースがもはや珍しくなくなった[39]。昔では考えられなかったことだ。現時点では、実際の成果に比べて誇大な宣伝がなされていることは否定できないが、前進していることは間違いない。

第2に、老化科学には、巨額の資金が流れ込み始めている。長寿関連のビジネスをおこなう企業が研究に拠出する資金は急激に増えており、2022年には52億ドルに達した。この金額は、製薬関連の研究・開発に費やされている総額830億ドルのなかではまだきわめて小さいが、長寿研究の資金が増加傾向にあることは確かだ。その結果、長寿関連の治療法について膨大な数の試験がおこなわれるようになった。本書執筆時点で、老化の生物学的経路を標的にした医薬品の試験は、前臨床試験が99件、第1相臨床試験（安全性と投与量について調べる）が15件、第2相臨床試験（有効性と副作用を明らかにする）が25件、第3相臨床試験（既存の治療法との比較をおこなう）が9件実施されている。バイオテクノロジー分野への投資には、つねに大きなリスクがついて回る。これらの取り組みの多くは、おそらく失敗に終わるだろう。それでも、新薬候補が続々と登場していることは紛れもない事実だ。

第3に、老化科学が科学界の主流に加わりつつある兆候もある。シンガポールでは2023年、シンガポール国立大学と国立大学保健機構（NUHS）の協働により、NUHS傘下のアレクサンドラ病院に長寿クリニックが開設された。このクリニックでは、老化科学の新しい成果と、老化の生物学的指標を取り入れて、ひとりひとりに合わせて老化を遅らせるプランを設計する。目標は、シンガポール国民の健康寿命を平均5年延ばすこと。この長寿クリニックの開設は、医療の提供に新しいエバーグリーン型のアプローチを導入する最初の試みと言える。健康革命が第2の長寿革命への道を開きつつあるのだ。

今後、老化科学に起きること

では、老化科学にはどのような未来が待っているのか。老化研究の規模と創造性を考えると、いずれなんらかの成果が生まれることは間違いないだろう。問題は、どのようなことが実現するのか、そしてそれがいつ実現するのかという点だ。

ただし、その前に断っておくべきことがある。有効な抗老化の治療法が広く普及するまでの道のりは長い。12種類の老化の特徴について、そしてそれらの要素が単独で、または複数が組み合わさってどのように作用するかについて、もっと理解が深まらなくてはならない。ここにきて画期的な成果が報告されてはいるものの、老化科学は基本的に発展途上の分野だ。老化の生物学的メカニズムが解明されたとしても、それだけではまだ十分でない。医薬品や治療法についての研究にも多くの時間がかかる。また、臨床試験にも膨大な時間が必要となり、新薬の実用化はさらに遅れる。それに、そもそも知的進歩のスピードを過信すべきではない。癌の治療法に関する研究は大きな進歩を遂げてきたが、何十年も研究を重ねてきたにもかかわらず、いまだに癌との闘いで勝利を宣言するにはいたっていない(いずれ勝利の日が訪れるのではないかという楽観的な見方が広がっていることは事実だが)。認知症との闘いでは、進歩はこれよりもっと小さなものにとどまっている。

これまでに実現した進歩に懐疑的な見方をする人がいるとすれば、それは無理もない面がある。加齢関連の研究を支援している「ヘボリューション財団」の最高科学責任者であり、アメリカ国立老化研究所の老化生物学部門責任者を務めたこともあるフェリペ・シエラは、こう釘を刺す。「こうした研究のなかで、実用化段階に達しているものはひとつもない。私自身は(これらの老化防止商品の)いずれかを試すつもりはない。理由? 実験用のマウスになるつもりはないからだ[40]」。私たちのDNAは92%がマウスと共通しているが、マウスでうまくいった実験結果を人間の臨床試験に移行させるとなると、別の「92%」というデータが暗い影を落とす。

この移行で失敗する確率も92％に達しているのだ。

その原因のひとつは、マウスが言ってみれば（長寿ならぬ）「短寿」の動物だという点にある。速く老いる動物の老化のスピードを減速させたとしても、元々もっと長く生きる動物である人間にとってあまり参考にならないのかもしれない。実際、生物学の教授とライオンの調教師という2つの肩書をもつ異色の人物であるスティーヴン・オースタッドは、2022年の著書『「老いない」動物がヒトの未来を変える』（邦訳・原書房）で、寿命が短い動物より、寿命が長い動物にもっと目を向けるべきだと指摘している。

老化科学の未来に関しては、大きくわけて3つの可能性がある。ひとつは、この研究分野がまったくの不毛な世界だったということになる可能性。近年の進歩を考えると、この可能性は考えにくいように思える。なんらかの形で有益な進歩が生まれるだろう。もうひとつは、一歩ずつ前進し、科学の進歩が段階的に積み重なっていき、エバーグリーンの目標に近づくという可能性。そして、もうひとつは、状況を一変させるような進歩が実現し、段階的な変化ではなく、劇的な変化により、寿命と健康寿命の両面で私たちの老い方が大きく改善されるという可能性だ。

癌および認知症との闘いの歴史を振り返れば——これまで莫大な費用がつぎ込まれて、途方もない期間にわたって研究が続けられてきたのだが——慎重な見方をしておくのが最も賢明に思えるだろう。最も可能性が高い筋書は、老化科学においても段階を追って新しい知識が積み重なり、さまざまな領域で老化の個別の側面に対処するための治療法が少しずつ開発されていくというものだ。

ケンブリッジ大学の「実存リスク研究センター」でエグゼクティブ・ディレクターを務めているショーン・オヘイガティは、そのような進歩について実に上手に表現している。「近い将来、人間の寿命の上限が大きく上昇する可能性が高いようには、私には思えない。けれども、加齢に伴う病気の発症と症状の悪化に関わる要因を明らかにして、その影響を食い止められるようになる可能性は、それよりもっと高いだろう[41]」。

要するに、進歩は起きるが、それは段階的にしか進まず、最初の段階では健康寿命の改善という形を取る可能性が高い、というのだ。この見方は、少なくとも直感的には正しそうに思える。第2章で述べたように、現在でもすでに、まずまず健康な状態を保っている80代や90代の人たちが大勢いる。しかし、130歳まで生きた人はまだひとりもいない。この2つの事実をつなぎ合わせて考えると、70代や80代、90代の人の健康寿命を改善するのに比べて、寿命を122歳より長く延ばすことのほうが難しいと言えそうだ。差し当たり、現実に照らすと、ドリアン・グレイ型のシナリオは、最も価値があるというだけにとどまらず、最も実現可能性も高いように思える。

では、そのような健康寿命の改善は、具体的にはどのように実現するのか。当座の現実的な目標としては、たとえば関節炎などの加齢関連の病気の発症を遅らせたり、予防したり、症状を回復させたりするための老化細胞除去薬の開発を挙げることができる。また、幹細胞のリプログラミングにより、肝臓などの臓器を修復する技術が向上しつつあることを考えると、なんらかの形での若返りも現実味を帯びている。いずれのパターンも、治療法候補はすでに第2相臨床試験まで進んでいる。向こう10年以内の実用化を予想するのは、別に突飛なことではない。それに、臨床試験で安全性と有効性が確認されれば、やはり10年の間には、前述のメトホルミンやラパマイシンなどの既存薬が老化防止薬として転用される可能性もある。個別の治療薬で成功が確実と言えるものはないが、近い将来に進歩が実現することは十分にありうる。

この本を書いている時点で57歳の私にとって、こうした進歩の恩恵に浴せるまで自分が生きていられると予測することは、完全に理にかなっている。ことによると、健康寿命だけにとどまらず、寿命の改善も期待できるかもしれない。知識が蓄積されるとともに、エバーグリーン型の好循環が生まれて、寿命と健康寿命を改善するためにさらに多くの投資がなされるようになり、いっそう大きな進歩が生まれると予想することも非合理ではない。もちろん、新薬開発には時間がかかる。その過程では、成功よりも失敗のほうが多いだろう。楽観的な見方がしぼんでも不思議はない。それでも、若い世代ほど、科学の進歩の積み重ねにより、寿命と健康寿命が大きく改善されることを期待できる。

どこまで進むのか

2001年にロサンゼルスで開催されたシンポジウムで、前出のライオン調教師兼生物学者のスティーヴン・オースタッドと、抗老化のインチキ療法をやり玉に挙げてきたジェイ・オルシャンスキーが同席したことがあった。150歳に達する人類がはじめて登場するのはいつかと、ある記者が尋ねると、オースタッドは聴衆の眠気を吹き飛ばすひとことを放った。その人物はすでにこの世に生まれているだろう、と述べたのだ。すると、オルシャンスキーが異論を唱えて、2人は賭けをした。向こう150年間、それぞれが毎年150ドルずつ専用の基金にお金を払い込む（金額はのちに300ドルに増額された）。そして、2150年までに、150歳まで生きる人があらわれなければ、お金はオルシャンスキーの子孫に支払われる。150歳に達する人物があらわれれば、基金のお金はオースタッド自身もしくはその子孫に支払われる。[42] この基金を運用すると、これまでの投資利益率を前提にした場合、2150年の時点で資産総額は10億ドルに達している可能性が高い。複利の効果は、150年の間に途方もなく拡大するのだ。同じことは、科学的発見の積み重ねについても言えるのかもしれない。150年の間には、驚くほど大きな進歩があっても不思議でない。

ここで150歳という年齢が選ばれたのは興味深い。これは、実現可能性が高いとはまったく言えないけれど、その半面、素っ頓狂なくらいありえないとも言えないという、絶妙な年数だ。なにしろ、第1章でも述べたように、ジャンヌ・カルマンというフランス人女性は122歳まで生きたのだ。カルマンくらい長く生きるためには、健全なライフスタイルを選択するだけでは十分でなさそうだと、誰もが感じ取っていることだろう。どんなにたくさんブロッコリーやザワークラウトを食べようと、どんなに充実した睡眠を取ったり、エクササイズをしたりしたとしても、150歳まで生きるためには、それだけでは足りない。老化科学の飛躍的進歩が不可欠なのだ。オースタッドが賭けに勝つとすれば、2150年の時点で150歳になる人は、現在20代前半。したがって、この先60年ほどの間に老化防止薬の進歩があれば、この人たちの80歳以降の老化を減速させ、2150年まで生きる道を開くことができる。それが達成されるかどうかは、人間の発明の才と人間の生物学的メカニズムの限界に左右される。歴史を通じて人類は高度な発明の能力を実証してきたが、最近の老化科学の進歩について興奮が高まっているにもかかわらず、現時点では、人間の寿命を1日でも延ばせることを示す証拠はまったく存在しない。

オースタッドとオルシャンスキーの賭けでどちらが勝つかはともかく、150年の人生という考え方そのものが、エバーグリーンの時代においていかに大きな変化が起きるかを浮き彫りにしている。エバーグリーン型の好循環が生まれれば、私たちは150年生きる可能性を無視できなくなるのだ。ドリアン・グレイ型の人生は、いま私たちが最も価値を見いだしているシナリオであり、科学的に見ておそらく最も実現可能性が高いものでもある。しかし、このシナリオを実現できるくらい、老化の生物学的メカニズムの解明が進んだ場合、私たちはそこで満足せず、さらに平均寿命を延ばしてピーター・パン型を実現したいと考えるだろう。150年の人生がそもそも実現可能なのか、ましてや2150年までに実現できるのかは、現時点ではまったくわからない。しかし、エバーグリーン型の論理で考えれば、私たちは150歳まで生きる時代を想定しておく必要がある。ただし、そのような未来が訪れるかどうかを決めるのは、論理ではなく、あくまでも生物学的要素なのだ。

「未来研究所」という強烈な名前をもつ研究組織の理事長を務めていたアメリカの未来学者、故ロイ・アマラは、こんな言葉を残している。「私たちは、テクノロジーの短期的な影響を過大評価し、長期的な影響を過小評価する傾向がある」というものだ。この言葉は「アマラの法則」として知られており、現在の老化科学の状況を興味深い形で言い表してもいる。いま人類は歴史上はじめて、若者や中年の人たちが高齢になるまで、もっと言えばきわめて高齢になるまで生きることを想定できるようになった。それに伴い、老い方を改善するために投資し、よりよい老い方を目指すことの重要性は、ますます高まるだろう。そのような取り組みはまだ始まったばかりだ。今後、多くの失望と前進と逆境を経験するに違いない。老化科学の分野で起きつつある胸躍る進歩をどのように見るかについては、短期的には悲観主義、長期的には楽観主義という姿勢がよさそうだ。いずれにせよ、人間とはどのような存在なのかが根本から変わろうとしていると思っておくべきだろう。

第5章

経済的な配当を受け取る

65歳で引退生活に入るなんて馬鹿げている。私は65歳のとき、まだニキビができていた。

——ジョージ・バーンズ〔アメリカの喜劇俳優〕

「できることなら、死ぬまで働くつもりだ。お金が必要だからね」というのは、アメリカ人男性のリチャード・ディーヴァーが74歳のときに語った言葉だ。ディーヴァー氏はそのとき、インディアナ州の自宅から遠く離れたメイン州のキャンプ場でシャワールームの清掃と草刈りの仕事をしていた。(1) できるだけ長く働き続けようと考えているのは、ディーヴァー氏だけではない。同年代のアメリカ人の6人に1人はまだ仕事をもっており、そのような人の数は増え続けている。これは、OECDに加盟している先進国全体で見られる傾向だ。[2]

長生きする可能性を考えたときに私たちが最も恐れるのが健康の悪化だとすれば、それと同じくらい恐れているのが経済的な困窮だ。宝くじにでも当たらない限り、この不安を解消する方法は2つにひとつだが、いずれもあまり魅力的な方法ではない。ひとつは、支出を減らして貯蓄を増やし、生涯所得を長期間にわけて少しずつ使うという道。もうひとつは、ディーヴァー氏のように、収入を獲得し続けるために、高齢になっても働き続ける道である。この方法を選ぶ場合、どれくらいの貯蓄ができるかによっては、死ぬまで仕事を続けなくてはならない可能性もある。どちらの選択肢にも魅力を感じない人は、『ニューヨーカー』誌に載った昔のマンガのアドバイスに従い、この2つの考え方をミックスする道がある。「引退を遅らせて、早く死ねば、どうにかやっていけるよ」というアドバイスだ。

このどちらの道を選ぶべきかは、ひとりひとりの置かれた環境によって決まる。どれくらいのお金が必要か。いまの仕事は、どれくらい肉体的に過酷か。いまの仕事をどれくらい楽しく感じているか。長く働き続けられるくらい、健康状態は良好か。雇用主は、長く働き続けることを支援してくれるか。

これらの問いを見ればわかるように、置かれている状況は人によってまちまちだ。それでも、はっきり言えることがひとつある。誰にとっても、長くなる人生で経済的な困窮を避ける方法は、倹約して出費を減らすか、長く働いて所得を増やすしかないということだ。私が思うに、ほとんどの人は長く働くことが避けられない。企業年金をたっぷり受け取って引退生活に入れる幸福な人はますます減り、大多数の人は、人生が長くなれば職業人生も長くならざるをえないのだ。

リチャード・ディーヴァーが74歳になってもキャンプ場で働く理由はこの点にある。同じ理由で、世界中の国々の政府が年金支給開始年齢を引き上げ始めている。もしあなたが20代のデンマーク人だとすれば、覚悟したほうがいい。この世代は、ディーヴァーの年齢になってもまだ公的年金を受け取れない。[3]

長く生きるようになれば、長く仕事を続ける必要があるという論理的必然を指摘すると、私の言葉に反発を示す人が少なくない。しかし、私とは比較にならないくらい猛烈な反発にさらされた人物がいる。フランスのエマニュエル・マクロン大統領は2023年、平均寿命の上昇に対応するために、年金支給開始年齢を62歳から64歳まで段階的に引き上げることを決定した。すると、100万人もの人々が抗議のためにパリの市街に繰り出し、当局は機動隊を出動させて対処する事態になった。詳しくは以下で論じるが、平均寿命が上昇しているとはいえ、年金支給開始年齢を引き上げるという短絡的な発想に対して抗議が起こるのは理解できる。このやり方だけでは問題を解決できないのだ。しかし、それでも第1の長寿革命の結果として、職業人生を長くする必要があるという結論からは逃れられない。

この点を理解するために、いくつかの数値データを見てみたい。引退後の資金を確保するために、職業人生の30年間にわたり、年間の所得から貯蓄に回す割合を1％増やすとしよう。所得の10％ではなく、11％を貯蓄するという具合だ。これにより確保できる資金と同じだけのお金を別の方法で確保しようと思えば、引退を6カ月遅らせるほかない[4]。どちらの方法がより魅力的に思えるだろうか。30年間にわたって倹約生活を送るか、6カ月長く仕事を続けるか。この問いを投げかけると、ほとんどの人は、不承不承ではあるものの、6カ月長く働き続けるほうを選ぶ。貯蓄を増やすためとはいえ、いますぐ使わずに寝かせておけるお金などないと感じているのだ。

ほとんどの人が長く働き続けるようになる可能性が高い理由は、これだけではない。貯蓄を増やすことで対応しようとする場合、毎月いくら貯蓄に回す必要があるかは、いつ貯蓄を始めるかによって変わってくる。1％多く貯蓄することをこれまで20年間やってこなかった人は、その後の10年間で追いつこうと思えば、その10年間に3倍多く貯蓄しなくてはならない（政府の年金財政も、長寿化への対策が遅れれば似たような状況になる）。それに対し、職業人生の最後に6カ月長く働くことにより得られる所得は、いつ対策を開始するかによって変わることがない。したがって、貯蓄を始めるのが遅れれば遅れるほど、長く働き続ける選択肢のほうが魅力的になる。その結果、人生が長くなることにより増える出費をまかなうために、職業人生を長くすることを選ぶ人が多いだろうと予想できる。

私たちは再び、長生きすることが問題を生む暗い世界に戻ってしまったかのように見える。

引退と公的年金の制度は、20世紀が生み出した偉大な発明だった。このイノベーションにより、死ぬまで働き続けたり、身体の自由がそこなわれた場合に家族の善意に依存して生きるほかなくなったりせずに済むようになった。ところが、このような恩恵がすべて失われるのではないかという不安が生まれている。もし、職業人生を送る期間が長くなり続ければ、出口のない苦役と倦怠の日々を避けることは難しい。劇作家のサミュエル・ベケットの言葉が状況を的確に言い表している。暗くて気が滅入る表現だが、ベケットの言葉を借りれば、平均寿命が延び続ける世界における労働は、「お前は続けなくてはならない。俺は続けられない。俺は続けるだろう」という状況になりそうだ。[5] これは、経済版のストラルドブラグ型の人生にほかならない。長く生きることはできるが、その人生は暗くて気が滅入るものになるのだ。

しかし、もっとよい方法がきっとあるはずだ。平均寿命が長くなる時代には、医療制度に限らず、既存の政策や慣行を存続させるのは無理がある。医師や看護師を増やしても高齢化社会における医療の問題を解決できないのと同じように、職業人生を長くし、引退の時期を遅らせても、長寿化について回る経済的な課題は解決しない。医療制度に関する最大の課題は、どうすれば私たちが長く健康を維持できるのかという点だったが、長い生涯を資金面で支えるうえでカギを握るのは、どうすれば稼ぐ力を長く維持できるのかという点だ。それを実現するためには、単に引退年齢を遅らせるだけにとどまらず、もっと大掛かりな改革が必要なのだ。

そこで本章では、長寿化の3つ目の側面を達成する方法をテーマにする。長寿化の第1の側面は、第1の長寿革命で人生の年数が大きく延びたことにより、すでに実現した。そして前章では、長寿化の第2の側面、すなわち、長くなった人生をより幸せなものにすることに光を当てた。本章で検討するのは、第3の経済的な側面——長くなった人生で必要となる費用をまかなうために、どうすれば生産性を維持し、社会と関わる年数を延ばせるのかという点だ。

言うまでもないことだが、生産性の維持が重要なのは、有償労働の面だけではない。この点を見落としてはならない。実際、高齢者は、ほかの世代とは比較にならないくらい、ボランティア活動と（孫と配偶者のための）ケア労働に携わっている。[6] 高齢者の無償労働は、多くの人に恩恵をもたらす重要な資源であり、金銭的な報酬が支払われないというだけの理由により、生産的でないとか、重要でないと決めつけるべきではない。また、私たちにとって労働は、給料を獲得する手段というだけにとどまらず、そのほかの多くの役割も担っている。理想的なケースでは、アイデンティティや人生の目的、やり甲斐、喜び、コミュニティへの帰属意識を生み出すこともある。仕事を通じて社会に参加し、コミュニティに帰属することにより、健康寿命が延び、エバーグリーン型の結果が生まれやすくなるという研究もある。[7]

しかし、ここで論じたいのは、狭い意味での生産性、つまり有償労働における生産性だ。人生の年数が増えれば、さまざまな活動に費やせる期間が増えるが、いったいどれくらいの期間にわたって有償労働に携わればいいのか。最も意見がわかれていて最も切実な問題は、この点だ。いずれにせよ、長くなった人生で必要となる資金を確保するために、人々がこれまでより長く生産性を維持できるようにする政策を見いださなくてはならない。そのカギを握る要素のひとつは、前章で論じた健康革命だ。健康をそこなえば、長く働き続けることなどできない。しかし、長く生産性を維持するために必要なことはほかにもある。大人向けの教育への投資、高齢の働き手のニーズに応じた働き方の再設計、高齢者への偏見や差別の解消、そして引退という考え方の見直しも不可欠だ。こうしたことが実現すれば、私たちひとりひとりが自分のキャリアをどのように考え、どのようにキャリアの計画を立てるかもおのずと大きく変わるだろう。もうひとつ大きな課題になるのが、寿命や健康寿命が人によってまちまちであることへの対処だ。健康状態や寿命が全般的に改善傾向にあるといっても、すべての人の状況が等しく改善しているわけではない。長く働き続ける能力がどの程度あるかも人によって違う。このような非均質性に対応できる政策が求められている。

寿命が延びれば、長く働き続けなくてはならなくなるという点では、マクロン大統領の考え方は正しい。しかし、人々が長く働き続けるためには、いくつもの面で政策のイノベーションが必要だ。引退年齢の引き上げは、真っ先に実行すべき重要政策ではない。たとえば、引退年齢を迎える時点で職に就いていない人は、その後に職を見つけられる可能性は乏しい[8]。この点を考えると、政府の政策としては、引退年齢を引き上げるよりも、もっと前の段階で雇用の問題に取り組むことのほうが重要だ。

人々が長く生産性を維持することは、個人に恩恵をもたらすだけでなく、経済全体にも好ましい波及効果を及ぼす。高齢化社会をめぐる言説では、いわゆる「老年従属人口指数」が高まり、経済成長が減速する恐れがあるとよく言われる。しかし、人々がより幸せになり、より長く生産的であり続けることが可能になれば、エバーグリーンの課題を追求することを通じて、GDPの成長が加速する。このように社会全体の資源が増えることは、長寿化がもたらす経済的な配当と言える。

若い世代の健康と教育に投資することが経済成長を後押しすることは、以前から知られている。若い人たちには、経済的な面で生産性の高い人間に育ってほしい。それが本人に、そして社会全体に好影響を及ぼすとわかっているからだ。しかし、同じことはもっと高齢の人たちにも言える。年長世代の健康と教育に投資することは、長寿化による経済的な配当を生み出すために必要なことのひとつなのだ。

今後、とりわけ目覚ましい経済成長を遂げるのは、長寿化の経済的な配当を生み出せた国だ。その兆候はすでにあらわれている。この10年ほど、世界で最も豊かな国々では、雇用の増加の半分以上を50歳以上の働き手が占めている。(9) アメリカの有力な社会起業家であるマーク・フリードマンの言葉を借りれば、「高齢者は、今日の世界で増加している唯一の天然資源」だ。(10) 私たちの未来の生活水準は、人々が生涯を通じて生産性を維持し、高齢者が能力を生かせるようにできるかどうかに左右されるのだ。

高齢化社会をめぐる悲観論

長い人生で必要となる資金をどうやって調達するかという問題は、私たちひとりひとりの頭を悩ませているだけではない。それは、政府にとっていっそう頭の痛い問題だ。その理由は、政府が2つの問題を同時に抱えていることにある。人々が長く生きるようになっていることに加えて、きわめて人口の多い世代、すなわちベビーブーム世代が老齢にさしかかりつつあるのだ。その結果、65歳以上の人口が劇的に増加していて、それが年金制度と医療制度に大きな負荷をかけている。

人生終盤の時期の可能性を過小評価することがとりわけ悲観的な認識を生むのは、このように社会全体への影響を考えた場合だ。そうした悲観論の中核には、社会のリソース（資源）をめぐる議論がある。経済的な面で、高齢者は新たなリソースを生み出さず、リソースを消費するだけの存在だと、一般的に考えられている。高齢者は、働いたり、お金を稼いだりせず、年金を必要とするからだ。しかも、高齢になると健康状態が落ち込む。健康が悪化すれば、医療に割かなくてはならないリソースがさらに増える。このような認識の下、高齢者は社会のお荷物のように思われていて、高齢者が増加することは、経済にとって悪いニュースと位置づけられている。大きな懸念材料として指摘されているのは、GDP成長率の低下、政府債務の増大、投資収益率の悪化、インフレの進行などだ。悪影響はすでに現実化し始めており、今後いっそう増大するというのが共通認識になっている。[11] 私たちは、経済の面で言ってみれば「エイジマゲドン（Agemageddon）」〔世界の破滅を意味するArmageddon〔ハルマゲドン〕とage〔年齢〕をくっつけた造語〕の崖っぷちに立たされている、というわけだ。

エバーグリーンの課題を達成するためには、「高齢化社会」がこうした悲観的な結論を導く理由を理解し、「長寿社会」を実現させることによって問題を緩和する方法を見いだす必要がある。その第一歩として、GDP、ひとことで言えばその国の経済の規模を決める要素を簡単に確認しておこう。

最も単純化して言えば、GDPは2つの要因によって決まる。ひとつは、働く人の数（雇用）。もうひとつは、ひとりひとりの働き手が生み出す生産物の量（生産性）だ。働く人の数は、その社会の人口、人口全体のなかで就労年齢人口が占める割合、そして就労年齢人口のうちで実際に職に就いている人の割合によって決まる。社会の高齢化は、GDPのこれらの要素に悪影響を及ぼすと考えられている。

高齢化社会では出生率が低下する。出生率が落ち込めば人口が減り、潜在的な労働力も少なくなる。そして、労働力が減ればGDPも縮小する。ほかの条件がすべて同じだと仮定した場合、人口が1％減るとGDPも1％減る。人の数が1％減れば、生産されるモノやサービスも1％減るからだ。中国と日本のケースを見てみよう。両国ともに、向こう50年間にわたり人口が急激に減少し続けると考えられている。国連のデータによると、中国の人口は50年後には現在の4分の3に、日本の人口は3分の2あまりに減るという。それに伴い、いずれの国でもGDPが大きく落ち込むと予想されている。

もっとも、経済成長が減速すること自体はかならずしも問題ではない。もし、GDPも人口も1％減少するのであれば、ひとりひとりの国民が活用できるリソースの量（つまり、国民1人当たりのGDP）はまったく変わらない。本当に深刻な問題が生じるのは、社会の人口構造が大きく変わり、就労年齢人口が減るケースだ。この場合は、GDPの減少率が人口の減少率を上回り、ひとりひとりが活用できるリソースが減ってしまう。生活水準が低下し、1人当たりのGDPも落ち込む。中国と日本の状況はとりわけ深刻だ。2070年までの間に、中国では22％、日本では14％、就労年齢人口が減少すると予想されているのである。

社会の高齢化がもたらす悪影響としてもうひとつ指摘されているのは、GDPの生産性の側面に関わる問題だ。一般的な仮説によれば、高齢の働き手は生産性が低いと考えられている（少しだけこのあとの記述のネタバレをすると、「仮説」は往々にして間違っているものだ）。もしこの考え方が正しいとすれば、人々が年齢を重ねると、長く働き続けたとしても生産性は低下することになる。

人口増加ペースの減速、就労年齢人口の減少、生産性の低い高齢者の増加——これらの悪影響が合わさることにより、高齢化の重荷が経済に重くのしかかると考えられている。この種の議論ではしばしばとっつきにくい経済用語が飛び交うが、基本的な構図は複雑なものではない。要するにこういうことだ――。高齢になると生産性が低下するのであれば、高齢者として生きる期間が長くなると、個人の生活水準の生涯平均が下落する。また、社会全体でも、生産性の低い人の割合が増えれば、経済生産が減り、GDPも低下する。

しかも、高齢化が経済に及ぼす問題として指摘されているのは、GDP成長率の減速だけではない。経済学者のチャールズ・グッドハートとマノジ・プラダンは最近の著書で、「人口大逆転」に警鐘を鳴らしている[12]。いわく、これまで世界は、労働力人口の増加により、プラスとマイナスを差し引きすれば恩恵に浴してきたが、今後は高齢者人口の増加により、人口面での重荷を背負うことになるというのだ。具体的には、グローバル化の最盛期が終わったという認識を前提に、GDP成長率の減速に加えて、賃金水準の上昇とインフレの進行が起きると主張している。

どうして、経済全般が低迷するのに、賃金が上昇するのか。それは、社会の高齢化により就労年齢人口が減少すること、そして、グローバル化の流れが逆回転して、賃金水準の低い国の労働力を活用しづらくなることの2つの要因により、労働力が不足することが理由だ。賃金が上昇すれば、生産コストが上昇し、モノやサービスの価格も上昇し、インフレが進む。また、生産活動に従事せず、主に消費だけをおこなう高齢者が多くなると、需要が供給を上回ってモノやサービスの価格が上昇し、インフレがいっそう加速する。やはり、専門的な経済用語を取っ払えば、話は単純だ。働き手の数が減れば、賃金水準が上昇する。また、生産活動に携わらない人が増えれば、供給が需要に追いつかなくなり、物価が高くなるというのだ。

それだけではない。社会の高齢化は、現状で実質金利（表面上の金利からインフレ率を差し引いた値）がきわめて低い水準にある理由だとも言われている。1985年の時点では、イギリスで銀行の普通預金にお金を預けておけば、インフレ率を4％ほど上回るペースでお金が増えた。[13] しかし、2012年にはこれがゼロ％まで低下し、その後はマイナスになっている。インフレの進行により、普通預金に預けてあるお金は、実質的に目減りするようになっているのだ。2022年以降は金利が上昇しつつあるが、基本的な状況はいまのところ変わっていない。世界のほとんどの国では、インフレ率が依然として高く、預金の実質利回りは非常に低いままだ。イギリスの中央銀行であるイングランド銀行のアンドリュー・ベイリー総裁によると、実質金利が長期にわたって低水準にある原因のおよそ半分は、社会の高齢化にあるという。[14] イギリスだけが特殊なわけではない。これは世界規模で起きている現象だ。

では、どうして高齢化が実質金利の低下につながるのか。理由は2つある。ひとつの理由は、労働力人口が減ると、生産のための施設や設備へのニーズが減り、資本利益率が押し下げられること。そして、もうひとつの理由は、高齢化が進むと貯蓄率が上昇することだ。65歳で引退し、90歳まで生きるとすれば、70歳まで生きることを想定する場合よりも、多くのお金を蓄えておく必要がある。しかも、人口の多いベビーブーム世代が高齢者になり始めていて、莫大な金額の貯蓄が金融市場に流れ込んでいる。ところが、企業が活発に資金調達をおこなわないため、投資機会が少なくなっている。その結果として、金利がきわめて低くなり、預金者にとって不利な状況が生まれているのだ。

低金利は、預金者には不利だが、融資を受けようとする人たちにとっては有利な状況だ。しかし、それも好ましい面ばかりではない。多くの国では、住宅ローンを借りやすくなったために、住宅相場が大きく跳ね上がった。すでに住宅を所有している人にとっては喜ばしい話だが、まだマイホームを買えていない人にとっては悪材料と言わざるをえない。しかも、低金利により押し上げられたのは、住宅相場だけではない。株式や債券など、さまざまな資産の相場が上昇した。その結果、低金利は、「持つ者」と「持たざる者」の格差を拡大させ、さらには世代間対立も増幅させた。親の世代はマイホームの価値が上昇したことの恩恵に浴しているが、子どもたちの世代は住宅相場の高騰によりマイホームをもてなくなっているのだ。

こうした数々の経済的な問題がことごとく人口に関わる要因により生まれていると主張されている。しかし、高齢化が憂慮すべき状況であることは確かだとしても、政策立案者たちにとって便利な言い訳として用いられている面も否定できない。高齢化社会について言及すれば、目下のさまざまな経済的な問題を、政府にはコントロールできない外部要因のせいにできる。なにもかも高齢者のせいだ、と言えるのだ。経済学は、「陰鬱な科学」という異名を取ってきただけのことはあって、高齢化社会の時代に、よいニュース（人々が長生きできるようになった）

を、悪いニュース（経済の規模が縮小し、インフレが進行し、すべての人の経済状態が悪化する）に転換させようと躍起になっているように見える。

生産性への投資

このように高齢化を悲観的にとらえる見方は、どことなくトーマス・マルサスの思想を連想させる。1766年にイギリスの裕福な家庭に生まれたマルサスは、イギリスの歴史上屈指の影響力ある思想家と言えるだろう。ロンドン近郊のハートフォードシャーに設けられた東インド会社付属学校（ヘイリーベリー・カレッジ）で教鞭を執り、人口動態と人口規模の研究にのめり込むあまり、教え子たちに「ポップ」〔ポピュレーション〔人口〕の略〕というニックネームで呼ばれたほどだった。そのマルサスの名を歴史に刻んだのが、1798年の著書『人口論』である。

この著作の主題は、「人口の力は、人類が生存するために欠かせない資源を生み出す大地の力を限りなく上回っている」という一節に集約されている。このような主張が成り立つ結果、人口が急激に増加すると、貧困、飢饉、戦争、病気など、人口を激減させる出来事──「マルサス的大惨事」と呼ばれる──が起きるという。

マルサスの主張では、人口の増加が資源の供給を凌駕することは避けられないとされるが、高齢化社会に関する言説では、平均寿命が延びることも同様の悪影響を生むと考えられている。

人々が不健康な状態で長く生きるようになり、しかも仕事を退いたあとの人生が長くなれば、資源が枯渇するというのだ。マルサスは、社会が大量の人口を支えることはできないと訴えたが、いま主張されているのは、社会が長寿を支えることはできないということだ。

近年、気候変動問題と地球環境の持続可能性をめぐる懸念が高まるとともに、マルサス的な主張に新たな要素が加わり、この種の不安の説得力がさらに増しているように見えるかもしれない。しかし、驚くべきことがある。マルサスの警告は絶大な影響力をもってきたが、今日にいたるまで予測の的中度は惨憺《さんたん》たるものにとどまっているのだ。マルサスが『人口論』を執筆した当時、世界の人口は10億人足らずだった。それが、1927年には20億人に達し、1960年には30億人になり、1974年には40億人を突破し、現在では80億人を上回っている。

公平を期すために記しておくと、賢明な経済予測家の例に漏れず、マルサスは過度に具体的な数値を挙げて予測を示すことはしていない。地球が支えられる人口の上限が何人くらいなのかとか、いつの時点でその上限に達するのかといったことは、明示していない。それでも、この200年間に世界の人口が大きく増加したことを考えると、マルサスは明らかに、地球が支えられる人口の上限を厳しく考えすぎていたと言わざるをえない。

マルサスの予測がはずれた原因は、産業革命により生産性が大幅に上昇したことだった。具体的には、新しい制度の導入、テクノロジーの進歩、生産設備への投資、教育と健康の改善といった要因に後押しされて、ひとりひとりが生産できる量が増えた。それに伴い、経済生産とGDPが拡大し、人口の増加に伴って必要となる量のリソースを生み出せるようになり、さらには、人口の増加を上回るペースで生産量が増加するようになったのである。また、リソースが増加したことにより、テクノロジー、健康、教育へのさらなる投資が可能になり、その結果として、人々がますます長く、健康で、生産的な人生を送れるようになるという好循環も実現した。マルサスは、人類の発明の能力、すなわち自分たちが生きるために必要なものをつくり出す能力を過小評価していたと言えるだろう。

高齢化社会にまつわる陰鬱な予測を回避するためには、このときと同様のイノベーションと投資が不可欠だ。長い人生を支えるための資金を確保できないという問題を克服するためには、生涯にわたる生産性を向上させるほかない。そこで再び、(今回は人生の終盤をとくに重んじて)テクノロジー、健康、教育、制度変革に投資する必要がある。寿命が延びる以上は、長くなった人生の費用をまかない、前章で論じたような健康への投資をおこなうために、より多くのリソースを生み出さなくてはならない。それができなければ、私たちの生活水準が落ち込むことになる。

高齢化をめぐる分析が悲観的なものに終始しているのは、高齢者の割合が増加するという側面しか見ていないからだ。高齢者は生産性が低く、健康が悪化する運命にあるという思い込みが根を張っている。しかし、長寿化の必須課題が達成されて、人々が良好な健康状態で生産性を維持して生きられる期間が長くなれば、生活水準は落ち込まず、むしろ向上する。エバーグリーン型の世界では、GDPが高齢化により縮小するのではなく、長寿化の配当により拡大するのだ。

社会の年齢構成が変わることによる高齢化の進行と、長寿化の必須課題に取り組むことで実現する老い方の変化——未来の経済成長を左右するのは、この2つの要素のバランスだ。そのバランスがどうなっているかは、国によって大きく異なる。中国や日本では、高齢者人口が劇的に増加しており、高齢化の悪影響がアメリカやイギリスより際立っている。これらの国がその悪影響をやわらげてグッドハートとプラダンの暗澹《あんたん》たる予測をはね返すためには、アメリカやイギリス以上に、長寿化の必須課題への投資が必要とされる。

実は、先ほどグッドハートとプラダンの洞察に富んだ著作を紹介した際に、指摘し忘れていたことがひとつあった。2人の著書『人口大逆転』（邦訳・日本経済新聞出版）が出版された2020年の時点で、グッドハートは84歳になっていた。すでにエバーグリーン型の人生を送り、高齢になるまで生産性を維持し続けている人もいるのだ。

エバーグリーン型の経済に向けて

高齢者の生産性を高めることにより長寿化の配当を生み出すためには、政府が3つのことをおこなう必要がある。ひとつは、引退年齢を引き上げること。もうひとつは、引退年齢まで働き続ける人の割合を増やすこと。そして、もうひとつは、高齢の働き手の生産性を高めることである。

まず、引退年齢の引き上げから見ていこう。引退年齢を引き上げるといっても限度があるし、そのような政策にどれくらい実効性があるかは定かでない。しかし、この政策がGDPを増やし、寿命が延びることで必要となるリソースを生み出せる可能性があることは間違いない。

アメリカでは、60~64歳の人の2人に1人が仕事をもっているのに対し、65~69歳の場合、その割合は3人に1人だ。もし、65~69歳の人たちも60~64歳の人たちと同じくらい仕事をするようになれば、アメリカの労働力は430万人増える。これは、労働力人口が3%増加することを意味する。ほかの国々では、アメリカ以上に大きな効果が期待できる。ドイツでは、65歳を過ぎると、職に就いている人の割合が大きく落ち込む。60~64歳のドイツ人は、3人に2人が仕事をもっているが、この割合は、65~69歳では5人に1人にすぎない。もし引退年齢を引き上げることができれば、GDPが大幅に上昇する可能性がある。

そこで、世界の国々の政府は、フランスのマクロン大統領が身をもって経験したように、国民の怒りを買うことは承知の上で、引退年齢を引き上げようと躍起になっている。しかし、政府がこの点に熱心なのは、労働力人口の確保だけが理由ではない。人々が働く期間が1年増えれば、その人が税金を納める期間が1年増え、年金を受け取る期間が1年減る。しかし、政府はこうした財政面での二重の恩恵に魅力を感じるかもしれないが、このアプローチは、エバーグリーンの課題を達成するうえではまったく役に立たない。引退年齢を引き上げたからといって、人々が長く働き続けられるようになるとは限らないからだ。ひとりひとりの健康状態、働き手としての魅力、そして生産性が高まる保証はない。真のエバーグリーン型の経済を実現させるために必要なのは、人々が長く生産性を保ち続けられるようにすることであって、『ガリバー旅行記』のストラルドブラグになったように感じるまで長々と、無理やり働かせることではないのだ。

引退年齢の引き上げに大きく依存して問題を解決しようとすることの問題点は、50歳を過ぎた人たちの雇用にどのようなことが起きているかを見れば一目瞭然だ。49歳の時点では、アメリカ人の約5人に4人が仕事をもっている。ところが、60～64歳になると、仕事をもっている人の割合は5人に3人に減る。65歳以降は、その割合が5人に2人まで落ち込む。つまり、50～65歳の期間に働くことをやめる人が、65歳で仕事を退く人と同じくらい多いのだ。この傾向は、教育レベルの低い層でとくに際立っている。アメリカの大卒男性は、50歳の時点で20人中19人が職に就いており、60歳の時点でも20人中15人、65歳の時点でも20人中10人が職に就いている。それに対し、高校を卒業していない人の場合、その割合は、それぞれ20人中15人、11人、4人となっている。しかし、このデータからは、教育レベルに関係なく、公的年金の支給開始年齢より前に、労働市場からの退出が始まっていることも見て取れる。

ごく一部には、アーリー・リタイア、つまり早期の引退を望んで、自発的な選択により職をもたなくなる人もいる。しかし、本人の意に反してそのような選択に追い込まれているケースが大多数だ。[15] 仕事を続けることが肉体的につらくなったり、難しくなったりして、仕事をやめる人もいる。あるいは、パートナーや親の介護をする必要が生じたり、みずからの健康が悪化したりして、仕事を続けられなくなる人もいる。また、年齢差別の影響も無視できない。高齢の人ほど職を失いやすく、新しい職を見つけることが難しいのだ。新しい職を見つけられた場合でも、たいてい給料は下がる。以上の点を総合すると、50歳以上の人たちの雇用状況は、一般に思われているよりもはるかに危うく、高齢者にとってはそうした状況が生活費を確保するうえで大きな障害になっている。人々が長く生産性を維持するための手助けは、引退年齢が訪れるより前に始める必要があるのだ。

いまあなたが40代や50代だとすれば、自分が危険ゾーンに向かって突き進んでいることをよく自覚したほうがいい。ここで最も重要なのは、65歳以降にどのような仕事をするかではなく、65歳になった時点で職をもっていることだ。そして、60代で職をもてるかどうかは、50代のときの状況に大きく左右される。50代という重要な時期に安定した雇用を維持できていた人は、64歳の時点で職をもっている割合が80％に達する。しかし、50代の50～80％の期間、職に就いていただけの人の場合、その割合は42％に下がる。50代を通して職に就いていなかった人にいたっては、62～66歳に職をもてる割合はたったの４％でしかない。[16]

50歳以降に職を失わないようにすることは、長寿化の配当を手にするための最善の方法に見える。この方法は、引退年齢を引き上げて国民の反発を買うより、政府にとっても危険が少ない。それに、労働力人口を増やすという意味でも、こちらのやり方のほうが大きな効果を期待できる。もし50~64歳で職に就いている人の割合を45~49歳の層と同程度まで高められれば、アメリカの労働力は800万人増える計算だ。これは、アメリカの労働力人口の5%に相当する。生産性に関する平均的なデータを基に考えると、これにより年間のGDPは約1兆1500億ドル増えることになる。長寿化の経済的な配当はかなりの規模に達するのだ。

ただし、その配当を手にするためには、いくつもの変化を起こさなくてはならない。それらはすべて、高齢の働き手の生産性を高めるためのものだ。50代以上の人たちが仕事を続けるために、健康を維持する必要があることは言うまでもない。イギリスでは、就労年齢人口の6人に1人が長期にわたる病気に悩まされている。こうした状況を考えると、高齢者の健康、とりわけ健康格差の解消に投資することには、GDPを押し上げる効果が期待できる。また、大人の教育と生涯学習をもっと重んじる必要もある。人々がスキルを更新したり、新しい職に就くための新しいスキルを学んだりできるようにするべきなのだ[17]。機械による自動化が拡大するのに伴い、ひとりひとりの働き手が新しいデジタル関連のスキルを習得したり、デジタル分野以外でも新しい職で必要となるスキルを学んだりしなくてはならなくなる。肉体労働に従事してきた人たちも、それまでとは異なるスキルを用いる新しい職に適応するために、支援と訓練が必要になる。さらに、高齢の働き手を支援するために、企業が職場のあり方を設計し直すことも求められる。さまざまな年齢層の働き手を職場に迎え入れて、そうした人たちの多様なスキルと属性を生かせるようにするためだ。既存の法制度をもっと積極的に活用し、採用や解雇における年齢差別を撲滅することも怠ってはならない。

引退年齢を引き上げることも、平均寿命の上昇に対応するためのエバーグリーンの課題の一部ではある。しかし、この方策だけでは効果に限りがある。私たちは、健康状態が向上せずに寿命だけが長くなることを望まないのと同じように、やり甲斐を感じられず、生産性も高まらずに、職業人生が長くなることも望んでいないからだ。

引退の終わり?

ウィリアム・オスラー卿は、カナダ出身の才能豊かな医学者で、アメリカのメリーランド州ボルチモアにあるジョンズ・ホプキンズ大学に名門医学校を創設したメンバーのひとりでもあった。そのオスラーが１９０５年に物議を醸したことがあった。オックスフォード大学の欽定教授に転出するに当たり、お別れのスピーチをしたときのことだ。高齢の男性は役に立たないと述べ、60歳で強制的に引退させ、その後ほどなく安楽死させるべきだと主張して、聴衆を驚かせたのだ。当時50代半ばだったオスラーはスピーチのなかで、19世紀イギリスの小説家アントニー・トロロープの風刺小説『定められた期限』（１８８２年）に言及した。この小説は、執筆当時からおよそ100年後の未来である1980年を舞台にしており、その世界では、60代の人間に対して「クロロホルムを用いて穏やかに命を終わらせる」ものとされている。

オスラーのスピーチは場違いなユーモア感覚を発揮したものだったが、一般のメディアはこの言葉を額面どおりに受け取って大々的に報道し、非難の大合唱が続いた。スピーチの聴衆のなかには、おそらくかなりの人数の高齢男性も含まれていただろう。そうした聴衆の一部が本当にショックを受けたのは、クロロホルム云々についての愚かなジョークではなく、高齢男性が役に立たないという決めつけと、強制的に引退させるべきだという主張のほうだった。1905年には、65歳以上の男性の大多数が仕事をもっていた。当時は、公的年金制度がまだ存在していなかったためだ。公的年金制度が創設されるのは、イギリスでは1908年、アメリカでは1935年のことである（両国とも、1889年にプロイセンが宰相ビスマルクの下で年金制度を設けてから、かなり後れを取ったと言わざるをえない）。

公的年金制度の導入が高齢の働き手たちに及ぼした影響はきわめて大きかった。イギリスでもアメリカでも、1880年の時点では65歳男性のおよそ4人に3人がまだ職に就いていた[18]。その後100年の間に、その割合は低下し続け、1990年には、アメリカで6人に1人程度、イギリスで12人に1人程度まで減少した。フランスにいたっては、2000年に65歳で仕事をもっている人の割合は50人中1人にすぎなかった。ところが、その後、トレンドが逆転し始める。現在、アメリカでは65歳の4人に1人、イギリスでは7人に1人、フランスでも12人に1

人が働いている。

振り子が逆方向に振れ始めた形だが、最終的にどこに落ち着くのか。世界の国々が引退年齢の引き上げに躍起になっていることを考えると、74歳で芝生の手入れをして収入を得ているリチャード・ディーヴァーの姿は、私たち全員の未来を先取りしているとみなすべきなのか。政府は、平均寿命に連動させて引退年齢を決めるべきなのか。エバーグリーンの課題を追求することにより、平均寿命がさらに延びれば、いずれ「引退」という概念自体がなくなるのか。

これらの問いに答えるためには、いくつかの簡単なお金の計算から始めればいい。私は、ロンドン・ビジネススクールの同僚であるリンダ・グラットンとの2016年の共著『ライフ・シフト』（邦訳・東洋経済新報社）でそれをおこなった。(19) 前提として、引退後には、ゆとりをもって引退直前の給料の50％に相当するお金を使えるようにしたいと考える。そして、働いている間は毎年の所得の10％を貯蓄に回し、そのうちの半分を株式に投資し、残り半分を銀行預金に預けるものとする。過去の株式投資の利回りと預金の利息を基に考えた場合、以上の貯蓄をおこなうと、どれくらいの年数の引退生活を送れるだけの資金を確保できるのか。計算すると、70代前半まで働けば、85歳までお金の心配はいらない。けれども、100歳まで生きるとすれば、80歳まで仕事を続ける必要がある。そうしなければ、引退直前の給料の50％に相当する資金を確保できないのだ。あなたが働くことを楽しく感じていて、健康にも問題がなく、80歳まで仕事を続けることが可能だったとしても、60年前後にわたる職業人生を送るというのは、おそらくあまり気が進むシナリオではないだろう。

強調しておきたいのは、ここまでの記述が投資を推奨することを意図したものではないということだ。この点には、本の著者として法的なトラブルを避けるための断り書きという以上の意味がある。長期的なお金の計画はきわめて重要であり、しかも置かれている環境はひとりひとり異なるため、ここで記したような単純化した計算に基づいて計画を立てることは難しい。それでも、平均寿命と引退年齢の関係について大ざっぱに考えるうえではある程度役に立つが、このような考え方には、きわめて限られたケースを前提にしているという問題に加えて、お金の面でのモチベーションしか考慮に入れていないという問題もある。

実際には、いつの時点で働くことをやめるかという選択には、いくつものトレードオフの判断が関係してくる。まず、仕事を続けることにはさまざまなメリットがある。いくらかお金を稼げることは言うまでもないが、それだけでなく、仕事を通じて充実感をいだき、自分のアイデンティティを強化し、生き甲斐を感じ、友人や知人のコミュニティを見いだせるかもしれない（うまくいく場合ばかりではないが）。しかし、代償もある。働くことには出費が伴う。通勤の費用や、仕事に着ていく服を買う費用、昼食代、仕事で不在の間に家族のケアを誰かに任せるための料金などを支出しなくてはならない。コストはお金だけではない。通勤には時間がかかるし、仕事をすることが肉体的に過酷な場合もある。それに、仕事にはしばしばストレスがついて回るし、家族と一緒に過ごせないことで心理的な喪失感をいだくケースもある。

こうした代償が年齢とともに増大し（健康が悪化したり、家族のケアの必要性が高まったり）、その一方で恩恵が減少する（給料が下がったり、仕事が退屈になったり、年齢差別に遭遇したり、お金を儲ける必要性が低下したり）とすれば、働くことの代償が恩恵を上回る時点がいつか訪れる。その時点で引退するのが理想だ。[20] このように広い視野で考えてはじめて、引退のあり方がどのように変わるべきか、政府がどのように長寿化に対処するべきかという、前述の問いに答えることができる。

平均で考えることの落とし穴

まず指摘しておくべきなのは、言うまでもないことだが、万人にとって最適な引退年齢を一律に決めることはできないということだ。健康状態が悪かったり、肉体的に過酷な仕事に就いていたり、すでに十分にお金を蓄えていたりする人は、早めに引退したいと思うだろう。一方、お金を稼ぐ必要があったり、健康状態が良好だったり、仕事が楽しく、コミュニティへの帰属意識や生き甲斐を味わえていたりする人は、まだ働き続けたいと思うだろう。このように理想の引退年齢が人によってまちまちであることを考えると、政府が平均寿命に基づいて画一的に引退年齢を定めることは賢明とは言えない。

ストラルドブラグ型の人生では、平均寿命が延びる半面、健康状態は加齢とともに低下していく。人生が1年長くなれば、生活水準を落としたくないなら、その分だけ多くの老後資金を確保しなくてはならないが、健康状態が悪い人や、過酷な職に就いている人がさらに1年間仕事を続けるのは、魅力的な選択肢とは言えない。そこで、生活水準を落とすことの不愉快さと、さらに1年間働き続けることとの不愉快さを天秤にかけて判断することになる。健康状態が良好な人ほど、概して賃金が高く、仕事を楽しく感じられるため、そのような人は、トレードオフの選択の結果として、長く働き続けようという結論に達しやすいだろう。

では、政府が平均寿命と連動させて引退年齢を引き上げた場合は、どうなるか。平均寿命より長生きする可能性が高く、高給の職に就いている人は、引退年齢が引き上げられても問題ない。働く年数は増えるが、それ以上に寿命が大きく延びるので、引退生活を送れる年数は依然として増えるからだ。それに、このような人は仕事を楽しく感じている場合が多いので、長く働き続けることの代償は比較的小さい。しかし、長生きできる可能性が乏しくて、健康状態も良好でなく、肉体的に過酷な職に就いている人にとっては、引退年齢が引き上げられることの悪影響はきわめて大きい。この場合は、引退生活を送れると見込まれる期間が短くなってしまう。そのため、健康状態が悪く、肉体的に過酷な職に就いている人はとくに、不愉快な仕事を続けるよりも、生活水準を落としたほうがましだと思うだろう。

こうしたことを考えると、平均寿命の上昇と連動させて引退年齢を引き上げることに反対する主張には、もっともな理由がある。社会の健康格差が大きければ大きいほど、引退年齢を引き上げた場合のメリットよりデメリットのほうが大きい人が多くなるため、反発はいっそう強くなる。政府は、公的年金の支給開始年齢の引き上げを支持してほしければ、健康格差を縮小し、人々の健康状態と労働環境を改善し、生産性を維持するための支援をする必要がある。

以上の点は、個人にとっても大きな意味をもつ。政府が引退年齢を引き上げる以上、私たちはそれに対応せざるをえない。長く働き続けることに伴う代償を減らし、恩恵を増やすための対策を講じる必要がある。健康を保つために投資したり、高齢でも働きやすい職場に移ったり、通勤の負担を軽減したり、賃金が上がるようにスキルをアップデートしたり、もっとやり甲斐のある仕事に移ったりするべきだ。

政府が平均寿命と引退年齢を連動させるべきでない理由としては、引退する時期との関係では寿命よりも健康寿命のほうが重要だという点も挙げることができる。ストラルドブラグ型の人生とドリアン・グレイ型の人生について、改めて考えてみよう。ストラルドブラグ型の人生では、寿命は延びるが、健康状態は悪化する。健康が急速に悪化したり、家族のケアの必要性が一挙に高まったりすれば、長く働き続けることは不可能だ。それに対し、ドリアン・グレイ型の人生では、寿命は延びないが、長く健康であり続けられるため、長い職業人生を送ることができる。そこで、政府は、平均寿命ではなく平均健康寿命と、引退年齢を連動させるべきだ。そうすれば、さらなる利点も期待できる。政府が高齢者の健康を改善するために投資することを促す強力なインセンティブが生まれるのだ。

高齢の人たちに長く働いてほしいのであれば、高齢者の健康を維持する必要があるが、現実に起きていることは、それとは正反対だ。OECD諸国では、引退年齢の引き上げに伴い、多くの高齢者が劣悪な健康状態（少なくともひとつの慢性疾患に悩まされている状態）で働かざるをえなくなっている。[21] とくに、アメリカはこの点に関して二重の問題を抱えている。不健康な状態で働く人が増えているだけでなく、良好な健康状態で働いている人が減っているのだ。アメリカでは、800万人以上の人たちが障害年金の支給を申請している。[22]

余暇時間の増加

平均寿命が上昇したからといって、かならずしも引退年齢を引き上げる必要がない理由は、このほかにもある。20世紀のほとんどの期間を通して平均寿命が上昇してきたが、引退年齢はむしろ下がってきた。このようなことが起きた理由を理解するために、もう少し経済学的な検討を続けよう。寿命が延びると、働く年数を増やさなくてはならないとしばしば言われるのは、人生の期間が長くなる結果、より多くのお金が必要になるからだ。確かに、そうした資金面のニーズに対応するうえでは、働く年数を増やすのもひとつの方法ではある。しかし、方法はそれだけではない。職業人生を送る間の毎年の生産性を高めることができれば、働く年数をそれほど増やさずに済む。生産性が向上すれば、働く期間を増やさなくても、長くなった人生に必要な資金をまかなえるのだ。

生産性が高まると、私たちはより豊かになる。そして、私たちは豊かになると、欲しいものをもっと欲するようになる。[23]私たちが高い価値を認めているもののひとつが余暇だ。そのため、20世紀に所得が増加すると、週末に仕事を休むことが一般的になり、1週間当たりの労働時間が短くなり、長期休暇の期間も長くなった。また、65歳で仕事を引退する慣習も生まれた。これは、人生終盤の余暇時間を増やすことを意味した。

引退年齢がどうなるかは、2つの正反対の作用の影響を受ける。ひとつは、平均寿命が延びて、長く働き続ける必要性が増すこと。もうひとつは、生産性が向上して所得が増える結果、長く働き続ける必要性が減ること。今後の引退年齢は、この2つの要素のバランスで決まる。もし、平均寿命が上昇し続け、所得の増加が期待はずれのままだとすれば、引退年齢は上がり続ける。逆に、平均寿命の上昇が頭打ちになり、所得の増加ペースが加速すれば、引退年齢を引き上げる必要はなくなる。

ここから、ひとつの興味深い可能性が見えてくる。エバーグリーンの課題の達成が進めば進むほど、私たちの健康と生産性は長く維持される。そうなれば、長く働き続けることが容易になるが、それとは別の選択肢も生まれる。この点について、2つのシナリオを通じて考えてみよう。平均寿命そのものは、いずれのシナリオも同じと仮定する。まず、ストラルドブラグ型のシナリオ。年齢を重ねるにつれて、健康状態と生産性が落ち込んでいく。もうひとつは、ドリアン・グレイ型のシナリオ。良好な健康状態と高い生産性を保てる時期が長くなる。ドリアン・グレイ型のシナリオでは、高い生産性を長く維持できるので、働く年数を減らしても、それまでと同じだけの生涯所得を確保できる。そのため、ストラルドブラグ型のシナリオよりも早く引退生活に入れる。生産性を高められれば、人生終盤の余暇の日々を増やすための経済的余裕も生まれるのだ。

しかし、ドリアン・グレイ型の場合は、もうひとつの選択肢もありうる。人生が長くなることにより増加する余暇時間は、かならずしも人生終盤にまとめて経験する必要はない。引退の時期を遅らせて引退生活の期間を短くするのと引き換えに、人生のもっと早い時期に余暇時間を小分けにして経験することも可能だ。週休3日で働いたり、育児や介護に時間を割いたり、毎年長期の休暇を取ったり、とくに職業人生の終盤にパートタイムで柔軟に仕事をしたりしてもいい。

引退より前に多くの余暇時間を経験するように転換する動きは、すでに始まっているように見える。職業人生が引退とともに突然終わるのではなく、フルタイムからパートタイムへ、そしてやがては完全に引退する「ノータイム」へと段階的に移行するようになりつつある。引退は一度に完結する出来事ではなく、継続的に進むプロセスになったのだ。完全な引退に向けてだんだんと高齢者にやさしい働き方に移っていくことが一般的になり、そのおかげで、人々は長く健康を保ち、生産性を維持して長く働き続けやすくなった。

エバーグリーン型の世界では、余暇のタイミングが前倒しになる傾向にいっそう拍車がかかる可能性が高い。「若者は若さを無駄にする」というのは、ノーベル文学賞を受賞したアイルランドの劇作家ジョージ・バーナード・ショーの言葉だが、ドリアン・グレイ型の人生では、「老人は余暇を無駄にする」と言えるかもしれない。もっと若い時期に余暇時間を過ごしたほうが有益なのではないか。50年間、ことによると60年間ぶっ通しで働く場合、20歳前後の若さで働き始めることが賢明な選択と言えるのか。仕事の世界に足を踏み入れてさまざまな責任を担い、立ち止まることを許されなくなる前に、旅に出かけたり、情熱を注げるものごとを追求したりするほうが好ましいのではないか。あるいは、40代や50代に余暇時間を過ごして、その代わりに長く職業人生を続けることを選んでもいいだろう。40代や50代の休業期間は、中年期で幸福度が落ち込む現象（第1章参照）を回避する手立てになるかもしれない。また、長く仕事を続けることを考えると、キャリアの次のステージに向けてスキルをアップデートするためにその時間を使ってもいい。スキルのアップデートは、それまでとは異なる道を目指すことが目的の場合もあれば、テクノロジーの進化に取り残されないための自衛を図ることが目的の場合もあるだろう。一方、このような自発的な休業以外にも、失業や生活環境の変化により、不本意な形でキャリアの中断を経験する可能性もある。以上のすべてが相まって、職業人生におけるさまざまな段階で複数回の休業期間を織り込むことが当たり前になる。

この点は、エバーグリーンの課題を達成することでもたらされる真の恩恵と言える。退屈な職業人生が延々と続くのではなく、長寿化に伴って増える人生の時間の使い方に関して選択肢が広がるのだ。20世紀には、平均寿命が延びた結果、引退後の余暇時間が増えたのに対し、21

世紀には、引退年齢が高くなる結果、引退前に過ごす余暇時間が増えるだろう。

この点で長寿社会と高齢化社会の違いは歴然としている。エバーグリーンの課題が達成されて長寿社会が実現すればするほど（健康と生産性を長く維持できればできるほど）、引退年齢が上昇し、職業人生の途中でキャリアの中断を経験することが多くなり、引退よりも前に過ごす余暇時間が増える。それに対し、高齢化社会が進行すればするほど（ストラルドブラグ型の人生が現実になればなるほど）、高齢になると健康が悪化して仕事を続けられなくなり、引退の時期を遅らせることが難しくなる。そうなると、余暇時間は、人生の終盤に、すなわち健康状態の悪い時期に過ごすほかなくなる。こうしたことを考えると、エバーグリーンの課題に向けた取り組みをせずに、引退年齢だけを引き上げようとする動きには反対するべきなのだ。

では、引退すること自体をもうやめにするべきなのか。いまのところ引退という概念はまだ存在していて、引退年齢は政府の重要な政策手段であり続けている。しかし、すべての人が同じ年齢でいっせいに仕事を辞めるというのは、20世紀の発想だ。実際には、そのような引退のあり方は過去のものになって久しい。寿命が長くなることに対処するには、平均寿命と引退年齢を機械的に連動させるのではなく、もっと視野の広い政策を実行する必要がある。具体的には、高齢者の健康の維持に努めつつ、成人教育に始まり、職の再設計にいたるまで、高齢の働き手の生産性を保つためのさまざまな措置に力を入れるべきだ。また、老い方はひとりひとり異なるため、すべての高齢の働き手を一種類の政策に当てはめようとするのは乱暴すぎる。エバーグリーン型の世界が実現しても引退という概念はなくならないが、引退のあり方はこれまでよりも流動的になり、多様性が増す。引退を境界線に仕事の時期と余暇の時期がきれいに区分される傾向は弱まっていく。

いくつかの条件が満たされれば、引退という概念に終止符が打たれる日が来る可能性はある。ピーター・パン型の最も極端なケースを思い浮かべてほしい。年齢を重ねても、健康状態も死亡率もまったく変わらないパターンだ。そうした奇跡のような世界で、給料が毎年変わらないと仮定してみよう。この場合、まったく同じ1年が毎年繰り返される。キャリアに関して毎年同じ決定をくだし、引退することは一生ない。この点は直感的に納得がいくだろう。引退生活が人生の最後の段階、つまり健康と生産性が低下して働くことをやめる段階だとすれば、ピーター・パン型の未来においては、人は引退しなくなる。老いた人は存在せず、生産性が低下することも、健康状態が悪化することもなくなるからだ。

こうした究極のピーター・パン型のシナリオは、言うまでもなく架空の世界の話だ。しかし、この設例が浮き彫りにしているように、よりよい老い方が実現し、高齢者にとって働きやすい環境が充実すれば、人は引退しなくなり、死ぬまで働き続けるようになる可能性がある。引退が消滅するのである。実際、私は、そのような道を歩みつつあるように見える大学教授を何人か知っている。高齢期が若年期とあまり変わらなくなれば、引退時期の選択肢は広がる。最終的には、仕事に退屈したり、そろそろ辞めどきだという感覚をいだいたりすることをきっかけに、引退の日が訪れるのかもしれない。あるいは、人生が終わる最後の最後まで働き続けるのかもしれない。万人向けの選択肢とは言えないが、このような形で長寿化に対応しようとする人も出てくるだろう。

高齢者にやさしい仕事

ニューヨーク州のロングアイランド島で暮らしている義母は最近、80歳になったのを機に仕事を退いた。それまで就いていた仕事は、ニューヨーク州内の著名な庭園をめぐる観光ツアーを企画し、ガイド役を務めるというものだった。ツアーガイドの仕事は、「高齢者にやさしい」職の上位10職種のひとつだ[24]。それに対し、セメントやコンクリートを扱うような仕事は、このランキングで下位10職種のひとつに位置づけられている。筋力とスタミナが不可欠だし、肉体的に過酷な仕事だからだ。義母の肉体的・精神的能力を疑うつもりは毛頭ないが、工事現場でセメントをスコップでかき混ぜる仕事に就いて長続きするとは思えない。

ここで言いたいのは、エバーグリーンの課題を達成しようと思えば、これまでより「高齢者にやさしい」職をつくり出す必要があるということだ。高齢者が健康を改善して「若々しく」いられるようにするだけでは十分でない。高齢の働き手が働きやすいように、職場環境を変えることも不可欠なのだ。年齢層ごとに比較した研究によると、高齢の働き手が好むのは、自律性が高く、スケジュールを自分で決めることができ、勤務時間に柔軟性があり、肉体的な負担が小さく、ストレスのレベルが低い職だ㉕。また、良好な職場環境、ゆっくりしたペース、目標達成を強く求められず、ほかの人に対する責任をあまり伴わない職が好まれる。このような特徴をもった仕事は、高齢者にやさしい職と言える。

言うまでもなく、こうした職を好むのは高齢者だけではない。誰だって、このような条件を備えた職のほうが好ましいと感じるだろう。しかし、高齢者はとりわけ、これらの要素に重きを置く。たとえば、60歳未満の働き手は、スケジュールを自分で決められる職に就けるのであれば、7～10％給料が下がっても構わないと考えるが、60歳以上の働き手は、15％給料が下がっても構わないと考える㉖。また、若い働き手は、激しい肉体労働を伴う仕事ではなく、軽度の肉体労働の職に就けるのであれば、給料が8％下がってもいいと回答するが、50代の働き手は18％、60代の働き手は30％下がってもいいと答える。

高齢者にやさしい職をつくれれば、高齢者が長く仕事を続けやすくなり、長寿化の経済的な配当が生まれる後押しができる。さらに、もっと目に見えにくい恩恵もある。高齢の働き手のなかには、自分が長く働き続けることにより、若い世代がキャリアを築く邪魔をしているのではないかと心配している人が多い。そうした不安をやわらげることができるのだ。

高齢者が若者の職を奪うといった類いの主張は、経済学の世界では「労働塊の誤謬《ごびゅう》」と呼ばれて誤りとみなされている。雇用の数が変わらない場合にはじめて、高齢者が働き続けることにより、若い世代の失業率が高まる。しかし、実際には、高齢者が長く働き続ければ、消費に回す金額も多くなり、その結果として若い世代が就ける職も増える。この点に関しては、過去100年間の女性の就労をめぐる状況が有益な先例と言える。職に就く女性の数は大幅に増えたが、それにより男性の雇用が減ることはなかった。多くの人がいだいていた不安は、現実化しなかったのである。

しかし、高齢者が働き続けることが若い世代にまったく影響を及ぼさないわけではない。職を求める人が増えれば、労働市場が買い手市場になり、雇用主は安い給料しか支払おうとしなくなる。若者と高齢者が同じ職を奪い合うケースが増えれば、そうした傾向がいっそう強まる。この場合は、高齢者が長く働き続けることにより、若い世代のキャリアの見通しに悪影響が及ぶ。もっとも、この問題は、若者と高齢者が同じ仕事を直接奪い合わなくなれば緩和される。つまり、政策により高齢者にやさしい仕事をつくり出せれば、ほかの年齢層の働き手への悪影響が軽減される効果も期待できるのだ。

幸い、1990年から2020年の間に、アメリカではすべての職種の4分の3がそれまでよりも高齢者にやさしくなった。前述したように、自律性が高く、スケジュールを自分で決めることができ、勤務時間に柔軟性があり、肉体的な負担が小さく、ストレスのレベルが低い職が増えたのだ[27]。その一因は、（肉体労働ではなく）オフィス労働の職が急速に増加したことにあるが、新しいテクノロジーの登場により、仕事のやり方が根本から変わったことも見過ごせない。ひときわ高齢者にやさしいとみなせる職の雇用は４９００万も増えている。年齢を重ねた働き手が働きやすい環境が生まれた結果、50歳以上の人がすべての労働者に占める割合は、５分の1から3分の1に上昇した。コロナ禍で在宅勤務が当たり前になる前から、肉体的に過酷な仕事が減り、業務時間の柔軟性が高まったことにより、以前に比べて、高齢の働き手が長く仕事を続けやすい状況が生まれていたのだ。

もっとも、明るい材料ばかりではない。すべての業種が高齢の働き手にやさしくなったわけではないのだ。主要産業のなかでも、建設、製造、農業などは、高齢の働き手が働きやすいとはとうてい言えない。このような業種で求められるスキルは、金融など、高齢者にやさしい職場で求められるスキルとは大きく異なる。高齢者のなかには、必要なスキルをもっていないために、高齢者にやさしい職に移ることができず、高齢者にやさしくない業種で働き続けざるをえない人たちもいる。その結果、高齢者にやさしい職は急速に増えているものの、そうした職は圧倒的に若い世代によって占められている。アメリカでは、高齢者にやさしい職の新規雇用の半分以上に若い世代が就いているのが現実だ。これは、かならずしも悪いことではない。ある職を高齢者にやさしいものにする要素は、ハーバード大学の経済学者クラウディア・ゴールディン〔２０２３年にノーベル経済学賞を受賞〕が労働市場のジェンダー格差を緩和する要素として挙げたものと重なり合う[28]。柔軟性が高く、肉体的な過酷さやストレスが少なく、労働環境が良好な職は、誰にとっても魅力的だ。だからこそ、若い新卒者もそのような職に就きたがる。

しかし、幅広い層の働き手が高齢者にやさしい職に就こうとすることは、好ましくない結果も生む。高齢者と若者が同じ職を奪い合うことになるからだ。この場合、高齢者が長く仕事を続けても、若者の失業率が上昇することはないとしても、若い世代の賃金やキャリアの見通しには影響が及ぶ。企業と政府は、高齢者の就労を支援すると同時に、若い人たちがキャリアを築くための政策を真剣に検討すべきだ。

もうひとつ厄介な問題がある。ある特定のカテゴリーの高齢者は、高齢者にやさしい職に就くことが難しい。非大卒の高齢男性は依然として、高齢者にとってことのほか過酷で、しかもそうした状況が一向に改善していない職種に就いているケースが圧倒的に多いのだ。建設や製造などの仕事がそれに該当する。[29] この状況を是正するためには、2つの課題を達成しなくてはならない。ひとつは、このような人たちが現時点で就いている仕事をもっと高齢者にやさしいものにすること。もうひとつは、この人たちがもっと働きやすい職に移りやすいようにすることである。前者の課題は、たとえばロボットの活用を増やし、肉体的に過酷な仕事をロボットに任せることにより達成できる。そのような動きは、製造業の現場ですでに始まっている。[30] また、ドイツの自動車大手BMWは、工場の仕事をより高齢者にやさしいものにするために、バイエルン州ディンゴルフィングの工場で生産プロセスに多くの変更を加えた。膝へのダメージをやわらげるために工場の床の素材を替えたり、新しい作業靴と椅子を導入したり、ひとりひとりの働き手に合わせて作業台の高さを調節できるようにしたり、体の同じ場所への負荷が積み重なることを防ぐために業務の担当替えを定期的におこなったりといった比較的簡単な措置も、仕事を高齢者にやさしいものにする効果があった。そのような変更をおこなうと、工場の生産性も向上した。

それよりも難しいのは、教育レベルの低い高齢男性が肉体的に過酷な仕事を離れて、別のタイプの職に移るのを助けることだ。この先、ケアや対人的なやり取りを軸とする職が増加する一方、建設や製造の仕事が減少していくことが予想される。この層の人たちがより高齢者にやさしい職に移行するのを支援するためには、働き手のトレーニングと再トレーニングに力を入れること、そして、そのような移行が受け入れられやすいように社会規範を改めることが重要だ。

あなたのキャリアにとっての意味

政府が引退年齢の引き上げだけを考えるのが誤りなのと同様に、長寿化が職業人生に及ぼす最も大きな影響は職業人生の長期化であると、個人が考えることも間違っている。実際に進行しつつある変化は、それよりもはるかに大きい。引退の時期を遅らせるのであれば、それよりもっと早い段階での行動を変える必要があるのだ。

長寿化の恩恵に浴するために求められる変化をすべて実現しようと思えば、キャリアの再設計が不可欠だ。20世紀には、人生をすっきりと3つのステージ（段階）にわけて考えるのが当たり前だった。教育→仕事→引退の3段階である。高齢化社会をめぐる言説は、そうした3ステージの人生を前提にしている。3ステージのモデルの下で社会の人口構成が変化する結果、労働力が減り、年金受給者が増加して、経済はお先真っ暗、というわけだ。

エバーグリーンの課題を達成するには、3ステージのモデルから脱却する必要がある。ところが、世界の国々の政府は、3ステージのモデルを変えずに、ステージとステージの間の境界線を移動させるだけで済ませようとしている場合が多い。引退年齢を引き上げることにより、年金支出を減らし、税収を増やそうとしているのだ。このようなやり方は、健康と生産性を長く維持するというエバーグリーンの課題を達成する役に立たない。では、どのような方法が有効なのか。その方法を実践する場合、個人のキャリアにどのような影響が及ぶのか。

長い職業人生を送り、長く生産性を維持したいのであれば、以下の点をじっくり検討するべきだ。

＊1ごちゃ混ぜにする　職業人生が長くなれば、必然的にキャリアのマルチステージ化が進む[31]。健康、スキル、人間関係、やり甲斐をこれまでより長期にわたり維持しようと思えば、キャリアの途中で転換や移行を遂げることが避けられない。人生のステージごとに、関心を払うべき要素が変わってくるからだ。

たとえば、20代の人は、職業人生を出発させて数年経った頃に、世界を旅してみたいと思うかもしれない。自分がどのような人生を歩みたいかまだ確信をもてず、自分が本当にやりたいことを見いだし、自分の長所を見極めるために時間を費やしたいと考えるのだ。30代の人は、子どもを育てたり、キャリアの方向転換を遂げたりしたいと考えるかもしれない。いま歩んでいるキャリアの道筋が間違っていると感じている人もいるだろう。40代の人は、これまで20年ほど働いてきたけれど、あと30年間働き続けるために、新しいスキルを身につけたいと考えるかもしれない。

50代の人は、親の介護に時間を費やす必要が出てきても不思議でない。60代の人は、仕事を引退できるだけの経済的ゆとりはまだないけれど、ライフスタイルを変える覚悟はあるかもしれない。70代や80代になった人は、まだ働きたいと思いつつも、もっとストレスの少ない職に就きたいと考える場合もあるだろう。

こうした人生のマルチステージ化は、エバーグリーンの課題が達成されて、もっぱら引退後に余暇時間を過ごすのではなく、引退前に余暇時間をもつケースが増えることにより実現する。寿命が長くなれば、人生の時間が増加し、増えた時間を人生全体に小分けにして活用する道が開ける。また、人生の時間が長く経過すればするほど、移行や変化の機会が増えることは言うまでもない。これらの要因が組み合わさることにより、マルチステージの人生が一般的になるのだ。

＊2準備を整える　マルチステージの人生では、自発的なものにせよ、不本意なものにせよ、人生で移行を経験する機会が多くなる。そうした移行に対処する準備を整えるには、自分のお金の状況、職業上の人脈と私的な人間関係、そしてみずからのアイデンティティについて考える必要がある。重要なのは、将来に選べる選択肢を残すこと。そのためには、意識的に投資して選択肢を増やさなくてはならない。ある程度のお金を確保しておくことは、引退後の生活資金に困らないためだけでなく、それより前の時期に仕事をしない期間や所得が減る期間を乗り切るためにも必要だ。また、人的ネットワークは、環境の変化に合わせて新しい道や新しいキャリアの選択肢を見いだすために欠かせない。もしあなたの人的ネットワークが現在の人間関係中心になっているとすれば、そのネットワークは転職の役にあまり立たない。それに、自分のアイデンティティを現在の仕事と一体化させすぎていれば、のちに移行を遂げることがより難しくなるだろう。人生が長くなれば、嗜好や価値観も変わる。そうした変化に対処する余地を確保することが重要だ。

＊3学校へ戻る　よりよい老い方をするというエバーグリーンの必須課題を達成するためには、生涯にわたって健康と教育を重んじ続ける必要がある。長い人生を楽しみたいのであれば、時代の変化に乗り遅れないようにすることが重要だ。とくに、職業人生の最初の一

歩を踏み出した途端に、教育をすべておしまいにするわけにはいかない。生涯を通じて学び続けるべきなのだ。スキルや知識を少しずつアップデートしていってもいいし、どこかの段階でまとまった時間を取って学び直しに取り組んでもいい。すでに、短期講座や、もう少し長期の学位取得プログラムの類いが続々と登場している。民間企業や大学は、市場の拡大によるビジネスチャンスをしっかり見て取っているのだ。対面型の教育にせよオンライン教育にせよ、自分が次に必要とする教育の機会を探し続けるべきだろう。

＊4未来へ向けて多角化する　職業人生が長くなることを考えると、キャリアの出発点で堅牢な土台を築くことが重要になる。具体的には、自分が得意なことや好きなことを知ったうえで、現在の職で必要なスキルをもつだけで満足せず、いまの仕事を通じて将来のキャリアの移行に有益なことを学ぶつもりでいなくてはならない。

専門性の高い職種や業種で長く働けば働くほど、あなたのスキルは、いまの仕事でより有効なものになる半面、ほかの職場では役に立たないものになる危険が高まる。このリスクは、職業人生が長くなる場合、いっそう大きくなる。

そこで、自己点検をおこない、いくつかの基本的な問いを検討する必要がある。たとえば、以下のような問いを考えるべきだ。自分が働いている業種は、衰退に向かっていないか。現在の職は、数十年後も快適に続けられるくらい、高齢者にやさしいか。いまの仕事を続けた場合、やがて退屈したり、行き詰まったりする恐れはないか。自分はほかの職種や業種でも通用するスキルをもっているか。将来の転職活動で、そのスキルの値打ちを採用側にうまく伝えられそうか。職業人生が長くなれば、現在の職で働き続けられないリスクが高まることは事実だが、裏を返せば、新しい職に移るために投資したり、実際に職を移ることを選択したりできる時間も増える。

＊5 下り坂を歩む　3ステージの人生では、キャリアを前進させることに大きな関心が払われてきた。人々は、言ってみれば「右肩上がり」の人生が続くという想定で生きてきたのだ。しかし、マルチステージの人生では、このような発想はあまり意味を成さなくなる。働くことに対してどれくらい意欲をいだけるかは、人生のステージによって変わってくる。仕事に対してなにを望むかも変わる。年齢を重ねれば、プレッシャーが小さく、要求が少なく、大きな責任を負わずに済み、柔軟性の高い職を好むようになるかもしれない。そのような職に移れば、賃金は下がる可能性が高いが、それもひとつのキャリアの道筋と言える。金銭面に関して言うと、私たちが長く働き続けなくてはならないのは、もっとお金を稼ぐ必要があるからだが、ここで重要なのは、生涯を通じて稼ぐお金の総額だ。別に、所得が毎年増え続ける必要はない。

企業はどのように行動するべきか

働く人たちがキャリアの築き方を変えるだけでなく、雇用主の側もアプローチを変えなくてはならない。しかし、当然浮かんでくる疑問がある。どうして、企業がわざわざそんなことをする必要があるのか。

アメリカでは、コロナ禍直後の2021年、労働市場で1150万人の欠員があったのに対し、失業者は600万人しかいなかった。同じ時期、イギリスでは史上はじめて、失業者の数を欠員の数が上回った。企業は新規採用に躍起になり、賃金相場が上昇した。国際通貨基金(IMF)によると、このように空前の規模の労働力不足が生じた最大の要因は、高齢の働き手が大挙して労働市場から退出したことにあった[32]。

この状況は、未来からメッセージが送られてきたかのようだ。高齢者が労働力人口に占める割合が大きくなれば、企業はこの層の働き手をつなぎとめるべく、高齢の働き手を支援するための施策を打ち出さなくてはならなくなる。現在、多くの企業はのんきなことに、自社の労働力の年齢構成すら把握しておらず、従業員が大量に引退し始めたときに持ち上がる問題を認識していない。高齢者の働き手の割合が小さかった頃は、それでもよかっただろう。しかし、時代は変わった。2000年の時点では、アメリカの労働者に占める55歳以上の人の割合は6人に1人だったが、2050年にはその割合が4人に1人になる見通しだ。そのような状況で、企業は高齢者にやさしい職をつくり出すことを真剣に考える必要がある。出生率の長期的な推移を基に考えると、今後は若い世代の働き手が減り、企業はますます若い働き手を奪い合うようになり、高齢の働き手を採用する動きも活発化するだろう。その点、マルチステージのキャリアを実践しやすくすることは、企業が人材獲得競争を制するためのひとつの手立てになりうる。若い働き手と高齢の働き手の両方の争奪戦が激化する時代に、企業はこれまでとは異なる働き方とキャリア構築の方法を提示しようと考えてしかるべきだ。

ところが、現実には、多くの企業はいまだに、高齢の働き手を支援することに積極的でない。多くの場合、それは単純な年齢差別的発想が原因だ。高齢者の生産性を過小評価する傾向が根強く存在しているのである。その最も気が滅入る事例として、マーク・ザッカーバーグの発言を挙げることができる。フェイスブックの共同創業者で、メタバースの支配者であるザッカーバーグは2007年に、スタンフォード大学でおこなったスピーチでこう語ったことがある――「若い人のほうが明らかに賢い」。そのザッカーバーグも2024年で40歳。いつの時点で自分が年下の従業員より賢くないという結論をくだすのかは、実に興味深い。

高齢の働き手の生産性が本当に低いのかという点については多くの研究があるが、結論はまちまちだ。それでも、はっきり言えることがひとつある。加齢とともに生産性が下がるという考え方は、あたかも揺るぎない真実であるかのように思われているが、それを強く裏づける実証的なデータは存在しないのだ。関係する要素があまりに多く、一般化した結論を導き出すことは賢明でない。同じ年齢層に属していてもひとりひとりの状況はまちまちだし、教育レベルなど、個人ごとに異なる要因が及ぼす影響も見過ごせない。業種による違いも大きいし、職種によって業務の中身も違う。こうした理由により、働き手の年齢と生産性の間に単純な相関関係を見いだすことはできない。

生産性は年齢とともに上昇していき、やがてある段階で頭打ちになる可能性があるが、実際には職種による違いが非常に大きい――というのがおそらく最も正確な説明だろう。[33] ある種の職では、加齢により肉体的強靭さが低下して、どうしても生産性が落ち込む。あのロジャー・フェデラーでさえ、41歳でプロテニス選手としての人生に終止符を打った。しかし、職種によっては、年齢を重ねて経験が蓄積されるとともに、生産性が高まる場合もある。ウォーレン・バフェットは、歴史上屈指の成功を収めた投資家として知られており、現時点で世界の資産家ランキングで6位に名を連ねている。そのバフェットは、90歳を軽く超えた現在も仕事を続けている。高齢の働き手についての大ざっぱな一般論が当てはまらないケースは多い。

年齢とともに生産性が低下するかどうかに関心が払われるのは、高齢化社会をめぐる言説を前提にすれば自然なことだ。しかし、あらゆる問題がそうであるように、ものごとを別の角度から見ると、本当の課題が見えてくる。これまで社会の労働力人口はピラミッド型の構造になっていて、若い人のほうが高齢者より多かったが、今後は、労働力があらゆる年齢層にもっと均等に分布するようになる。単に高齢の働き手が増えるというより、労働者の年齢面での多様性が拡大するというのが真相なのだ。

高齢の働き手と若い働き手がまったく同じ業務を担えるのであれば、労働力人口の年齢構成を気にする必要はない。若者も高齢者も働き手としての機能は変わらず、同じ役割を果たすことができるからだ。実は、ピーター・パン型の人生が実現するのを待つまでもなく、すでにある面では若い働き手と高齢の働き手がかなり似てきている。1990年の時点では、アメリカの25～49歳の働き手に占める大卒者の割合は50～74歳の層の2倍近かったが、2020年には、この割合が両方の年齢層でほとんど変わらなくなっている。

しかし、高齢の働き手と若い働き手には、健康状態と教育レベル以外の面でも違いがある。仕事の世界に新しく加わる若い新卒者たちは、高齢の働き手に比べると、最新のテクノロジーの潮流全般に通じている可能性が高い。一方、高齢の働き手は、会社がどのように動くのか、顧客がどのような人たちなのかについて、若い働き手より詳しく知っているだろう。

人は年齢を重ねると、もっているスキルも変わる。40歳のマーク・ザッカーバーグは、フェイスブックを動かすプログラムのコードを文字どおりひとつひとつ組んでいったときのような頭の切れるティーンエージャーとは言えないかもしれない。しかし、これまでの経験を通じて、それを補うことのできる新しいスキルをいくつも身につけたように見える。巨大企業を経営し、いくつも企業買収をおこない、有力な政治家たちとわたり合ってきた経験は大きい。また、スキルの変化は、もっと別の形で起きる場合もある。たとえば、研究によると、平均的に言って、高齢の働き手は若い働き手に比べて、自己中心の発想で行動することが少なく、机上の理論より経験を重んじ、同僚や顧客の立場に立ってものを考えるのが得意だ。[34]

高齢の働き手と若い働き手が異なるスキルをもっているとすれば、企業はそうした多様性をうまく生かして成果を向上させられるはずだ。生物医学分野の研究者を対象にした研究に、そのための具体的な方法のヒントがある。[35] 直感的な印象どおり、ベテラン研究者よりも、若手の研究者のほうが新しいアイデアに関する実験をおこなうことが多い。しかし、個人単位ではなく、チーム単位の活動に目を向けると、話が変わってくる。新しいアイデアを生み出すことに関して最も生産性が高いのは、若手とベテランを組み合わせたチームだったのだ。イノベーションと経験を組み合わせたチームは、若手だけのチームやベテランだけのチームなど、特定の年齢層だけで構成されるチームより大きな成果を挙げるのである。

今後は、イノベーションを成し遂げるうえで、異世代を結びつけることの重要性がいっそう大きくなるだろう。チームに多様性があればあるほど、新しいアイデアが多く生まれて、テクノロジーの成長が実現しやすくなる。[36]

いま世界の多くの国で、人口が減り、就労年齢人口が縮小しつつある。それに伴い、イノベーションを成功させるために、高齢の働き手を取り込むことが不可欠になる。どのような割合で若い世代と高齢者を組み合わせるべきかは、業種によって変わってくる。ソフトウェア企業のニーズは、会計事務所のニーズとは異なる。しかし、いずれにせよ、人々の職業人生が長くなれば、企業はそれに対応しなくてはならなくなる。現時点では、自社の働き手の年齢構成をマネジメントすることに力を入れている企業はごくわずかだが、エバーグリーン型の社会ではそれが避けて通れなくなるのだ。

ダイナミズムを保ち続ける

アルバート・アインシュタインは、特殊相対性理論と、質量とエネルギーの等価性に関する画期的な論文を発表し、おそらく歴史上最も有名な等式である「$E = mc^2$」を示したとき、26歳だった。ジェームズ・ワトソンは、DNAの二重らせん構造に関する共著論文を執筆したとき、24歳だった。アップルを創業したときのスティーブ・ジョブズは21歳。ビル・ゲイツは、13歳でプログラミングを始めて、その6年後にマイクロソフトを創業した。このような偉業の数々を目の当たりにすると、ドラマチックなイノベーションや大胆なアイデアを生み出す存在として、どうしても若者に期待したくなる。社会の高齢化が進めば、イノベーションが減るのではないかと考える人が多いのは、無理もない。「高齢化社会」という言葉は、社会を構成する人たちの年齢が上昇していくという、あくまでも統計上の現象を表現する言葉であると同時に、衰退と崩壊、そしてイノベーションの喪失についての情緒的なニュアンスがついて回る言葉でもあるのだ。

しかし、生産性に関する議論がそうだったように、イノベーションをめぐる実証データが明らかにしている現実も、一般のイメージほど単純ではない。有名な発明家とノーベル賞受賞者に関する研究によると、20世紀の100年の間に、特筆すべき成果を挙げる人の平均年齢は大きく上昇した。[37] 2000年のヒトゲノム解読成功で中心的な役割を果たした2人の科学者、クレイグ・ベンターとフランシス・コリンズは、このときそれぞれ54歳と50歳だった。際立った発明をおこなったときの発明家の平均年齢は、20世紀末の時点で100年前に比べて8歳上昇している。2016年、アメリカの発明家（特許申請と業界の表彰に関するデータを基にリストアップした）の年齢の中央値は、発明を成し遂げた時点で47歳となっている。アインシュタイン、ワトソン、ジョブズといった若き発明家の例は目を引くが、実際には、そのような人たちは次第に少なくなっているのだ。

この現象を理解するうえでカギを握る要素は、人類が蓄積している知識が増えるとともに、ひとつのテーマで専門家になるために必要とされる年数が長くなっているという点だ。テーマの複雑性が増して、長年の勉強が不可欠になっているのである。その結果、若いイノベーターが素晴らしい発明をすることが難しくなり、純粋な能力と比べて、経験の重要性が相対的に高まっている。

エバーグリーン型の経済という観点からは勇気づけられる話だが、気になることもある。[80]

代や90代の人間が画期的な発明を成し遂げることなど、本当にできるのだろうか。この点は、エバーグリーンの課題に関して最も難しい問いかもしれない。最も極端なピーター・パン型のシナリオでも、健康状態と死亡率の面では永遠の命が得られるものと仮定したが、ずっと好奇心を失わず、学習と探究への意欲をいだき続けられるという保証はない。

それでも、科学的な発見とイノベーションの探究に関して年齢の上限はないことを示す事例は豊富にある。アメリカの宇宙物理学者で、スミソニアン協会の会長も務めたチャールズ・グリーリー・アボットは、101歳で史上最年長の特許取得者になった（70年間にわたり研究し続けてきた太陽エネルギーに関する特許だった）。テキサス大学オースティン校のジョン・グッドイナフ教授は、2019年に、リチウムイオン電池関連の業績を評価されてノーベル化学賞を共同受賞した。その時点でグッドイナフは97歳。その後も、100歳になってもバッテリー技術に関する画期的発明を目指して研究を続けていた［2023年に100歳で死去］。

このような人物の事例は、「どのような可能性があるか」を描き出すものではある。しかし、こうした事例はかならずしも、「そのような可能性が高い」ことを意味しない。人々の職業人生が長くなることには、高齢の人たちが指導的な地位を占める結果、産業界や社会がもっぱら高齢者のニーズに応えるようになるという落とし穴がある。もし、高齢のリーダーたちが保守的な発想をいだき、自分たちの過去の業績を守り、古いやり方を変えようとしなければ、異なる世代のメンバーを集めたチームをつくっても、イノベーションが成し遂げられる可能性は小さい。ドイツの理論物理学者マックス・プランクが含蓄ある言葉を残しているように、「科学は葬儀がひとつおこなわれるたびに進歩する」ことになりかねない。

実際、さまざまな分野で年長者が存在感を増していることを示すデータは確かにある。2005年から2019年の間に、アメリカの代表的な株価指数であるS&P500を構成する大企業500社のCEOの就任時点での年齢は、平均45歳から59歳に上昇している。[38] アメリカンフットボールのトム・ブレイディ、バスケットボールのレブロン・ジェームズ、サッカーのクリスティアーノ・ロナウドは、昔であれば考えられなかったような年齢で、いまもトップレベルの選手としてプレーを続けている［ブレイディは2023年に引退］。同様のことは、（少なくとも男性俳優に関しては）ハリウッドの映画産業でも起きている。2001年の興行成績上位作品に出演していた男性俳優の平均年齢は20歳だった（この年、『ハリー・ポッター』シリーズの第1弾が公開されたことも影響しただろうが）。しかし、この平均年齢は、2021年には40歳近くに上昇している。[39] トム・クルーズは2022年、59歳で映画『トップガン：マーヴェリック』に主演し、36年前に演じた役を再び演じた。ストーリーの大きなテーマは、年長のパイロットがいまも活躍していて、若いパイロットに多くのことを教えられるというものだった。この映画は大ヒットを記録した。

以上の点はすべて、かならずしも悪いことではない。長く健康と生産性を維持できる人が増えるのは、エバーグリーン型の世界で当然予想されることだ。しかし、職業人生の長期化が世代間の不公正を生まず、イノベーションを妨げないようにするためには、職場のチームに年齢の多様性を組み込むための変化を起こす必要がある。あらゆる世代の声が反映されるようにすることがいっそう重要になるのだ。新しいキャリアの道筋を確立し、たとえば幹部職の任期制限を設ける必要もあるかもしれない。上層部の顔ぶれが入れ替わりやすいようにし、若い世代が昇進するチャンスを確保するためだ。マルチステージのキャリアが当たり前になり、新しい人たちが業界に参入しやすくなる状況も、イノベーションを促進するためにうまく生かすべきだろう。

しかし、最も大きな試練にさらされるのは、私たち個人だ。私たちは年齢を重ねるなかで、安定と再創造の間のトレードオフの関係をよく認識する必要がある。エバーグリーンであり続けるためには、健康とスキルを維持するだけでなく、個人として再生を繰り返し、ものごとの新しいやり方を受け入れることも求められるのだ。

第6章

お金とあなたの人生

眠っている間にお金を儲ける方法を知らない人は、死ぬまで働き続けることになる。

——ウォーレン・バフェット〔投資家〕

17～18世紀にイギリスの道路を旅するのは、かなり腹が据わった人でなければ難しかった。当時のイギリスでは、街道沿いに追い剥ぎがしばしば出没した。ディック・ターピンやキャサリン・フェラーズ（「邪悪なレディ」という異名を取っていた）など、悪名高い強盗たちは、町と町を結ぶ道路で旅人を待ち伏せして追い剥ぎをおこない、生計を立てていた。こうした強盗たちは、のちの時代まで繰り返される定番の言葉を生み出した——「Your money or your life（金を寄越せ。さもなければ、命をいただく）」。この時代を描く小説や映画では、覆面で顔を隠した強盗が恐れおののく旅人に銃口を向け、いつも決まってこのセリフを吐く。当時、賢い旅人は、目的地にたどり着くまでお金も命も失わずに済むように細心の注意を払ったものだ。

今日の時代を生きる私たちも、自分のお金と命を守るために注意を払わなくてはならない。人生が長くなっていることを受けて、お金を失わないように対策を講じる必要が増しているのだ。いま私たちのお金を脅かすのは、道路沿いで待ち受ける追い剝ぎではない。大きな問題は、人生という旅が長くなり、その過程で必要とされるお金が多くなったことだ。この旅でお金と命のどちらかを選ぶわけにはいかない。エバーグリーンの課題を実現するためには、両方が不可欠だからだ。では、早い段階でお金が底をつかないようにするには、どうすればいいのか。第5章では、長くなった人生を支えるためのお金をどのように稼ぐかをテーマにしたが、この第6章では、長寿化という現実に対応するために、どのように資産管理の計画を立てて、稼いだお金をマネジメントすればいいかを検討する。

イソップ童話の「アリとキリギリス」の話はよく知られている。夏の間、アリは一生懸命働いて、冬のための食べ物を蓄えた。一方、キリギリスは、気候のいい夏の日々を、歌って踊って過ごし、くそ真面目なアリを馬鹿にしていた。やがて冬になると、食べ物の蓄えがなく、お腹を空かせたキリギリスは、食べ物をわけてくれとアリに頼み込む。しかし、アリはその求めを突っぱねる。夏の間に怠けて過ごしたことを後悔しながら、踊って冬を過ごしてはどうかと言い放つのだ。

この物語は、これまで何世紀もの間、数え切れないほどの道徳上の議論を生み出してきた。アリの勤勉さと計画性を称賛する人もいれば、アリがキリギリスを冷淡に突き放したことを非難する人もいた。今日、「アリとキリギリス」の物語は、もっと切実な問題を理解するうえで有益な視点をもたらす。それは、どのように老後資金の計画を立てるべきかという問題である。本書のひとつの狙いは、人生終盤の日々がもつ可能性を過小評価する風潮に警鐘を鳴らすことにあるが、少なくとも金融業界はそのような風潮と無縁だ。金融業界は、人生が長くなることを素晴らしいことだと考えている。人々に対して、「もっとお金を蓄えないといけませんよ」と言いやすくなるからだ。平均寿命が長くなり、いわば冬まで生き続ける可能性が高まると、キリギリスではなく、アリのように行動する必要性がいっそう高まる。人々が老後資金の確保に力を入れるようになれば、金融業界に託される資産が膨れ上がり、手数料収入が増える。そのため、資産運用会社は人生100年時代という考え方を非常に好む。

しかし、お金の面でエバーグリーンの課題を達成するには、自分の内なる「アリ」を呼び覚まして、もっと貯蓄に励むべしというシンプルな忠告に従うだけでは、とうてい十分とは言えない。人生が長くなると、お金に関してとくに3つの問いに答える必要が出てくる。ひとつは、長くなった人生を支えるために、どれくらいお金を蓄える必要があるのかという問い。もうひとつは、人生が長くなり、マルチステージ化するのに伴い、人生のどの段階でお金を蓄え、どの段階でお金を借りるべきなのかという問い。そしてもうひとつは、自分がどれくらい長く生きるか予測できないという不確実な状況に、どのように対処するべきなのかという問いだ。これらの問いに答えるためには、ひとりひとりがお金に関する行動を変えることに加えて、新しい金融商品や金融サービスも必要になる。以下で見ていくように、3つの問いのいずれに対しても、特定のひとつの正解はない。この曖昧な状況にどのように対応するかは、長寿化に伴う金銭面の課題に向き合い、お金と命の両方を維持するうえでカギを握る要素だ。

「欲しいのはカネ」

1959年、歌手のバレット・ストロングがシングル曲「マネー」をリリースした。この曲は、ミシガン州デトロイトで生まれた音楽レーベル「モータウン」の初のヒット曲になり、のちには、ジェリー・リー・ルイス、エタ・ジェイムス、ビートルズ、キングズメン、ローリング・ストーンズ、リトル・リチャードといったそうそうたるミュージシャンたちによってカバーされた。私がはじめてこの曲を聴いたのは、ティーンエージャーの頃だ。フライング・リザーズによる最高に常軌を逸したカバーだった（ユーチューブに上がっている動画のひとつでは、このバンドのリーダー、デヴィッド・カニンガムがティーポットをドラム代わりにして、フォークで叩いて見せる）。「欲しいのはカネ」というこの曲を聴くと、ファイナンシャル・アドバイザーは誰でも胸躍る。

貯蓄の必要性で頭が一杯なのは、私たちのお金を獲得するためにパンフレットの束を抱えてやってくるファイナンシャル・アドバイザーたちだけではない。私たちひとりひとりも同じように考えている。人生が長くなれば必要な貯蓄が多くなると思うのは、いたって自然な発想だ。しかし、実はこの考え方がつねに正しいとは限らない。

まず、どれくらい貯蓄が必要かは、引退後にどの程度のお金が必要かによって変わってくる。もしかすると、国が提供する年金で十分に生きていける人もいるかもしれない。もっとも、現在、アメリカで支給されている公的年金は平均で年間2万1408ドル。この金額は、所得の中央値の3分の1あまりにすぎない。[1] イギリスの公的年金は最大で年間1万600ポンド。これも所得の中央値の3分の1程度だ。現役時代に平均以上の収入を得ていた人は、その程度の金額では物足りないだろうし、所得中央値の3分の1程度のお金ではやりくりできない人もいるだろう。そこで、もっと蓄える必要が出てくる。

アメリカの中央銀行である連邦準備制度理事会（FRB）によると、アメリカ人の4人に3人は、なんらかの形で引退後の貯蓄をおこなっている。[2] しかし、5人中3人が十分な蓄えをできそうにないと感じているという。イギリスでは、政府の推計によると、1250万人が引退後のニーズをまかなうのに十分な貯蓄ができていない。[3] また、世界の主要国6カ国を対象にした研究によると、平均的な人は、死亡する8～20年前に蓄えが尽きている。[4] 貯蓄の計画を立てていなかったり、計画どおりに貯蓄できていなかったりする人は、金融業界の論理から言えば、もっと貯蓄を増やすべきだということになる。

しかし、長くなった人生に必要なお金をまかなう方法はほかにも2種類ある。前章でも述べたように、ひとつの方法は長く働き続けるというものだ。現状の貯蓄では足りない以上、この方法を実践する必要性が高いようにも思える。確かに、ピーター・パン型の人生を送り、引退することなく死ぬまで働けば、引退後のための蓄えはまったく必要ない。そこまで極端なケースは別にしても、職業人生を長くすれば、引退後のために蓄える金額を増やす必要はかならずしもない。それどころか、貯蓄する金額を減らせる可能性もある。引退の時期を遅らせて、引退生活を送る年数が増えないようにすれば、引退後の生活に必要な金額は変わらず、しかも貯蓄に費やせる期間が長くなるため、毎年蓄えるべき金額を減らせる可能性があるのだ。

引退後の資金を確保する方法はもうひとつある。その方法をひとことで言い表しているのが、本章冒頭で紹介したウォーレン・バフェットの言葉だ。自分がもっているお金に四六時中働いてもらえばいいのだ。投資の利回りが高ければ高いほど、夜も安眠できるようになる。朝起きれば、少し資産が増えていると期待できるからだ。もちろん、落とし穴がないわけではない。一般的に、投資の利回りが高いということは、リスクが大きいことを意味する。つまり、うまくいけば素晴らしい結果になるが、間違ったトレンドに乗って投資すると、資産を大きく減らす恐れもあるのだ。

この数年間に暗号資産（仮想通貨）に投資していた人は、高い利回りを求めて投資することのリスクを痛いほど実感したことだろう。２０１８年に創業した暗号資産関連のスタートアップ企業、テラフォームラボがたどった運命を見てみよう。この会社が発行していた暗号資産「ルナ」は人気の投資対象になり、２０２２年の2月はじめから4月末にかけて、ルナの相場は2倍以上に跳ね上がった。[5] このような高い利回りがずっと続けば、たいていのお金の問題は解決する。しかし、実際には、このような高利回りが長続きすることはほとんどない。この暗号資産を最高値の１１９・18ドルで購入した投資家は、その直後に大暴落を経験することになった。大掛かりな投げ売りが始まってパニック状態に発展すると、ほどなくルナの価値は紙くず同然になった。[6] リスクの高い投資をおこなう際は、適切なタイミングで撤退できるかどうかが重要なのだ。それがうまくいけば、長い人生に必要なお金を確保するという課題は解決する。しかし、タイミングを誤れば、問題がいっそう深刻になる。

暗号資産相場の値動きは極端にしても、リターンの予測ができないという問題は、すべての投資について回る。前章で述べたように、１９８５年の時点で、イギリスの投資家はインフレ率を４％上回る利回りで資産を増やせた。このペースで資産が増えれば、18年で購買力が2倍に増える計算だ。ところが、金利水準はインフレ率を下回るようになった。この状況では、蓄えている資産の購買力が2倍に増えることはけっしてない。このように投資の利益率が時期によって大きく変わり、しかも将来の予測がつかないために、長期的なお金の計画を立てることはきわめて難しい。

長くなる人生に対処するうえでは、もうひとつの大きな不確実性も見落とせない。それは、自分が何歳まで生きるのかが正確にはわからないという点だ。引退に備えて貯蓄を続けるという「アリ戦略」を実践する場合、１００歳まで生きることを前提にすると、莫大な金額のお金を蓄えなくてはならない。しかも、このような準備をしていたのに70歳未満で死ぬようなことがあれば、この選択は得策でなかったということになる。また、この戦略には、ほかにもいくつものリスクが伴う。もし、健康をそこない、収入を得続けられなくなったら？　将来、長期間にわたり医療費が必要な事態になったら？　究極的には、リスクを軽減するうえではエバーグリーンの課題を達成することに勝る方法はないが、差し当たりは、リスクを管理するための方法を金融業界が新たに提供する必要がある。

長寿化の進展に伴い、私たちひとりひとりと金融業界は、以上のような課題を突きつけられている。この課題に対処するうえでは、より長く働き続けること、よりたくさんの貯蓄をすること、より高い利回りを追求すること、そして、非常に長生きした場合に備えて保険に加入することを組み合わせる必要がある。これらの要素を具体的にどのように組み合わせるのが最適なのかを見いださなくてはならない。

こうした将来計画を立てるうえで最大の問題は、そもそも計画を立てることがきわめて難しいという点だ。引退後のために自分がどれくらいのお金を確保する必要があるかを正確に知るには、以下の４つの問いに答えなくてはならない。「いつ仕事を引退するのか」「引退後の生活

「自分の資産はどれくらいの利回りで増えるのか」「自分は何歳まで生きるのか」という問いである。これらの問いの答えは、推測することはできたとしても、正確に予測することはできない。ここには重大な不確実性がつねに存在するのだ。この点を考えると、ただひたすら貯蓄に励むのではなく、いくつものアプローチを並行して実行することが最善の戦略と言える。また、このような不確実性への対処は、金融業界にとっての大きな課題でもある。

しかし、長くなる人生で必要になるお金をどのように確保するかという問題には、まったく別の解決策がもうひとつある。それは、ほかの誰かにすべて負担させるという方法だ。経済学の視点で見ると、年金支給開始年齢の引き上げをめぐるデモは、長くなる人生を支えるためのお金をどうやって確保するのか——税金でまかなうのか、それとも個人が長く仕事を続けることでまかなうのか——に関する政治的論争とみなせる。これは、誰が負担するかという論争でもある。平均寿命の上昇に合わせて社会保障の内容と引退年齢を変更しない限り、国民の税負担を増やすか、政府の債務を増やすほかないが、政府が借金することは増税の先送りという意味をもつ。したがって、改革がおこなわれなければ、いずれにせよ税負担が増えることになる。その負担増が現在生じるか、未来に生じるかが違うだけだ。長寿化に伴う問題を解決する魔法の杖はない。必要な資金は、どこかから引っ張ってこなくてはならないのだ。そのお金は、人々をこれまでよりも高齢になるまで働かせ続けることによって確保すべきなのか。あるいは、一般納税者に負担させるべきなのか。企業や富裕層に負担させるべきなのか。それとも、すべてのツケを未来の世代に押しつけるのか。

長生きすることのリスクを誰が背負うのかをめぐっても、同様の綱引きがおこなわれている。多くの企業や政府は次第に、比較的気前のいい「確定給付型年金」の制度を廃止し始めている。この方式は、勤続年数と、たいていは引退時の最終給与の金額を基に年金支給額を決定し、その金額を生涯にわたり支給し続けるというものだ。それに対して、「確定拠出型年金」に移行する企業や政府が増えている。この方式は、現役時代に稼いだ金額ではなく、給料のうちいくらを年金基金に蓄えたか、そしてその基金の投資利回りがどうだったかによって、年金支給額が決まる。確定給付型年金は、個人にとって2つの点で目を見張るほど確実性が高い。毎年いくら受け取れるかがあらかじめ確定し、しかも同じ金額を死ぬまで受け取れると当てにできる。一方、確定拠出型年金の場合は、蓄えたお金があまり増えなければ、引退したあとに受け取れるお金は少なくなる。それに、長く生きれば、お金が底をつく可能性もある。つまり、確定給付型から確定拠出型への移行は、引退後の生活水準を維持することに関わるリスクを、企業や政府から個人へ大きく移動させることを意味する。

年金危機が差し迫っているのか

老化科学をめぐる議論がたちまち不死に関する議論に移行したのと同じように、高齢化社会をめぐる議論はどうしても、年金危機が差し迫っているという暗い警告に行き着くようだ。不死をめぐる議論は、人生が永遠に続く可能性を示唆することにより、私たちの関心を引きつけるものがある。一方、年金危機をめぐる議論は、お金が絶望的に足りなくなる可能性を示唆することにより、私たちを途方に暮れさせる。

アメリカの物理学者リチャード・ファインマンは、量子電磁力学の研究でノーベル物理学賞を受賞した人物だ。そのファインマンがこう述べたことがある。「銀河系には10の11乗個の恒星がある。これは途方もない数と考えられていたが、考えてみればそれはわずか1000億個にすぎない。1000億なんて、アメリカの国家債務の金額より小さいではないか！　昔は気が遠くなるくらい大きな値を天文学的数字と呼んでいたが、経済学的数字と呼ぶべきだ」[7]。確かに、年金財源の不足を検討する場合、その数値は「経済学的」なものと言えるだろう。

世界経済フォーラムの推計によれば、アメリカだけでも、未来の年金給付の原資として確保できているお金は、未来の年金受給者が期待している給付をまかなうために必要な金額より28兆ドルも少ない[8]。こうした資金不足が自然に解消することはない。むしろ、状況は悪化しつつある。世界経済フォーラムの予測では、現在の制度を変更しない限り、この不足分は年に3兆ドルを上回るペースで拡大し続け、2050年には137兆ドルに膨れ上がるという。

こうした気がかりな状況が生まれている理由は、新しい人口動態の現実に合わせた制度の調整ができていないことにある。この問題は、アメリカだけでなく、世界の多くの国を悩ませている。理屈は比較的単純だ。人々が長く生きるようになれば、年金の給付期間も長くなる。また、生まれてくる人が減れば、働く人の数が減り、税収も減る。その結果として、年金原資が大幅に不足しているのである。

国家が十分な資金を確保できていないということは、多くの公的年金が言ってみればネズミ講的な仕組みで運営されていることを意味する。初期のメンバーは拠出した金額より多くの給付金を受け取ることができるが、ネズミ講はいつか破綻する。しかも、人口がきわめて多いベビーブーム世代が引退生活に入ることにより、問題がいっそう深刻になっている。このような状況を受けて、各国政府は、引退年齢を引き上げ、年金保険料を高くし、年金給付額を減らしたいと考えているのだ。

政府が運営する公的年金とは別に、雇用主が確定給付型年金の形で提供している年金もある。この種の企業年金では、雇用主が約束どおり年金を給付するのに十分な原資を確保できていなければ、その不足分を埋め合わせるために、会社の利益が使われることになる。

アメリカとイギリスでは、雇用主による確定給付型年金のかなりの割合を公務員年金が占めている（国民一般を対象とする公的年金とはまったく別の制度だ）。イギリスでは、公務員年金の給付予定額が2・2兆ポンドに達している。これは政府債務の総額にほぼ等しい金額だ。[9] アメリカでは、州政府が大きな年金給付義務を負っている。たとえば、カリフォルニア州職員退職年金基金（カルパース）は、2022年の時点で4400億ドルの資産を運用しており、世界で第5位の公的年金基金となっている。[10] しかし、4400億ドルという金額は、将来の年金給付に必要な資金の72％にすぎない。これでも、カリフォルニア州の状況は好ましいほうだ。もっと状況が厳しい州もある。ニュージャージー州、イリノイ州、ケンタッキー州では、現時点で将来の年金給付額の52％の資金しか確保できていない。[11] 政府が公務員年金の積み立て不足を埋め合わせるためには、将来の増税か歳出削減が必要とされる。

こうした数値データが浮き彫りにしているように、確保できている年金原資と、給付を約束している金額の間には、途方もないギャップが存在するのだ。しかし、年金に関連するギャップはこのほかにもたくさんある。そして、それらのギャップが状況をいっそう厳しくしている。

最も重大なギャップは、世界のすべての人が年金受給を期待できるわけではないという点だ。国際労働機関（ILO）によると、世界の引退年齢の人たちのうち、なんらかの形で老後の生活の金銭的支援を受けている人は4人に3人にすぎない。[12] 195カ国中106カ国でしか、政府の資金拠出による年金制度が設けられていないためだ。年金の給付を受けられていない人たちに経済的な保障を提供することが重要な課題であることは言うまでもない。この点は、高齢者の数が多い中・低所得国ではとりわけ深刻な問題になる。高齢になってもまったく年金を受け取れないというのは、期待していたより少ない金額しか受け取れないよりもはるかに重大な問題だ。

年金の支給額が現役時代の給料を基準に決まる制度の下では、給料が少なかった人は、引退後に受け取る年金も少なくなる。年金財政の健全性とはまったく関係なしに、現役時代の経済格差が引退後の年金受給額の格差を生むのだ。世界経済フォーラムによると、日本では男女の間に50％近くの年金受給額の格差がある。[13]また、「ウーバー」「ドアダッシュ」「デリバルー」のような配車サービスや料理宅配サービスの運転手や配達員など、いわゆる「ギグワーカー」たちは、雇用に基づく年金を受給できない。一方、確定拠出型年金にも懸念がついて回る。確定拠出型年金の場合、確定給付型年金と異なり、以上のような格差の問題は生じない。引退後に年金として受け取る金額は、ひとりひとりが拠出した金額と、運用によりそのお金がどれくらい増えたかによって決まるからだ。しかし、確定拠出型年金では、もっと重大なギャップが生じる可能性がある。それは、引退後に必要となるお金と、実際に手にするお金のギャップだ。現役時代に十分な金額を年金に拠出していなかったり、投資の利回りが期待を下回ったりすれば、確定拠出型年金で受け取ることのできる年金は乏しく、引退後に大きなダメージを被ることになるのだ。

このように、年金に関しては実にさまざまなギャップが存在する。約束されている給付金額と確保されている原資の間にもギャップがあるし、引退後に必要な金額と受給できる見込みの金額の間にも、年金を受け取れる人と受け取れない人の間にもギャップがある。

年金原資の不足に関する天文学的な――ファインマンの表現を借りれば「経済学的」と言うべきかもしれないが――数字を前にすると、途方に暮れてしまうかもしれない。しかし、この問題が現実化するまでには何十年もの年数がかかるということを見落としてはならない。数字がこれほど大きいのは、将来発生するとわかっている負担をすべて合計しているからだ。いきなり137兆ドルの請求書をテーブルに叩きつけられて、大慌てで財源を見つけなくてはならないという状況ではない。つまり、対策を講じるための時間はまだあるのだ。

アメリカの公的年金について見てみよう。アメリカの年金制度には、過去の税収からお金が積み立てられていて、リスクの小さい米国債で運用されている。政府は毎年、高齢者や障害者などへの給付をおこなうために、この基金からお金を引き出す。現時点で基金の資産額は2・9兆ドル。莫大な金額に思えるかもしれないが、そのお金は2035年に底をつく見通しだ。この「2035年」という言葉を強調して不安を煽る報道は多い。しかし、別に2035年以降、アメリカ政府が公的年金の支払い停止に追い込まれるわけではない。現在、この基金から引き出されるお金は、年金給付額の約20％をまかなっているにすぎない。残りのお金は税金でまかなわれている。このまま制度の変更なしに2035年を迎えた場合、アメリカには2つの選択肢がある。ひとつは、年金の支給額を20％引き下げるというもの。もうひとつは、不足分を埋め合わせるために、税金を引き上げるなり、ほかの政府支出を減らすなりするというものだ。実を言うと、選択肢はもうひとつある。政府が借金を増やして、資金を調達するという選択肢だ。ただし、この方法を永遠に続けることはできない。アメリカでは、連邦政府の債務上限をめぐり、つねに政党間で激しい対立が生じている。それに、投資家が無限に国債を買い続けるという保証もない。それでも、この方法を採用すれば、政府は運命の日をさらに先延ばしできる。

問題を先送りにするのは、ある意味で魅力的な選択肢かもしれないが、それよりも好ましいのは、資金不足を解消するために必要な変革をいま実行することだ。対策を講じるのが早ければ早いほど、最終的に必要とされる資金は少なくて済む。

では、どのような対策がありうるのか。ひとつの方法は、政府や企業が年金支給の約束を反故にするというものだ。この場合、人々は年金を受け取れなくなる。実際、50歳以上のアメリカ人の約4人に1人は、自分が引退するときには年金を一切受け取れないだろうと考えている。50歳未満の人の場合、この割合は半分近くに達している。(14)

ほとんどの政府や企業は、年金給付を完全にやめるのではなく、年金制度の持続可能性を高めるために制度を変更しようとしている。引退後の年金給付額を現役時代の年金納付額にもっと近づけようというのだ。こうした動きに伴い、50歳以上のアメリカ人の約半分は、自分たちが引退して受け取る年金が現在の給付水準より下がると予想している。

年金制度の持続可能性を高めることを目的とする政策には、反対を唱えづらい。誰だって、持続不可能な道を歩みたいとは思わない。しかし、年金制度が持続可能であることと、その制度の下で潤沢な年金を受け取れることの間には、大きな違いがある。将来どれだけの年金を受け取れるかが現役時代にどれだけ年金を積み立てたかによって決まるとすれば、あまり積み立てなかった人はあまり多くの年金を手にできない。もうひとつの問題は、年金制度の持続可能性を高めるために政府が打ち出す改革はたいてい、将来の変革を計画するもので、いまただちに制度を変更するわけではないという点だ。ローマ帝国時代のキリスト教神学者である聖アウグスティヌスは、「主よ、私に純潔な日々を送らせたまえ。ただし、いますぐにではなく」と祈ったが、いま各国政府がおこなっていることは、この祈りの年金版と言ってもいいだろう。

アメリカで１９８３年に成立した社会保障改正法は、公的年金の満額支給開始年齢を65歳から67歳に引き上げるものと定めた。思い切った改革ではあるが、理にかなった変更と言える。問題は、引き上げがこのときただちに実行されたわけではなかったことだ。10年後の１９９３年にもおこなわれなかった。年齢の引き上げが開始されたのは２００３年。この年、アメリカの年金支給開始年齢は65歳から65歳2カ月に引き上げられた。そのあと毎年2カ月ずつ年齢が引き上げられて、66歳になったのは２００８年だった。そして、その年齢が最終的に67歳になるのは２０２７年と予定されている。年金支給開始年齢の引き上げが発表されてからなんと44年後である。長期の視点をもつのはつねに好ましいことだが、この場合の「長期」は望遠鏡が必要なくらい遠い先の話だったのだ。

このように時間をかけて段階的に変革をおこなうと、世代間の公平性をめぐる問題が持ち上がる。年金改革をゆっくり進めれば、若い世代の負担が増すからだ。改革により、年金制度は若い世代にとっても保険数理学的に公正なものになるが、若い世代は年長世代に支給する年金の原資不足を埋め合わせるための負担も強いられる。年金制度を持続可能なものに変更するのが早ければ早いほど、若い世代の金銭的負担は小さくて済む。

そこでエバーグリーンの課題が重要な意味をもつ。人生が長くなるのに合わせて、健康と生産性も長く維持できるようにする必要があるのだ。年金危機をめぐる議論はつねにお金の観点で論じられているが、問題の本質はリソースが不足することにある。働き手の数が減り、引退生活を送る人の数が増えた場合、その社会は、引退後の人たちが必要とするモノやサービスをどうやって供給すればいいのか。この問題の解決方法は、国家も個人と変わらない。個人が貯蓄を増やしたり、支出を減らしたりするように、増税や年金給付額の引き下げに踏み切るのも方法ではある。しかし、個人が職業人生を長くするように、年金給付開始年齢を遅らせるという方法もある。また、個人が投資の利回りを高めるのと同様のアプローチも可能だ。投資の利回りを高めるというアプローチは、国単位ではGDP成長率を高めて未来の税収を増やすことに相当すると言えるだろう。

最後の2つの点は、エバーグリーンの課題を構成する重要な要素だ。このように人々が健康と生産性を長く保てるようにする以外に、長くなる人生で必要となるリソースを増やす方法はない。人々が生涯の間に十分なお金を稼げず、みずからの老後資金を確保できなければ、その不足分を埋め合わせるために若い世代のお金を奪い続けることになる。それに対し、人々が生涯を通じて稼ぐお金を増やせれば、問題は解決する。

結局のところ、年金は危機に直面しているのか。確かに、これまで平均寿命の延びに適切に対応してこなかったために、私たちは途方もない金額のツケを払わされている。年金制度を改革しなければ、そのツケはますます大きくなるだろう。しかし、真の危機にさらされているのは、年金財政よりも、年金という考え方そのものなのかもしれない。端的に言うと、引退と年金という概念は、あくまでも人生を3ステージのものとみなす発想を前提にしたものなのだ。長寿化に対応するうえで現在の年金制度を維持するべきなのかは、とうてい自明のこととは言えない。引退のあり方は、引退する時期の面でも、引退生活の性格の面でも、すでに大きく変わっている。引退のあり方が変われば、おのずと年金のあり方も変わらざるをえないだろう。

煎じ詰めれば、年金危機の原因は、長寿化そのものではなく、長くなった人生をどのように生きることになるのかという点にある。ストラルドブラグ型の人生では、健康状態が悪く、生産性が低下した状態で生きる年数が増える。そうなれば当然、人生全体を通した生活水準の平均が落ち込む。長寿化の必須課題で目指すのは、この問題を解決することだ。人生が長くなるのであれば、その生涯の間に生み出せるリソースを増やす必要があるのだ。

しかし、エバーグリーン型の老い方が実現すればするほど、年金制度の持続可能性だけでなく、もっと制度の全般に関わる問題と向き合わなくてはならなくなる。そもそも、政府はなんのために年金を支給するのか。その目的は、人々が短期志向のバイアスを克服して、高齢になったときにお金をもっておけるようにすることなのか。それとも、老後資金を貯蓄できなかった人たちを助けるために、高齢者の貧困を解消することなのか。あるいは、高齢になるまで生きた人に、長生きしたご褒美を与えることなのか。以上の目的はそれぞれ性格が大きく異なり、目的を追求するうえでどのような制度が有効かはまったく異なる。いま必要なのは、年金制度の背景にある理念をもっと掘り下げて検討することなのかもしれない。人々に金銭面の保障を提供するというベーシック・インカム的な理念が年金制度の土台にあるのだとすれば、どうして特定の年齢層の人にしか年金を支給しないのか。人生やキャリアの移行過程にある人や、なんらかの理由で打撃を被っている人にとっても、給付金は役に立つのではないか。人生が長くなり、職業生活も長くなれば、移行や打撃を経験することは避けられない。どうして、政府からお金を受け取るのを高齢者になるまで待たなくてはならないのか。

ひとくちに年金危機と言っても、さまざまな種類の危機が存在する。そのなかで最も核心に関わるのは、お金に関する危機ではなく、リソースに関する危機だ。どれくらいのお金を蓄える必要があるのかとか、誰が税金を負担するのかということよりも、長くなる人生で必要になるお金を、生涯の間にどうやって稼ぐのかということが問題なのだ。この課題は、より健康に、そしてより生産的に生きられる期間をもっと延ばせれば緩和される。つまり、エバーグリーンの課題を達成すれば、年金危機を解消することができるのだ。しかし、年金制度を財政面で存続可能なものにしても、それだけではエバーグリーンの課題は達成されない。これまでの発想を逆転させる必要があるのだ。

個人の資金管理

20世紀には、政府による公的年金の制度が整備されただけでなく、資産管理ビジネスが成長して、個人がさまざまな投資商品を通じて老後資金を蓄えることも可能になった。アメリカでは現在、33万人の個人向け資産管理アドバイザーがいて、平均的な人で年間10万ドル近く稼いでいる。[15] また、世界全体で見ると、年金基金が運用している資産は総額で56兆ドルに上る。[16] どんな巨大企業でもこれほどの規模に成長することは考えられない。

しかも、世界の国々が年金危機の影響を軽減しようと躍起になる結果、この業界はさらに成長するだろう。各国政府は、公的年金の給付水準を引き下げる一方、年金制度への自動加入の仕組みを重んじ始めている。企業などに雇われて働く人すべてが自動的に年金制度に加入する仕組みである。毎年、給料の一部が個人の年金口座に積み立てられて、投資に回される。給料のどれくらいの割合を積み立てるのかという点や、働き手と雇用主がそれぞれどれくらいお金を拠出するのかという点は、国によって異なるが、自動加入の仕組みは急速に広がっている。

　オーストラリアは１９９２年に年金制度への自動加入の仕組みを導入した。雇用主がひとりひとりの社員の年金ファンド（「スーパーアニュエーション」、略称「スーパー」）に賃金の一定割合に相当する金額を拠出することを義務づけたのだ。その割合は３％から出発し、現時点では10％まで引き上げられており、最終的には12％まで上昇することになっている。このファンドへの投資総額は、米ドル換算で２・３兆ドルに達している。イギリスでは、２０１２年に自動加入の仕組みが導入されて、働き手個人が賃金の最低５％、雇用主が最低３％を拠出するものと定められた。アメリカ議会は２０２２年、異例の超党派の賛成により「ＳＥＣＵＲＥ２・０」という法案を可決し、自動加入制度の導入に舵を切った（「ＳＥＣＵＲＥ」とは、いささか無理があるが、「Setting Every Community Up for Retirement Enhancement＝すべてのコミュニティが引退生活を強化できるように準備する」の略）。この法律には、年金の積み立てを促すための条項がいくつも盛り込まれており、その一環として、雇用主が従業員を自動的に年金プラン（いわゆる「４０１（k）」プラン）に加入させることも義務づけられた。従業員の最低拠出額も賃金に対する割合という形で定められていて、その割合は毎年自動的に上昇していくものとされた。

　多くの国で自動加入の仕組みが導入された結果、年金プランを自分で組み立てて、自分で老後資金を蓄える人が増えている。老後資金を管理する責任とリスクが企業や政府から個人に移されつつあるのだ。このような状況の下、自分のお金をマネジメントする方法を知っておくことの重要性がいっそう高まっている。

ひとりひとりの状況に合わせる

誰もが3ステージの人生を生きることが当たり前で、その最後の「引退」のステージが短かった時代には、規格化された金融商品や金融アドバイスが有効だった。しかし、人生が長くなり、引退のあり方が多様化して、職業人生のマルチステージ化が進む時代には、画一的なアドバイスは有効でなくなる。その気になれば長く働き続けることが可能で、しかもそのような生き方を望む人がいる一方で、それが不可能だったり、それを望まなかったりする人もいる。また、お金がもたらす購買力に価値を見いだす人もいれば、もっとシンプルな喜びに価値を見いだす人もいる。どのような選択肢を望むかは、個人の嗜好と環境によって変わってくる。カギを握るのは、この業界がみずからの呼称として考案したものの、完全には実践できていない言葉だ。それは、「パーソナル・ファイナンス（個人の資産管理）」という名称の「パーソナル（個人）」という言葉である。

エバーグリーン型の社会におけるパーソナル・ファイナンスの本質は、長寿化によって増えた時間をどのように活用したいかを前提に、そうした生き方をするために必要な資金を確保する計画を立てることだ。ところが、現状では、資産管理関連のアドバイスは往々にしてものごとの優先順位をあべこべにし、資産管理の計画を達成するためにどのように生き方を修正するべきかを説いている。19世紀アメリカの興行師P・T・バーナムは、「ペテン師に騙されるカモには事欠かない」という言葉で知られているが、それとは別にこんな言葉も残している。「お金は、主人としては最悪の主人だが、召使いとしては最高の召使いだ」という言葉である。資産管理の計画は、お金を召使いにできるものであるべきだ。長くなる人生に対応するために蓄えを増やすというアプローチが有効な人もいれば、そうでない人もいる。もし、このアプローチがあなたにとって有効でないのに、それを実践しようとすれば、あなたはお金を自分の主人にすることになる。よい資産管理アドバイザーとは、まずあなたの望む生き方を尋ねることから始め、投資商品のパンフレットをすぐには持ち出さない人物だ。私たちは、自分が望む生き方に合わせて、アリ的な要素とキリギリス的な要素を適切に組み合わせて資産管理を実践するべきなのだ。

人々が個人のニーズに合わせて資産管理の計画を定める傾向がますます強まり、ひとりひとりが多様な投資商品を保有するようになれば、資産管理関連のアドバイスへの需要は高まるだろう。しかし、そこにはある問題がついて回る。莫大なお金が動くところには、つねに詐欺のリスクがあるのだ。投資商品の複雑性が高まり、よりカスタマイズされたものになると、詐欺と押し売りのリスクはひときわ大きくなる。しかも、人は高齢になると、認知症などの認知機能の問題が生じることが多い。長寿化の進行により、金融詐欺の長い歴史にまた新しい1章が加わるのかもしれない。

このような状況は、ある緊張関係を生み出しつつある。個人に合わせた資産管理アドバイスへの需要が高まっている半面、監督官庁は、ライセンスを取得した資産管理アドバイザーだけがその種のアドバイスを提供できるようにしようとしているのだ。その結果、アドバイスへのニーズが増大しているにもかかわらず、アドバイザーが足りていない。長寿化の時代には、富裕層だけでなく、すべての人が安価に、そして手軽に資産管理のアドバイスを受けられることが重要だ。誰もが手軽に良質なアドバイスを得られるようにするために、ロボ・アドバイザーと人工知能（ＡＩ）の賢明な活用にも期待がかかる。

人間の資産管理アドバイザーやロボ・アドバイザーを利用するかどうかはともかく、ひとりひとりが金融リテラシーを向上させる必要があることは明らかだ。金融論研究者のオリビア・ミッチェルとアンナマリア・ルサルディは、人々がもっている金融リテラシーの度合いと、その恩恵について研究をおこなった。その研究によると、大半のアメリカ人は金融リテラシーの水準がきわめて低い。金利、インフレ、リスクに関する３つの基本的な問いに正解できた人は、半分に満たなかった[17]。同様の傾向は、ほかの大半の国でも見られる。人々の金融リテラシーの程度には、教育水準によって違いがある。３つの問いに正解できた人の割合は、高卒では５人に１人だったが、大卒では５人中２人、大学院修了では５人中３人だった。もっとも、見過ごせないのは、大卒者や大学院修了者ですら、かなりの人がごく基本的な金融リテラシーをもっていないということだ。男女の違いも目につく。ドイツでは、男性の5人に3人が正解したのに対し、女性はおよそ2人に1人しか正解しなかった（アメリカでは、男性の正解者が5人に2人、女性の正解者が5人に1人）。興味深いのは、女性は自分がおそらく正解できていないと認識しているのに対し、男性は自分の知識を過大評価している場合が多いことだ。十分な知識がないことは投資をおこなううえで悪材料だが、自分の知識について自信過剰に陥っているのも好ましいことではない。

最も重要なのは、研究によると、金融リテラシーの有無がきわめて大きな意味をもつということだ。金融の知識がある人は、そうでない人に比べて、しっかり計画を立てて、貯蓄と投資をおこない、高い利回りを手にできる可能性が高い。また、そのような人は、クレジットカードで借金を抱える可能性が低く、費用対効果の高い方法で住宅ローンを返済する可能性が高い。年金を取り巻く状況が変わり、未来のお金について個人の責任が大きくなる時代には、自分のお金について知識をもつことの価値がいっそう大きくなる。

労働？　貯蓄？　投資？

以上の2つの点――お金の計画を個人に合わせたものにすることの重要性と、金融リテラシーをはぐくむことの重要性――を理解するために、長寿化に伴うさまざまなトレードオフの関係について検討してみよう。ここまで紹介してきた3つの戦略、すなわち、長く働き続けるだろうか。

こと、貯蓄を増やすこと、投資の利回りを高めることは、それぞれどのような役割を果たすの

具体的に話を進めるために、引退後は、政府から支給される公的年金以外に年間1万ドルのお金が必要だとしよう。それだけのお金を確保するためには、引退するまでにいくら蓄えればいいのか。もし、想定以上に長生きして引退生活が長くなったり、投資の利回りが期待を下回ったりした場合、その計算はどのように変わるのか。

前述したように、この問いに答えることは難しい。いくらお金が必要になり、自分が何歳まで生き、投資がどれだけの利益を生むかを正確に予測することは不可能だからだ。寿命が長くなるなかで資産管理の計画を立てようとする場合、この不確実性は避けて通れない。しかし、差し当たりこの問題を資産管理のアドバイスの問題ではなく、純粋な計算問題として扱い、（現実にはありえないことだが）自分の寿命の長さと将来の投資の利回りを正確に知ることができると仮定して考えてみよう。そうすると、この問題に関連して持ち上がる基本的なトレードオフの関係がある程度見えてくる。

その内容をまとめたのが図5だ。この図は、引退後に年間1万ドルを確保したい場合に、引退までにどれだけのお金を蓄えればいいかを、寿命の長さ（言い換えれば、引退生活の長さ）と投資の利回りごとに示したものである。ここでは、子孫にお金を遺すことは想定せず、死亡時に資産をすべて使い切るものとしている。

図5　引退までにどれくらいのお金を蓄えればいいか

引退後の年数	実質利回り =0%	実質利回り =1%	実質利回り =2%	実質利回り =5%
5年	5万ドル	4.9万ドル	4.8万ドル	4.4万ドル
10年	10万ドル	9.5万ドル	9.1万ドル	7.9万ドル
15年	15万ドル	13.9万ドル	13万ドル	10.6万ドル
20年	20万ドル	18.1万ドル	16.5万ドル	12.6万ドル
25年	25万ドル	22.1万ドル	19.7万ドル	14.3万ドル
30年	30万ドル	25.9万ドル	22.6万ドル	15.5万ドル
35年	35万ドル	29.5万ドル	25.2万ドル	16.5万ドル

注：寿命の長さが確定していて、投資の利回りが保証されているという（非現実的な）想定の下、財産を遺すことも考えないものと仮定して、著者が計算したものである

言うまでもなく、引退生活の年数が長くなるほど、多くのお金が必要になる。したがって、図の下に行くほど、必要な金額は大きくなる。また、投資の利回りがよいほど、蓄えなくてはならない金額は小さくなる。したがって、図の右に行くほど、必要な金額は小さくなる。引退後の1年間に必要な金額が5000ドルの場合は、図の数字を0・5倍に、10万ドルの場合は10倍にすればいい。

ほとんどの人は、この表を見るとゾッとする。自分が望む引退期間の長さに釣り合うお金を蓄えているとはとうてい言えないからだ。アメリカの「消費者金融調査（SCF）」によると、55～64歳のアメリカ人が蓄えている老後資金の中央値は約13万4000ドル。[18] かなりの金額に思えるかもしれないが、現在の死亡率のデータを基に計算すると、いま65歳のアメリカ人は平均するとさらに18・5年生きると予想できる。13万4000ドルのお金がインフ

レ率を2％上回る利益を生むとすると（現時点でこれほどの利回りは期待できないのだが）、18・5年の間に使えるお金は毎月722ドル。公的年金とこの722ドルを合わせても、月に2506ドルにしかならない。これは、アメリカの所得の中央値の半分程度の金額だ。これでは、平均寿命より長く生きることが怖くなるのも無理はない。平均より長く生きる人は、同じ金額のお金をもっと長持ちさせなくてはならず、毎月使える金額はさらに少なくなる。

この計算からもうひとつ見えてくるのは、資産管理の計画を立てるうえで、自分の寿命を知ることが非常に重要だということだ。全米教職員退職年金保険組合（TIAA）は、教育セクターを中心に500万人を超す会員を擁しており、運用資産は1兆ドルを突破する。保険数理士の業界団体である米国アクチュアリー会（SOA）によると、学校教員の平均寿命は公務員のなかで最も長く、100歳まで生きる確率は公務員の平均の2倍に達する。[19] 教員たちにとって、自分がどれくらい長く生きそうかというのはとりわけ無視できない問題なのだ。ところが、TIAAが会員を対象におこなった調査によれば、アメリカの60歳があとどれくらい生きると予想できるかという問いに対して正しい答えを選択できた人は、およそ3人に1人にすぎなかった。[20] 4人に1人は平均寿命を知らず、別の4人に1人は平均寿命を実際より短く考えていた。つまり、半分の人は、引退後のお金の計画に関して重大な問題を抱えているのである。

図5から見えてくるもうひとつの要素は、投資の利回りがもつ意味の大きさだ。寿命が長くなり、引退生活を送る年数が30年から35年に増える場合、毎年1万ドルずつのお金を使えるよ

うにしようと思えば、蓄えた資金がまったく増えないと仮定すると、さらに5万ドルが丸々必要になる。しかし、資金を投資して5％のペースでお金を増やすことができれば、追加で必要になる金額は1万ドルで済む。

では、長く働くことと、貯蓄する金額を増やすことと、高い利回りが期待できる投資を――そのような投資はリスクも大きいのだが――することのバランスは、どのような形が適切なのか。ここで見落とせないのがパーソナル・ファイナンスの「パーソナル」の側面だ。この問いに唯一の正解はない。どのような選択が正しいかは、ひとりひとりの状況によって異なる。具体的に検討するために、平均寿命が10年延びた結果、引退生活を送る年数が15年間ではなく25年間になると考えてみよう。そして、蓄えた資産がインフレ率を1％上回る利益を生むと仮定する。この場合、図5に当てはめて考えると、引退時に蓄えておく必要があるお金は、13万9000ドルから22万1000ドルに跳ね上がる。現役時代に追加で蓄えるにはかなりの金額だ。実際、長寿化により追加で必要になるお金を蓄えられていないために、多くの国や多くの年金基金、そして多くの個人が年金危機に直面している。

もしかすると、貯蓄する金額を増やすより、働く期間を延ばすほうが魅力的な方策なのかもしれない。先ほどの平均寿命が10年延びるシナリオでは、あと5年長く仕事を続ければ、引退生活を送る期間が20年で済む。この場合、引退する時点で蓄えておくべき金額は18万1000ドルになる。小さい金額とは言えないが、そのお金を蓄えるために費やせる期間も5年増える。

あるいは、15年くらい引退生活を楽しめれば十分だと考える人もいるかもしれない。この場合は、引退時に蓄えておく必要がある金額は13万9000ドルとなり、そのお金を蓄えるために費やせる期間はさらに10年増える。毎年貯蓄に回す金額を減らし、現役時代に使うお金を増やしても、引退時に同じ金額を手にできるのだ。以上に挙げた選択肢のうちでどれが適切かは、個人の嗜好に大きく左右される。未来と比較した場合、現在にどれくらい重きを置くのか。貯蓄に回す金額をどれくらい増やせるのか。働くことがどれくらい嫌なのか。長く仕事を続けることがそもそも可能なのか。忘れてはならないのは、これがあなた自身の資産管理計画だということだ。どのような計画を立てて行動するべきかは、これらの個人的な問いに、あなたがどう答えるかによって決まる。

資産管理と健康管理への新しいアプローチ

多くの選択肢を前に途方に暮れてしまい、どの選択肢を選べばいいのか決めかねる人もいるかもしれない。それは無理もないことだ。長い人生の計画を立てることは、そもそも容易でない。しかも、このアプローチにはもうひとつの問題がついて回る。お金の計画を立てる手立てとして、どうしても限界があるのだ。

問題は、繰り返し述べてきたように、引退後の日々にどれくらいのお金が必要か、自分が何歳まで生きるのか、蓄えたお金を投資した場合にどの程度の利回りが期待できるのか、いつまで働き続けることが可能なのかがわからないことだ。「人が計画を立てれば、神が笑う」というイディッシュ語〔東欧系ユダヤ人の言葉〕のことわざにあるとおり、未来のことは誰にもわからない。正解はそもそも存在しない。いくら貯蓄すればいいかを計算しようにも、不確定要素が多すぎるのだ。たとえば、90歳まで生きる前提で70歳まで仕事を続けたのに、95歳まで生きた場合、どうなるのか。資産が2％のペースで増える前提で引退時期を決めたのに、実際には1％しか増えなかったら？　65歳まで働くつもりでいたのに、57歳で失業してしまったら？

この点に関しては、ボクシングの元ヘビー級世界チャンピオンであるマイク・タイソンの言葉が参考になる。タイソンは、イベンダー・ホリフィールドとの注目の対戦を前に、ホリフィールドの試合プランが気になるかと尋ねられたとき、こう答えた。「みんなプランはもっているけれど、顔面に一発もらうと、プランはすべて吹っ飛ぶ」。自分の健康状態、寿命、キャリアに関して大きな不確定要素がいくつもある以上、長寿化がお金の計画に及ぼす影響に対処するうえでは、プランに柔軟性を組み込んでおくべきなのだ。

私が以前の著書『ライフ・シフト』（リンダ・グラットンとの共著、邦訳・東洋経済新報社）で指摘したように、私たちが自分の「資産」を点検する際は「無形資産」にも目を向けるべきだ。スキルと知識、健康、友人関係、生き甲斐、変化を乗り切る能力などのことである。こうしたさまざまな資産の状況を毎年チェックして、もし枯渇しつつある資産があれば、不足を埋める必要がある。このように、金銭的資産以外にも幅広い資産に投資してはじめて、顔面に一発もらったときに対処する能力をはぐくめる。ボクシングの試合だけでなく、長い人生でも想定外の打撃を被ることは避けられないと思っておくべきなのだ。

投資で期待ほどお金が増えず、引退を先延ばしするという形で資金計画を調整しようと思ったとき、あなたは仕事を続けるために必要なスキルをもっているだろうか。長い引退生活を楽しみたいと思っている場合、あなたは良好な健康状態でその日々を送れるのか、それとも病気を患い、医療費の増大に頭を悩ませる羽目になるのか。あなたが長く生きることを家族は歓迎してくれるのか。あなたは人生の最後まで、自分の目の前にあらわれる落とし穴を回避し続けなくてはならない。

こうしたことは、お金の面でもさまざまな影響を生む。たとえば、お金の計画を立てる際には、自分の健康状態を把握しておくことが重要だ。80歳まで頑張って仕事を続けて、20年分のお金を銀行に蓄えられれば、100歳まで安心だと思えるかもしれないが、引退した翌年に81歳で死んでしまえば、あまりにもったいない。有効な資産計画を立てるためには、自分が何歳くらいまで生きそうかという見通しをつねに更新していく必要がある。ファイナンシャル・プランナー業界が生物学的年齢に対する関心を強めている理由はこの点にある。いつ仕事を引退するのか。どれくらいのお金を蓄える必要があるのか。老後の医療費はどれくらい必要になるのか。こうしたことに関しては、自分の生物学的年齢を正確に把握できるほうが質の高い判断をくだせる。投資家が頻繁に自分の保有資産のポートフォリオを点検するのと同じように、自分の健康状態を点検し、それに基づいてお金の計画を立てるべきなのだ。

もうひとつ私たちが投資すべき重要な要素は、スキルや知識など、長く生産性を維持して職を得るために必要とされる資質だ。経済学の分野では、そのような要素を「人的資本（ヒューマン・キャピタル）」と呼ぶ。人生が長くなれば、職業生活も長くならざるをえないことは、すでに指摘したとおりだ。投資の利回りと自分の寿命に関する不確実性に対処するためには、必要に応じて長く仕事を続けられるようにしておくことが求められる。この点を考慮に入れると、いわば将来への保険として、みずからの人的資本に投資し続けることが重要になる。経済学の言葉で言えば、人生が長くなってもお金が底をつかないようにしたければ、金銭的資本以上に、人的資本に投資しなくてはならないのだ。

より豊かに、より貧しく

人生が長くなればなるほど、多くの蓄えが必要になると考えるのは、自然な発想だ。しかし、それだけでなく、長寿化により私たちの借金の仕方も変わる。寿命が長くなり、職業人生も長くなれば、今後お金を稼げる期間が長くなる。そうなると、いまの時点で借金できる金額が増える。言うまでもなく、最終的には返済しなくてはならないので、際限なく借金を増やし続けることはできない。それでも、職業人生が長くなれば、引退後のための資産を蓄える期間が増えることに加えて、住宅ローンなどの債務を返済するための期間も増えるのだ。

長寿化のこうした側面は、人々の生涯にわたる資産の増減に大きな影響を及ぼす。それに伴い、世代間の富の分布も大きく変わる。長く職業人生を送るためには、より多くの教育が必要だ。そのため、若者たちが仕事の世界に入るのが遅くなり、学費を調達するために負う債務の金額も増える。しかも、今後の職業人生が長くなるため、より多くの借金をすることができてしまう。その結果、若い世代の経済状況は、過去の世代に比べて悪化すると予想できる。また、50代の人たちは、昔の50代よりも、この先長く働くことになる。債務を返済したり、貯蓄したりする期間がまだ続くのだ。そうなれば、昔の同世代と比較すると、やはり経済状況は苦しくなるだろう。それに対し、引退生活を送る期間が長くなるため、高齢者はより多くの資産をもっておくようになる。個人の人生における資産の増減のサイクルが大きく変わり、社会における富の分布では高齢者の保有資産の割合が大きくなるのだ。

そうした変化は、すでに始まっている。1990年のアメリカでは、70歳以上が保有する資産の割合は全体の19%、40歳未満が保有する資産の割合は13%だった。[21] 2022年には、この割合がそれぞれ26%と6%になっている。平均寿命の上昇は、若い世代と高齢者世代の富の格差を拡大させる作用をもつのである。ただし、かならずしも高齢者が若者を搾取しているとか、若者たちが永遠に貧しいままになる運命だというわけではない。長寿化の進行により、個人の人生における資産の増減のサイクルが変わると考えたほうがいい。

長寿に備える保険

本章で取り上げてきたテーマのひとつは、自分が何歳まで生き、投資の利回りがどの程度期待できるかが不確実な状況で、長くなる人生で必要とされるお金をどのように確保するのかという問題だ。この不確実性を取り除ければ、資産管理の計画はもっと簡単になり、何歳まで生きることになっても、一定の金額のお金を確保できるという安心感が増す。そこで以下では、不確実性に対処する手立てに目を向け、貯蓄から保険に話題を移す。

生命保険は、人が若くして死亡し、残された家族の経済状況が不安定になるリスクに対処することを目的に考案された仕組みだ。それに対し、平均寿命が上昇する時代には、言ってみれば「長寿保険」について検討する必要がある。高齢になるまで生きた場合に、お金が底をつかないようにするための保険だ。生命保険の契約内容は比較的理解しやすい。毎年保険料を支払うと、死亡した場合に所定の保険金が支払われる。現在、アメリカ人の半分程度が生命保険に加入しているという。生命保険ビジネスは巨大産業に成長しており、アメリカでは２０２１年の生命保険の売上高は６３５７億ドルに達した。[22]

しかし、昔から生命保険がこのように広く普及していたわけではない。いま加入者から保険料を受け取り、加入者が死亡したときに保険金を支払うというビジネスの形態を考えれば意外ではないが、この業界には多くの詐欺や不正や押し売りがまかり通ってきた。草創期の生命保険業界は、お世辞にもまっとうな世界とは言えなかった。イギリス初の生命保険が契約されたのは1583年のこと。被保険者は、肉や魚の塩漬け加工をおこなっていたウィリアム・ギボンズという人物で、保険期間は1年間だった。ところが、ギボンズが死去したとき、保険業者は保険金の支払いを拒んだ。保険業者いわく、この保険契約の対象期間は太陽年（1年は365日）ではなく、太陰年（1年は354日）を基準としており、この狭間の11日間に死去したギボンズは保険金支払いの対象にならないとのことだった。やはり、保険の契約をするときは書類の細部までしっかり読んだほうがよさそうだ。もっとも、このギボンズのケースでは、保険金の受取人が保険業者を裁判に訴えて勝訴した。

このような状況から出発した生命保険ビジネスは、時代が経つにつれて当局による規制が強化されたり、保険会社の評判が改善したり、生命保険が身近になったりした結果、いまでは巨大産業に成長している。長寿化が長期の資金管理計画を難しくしている現状を考えると、向こう数十年の間に、長寿保険も同様の急成長を遂げるかもしれない。そのような変化が起きるという予測の裏づけとしては、図6を見てほしい。暗い話題で恐縮だが、これは、歴史上の4つの年について、フランスにおける成人の死亡年齢の分布を示したものである。

まず、指摘しておかなくてはならないことがある。平均寿命は有益な統計ではあるが、自分の資産管理の計画を立てる際の指針としてはあまり当てにならない。2020年のフランスで

図6　フランスにおける成人の死亡年齢の分布

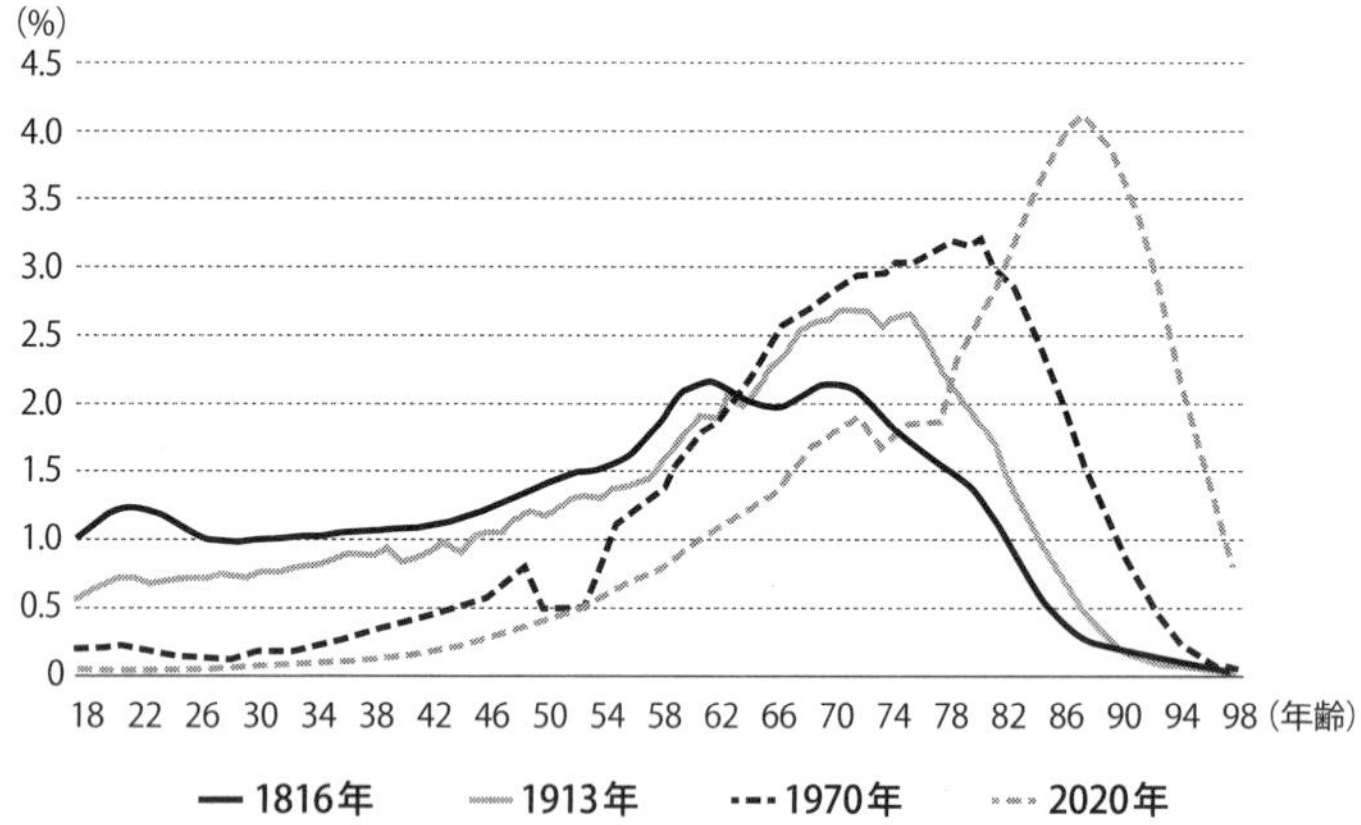

出典：HMD, Human Mortality Database: Max Planck Institute for Demographic Research (Germany), University of California, Berkeley (USA), and French Institute for Demographic Studies (France). Available at www.mortality.org

は、平均寿命は82歳と8カ月だったが、82歳で死去した人は40人中1人にすぎない。ほとんどの人の死亡年齢は、平均とは異なるのだ。つまり、自分がいつ死ぬかという点に関しては、どうしても大きな不確実性がついて回る。そもそも、平均寿命は最も多くの人が死ぬ年齢ですらない。その年齢は89歳なのだ。人生の計画に関しては、前もって計画できないことが非常に多いのである。

　もうひとつこの図から見えてくるのは、人が死ぬ可能性の高いタイミングが変化してきたという点だ。そのタイミングが変われば、人々が保険に求めるものも変わる。もしあなたが引退年齢（マクロン大統領の年金改革以前のフランスでは62歳）より前に死ねば、残された家族はお金の面でリスクにさらされる。あなたの職業人生が途中でいきなりおしまいになり、資金計画は不完全なまま終わり、家族がお金で苦労しかねない。そのため、人々はとりわけ生命保険に関心をいだく。

1816年のフランスでは、成人の死者の5人中3人は、62歳より前に死亡していた（当時はまだ引退という考え方がなく、人々は死ぬまで働いていた）。この割合は、1913年には2人に1人、1970年には4人に1人、2020年には8人に1人まで低下した。といっても、生命保険が重要でなくなったわけではない（引退年齢が次第に引き上げられており、しかも高齢になっても住宅ローンの返済が終わっていない人が増えていることを考えると、生命保険が重要性を失ったとはとうてい言えない）。しかし、大きな変化が起きていることは間違いない。職業人生が終わる前に死ぬ確率は昔より小さくなり、職業人生が終わっても生き続ける確率が昔より大きくなっているのだ。

それに伴い、長生きすることのリスクが著しく増大している。1816年と1913年のフランスでは、90歳以上で死亡した人は、成人の死者の100人に1人にすぎなかった。しかし、その割合は、1970年には16人に1人、2020年には4人に1人以上に増加している。このような状況では、長寿保険の重要性が増す。いまの時代における大きなリスクは、家族のために十分な資産を蓄える前に死ぬことよりも、現役時代に蓄えた老後資金をすべて使い切ってもまだ生き続けることなのだ。

自分がどれくらい長く生きるかに関する不確実性には、2つの側面がある。ひとつは、個人レベルの不確実性だ。フランスの平均寿命は82歳だが、前述したとおり、ほとんどの人はこの年齢で死ぬわけではない。このような死亡年齢のばらつきに対処するために、保険が必要とされる。

しかし、不確実性にはもうひとつ別の側面もある。フランスのデータが示しているように、最も多くの人が死亡する年齢も大幅に上昇しているのだ。その年齢は、１８１６年には63歳だったのが、１９１３年には73歳、１９７０年には80歳、２０２０年には89歳になった。このパターンが将来も続かないと言えるだろうか。もしいまあなたが30歳だとすると、２０２０年のデータにはあまり関心がないだろう。あなたが生涯にわたる資産管理計画を立てるうえで知りたいのは、２０７０年頃の状況のはずだ。

もし、今後50年間、最も多くの人が死亡する年齢が過去50年間と同じペースで上昇し続ければ、２０７０年にはその年齢は98歳に達する。老化科学が飛躍的に進歩すれば、その年齢はもっと高くなるかもしれない。あるいは、この傾向がどこかで頭打ちになるかもしれないし、現時点では予想のつかない人口動態・政治・公衆衛生に関する要因により、その年齢が下がることもあるかもしれない。引退後の資金計画を立てる際、こうした不確実な状況にどのように対処すればいいのか。金融業界は、不確実性を軽減するために役立つ金融商品を考案するべきだ。求められているのは、人々が引退したあと、死亡するまでの間、毎年予定どおりのお金を手にできると安心できるような商品だ。

そのような役割を果たせる金融商品とはどのようなものなのかを論じる前に、長寿保険のもっと個人的な側面にも目を向けておこう。平均寿命ちょうどで死ぬ人がほとんどいないという事実は、パートナーとの関係で重大な意味をもつ。パートナーと一緒に暮らしている人は、資産管理の計画を立てるとき、2人がそれぞれどれくらい長く生きるかという難しい問題と向き合わなくてはならない。平均寿命が上昇し、中年期の死亡率が低下している結果、2人とも高齢になるまで生きられる可能性は高いが、2人が同じ年齢で死ぬ確率は高くない。

「アクチュアリー・ロンジェビティー・イラストレーター」は、保険数理士の団体である米国アクチュアリー・アカデミー（AAA）と米国アクチュアリー会（SOA）が開発したオンラインツールだ。[23] 自分とパートナーの健康状態に関する簡単な情報を入力すると、2人が何歳くらいまで生きそうかを教えてくれる。たとえば、私と妻の情報を入力したところ、片方は96歳まで生きる確率が50％あるのに対し、2人とも86歳まで生きる確率は50％にとどまるとのことだった。考えると胸が苦しくなる。私たち夫婦は、慎重に資産管理の計画を立てなくてはならない。しかし、広い意味で長寿に備える「保険」としては、そのほかにも多くの厳しい対話をおこなう必要がある。アトゥール・ガワンデの名著『死すべき定め』（邦訳・みすず書房）は、人生の終わりについて話し合うことの大切さと、いくつかの重要な選択について語っている。[24] 寿命が長くなるといっても、人生に終わりが訪れなくなるわけではない。その時期がより高齢になってから訪れる確率が高まるだけだ。そのような時代に、自分個人だけでなく、パートナーと2人の人生計画を立てるためには、お金の計画だけでは十分でない。

所得の保障

お金の計画に話を戻そう。この面で私たちが目指すべきなのは、何歳まで生きるにせよ、引退して働かなくなったあと、所得を確保する方法を見いだすことだ。具体的には、どのような方法がありうるのだろうか。

実は、手軽に利用できる長寿保険の一種がすでに存在している。政府による公的年金だ。そのような制度の下では、死ぬまで年金が支給される。公的年金は、長寿化が進むなかで所得の安定を保障する重要な手立てなのだ。また、前述したように確定給付型の企業年金を受給できる人は少なくなる一方だが、そのような企業年金の受給者は、引退直前の給料を基準に算出された金額が生涯にわたって保障されることが多い。

あるいは、一家が十分な資産をもっていて、家族もあなたがどれだけ長生きしても最後まで支えるという意思をもっている場合もあるかもしれない。しかし、シェイクスピアの戯曲『リア王』でリア王が経験したことを忘れてはならない。リア王は、娘たちが自分の老後を支えてくれるものと当てにして、財産を娘たちに与えたが、その判断を後悔する羽目になった。「恩を知らない子をもつことは、蛇の歯に嚙まれるより痛い」と、リア王は言う。長寿化により人生が長く続くうちに、どんなに愛情深い家族でも、とんでもないことを引き受けてしまったと思い始める可能性がある。

もしあなたがこれらの点で恵まれているとすれば、お祝いの言葉を贈りたい。あなたは、自前の長寿年金をつくり上げたと言えるだろう。しかし、大半の人はそこまで幸運ではない。では、不安で仕方がない多くの人たちはどうすればいいのか。

ここまで読んでくれば、ひとつの選択肢は、長く働き続けること、せめて必要になればいつでも仕事に復帰できるようにしておくことだとわかるだろう。2022年には、生活コストが上昇し、金融相場が下落しているなかで、「大いなる脱引退（great unretirement）」と呼ばれる現象が話題になった。高齢者が労働市場への復帰を余儀なくされたのだ。最良の長寿保険は、稼ぐ力、言い換えれば人的資本を維持し続けることだ。また、長く働き続ければ、もうひとつのリスクにも対処できる。それはインフレのリスクだ。年金は物価上昇に弱い。その点、賃金を継続的に得続けることは、物価上昇への防御策として年金より優れている。

もうひとつの方法としては貯蓄も挙げられるが、これはとうてい容易な道ではない。122歳まで生きたジャンヌ・カルマンのように長生きすることを考えた場合、必要なお金をすべて貯蓄でまかなうことは至難の業だ。これほど長い年数を快適に生きるために十分なお金を蓄えることは、ほとんどの人の能力の限界を超えている。それに、そのような選択は非効率でもある。この道を選び、122歳までの長い引退生活を支えるのに必要なお金をせっせと貯め込めば、おそらく莫大な預金を抱えたまま死ぬことになる。使い切れないほどの財産をすでにもっている人や、子孫にたくさんのお金を遺したいと思っている人は、それでも構わないかもしれないが、そのような人はめったにいない。

そこで、保険の出番になる。保険とはひとことで言うと、稀にしか起こらないけれど、もし起こった場合には巨額の金銭的負担が発生する事態が起きた場合、自分で全額を負担せずに済むようにするために、リスクを分散させる仕組みだ。122歳まで生き続けることも、そのような事態のひとつと言える。すべての人が平均寿命で死ぬわけではないが、社会全体として見れば、人々は平均してその年齢で死ぬ。だからこそ、保険会社は、大勢の人と契約して個人年金保険を提供することにより、リスクをプールし、個人単位の不確実性を取り除けるのだ。

リスクをプールするというのは、所得を保障する保険商品である年金の根幹を成す考え方だ。年金の仕組みを理解するために、20人の70歳で構成される架空の集団を例に考えてみよう。この人たちは、引退後にお金が底をつくことが心配でたまらない。保険数理表（以下で挙げる数値は、あくまでも架空のものだ）を参照したところ、平均すると毎年誰か1人が死ぬ計算だとわかった。つまり、この集団の平均寿命は80歳で、1人は71歳で死亡し、最も長寿の人は90歳まで生きる。投資の利回りがゼロだとすると、この人たちが70歳で引退したあと、90歳になるまで毎年1万ドルの生活資金を確保するためには、それぞれが70歳の時点で20万ドルを蓄えておかなくてはならない。1万ドルが20年分で20万ドルという計算だ。この場合、71歳で死ぬ人は、19万ドルのお金を手つかずのまま残して死ぬことになる。72歳で死ぬ人は、18万ドルを残したまま死ぬ。

その点、年金は長寿保険として機能するため、誰もが銀行にお金を残したまま死ぬような事態を避ける手立てになる。年金にはさまざまな形態がありうるが、ここでは前述の20人の70歳全員が10万ドルのお金を年金に投資したと仮定しよう。この年金は、70歳以降に存命の人すべてに毎年1万ドルずつ支払うことになっている。71歳で死ぬ人にとっては、割のいい金融商品とは言えない。10万ドル支払ったのに、1万ドルしか受け取れないからだ。しかし、90歳まで生きる人にとっては素晴らしい金融商品になる。10万ドル支払って、20万ドルを受け取れるからだ。けれども、実は71歳で死ぬ人も、自力で20万ドル蓄える場合よりは得をする。この年金のおかげで、（20万ドルではなく）10万ドルのお金を用意するだけで、90歳まで生きるリスクに対処できるのだ。このように、年金は、リスクをプールすることにより、誰もが過剰に貯蓄せずに、引退後に一定の所得を確保することを可能にするのだ。

年金は多くの面で理にかなった保険商品だが、さまざまな理由により、ファイナンス論の研究者が評価しているほどは一般の人気がない。まず、資金の流動性の問題を理由にこの種の保険を敬遠する投資家がいる。急にお金が必要になっても、簡単にお金を引き出せないのだ。

年金が好まれないもうひとつの理由は、割高という印象をもたれやすいことにある。払い込み額に比べて、毎年受け取る金額が少ないというイメージがあるのだ。受け取る金額が少なくなる一因は、保険会社がリスクを引き受けていることにある。とりわけ大きなリスクは、平均寿命が上昇することのリスクだ。年金の仕組みは、大勢の人たちが個人レベルのリスクをプールする助けにはなるが、平均寿命の上昇に対する防御手段にはならないのだ。

もし老化科学の進歩によって長寿の秘薬が誕生し、70歳の人の寿命が20年長くなったとしたら、どうだろう。つまり、前述の集団の平均寿命が100歳に上昇し、最初の1人が91歳で死亡し、2人目が92歳で死に、最後の1人が110歳で死ぬようになったら？　91歳で死ぬ1人目の人が受け取る金額は、10万ドルの投資に対して21万ドル。そして、110歳で死ぬ最後の1人が受け取るのは40万ドルだ。どこに問題があるか理解できたことだろう。平均寿命が上昇すれば、保険会社は破綻しかねないのだ。

そこで、保険会社は、資本という形でお金を手元に残しておく必要がある。平均寿命が上昇して、想定以上の金額を支払わなくてはならなくなるリスクに対処するためだ。このような措置は、保険会社にとって高くつく。資金が拘束されて、投資により儲けられる収益が減ってしまう。その結果、コストの一部が年金加入者に転嫁されて、支払われる年金が少なく抑えられるため、保険商品が割高に感じられるのである。

しかし、年金は長寿化のリスクをプールするための唯一の方法ではない。最近、17世紀に起源をもつ投資商品への知的関心が再び高まっている。[25] その投資商品とは、トンチン保険（トンチン年金）と呼ばれるものだ。イタリア出身の銀行家ロレンツォ・デ・トンティは、フランス国王ルイ14世に、政府がお金を集める手立てとして、みずからが編み出したアイデアを提案した。理由はよくわかっていないが、トンティはやがてバスティーユ牢獄に収監されてしまう。それでも、提案したアイデアは、次第にフランス政府に採用されていった。そのアイデアは、イギリスで発行された初期の国債にも取り入れられた。(26)

年金と同様、トンチン保険の核を成す考え方は、リスクをプールすることだ。しかし、死ぬまで一定金額の支払いが約束される年金とは異なり、トンチン保険は、最も純粋な形態の場合、ほかの人たちより長生きすればするほど、受け取る金額が増える仕組みになっている。その結果、同じ保険に加入しているほかの人たちを亡き者にしたいという、邪悪な動機が生まれる。昔の追い剝ぎは、「Your money or your life（金を寄越せ。さもなければ、命をいただく）」と言って旅人に銃を向けたかもしれないが、トンチン保険は、「Your life and my money（命を寄越せ。そうすれば、俺は金を手にできる）」という発想を生みかねない。そのため、トンチン保険は小説や映画やテレビドラマの格好の題材になってきた。

トンチン保険は、脚本家の間でだけ人気があるわけではない。1905年のアメリカには、トンチン保険の要素をもった保険契約が900万件結ばれていた。しかし、アメリカ政府は1906年、この種の保険を違法とした。ほかの人たちが死ぬことにより金持ちになるという考え方に居心地の悪さを感じる人たちが多かったことに加えて、横領スキャンダルや、押し売りや詐欺の訴えなどにより、トンチン保険は評判を悪くしていたのだ。

具体的には、トンチン保険はどのような仕組みになっているのか。そして、どうして評判を落としたのか。基本的な考え方を説明しよう。3人が集まり、2万ドルずつ拠出して、資産額6万ドルのトンチン保険をつくったとする。この6万ドルのお金は適切に投資されて、年に2％のペースで増加していく。したがって、1年後には1200ドルの利益が出る。この1200ドルは、3人で山分けされる。つまり、それぞれ400ドルを受け取ることになる。

2年目に、3人のうちの1人が死亡する。この場合、死亡した人物の拠出分の2万ドルは、ほかの2人で山分けされる。その結果、生き残った2人の拠出分は、それぞれ3万ドルに増加する。投資の利回りは2％なので、2年目の終わりにはやはり合計1200ドルの利益が生まれる。この利益を2人で山分けするので、それぞれが600ドルを受け取る。3年目に2人目の死者が出ると、6万ドルの拠出金はすべて生き残った1人のものになる。したがって、最後まで生き延びた人物は、毎年1200ドルの配当を受け取り、しかも拠出金をすべて自分のものにできるのだ。

脚本家たちを魅了するセンセーショナルな要素は別にして、長寿化の観点から見て、トンチン保険の魅力はどのようなものなのか。魅力のひとつは、引退後の所得をどうやって確保するかという問題に答えられることだ。厳密に言えば、受け取れる金額が確定するわけではない。ほかの加入者より長生きした場合は、受け取るお金が増える。しかし、これは別に問題ではない。私たちが恐れるのは、お金が足りなくなることだからだ。たくさんのお金が手に入りすぎたときに、どうすればいいのかと、心配しているわけではない。それに、年齢を重ねるとともに医療や介護の費用が増えるとすれば、受け取るお金が増えてることは好材料だ。アメリカでは、成人が民間のデイケア施設を利用する場合、1年間に平均2万ドルの料金がかかる。老人ホームの個室に入居するための料金は平均10万8000ドルだ。[27] これはあくまでも平均の金額なので、経済的負担はもっと大きくなる場合もある。これだけの金額になると、保険の力を借りる必要が出てくる。

トンチン保険のもうひとつの魅力は、年金保険を苦しめてきた問題、すなわち、社会全体の長寿化がもたらすリスクを軽減できることだ。トンチン保険の場合、平均寿命の上昇により加入者が誰も死ななかったとしても、前出の例で言えば全員が毎年1200ドルを受け取り続けるだけだ。資本が減るリスクはない。そのため、年金より高い利回りも提供できる。

金融業界が提供できるもうひとつの方策

寿命が長くなっても引退後に安定した収入を確保する手立てとして、本章では年金の一形態とトンチン保険を取り上げたが、そのための方法は数え切れないほどある。そのそれぞれが異なる特徴をもっており、リスクとトレードオフの選択がすべて異なる。ここまでの議論を通じて明らかになったように、どの方法も完璧ではない。年金は、個人レベルのリスクには対処できるが、社会の平均寿命の上昇に関わるリスクの影響により、どうしても割高になる。一方、トンチン保険は、社会全体の長寿化リスクの影響は受けないが、年金と同等のお金を受け取ろうと思えば、かなりの金額を投資しなくてはならない。

今後はおそらく、もっと多様な保険商品が登場するだろう。それにより、完全な保障が恒久的に提供されることではないが、自分が何歳くらいまで生きるのか、そして蓄えたお金がどれくらいの利回りで増えるのかという点についての不安をやわらげる助けにはなる。

本章の冒頭で、長くなる人生に対処するために、働く年数を増やすこと、蓄えを増やすこと、そして、より高い利回りを追求することをどのように組み合わせるべきかという問いを投げかけた。この問いの答えは、例によって「状況による」と「さまざまな方法を組み合わせるべし」というものだ。しかし、もう少し突っ込んだことも言える。貯蓄を増やすことは重要だが、それはおそらく、お金の面での安定を確保するうえで最良の方法ではない。みずからの人的資本、つまりスキルや健康に投資することも必要だ。自分のお金と人生を守るために最良の方法は、健康な肉体を維持し、病気をせず、生産性を失わず、社会と関わり続けること。そして、そのような取り組みと併せて、保険の力を借りてリスクをプールすることこそ、長寿化のリスクへの適切な対処法なのだ。

一方、保険業界は、これとは別の形でも、私たちの力になることができる。死ぬ前にお金が底をつくことを避けるだけでなく、死ぬ前に健康を失うことを避けるためにも果たせる役割があるのだ。

生命保険会社は、加入者が長生きすることを歓迎する。トンチン保険の加入者がほかの加入者の命を奪おうとする動機をもつとすれば、生命保険会社は加入者を長生きさせようとする動機をもつ。加入者が長く生きれば生きるほど、加入者から支払われる保険料の総額が多くなり、保険会社が保険金を支払う時期は遅くなる。そうなれば、生命保険会社にとっては、加入者が支払った保険金を投資して利益を得る機会が拡大するのだ。この恩恵に浴したいと考える一部の生命保険会社はすでに、加入者にスポーツジムの利用資格を与えたり、健康状態をモニタリングする装置を無償で提供したり、健康食品の割引販売をおこなったりするなど、加入者が健康を維持して病気にならないようにするためのサービスを用意している。加入者がこれらのサービスを利用し、良好な健康状態を保てば保つほど、保険料が安くなる仕組みになっている場合が多い。

スポーツジムの会費の割引や健康管理用のスマートウォッチの配付は、ささやかな経済的インセンティブだが、もっと高額の医療関連サービスを提供する余地も大いにある。もしかすると、将来は、寿命を延ばす効果が期待される新しい治療法の費用を生命保険会社が負担するようになるかもしれない。私がざっとネット検索したところ、ある生命保険会社の保険商品の見積もりが目にとまった。その生命保険では、70歳のアメリカ人女性が年間5000ドルの保険料を支払うと、死亡時に25万ドルの保険金が支払われることになっている。保険の期間は20年だ。この場合、加入者が1年長く生きると、保険会社は5000ドルの保険料収入を得ることができ、しかも25万ドルの死亡保険金の支払いを1年先送りにできる。もし、加入者があと20

年以上生きるようにサポートできれば、保険金の支払いはゼロになる。保険会社としては、寿命を延ばすための治療と、将来登場するかもしれない老化科学的な治療法の医療費をぜひ負担したいと思うだろう。お金と命を両立させ、両者が互いを後押しする状況が生まれるのだ。

長寿化のビジネス

長くなる人生で必要になるお金を確保するための3つ目の方法は、投資で高い利回りを得ることだ。お金と長寿に関する議論の締めくくりとして、この点について考えてみよう。

投資家はつねに、「次に来るもの」を血眼になって探している。その点、いま最も期待がもてるテーマは長寿化だ。本書で論じてきた2つの要素――途方もない数の人たちがかつてなく長生きするようになったこと、そして、よい老い方をすることが個人にとって途方もない経済的価値をもつこと――を組み合わせて考えると、そこにきわめて大きなビジネスチャンスがあることに気づく。私はロンドン・ビジネススクールで「長寿化のビジネス」と題した講座を開講している。この講座では、さまざまな分野のゲスト講師を招いて、長寿化という、私たちの人生に起きつつある劇的な変化がいかに大きなビジネス上の可能性をもっているかを語ってもらっている。

本書では、長寿化の課題に対応するために必要とされる変化をいくつも挙げてきた。ここまで述べてきたように、そのような変化を実現するうえでは、個人と政府が大きな役割を果たすことが求められる。しかし、企業が果たせる役割も同じくらい大きい。金融業界についてはすでに言及したが、金融商品に限らず、長寿化の課題を達成するために必要な新しい商品やサービスをつくり、それを提供するのは、ビジネス界だ。

もしあなたが老化科学の可能性に胸躍らせている半面、飛躍的に長くなる人生で必要になるお金のことを心配しているとすれば、バイオテクノロジー系の新興企業に投資することが一種の長寿保険になるかもしれない。あなたの投資している企業が画期的な成果を挙げて、寿命をさらに延ばす方法が見いだされれば、その会社の株価が上昇してあなたの資産が増加する。その結果、あなたは、その会社の商品を購入したり、長くなる人生で必要とされるお金を確保したりすることが可能になる。

もっとも、投資のリスクという面では、アーリーステージのバイオテクノロジー企業ほどリスクの大きい投資対象は少ない。破綻した会社の数は、目覚ましい成長を遂げた会社の数をはるかに上回る。長寿化研究を切り開こうとする人たちは、明るい見通しをしきりに語るが、これまでのところ、医薬品として認められるだけの有効性が実証された治療法はひとつもない。

しかし、長寿化に投資する手立てはほかにもたくさんある。その多くは、バイオテクノロジー企業への投資ほどリスクが大きくない。ＥＵは、シルバー・エコノミーを「50歳以上の人たち自身が購入する商品やサービスをはじめ、この世代のニーズに応えるための経済活動と、そのような支出によって可能になる経済活動のすべて」と定義している。ＡＡＲＰ（１９５８年創設。旧名称は「アメリカ退職者協会」）や国際長寿センターなどの団体は、シルバー・エコノミーが巨大なビジネスチャンスを生むと主張している。理屈はいたってシンプルだ。高齢者の数が増えているうえに、高齢者は概して若い世代より所得が多く、資産もたくさんもっていて、消費に回す金額も大きい、というのだ。実際、50歳以上の世代の支出は、すでに経済の大きな割合を占めており、その割合は今後ますます大きくなると予想される。この年齢層を対象とするビジネスをおこなう新興企業が投資家向けに用意する資料では、しばしばこうしたことが強調されている。

人口動態をめぐる議論では毎度のことだが、主張に説得力をもたせるためには、大きな数字を挙げることが手っ取り早い。ＡＡＲＰによると、50歳以上の人の支出は世界のＧＤＰを45兆ドル押し上げている。[28] また、アメリカで支出されているお金の内訳を見ると、56％が50歳以上の人たちの支出だ。その支出額は年間８・３兆ドルに上る。これは、世界の国々のＧＤＰランキングで3位に相当する規模の金額である。同様の潮流は、ほかの国でも見られる。イギリスでは、個人消費の54％（３１９０億ポンド）を50歳以上の世代が占めており、この割合は２０４０年には63％（５５００億ポンド）に増加する見通しだ。[29]

こうした数々のデータが明らかにしているように、高齢者世代はお荷物どころか、世界で最も規模が大きく、しかも最も急速に成長している「新興マーケット」なのだ。この市場が急成長することで恩恵を受ける業種としては、高齢者への寄り添い、介護、移動の支援、高齢者の自由を奪う病気（認知症など）への対処などに関わる業種を挙げることができる。

高齢の消費者をこのような視点で見ることにより、高齢化社会についてしばしば語られてきた悲観論を是正できる。確かに、高齢者も経済成長に貢献する能力をもっているという点を過小評価するべきでない。しかし、高齢者を経済成長の原動力とみなす考え方には、いくつか注意すべき点がある。この種のシルバー・エコノミー分析は、高齢化の恩恵を見いだそうとして倒錯した発想に陥っている場合がある。たとえば、よく引用されるデータのひとつに、2011年以降、日本では赤ちゃん用オムツより成人用オムツのほうが多く売れているというものがある。[30] なるほど、これは大きなビジネスチャンスだ。しかし、このデータを強調するのは、高齢化に対する悲観論の一種のように思える。エバーグリーン型の未来を推進するのではなく、人々の健康の悪化により金儲けをしようとする姿勢に見えてしまう。私たちは、長寿社会における50歳以上の人たちの消費市場をそのような視点で見たいと本当に思っているだろうか。

シルバー・エコノミーの状況を把握しようとする際は、「高齢者」をどのように定義するのかという問題がついて回る。50歳を超えると、人は高齢者になるのか。それとも、境界線は65歳とすべきなのか。あるいは、80歳とすべきなのか。そもそも、暦年齢を基準にすることが妥当なのか。

ＡＡＲＰがその境界線を50歳としていることは、ある意味で当然なのかもしれない。ＡＡＲＰは１９５８年に設立された当時、「アメリカ退職者協会」と称していて、50歳以上の退職した教員向けに保険を提供していた。現在、この団体は３８００万人の会員を擁し、政府へのロビー活動、会員への情報提供、団体交渉などを通じて、50歳以上の人たちのニーズに応えようとしている。この年齢層がもつビジネス上の可能性は、非営利組織であるＡＡＲＰが30億ドルの純資産を蓄えていて、２０２１年には年間売上高が18億ドルに達したことからも明らかだ。50歳以上を高齢者と定義することは、ＡＡＲＰの設立時の責務と会員層の実情に合致していると言えるだろう。

しかし、どのように老いるかは人それぞれだ。さらに、ＡＡＲＰが設立された１９５８年以降、平均寿命が大きく上昇したこともあり、50歳以上を「高齢者」と位置づけること、そして、そもそもこの年齢層の人たちが多くの利害を共有しているとみなすことが妥当とは言えなくなってきている。50歳以上を高齢者と定義すると、おのずと莫大な数の人たちが高齢者に分類されて、その集団が途方もなく大きな購買力をもつことになる。しかし、この層をひとつの市場とみなすことが有益なのかは疑わしい。それは、50歳未満の層をひとつの市場とみなせないのと同じことだ。

企業が一定の年齢以上の人を高齢者と定義し、その年齢層に属する人たちを単一の消費市場とみなせば、ＡＡＲＰが解消に努めてきた年齢差別的な偏見をいだくことになる。そのような偏見の下、シルバー・エコノミーでは、人々の欲求（娯楽、旅行、友達づき合いなど）よりも、虚弱とニーズ（介護ロボット、薬箱、転倒通報装置など）がことさらに重視されるようになる。マサチューセッツ工科大学（ＭＩＴ）のジョセフ・カフリン教授の言葉を借りれば、高齢の消費者に対する多くの企業の姿勢は、ティーンエージャーが関心をもつ商品がニキビクリームだけだと決めつけるのと変わりがない。そのような姿勢でティーンエージャーに向き合っても、その会社の商品はあまり売れないだろう。同じことは、高齢者に対しても言える。

私は、シルバー・エコノミーという考え方には懸念をいだかずにいられない。高齢化社会を明るいものとして描こうという意図なのだろうが、結局は高齢者を固定観念の枠に押し込め、高齢者をすべて均質な存在と決めつける発想に迎合することになる。実際には、すべての高齢者が似たり寄ったりなどということはないだろう。いま、さまざまな面で高齢者と若い世代の共通項が増えるという大きな変化が起きつつあるが、シルバー・エコノミー的な発想をすると、この点も見えにくくなる。

シルバー・エコノミーという考え方から脱却すべき理由は、もうひとつある。いま必要なのは、高齢化社会ではなくエバーグリーン社会を築くことだが、シルバー・エコノミーという言葉は、単に高齢化社会を別の角度から表現しただけにすぎない。高齢化社会を企業にとって好ましい言葉で飾り立てただけなのだ。

エバーグリーン経済の主眼は、これまで高齢者がいだくものと考えられてきたニーズに応えることではなく、私たちが老い方を変えるのを後押しすることにある。エバーグリーン経済で存在感を増すのは、健康とお金を組み合わせた新しい金融商品、長く健康を維持するのに役立つ食品や飲料、生涯学習を支援する教育システム、老化科学重視の医薬品、病気の検診とモニタリングとデジタルテクノロジーを重んじる医療、人々が運動して健康を維持するのを助けるレジャー産業、長くなる人生を通じて社会との関わりを強めることを支援する社会起業などだ。エバーグリーン経済は、人生の終盤だけでなく、人生の全般に目を向ける。そのため、エバーグリーン関連の業種はさまざまな分野に広がることになる。

シルバー関連の業種もエバーグリーン関連の業種も両方が重要だ。しかし、最も規模が大きく、最も価値のある成長産業になるのは、エバーグリーン経済のほうだと、私には思える。

私は、もし自分が認知症になれば、手厚いケアをしてもらうために多くのお金を払う覚悟をしている。けれども、そもそも認知症にならずに済む方法があるのなら、その方法を実践するためにもっと多くのお金を払いたい。そう考えるからこそ、エバーグリーン・エコノミーがシルバー・エコノミーより重要で、大きく成長すると思うのだ。

第3部

エバーグリーン社会を実現する

第7章

人生の意味

老いるときのための「準備」をせよと、よく言われる。しかし、それがお金を蓄えることや、引退後に暮らす場所を選ぶこと、打ち込める趣味を見つけることだけを意味するのであれば、いざそのときが訪れたとき、人生の状況はそれほどよくならない。

——シモーヌ・ド・ボーヴォワール〔20世紀フランスの哲学者〕

ここまでの本書の議論には、ある重要なことが抜け落ちていた。より長い人生を生きるための「ｈｏｗ（どうやって）」は論じてきた。具体的には、どのような科学と医学の進歩が必要か、私たちの行動をどのように変えるべきか、仕事とキャリアをどのように適応させるべきか、そしてお金の面でどのような準備をすべきかを検討した。しかし、「ｗｈｙ（なぜ）」の議論はしてこなかった。なぜ、長寿化によって人生の日々が増えることに価値があるのか。なぜ、人生の期間を延ばすことが重要なのか。

「アリとキリギリス」の物語は、未来に備えることの重要性を強調するお話だった。しかし、イソップ童話のなかには、なにも考えずにお金を貯め込むことの落とし穴に警鐘を鳴らすお話もある。ある守銭奴の男が庭の秘密の場所に金塊を埋めて隠す。男はそれ以来毎日、庭を掘り返して、ちゃんと金塊があるかどうかを確認していた。ところが、ある日、その様子を泥棒に見られてしまう。泥棒は夜中に庭に忍び込むと、金塊を掘り起こし、持っていってしまった。男が取り乱していると、隣人が冷淡に言い放つ。財産を隠しておいて使わないなら、なんの意味があるのか、と。そして、隣人は男に石を渡して、この石を代わりに埋めておいてはどうかと言う。この物語の教訓は、財産を使わなければ価値がない、というものだ。

同様の厳しい指摘は、人生を楽しもうとせず、強固な意志の下、模範的な長寿法をひたすら実践する人たちにもしばしば向けられる。このタイプの人たちは日々、長生きするために、断食して空腹に耐え、長時間にわたり強度の高い運動に励み、サプリメント摂取を几帳面に徹底し、高度なデジタル機器を使って自分の肉体のデータをせっせとモニタリングせずにいられない。このような姿勢はイソップ童話の守銭奴と大差ない。守銭奴が金塊の量を増やそうとするのに対し、長寿法の励行に血道を上げる人たちは、人生の年数を増やそうとする（おそらく、その増えた日々も、断食や運動をしたり、さまざまな対策を神経質に実践したりすることに費やすのだろう)。人生の年数が増えればうれしいのだろうが、その増えた日々に、どれくらいの価値があるのか。人生が長くなることにより、どれくらい充実感が増すのか。イタリアのことわざに、「人は、食卓では年を取らない」というものがある。おいしい食べ物と、楽しい会話、そして気持ちのいい仲間が揃えば、人生に意味が生まれて、若さが保たれるというわけだ。そうだとすれば、断食により人生を長くすることはできるとしても、1960年代にアメリカのジョン・F・ケネディ大統領が掲げた目標、すなわち人生をより生き生きとしたものにすることはできない。友達と一緒に食事を楽しむ人は多いが、友達と一緒に断食を楽しむ人は、そうそういないだろう。

似たような問題は、個人のレベルだけでなく、社会全体のレベルでも見られる。平均寿命の上昇により、人々が高齢者として生きる日々が増えているが、相変わらず年齢差別が根を張っており、支援体制も整っていないために、高齢者の選べる選択肢には限りがある。さまざまな活動をおこなう機会も減ってしまう。人生の年数が増えても、その日々を存分に活用できないとすれば、なんの意味があるのか。

このような懸念があるために、私たちは、長く生きすぎて生き甲斐をなくし、親しい人間関係を失い、退屈し、社会から取り残されることを恐れるのだ。調査会社イプソス・モリが2022年にイギリスでおこなった調査によると、100歳まで生きたいと思っている人は3

人に1人にとどまっている。[1] では、人生が長くなっても生き甲斐と充実感を失わないためには、どのように老い方を変えればいいのか。

この点をテーマにした短編小説の傑作がある。アルゼンチンの小説家ホルヘ・ルイス・ボルヘスの「不死の人」だ。この小説は、古代ローマの軍人マルクス・フラミニウス・ルフスの自叙伝という体裁で書かれている。ルフスは、不死の川の水を飲んで永遠の命を手にし、みずからの不死の状態について思いを巡らせながら幾世紀も生き続ける。やがて、遠いどこかの土地に流れる川の水を飲むと、不死性が取り除かれるという話を耳にする。ルフスは、憂鬱な気持ちで世界中をさまよい、その川を探す。その水を飲んで、自分の人生を終わりにしたいと思ったのだ。

ジョナサン・スウィフトは、『ガリバー旅行記』にストラルドブラグたちを登場させることにより、健康が悪化するなかで長く生き続けることの弊害を描いた。ボルヘスはそれをさらに一歩進めて、たとえ健康状態が良好でも、長すぎる人生はやがて大きな重荷になりかねないことを示唆した。この短編小説に登場する不死の人々は、いつもむっつり不機嫌にしていて、孤独で、ものごとに意欲をもてないまま生きている。そうした人たちのひとりは、古代ギリシャの詩人ホメロスだと名乗る。異説もあるが、『イリアス』『オデュッセイア』の作者とされている詩人だ。ホメロスやほかの不死の人々――ボルヘスは「トログロデュタエ人」(「隠遁者」といった意味)と呼んだ――が人生に絶望しているのは、人生が短いからではない。人生に終わりがないからだ。不死であるがゆえに、この人たちの人生は耐え難く退屈で、なにかを成し遂げてもその価値は小さい。

イギリスの哲学者で数学者であり、ノーベル文学賞受賞者でもあるバートランド・ラッセルの言葉に、チンパンジーがでたらめにタイプライターのキーを叩き続ければ、いつかはかならずシェイクスピアの作品とそっくり同じ文章が打ち出されるという趣旨のものがある。「不死の人」に登場するホメロスもこう語る――どんな人でも、時間が無限にあれば、「『オデュッセイア』を一度も書き上げられないということはありえない」。真に不死の命があれば、人は誰でもどんなことでも達成できる。あらゆることを試みる時間があるからだ。その結果、すべての人が最終的に同じことを成し遂げることになる。「すべての人は何者にもなりえない。ただひとりの不死の人がすべての人間である」という状況が生まれる。[2] マルチステージの人生については、このような見方をすることもできるのだ。

トログロデュタエ人たちは、新しい経験をすることもなければ、新しい試練に直面することもない。新しく取り組むものごともないし、新しく学ぶべきことがらもなく、新しい学びをもたらす人物もいない。新しいジョークを聞くこともない。もし私が永遠に死ななければ、大ファンのサッカーチーム、トッテナム・ホットスパーがイングランドのプレミアリーグでついに優勝するのをいつか目の当たりにできるだろうが、やがては10年連続で優勝するのを見て飽きてしまうに違いない。

ボルヘスの記した物語は読む人に強烈な印象を与えるし、20ページ程度の短い作品なので、不死の命の持ち主でなくても読み切れる。しかし、長寿をめぐる議論ではよくあるパターンだが、この作品のように永遠の未来について考えると、もっと間近に差し迫った問題に目が行きにくくなる。『オデュッセイア』の著者が本当は誰だったのかについては学術的論争があるが、ホメロスはいまからおよそ3000年前に生きた人物とされている。もし、ボルヘスの物語にあるように永遠の命を得ていれば、ホメロスはいまも生き続けているだけでなく、およそ50億年後に太陽がついに燃え尽きて、人類（の生き残り）が絶滅するときにも生きていることになる。人生が50億年続くとすれば、幸いにも記憶力が完璧でないなら話は別だが、そうでない限りは、退屈したり、覇気を失ったり、やる気をなくしたりしても無理はないのかもしれない。しかし、いま私たちが問うべきなのは、100歳や120歳の人生を生きる場合に、退屈したり、無気力になったりしないのか、という点だ。

20世紀のイギリスで首相を務めたウィンストン・チャーチルは、そのようなことが起きると考えていた。生涯の終わり近くに、こう述べている。「死ぬことは構わない。この世で見るべきものはすべて見た」。そして、1965年に90歳で死去したときの最後の言葉は、「もう飽き飽きした」というものだった。チャーチルのように、莫大な富と数々の業績、そして充実した交友関係をもつ人物でも人生に退屈するとすれば、あらゆる人がチャーチルの言葉を教訓とすべきなのかもしれない。

フランスの知識人でフェミニズム思想家のシモーヌ・ド・ボーヴォワールも、死について強烈な言葉を残している。ボーヴォワールは1970年の著書『老い』(邦訳・人文書院)で、社会が高齢者のニーズに応えず、高齢者を抑圧していることへの怒りと苛立ちを記した。この暗く不穏な著作は、老いることに伴う肉体的・精神的衰弱だけでなく、排除と疎外と差別について論じている。社会が高齢者の能力を過小評価し、能力を発揮する機会を制約していることを力強く批判したのだ。

ボーヴォワールが問題の一因と指摘したのは、資本主義だった。資本主義の下では、高齢者に有益な役割が与えられず、それにより高齢者の孤立と衰弱が加速しているというのである。ボーヴォワールは長年にわたり社会主義を信奉し、マルクス主義的な傾向もあった人物だが、この主張をイデオロギーの産物と片づけるべきではない。平均寿命が長くなるほど、私たちが老化や高齢者に対して否定的な発想をするようになったことは、興味深いパラドックスと言える。社会で死がタブーになって、高齢になる前に死ぬ人が珍しく、社会における個人の役割やアイデンティティがしばしば仕事によって決まる時代には、人生終盤の日々がもつ価値を理解することが難しくなる。高齢期について考えようとせず、高齢者を排除する傾向が強まるのだ。高齢化社会をめぐる言説でよく言及される概念である「老年従属人口指数」は、まさにそのような発想の産物だ。前述したように、この指数は生産年齢人口に対する65歳以上人口の比率を示すものである。人生終盤の時期について考えるうえで、このような指標を用いるのが最善と言えるのか。高齢者を現役世代に「従属」する存在と決めつけるのが適切なのか。

ボーヴォワールが考えるに、老いという現象を通じて、ある根本的な問題が浮き彫りになる。もし社会が高齢者を必要とせず、年齢差別による排除の結果として高齢者の活動が制約されるとすれば、私たちが恐れている生き甲斐の喪失は、老いることの自然な一要素というより、私たちの社会の文化と制度に組み込まれた年齢差別の産物ということになる。その場合、寿命を延ばしてもほとんど意味がない。

高齢者が置かれている状況を知れば、より手厚い「高齢者政策」の導入や、年金給付額の引き上げ、まっとうな住居の整備、余暇活動の提供などを要求するだけで満足するわけにはいかない。問題はあくまでもシステム全体であり、過激な主張を展開する以外に選択肢はない。その主張とは、生き方そのものを変えるべし、というものである。(3)

いまから半世紀以上前に、エバーグリーンの課題の追求を訴える力強い言葉を発していた思想家がいたのである。

ボルヘスとボーヴォワールが気づかせてくれるのは、老化科学とテクノロジーだけに頼って、長い人生（＝ロングライフ）をよい人生（＝グッドライフ）にすることはできない、ということだ。私たちがどのように老いるかは、ひとりひとりの心理と、私たちの文化に根を張っている老いに対するイメージにも影響を受ける。エバーグリーンの課題で追求する目標が老い方を変えることであるなら、私たちの心理と文化も変えなくてはならない。自分たちに課している足枷を壊し、ボーヴォワールが怒りをぶつけた制度的年齢差別を解体する必要がある。

ボーヴォワールが1970年にきわめて明快に指摘した問題がいまだに議論され続けているという事実は、この課題がいかに難しいかを実証している。老いをめぐる既存の文化と心理は、過去何千年もの人類の経験と、何世紀もの社会的条件づけ、そして数十年にわたる個人の経験を通じて形づくられたものだ。エバーグリーンの時代に老い方を変えようとする場合、それが大きな障害になる。既存の思考様式は非常に強固で、老いに対する社会の姿勢や偏見を改めることは、老化科学の進歩により老化のプロセスを逆転させる以上に奇跡的なことに感じられる。

以下では、このような長寿化の人間的な側面に目を向ける。寿命が延びることにより、人間の本質に関わる側面でどのような新しい機会が生まれるのか。老い方を変えることは、人生のそれぞれのステージでどのような意味をもつのか。老いに関する文化をどのように変えるべきなのか。私たちは、よりよい老い方を生物学的に実現するための画期的な治療法の開発を目指しているが、実はすでに、それとは別の強力な武器を手にしている。その武器とは、私たちの精神である。研究によると、みずからの将来の老いについて前向きな自己認識をもっている人は、そうでない人に比べて、平均で7・5年長生きするという。(4)

老いは成長の時間

長寿化と老化科学に関する議論が不死の話題に移行しがちなことには、理由がある。私たちの人生観は、相矛盾する2つの基本的な要素によって形づくられてきた。そのひとつが生存への本能的欲求だ。進化生物学の分野では、人間は「生存機械（サバイバル・マシン）」と呼ばれる。生殖をおこない、種を存続させるために生きるようにできている、という意味だ。人間の心理のレベルでは、その傾向がさらに強くあらわれる。私たちが最も強く認識するのは自分という存在だが、自分の存在を認識することから意識的思考が出発するため、人は自分が存在しなくなるとはどういうことかを完全には理解できない。私たちの意識と、死という観念の間の緊張関係について、ドイツの文豪ヨハン・ヴォルフガング・ゲーテは端的な言葉で表現している。「思考する存在である人間にとって、みずからが存在しなくなること、思考と生命がおしまいになることを想像することは不可能である」と、ゲーテは述べた。「その意味で、すべての人間は、みずからの不死性の証拠をみずからの内面に持ち続けていると言える」(5)。

しかし、その一方で、私たちはみずからの命に限りがあることを痛感してもいる。すべての年齢で死亡率は低下し続けているが、それでも、人がいつか死ぬ確率はいまだに100％のままだ。私たちはみな、自分の命がいつか終わると知っている。ただ、それがいつなのか、そしてどのように自分の命が終わるのかがわかっていないだけだ。その結果、ケンブリッジ大学リバーヒューム未来知能センターのスティーヴン・ケイヴ所長が言うところの「死のパラドックス」が生まれている。私たちは、自分の命がいつか終わると知っているけれど、自分が存在しなくなるとはどのようなことなのかを知ることはできないのだ。[6] 歴史を通じて人類が不死の追求に魅了されてきた理由は、この点にある。古代エジプトの「ギザのピラミッド」の建設や古代メソポタミアの『ギルガメシュ叙事詩』の記述に始まり、せっせとランニングマシーンで走る現代人や、老化科学に投資する大富豪たちにいたるまで、私たちはどうにか死に神の魔手を逃れようとするのだ。

しかし、哲学の古典がこのパラドックスへの解答を示している。古代ローマの哲学者・政治家であるセネカは、「生き方を学ぶためには、人生すべてを費やさなくてはならない……そして、死に方を学ぶためにも、人生すべてを費やさなくてはならない」と述べた。ルネサンス期フランスの哲学者ミシェル・ド・モンテーニュにいたっては、「哲学を学ぶとは、死に方を学ぶことである」と題した文章を残している。

ここで強調されているのは、長く生きることにより、知恵や知識を蓄える機会が得られるという点だ。肉体に変化が起き始め、肉体が永遠には続かないことが明らかになったあとも、私たちの精神は、個人の人生を超越した根源的なもの、恒久的に変わらないものを見いだすことができる。このような考え方によると、老いを生物学的なものと考えるのは間違っている。それを単に時間の経過のことだと考えるのも正しくない。老いるとは、自分自身について、時間の意味について、時の経過のなかで自分が占める位置について理解を深めることなのである。

勇気づけられるのは、長く生きることの究極の恩恵として、自己成長、言い換えれば「大人の発達」の機会が生まれるという点だ。大人の発達がどのような形を取るかについては、さまざまな主張がなされている。前出のチンパンジーとタイプライターについての言葉を残したバートランド・ラッセルは、「いかに老いるべきか」という文章も記している。ラッセルには、このような表題の文章を書く資格が十分にあった。執筆時には81歳になっていたのだ（その後、97歳まで生きた）。その小論にこんな記述がある。

ひとりひとりの人間は、川のようなものと言えるだろう。最初は水量が少なく、左右の土手がそばに迫っていて川幅は狭い。水は激流となって岩の間を流れ、滝を流れ落ちる。次第に、川幅が広がり、土手が後退して、水流が穏やかになっていく。そして最後には、はっきりした境目なしに、海と一体になる。このようにして、人は苦痛を感じることなく、個人としての存在を失うのである。(7)

加齢とともに、1人の人間の知恵が個人のニーズと視点を超越したレベルまで高まっていくという発想は、今日も生き続けている。一部の国で裁判官に定年が設けられていないのは、そのような考え方によるものだ（たとえば、アメリカの連邦最高裁判所の判事にも定年がない）。この考え方は、若い人のほうが賢いと言い切ったマーク・ザッカーバーグの主張を正面から否定するものと言える。確かに、最新のテクノロジーに関する知識は若い人のほうが充実しているかもしれないが、それとは別に、年齢とともに増えていく重要な知識もあるのだ。

一方、これとは異なる考え方もある。それは、大人の発達と成長を、自己に関する知識を獲得することと位置づける考え方だ。ロック・ミュージシャンのデヴィッド・ボウイはキャリアを通じて、ジギー・スターダスト、アラジン・セイン、シン・ホワイト・デュークなど、まったく異なる人格を変幻自在に次々と経験してきた。そんなボウイが老いの過程を転換の連続と位置づけることは、意外でない。ボウイにとってそのような転換を遂げる目的は、ある状態に行き着くことにある。老いとは「ずっとあるべきだった人間になるための特筆すべきプロセス」だと語っているのだ。ボウイの素晴らしい楽曲の数々がそうであるように、このメッセージもボウイだけのものとは言えない。この考え方は、紀元前6世紀のギリシャの詩人ピンダロスの言葉に通じるものがある。「自分がどのような人間かを知りなさい。そして、そのとおりの自分になりなさい」と、ピンダロスは述べている。

つまり、ある朝、目が覚めると老人になっていて、そのときには自我や個性をすでに失っていた、というような老い方をせず、みずからの真のあるべき人生を見いだすための旅を続け、そのような人生を存分に生きるべきだ、というのである。このような考え方の下では、長生きすることにより、自己に関する知識が増え、より自分を表現できるようになり、どんなに高齢になっても自分の潜在能力を開花させられるとされる。

1970年代に、ドイツの心理学者ポール・バルテスはこうした発想に基づいて、人間は生涯にわたって成長し続けるという考え方を提唱した。人は年齢を重ねる過程でさまざまな試練や逆境や好機を経験し、それを通じて「人としての発達の方向性と推進力と内容を得る」というのである。しかし、人間がつねに成長し続けるという考え方は、私たちの文化に根を張っている固定観念とぶつかる。人の性格と信念は若いときに形づくられ、年齢を重ねるとともにますます固まっていくという考え方をする人が多い。このように人間の柔軟性を認めない考え方は、老いると社会から取り残されて、退屈を味わうようになるという思い込みを助長している。老いを衰弱という観点だけで定義すれば、老いを発達や成長と結びつけることは理屈の上で不可能だ。

老いを発達や成長と結びつけるのが難しい理由のひとつとしては、避けることのできない非対称性を挙げることができる。高齢者は、若者であるとはどういうことかを経験上知っているが、若者は、高齢者であるとはどういうことかを想像しづらい。この点は、前出のゲーテの言葉と共鳴する部分がある。私が若くて、自分がどのような人間かをよく認識していれば、自分が年老いて、いまとは異なる存在になることを思い描くのは簡単でないだろう。いまの時点で「私」という人間を定義している人物が将来存在しなくなったり、新しい「私」に取って代わられたりするとは、なかなか理解できない。老いが自分自身に起きることだと思わない人が多いのは、もしかするとこの点が原因なのかもしれない。

老いを発達や成長と結びつけることが難しい理由はほかにもある。これまでの人類の歴史では、若い人たちが高齢になるまで生きることを期待できず、実際、ほとんどの人は高齢者になるまで生きられなかったという点も見落とせない。高齢になるまで生きる人が少数派にとどまっていた時代には、大人の発達を早い時期に完了させるのが理にかなっていた。しかし、そうすると、高齢期が「おまけ」のようになり、それまでの人生や人生計画と切り離されてしまう。20世紀になって引退という概念が発達したのは、この問題への対応策という面もあったが、平均寿命が上昇するとともに、引退という仕組みは、期待されていた役割を十分に果たせなくなりつつある。

人生の終盤をエバーグリーンの日々にし、その日々を楽しむためには、それを私たちの発達に欠かせない時期と位置づける必要がある。人間の欲求と潜在能力が絶えず変わり続けるのだと知り、発達への新しい道をつくり出すことにより、どの年齢でもみずからの可能性を開花させられるようにするべきだ。具体的には、ひとりひとりが考え方と行動を改めて、大人の発達の期間をもっと長くすることが求められる。発達への新しい道は、知恵を探求することの場合もあれば、自己表現をおこなうことの場合もあるだろうし、働き続けること、キャリアを転換すること、地域コミュニティを築くこと、家族を支えること、個人の興味関心を追求することの場合もあるだろう。どのような行動を取るべきかは、人によって異なる。しかし、いずれにせよ重要なのは、大人の発達が20代前半で大学を卒業するときに終わるわけではなく、さらには65歳で終わるわけでもないと認識することだ。大人の発達はずっと続く。その点を理解すれば、人々が高齢者のもつ力を、そして自分自身の高齢期がもつ可能性を過小評価してきた傾向を改めることができる。

人生のコースは変わり続けてきた

人生の標準的なコースを変えるというのは、途方もなく難しいことのように思えるかもしれないが、人類は過去にもそうしたことを実行してきた。いま老化科学の進展が老いに対する考え方を様変わりさせる可能性をめぐって興奮が高まっているが、人類はこれまで何度も、個人の人生のプロセスに関する考え方を大きく変えてきたのである。

フランスの歴史学者フィリップ・アリエスによれば、西洋世界で子ども時代という概念が――人間の発達のプロセスにおいて、感情の面でほかの段階と明確に区別できるひとつの段階として――生まれたのは、17世紀になってからだった。[8] それまでは端的に言うと、子どもは小さな大人とみなされていたのである。また、人類の歴史のほとんどの期間、人は子ども時代から大人時代へ、素早く、そして往々にして乱暴な形で移行していた。しかし、1905年にアメリカの心理学者G・スタンレー・ホールの先駆的な著書『青年期の研究』が発表されて、青年期（思春期）に関する一貫性のある定義と分析がはじめて示された。

「ティーンエージャー」という言葉も20世紀まで存在しなかった。これは、1930年代後半以降、人々が教育を受ける期間が長くなってから人口に膾炙《かいしゃ》した言葉だ。その意味で、私の両親は「ティーンエージャー」だったことは一度もなかった。2人とも14歳のときに、仕事をして家賃を支払うという大人としての人生を歩み始めたのだ。今日も、年齢に関わる人々の行動は変わり続けている。教育機関で学ぶ期間が長くなり、結婚したり、子どもをもうけたりする時期が遅くなった結果、社会学者が「成人形成期」と呼ぶ段階が出現しつつある。[9] 私が両親とは異なる形でティーンエージャーの日々を経験したように、私の3人の子どもたちは、20代と30代前半の日々をかつての私とはまったく異なる形で経験しているのだ。

それだけではない。人生終盤のあり方も大きく変わってきた。高齢期と引退に関する今日の考え方は、20世紀前半に整備された年金制度の影響を強く受けて形づくられたものだ。65歳以降に高齢者になるという考え方は、とくにその影響が大きい。このように高齢期が定義し直された結果、「中年期」という概念が生まれた。[10] やがて、出生率が低下すると、「中年期」に人々がおこなうことの中心は、子育てよりも、個人のニーズの追求に変わっていった。こうした変化を背景に、1965年にカナダの精神分析学者兼経営コンサルタントのエリオット・ジャック（当時48歳）が「中年の危機」という概念を提唱した。ほかの年齢関連の固定観念と同様、中年の危機という考え方も、研究者よりも映画監督や雑誌編集者の間で人気を博した。多くの

研究者は、そのような現象が存在する根拠とされるデータの信憑性を疑っていたのだ。(11)

歴史を振り返ると、個人の人生のコースはこれまでもたびたび見直されてきたのである。エバーグリーンの課題ではじめて、そうした見直しが必要とされているわけではない。今回の変化で求められているのは、人生のさまざまな段階の性格づけを修正し、長くなった人生の後半にも大人が成長を続けられるよう後押しすることだ。しかし、人生終盤の時期のあり方を改めようと思えば、人生のもっと早い段階にも変化を起こさなくてはならない。それに、高齢期の生き方が変わる結果として、若い時期の生き方を変えることが可能になるという側面もある。エバーグリーンの課題を追求するには、若い時期にもっと将来に投資する必要があるが、将来の時間が増えることで、現在の選択肢と可能性も広がるのだ。

新しく出現するマルチステージの人生がどのようなものになるのか、そしてどの年齢でどのようなことができるのかは、健康と生物学的状態の影響を受けざるをえない。それは当然のことだ。これまでの人類の歴史でも、これらの要素は人々の人生に大きな影響を及ぼしてきた。シェイクスピアの戯曲『お気に召すまま』に登場するジェイクイーズという貴族――筋金入りの厭世家《えんせいか》だ――は、有名な「人生の7段階」についての長台詞を披露する。「すべてこの世は舞台」という言葉で始まる台詞は、演劇史でも指折りの最もよく知られた台詞と言えるだろう。

ジェイクイーズは、人間の生涯をきわめて悲観的にとらえていた。ジェイクイーズが言う7段階とは、以下のとおりだ。まず、赤ん坊は、「乳母の腕のなかで弱々しく泣き、乳を吐く」。

学童は、「泣き言を言う」。恋する若者は、「感傷的な恋の歌を歌う」。兵士は、「突飛な悪態をつく」。判事は、「でっぷりとした太鼓腹」。そして、6段階目では、「鼻に眼鏡、腰には巾着」。7番目の最後の段階では、いわば欠乏の苦悩に苛まれる。「歯もなく、目もなく、味覚もなく、あらゆるものがない」。

その点、もしドリアン・グレイ型の人生が可能になれば、ジェイクイーズが言う7番目の段階に到達したときにも健康が維持される。歯はまだあるし、目もよく見える。おいしいワインを楽しむ味覚も残っている。なにも欠けることはない。それが実現した場合は、人生終盤の時期をどのように定義するかを変えなくてはならなくなる。

老年期を「～がない」という観点で説明するのではなく、なにが可能で、なにを目指すのかという観点で定義するべきなのだ。老年期についてもっと深く理解し、私たちがその時期になにを望むのか、大人が発達を遂げる期間が長くなった結果としてどのようなことが起きるのかを掘り下げて検討する必要がある。現状では、高齢者の健康面のニーズにばかり関心が向けられて、広い視野で発達について考えることができていない。しかし、高齢になるまで生きる人が多くなれば、老いという共通の経験についての考え方を変えることが求められる。

ただし、バランス感覚を失ってはならない。加齢による衰弱を強調する風潮と一線を画そうとするあまり、極端な発想に走って、人生終盤の日々を賛美しすぎることは避けるべきだ。高齢期と長寿化の好ましい側面を見いだそうとすると、目的論的な発想に陥りやすい。人生をなんらかの到達点や目的を目指すものとみなし、その到達点や目的を目指すことにより、人生に生き甲斐と方向性が生まれると考えがちなのだ。しかし、そのような発想をすると、知恵なり、自己に関する知識なり、なにかに向けて前進することが大人の発達だと決めつけることになりかねない。

このような目的志向の発想は、高齢期に対してあまりに大きな重荷を課す。人生のほかの段階に対してこれほどまでの重荷が課されることはない。長寿化の恩恵とは、ひとことで言えば、好きなように使える時間が増えることだ。これは競争ではない。ストレスや失敗への恐怖心とは無縁であるべきだ。人生の段階をひとつずつ進む過程で、自分にとって成功とはなにを意味するのかを見いだしていくこと——これこそ、長くなる大人の発達のプロセスで目指すべきことだ。

ひとりひとりの老い方を変える

1969年、精神科医のロバート・バトラーは、『ワシントン・ポスト』紙のカール・バーンスタイン記者（のちにウォーターゲート事件のスクープで有名になる人物だ）のインタビューに答えたなかで「エイジズム（年齢差別）」という新しい言葉を用いた。バトラーは、この言葉を「高齢であることを理由に、高齢者を徹底的にひとつの形にはめて差別すること」と定義した。

いまも年齢差別は、大人が生涯にわたり成長し続けることを妨げる大きな障害になっている。それは、私たちが人生終盤の可能性を過小評価する最大の理由でもある。

病院の救命救急センターにおける医療資源の配分や、人材の採用と解雇における高齢者の扱いなど、メディアが高齢化をテーマに取り上げる際に用いる画像（皺だらけの手とくたびれた老人の姿など）にしても、私たちがショッピングモールで日々経験するやり取り（「かわいらしい、おばあちゃんですね！」「惨めな頑固老人！」といった発言）にしても、年齢差別の実例を見つけることは難しくない。高齢者人口が増えるのに伴い、年齢差別も増えている。そして、若者がかなりの確率で高齢になるまで生きる時代になって、ほとんどの人がいずれ年齢差別の標的になる可能性も高まっている。しかも、年齢差別が人種差別や性差別など、ほかの形態の差別と重なり合い、悪影響が増幅している場合も多い。

年齢差別は、2つの面で人々の行動を制約する。文化に根を張っている年齢差別が外的な面での制約を生み、個人の心理に投影されている年齢差別が内的な面での制約を生む。まず、文化に浸透している年齢差別は、私たちの集団レベルの行動、政府の政策、社会のさまざまな制度に影響を及ぼし、高齢者が選べる選択肢を限定する。たとえば、人材採用における高齢者差別は、高齢者が職に就く機会を奪い、長い職業人生を過ごせる可能性を制約する。[12] その一方で、個人が年齢差別を内面化する面もある。そうすると、その人はますます不利な状況に追いやられる。高齢になれば生産性の低下が避けられないと思っている人は、生産性を維持するために投資しようという意欲をいだきにくい。そのため、高齢になったときの生産性がいっそう低くなり、高齢で失業状態になったり、本人が望むよりわずかな時間しか働けなかったりする。

年齢差別に対する批判は、主として3つの形を取る。第1は、年齢に基づいた固定観念が正しかったためしがない、というものだ。高齢者であることがどのようなことかは、概して正しく理解されていない。若者たちは、人が老いるとどうなるかを想像することが難しく、高齢者に共感することができない。そのため、高齢者は「私たちとは違う」存在と位置づけられて、差別や排除、偏見、決めつけの対象にされる。人類の歴史のほとんどの期間、若者が高齢者になるまで生きる可能性が乏しかったことを考えれば、このように高齢者を「他者」とみなす発想が生まれることは理解できる。しかし、エバーグリーンの世界では状況が変わる。年齢差別は、未来の自分に対する差別という性格をもつ。それは、未来の自分に害を及ぼす行為なのだ。平均寿命が上昇することにより、その害が現実化する可能性はますます高まっている。

第2の批判は、年齢に基づいた固定観念が人々の老い方の多様性を反映していない、というものだ。年齢の重ね方は人によって異なる。高齢者が目を見張る偉業を成し遂げた実例は枚挙にいとまがない。アメリカの元軍人（第二次世界大戦にも従軍したことがある）であるレスター・ライトは2022年、100歳のときに、陸上競技の100メートル走で100歳以上の世界新記録である26・34秒を打ち立てた。日本のプロスキーヤー、三浦雄一郎は、80歳でエベレスト登頂に成功した。アメリカの起業家でファッション・リーダーのアイリス・アプフェルは、97歳でモデルとして大手マネジメント会社のＩＭＧと契約を結んだ。80歳を過ぎてもロックンローラーとして第一線で活動し続けているミック・ジャガーについては、すでに触れたとおりだ。

その一方で、充実した高齢期を送れない人も大勢いる。その原因は、遺伝的なものだったり、環境によるものだったり、不運によるものだったり、それらの要素の組み合わせだったりする。いずれにせよ、高齢者がどのような活動をおこない、どのような成果を挙げるかは、人によってまちまちだ。そうした多様性は、固定観念に基づいた決めつけ、とりわけ最悪の結果ばかりを強調する発想を真っ向から否定するものと言える。

第3の批判は、年齢に基づいた固定観念がある程度正しかった時代が過去にあったとしても、もはや状況が変わった、というものだ。ここで改めて、若い人のほうが賢いというマーク・ザッカーバーグの言葉について考えてみよう。この１００年ほど、私たちが教育に費やす時間は増え続けてきた。私の両親は14歳のときに、祖父母は12歳のときに学校教育を終えたが、今日のイングランドでは18歳まで学校で学ぶことが義務づけられている。人の賢さが教育で決まるとすれば、世代がくだるとともに教育年数が長くなってきたことを考えると、若い人ほど賢いと考える人がいても不思議ではない。しかし、教育年数が長くなる傾向は頭打ちになりつつあり、現在は若者と高齢者の教育レベルがあまり変わらなくなっている。１９５０年には、アメリカの65歳人口のうち大学で学んだ人の割合は25人に1人にすぎなかったが、いまその割合は5人に3人近くに達している。[13] 現在、25～64歳の人口に占める大卒者の割合は4人に1人、65歳以上の場合は5人に1人だ。それほど大きな違いはない。高齢の働き手と若い働き手の教育レベルの違いは、以前よりはるかに縮小しているのだ。

年齢差別が現に存在し、多くの損害を生んでいることは、火を見るよりも明らかだ。AARPの推計によると、雇用における年齢差別は、アメリカで毎年8500億ドルの経済損失を生んでいるという。[14] しかし、皮肉なことに、今日の社会では、年齢差別がますます大きな社会問題になる一方で、高齢者がますます大きな政治的・経済的な力をもつようにもなっている。本稿執筆時点でアメリカ大統領のジョー・バイデンは80歳を超えており、世界の高所得国における雇用増の半分以上、アメリカの消費支出の56％を50歳以上が占めている。[15] 高齢者が偏見にさらされているとだけ大ざっぱに主張するのは、あまりに粗雑な議論と言わざるをえない。

年齢差別が蔓延している根底には、若者と老人の間に大きな違いがあるという直感的な思い込みがある。高齢者に対するネガティブな固定観念に異を唱える人たちも、代わりにポジティブな固定観念を強調しようとすることが多い。高齢者のほうが賢く、チームワークを高める能力に長けていて、時間を厳守する傾向がある……といった具合だ。私たちは、老い方が人によってまちまちだという現実を正しく認識できていない半面、暦年齢（これまで生きてきた年数）および生物学的年齢（健康状態）、死生学的年齢（死ぬまでの年数）の違いが人々の行動や考え方の違いを生むと考えている。そのため、年齢に基づく偏見を簡単にいだいてしまうのだ。

エバーグリーンの世界では、暦年齢と生物学的年齢と死生学的年齢の関係が変わり、それにより高齢者の行動も変わる。老いがなくなるわけではないが、老い方が変わるのだ。具体的には、どのように老い方が変わるのか。そして、どのような面で年齢差別的な固定観念が誤った認識を生み出していて、私たちはどのように行動を変えるべきなのか。この点を理解するためには、3種類の年齢概念の違いをよく知る必要がある。

私たちは、老化を健康の観点だけで考えがちだ。しかし、老化が健康面だけの現象でないことは、私たちも知っている。老化科学が進歩して究極のピーター・パン型の人生が実現し、90歳と20歳の健康状態と死亡リスクが同程度になったとしても、90歳の人と20歳の人は同じではない。暦年齢の違いがあるからだ。この場合、90歳は「新しい20歳」ではなく、あくまでも、「新しい90歳」でしかない。では、そのような90歳がどんな行動を取れば、「新しい20歳」と呼べるのか。20歳の人と同じように、夜な夜なクラブに繰り出せばいいのだろうか。90歳の人が20歳以降に経験してきた70年間の日々は、その人にどのような影響を及ぼしてきたのか。同じ90歳でも、あと30年生きると予想できる場合と、残りの人生が5年しかないと予想できる場合で、その人の行動にどのような違いが生じるのか。

もっとリスクを受け入れる

私たちは年齢を重ねると、リスクを避けたがる傾向が強まる。[16] 高齢になるほど、新しいことを試そうとしなくなり、新しい友達をつくろうとしなくなり、株式投資にも消極的になる。このような傾向は、老いることにおのずとついて回る現象なのか、それともエバーグリーンの世界では変わっていくのか。

古代ギリシャの哲学者アリストテレスは、哲学界の巨人と言ってもいい存在だ。しかし、老人に関する見解の一部は、現代の老年学者の間でほとんど支持されていない。その点は、年齢差別がいかに太古の時代から存在するかを浮き彫りにしている。アリストテレスは、高齢者を臆病で、機嫌が悪く、悲観的で、しゃべりすぎる傾向があると考えていた。いわく、老人は不幸にも長く生きすぎて、期待が裏切られる経験を重ねてきたために、斜に構えた見方をしがちだ。それに対して、若者は過去の経験ではなく未来への希望に突き動かされて行動するため、老人に比べてものごとを楽観的に考える傾向があるという。つまり、アリストテレスによれば、時間の経過と失望の経験を通じて、高齢者はリスクを避けるようになるというのである。

これとは別の理由により、高齢者のリスク回避の傾向が強まるという考え方もある。死生学的年齢、つまり自分が死ぬまでの年数が減っていくことがリスク回避の原因になるというのだ。自分がまだ長く生きると思えば、リスクの大きい投資ができる。もし投資が裏目に出ても、損失を取り返して利益を上げるための時間が十分に残されているからだ。しかし、残された時間が乏しくなってくると、全財産を賭けることが怖くなる。

もちろん、両方の見方が正しい可能性はある。つまり、高齢者のリスク回避傾向が強まるのは、長年の学習の産物でもあり、残された人生が短くなることの結果でもあるのかもしれない。しかし、エバーグリーンの世界において死生学的年齢がもつ意味は明白だ。残された人生の日々が長くなる時代には、高齢になっても昔よりリスクを受け入れるべきだということになる。もっと積極的に仕事で新しい役割を担ったり、新しいことに挑戦したり、新しい友達をつくったり、株式の長期投資を実践したりすべきなのかもしれない。

未来に投資し、新しいスキルを学ぶ

年齢を重ねるにつれて、人がより保守的になり、変化を受け入れなくなり、行動パターンが固まってくるという考え方も根強い。しかし、この固定観念も、あらゆる学術的研究によって支持されているわけではない。病気や引退によって選択肢が狭まり、行動パターンが固定化する面は確かにあるかもしれないが、高齢者のほうが若者より新しい考え方を受け入れやすいというデータもある。[17]

しかし、このような固定観念が広まっていることには、それなりの理屈がある。60歳の人が20歳の人と同程度の知性と認知機能をもっているとしても、新しい考え方や行動パターンへの適応という面では、両者の間で異なるインセンティブが働く。60歳の人が新しい考え方や行動パターンに適応しようと思えば、新しいことを学ぶだけでなく、すでに知っていることを忘れる必要がある。その点、20歳の人の状況は異なる。新しいスキルにせよ、古いスキルにせよ、なんらかのスキルを習得するために投資するかどうかだけを判断すればいい。また、若い世代は、新たに学んだことの恩恵に浴せる期間が高齢者より長い。

すべての高齢者が保守的で、変化に消極的だと言いたいわけではない。学ぶことを愛する人間であれば、いま60歳だろうと20歳だろうと関係なく、新しいことを積極的に学ぼうとするだろう。人の老い方は、一様ではない。それは、頭脳の年齢と生物学的年齢と死生学的年齢の組み合わせによって変わってくるのだ。

平均寿命が上昇したことで、どの年齢の人にとっても、今後生きられる人生の期間が昔に比べて長くなった。人生が長くなれば、少なくとも死生学的年齢の面では、若くあることのできる年数が増える。そうなれば、自分の未来に投資して新しいスキルを学び、古い知識や行動パターンを捨て去ることがより理にかなった選択になる。すなわち、心理面でもっとウルヴァリン的になって、みずからの価値とスキルと人間関係を再び充実させたり、それらの要素を再び補充したりする必要があるのだ。

未来志向と過去志向

しかし、ボルヘスが「不死の人」で描いたトログロデュタエ人の暗い影は、私たちに付きまとい続ける。エバーグリーンの人生は、いずれかの時点で長すぎると感じられるようになるのだろうか。私自身はいまのところ、ときに退屈を感じることもあるけれど、やりたいことがまだたくさんある。しかも、そのリストはいまも膨らみ続けている。1年経ってもリストの項目はまったく減らない。それに、ウィンストン・チャーチルが成し遂げたことのほんの一部でも達成しようと思えば、私にはまだ途方もない時間が必要だ。それでも、いずれは退屈を感じることが避けられないのか。その退屈は耐え難いほど激しいものなのか。こうしたことを論じるには、57歳ではまだ早すぎる。未来がどうなるかは、私にはわからない。アメリカの喜劇俳優スティーブン・ライトの言葉を借りて、「私は永遠に生きるつもりだ。これまでのところは順調に来ている」と言うことしかできない。

この点に関して勇気づけられるのは、私の友人でもあるローラ・カーステンセンの研究だ。スタンフォード大学ロンジェビティ（長寿）センターの創設者であるカーステンセンは、私も関わっている「ニュー・マップ・オブ・ライフ（新しい人生の地図）」というプロジェクトの考案者でもある。

私たちは老いを激しく恐れるが、数々の研究により一貫して明らかになっているのは、人の幸福度が最も低くなるのが中年期だということだ。[18] 確かに、高齢期には最終的に幸福度が低下するが、それでも中年期のどん底の時期に比べると高い水準にとどまっている。こうした研究結果を知ると、中年の人たちはたいてい驚く。この年齢層の人たちは、老いることを恐れている場合が多いからだ。カーステンセンは、この一見すると逆説的な研究結果を説明するために、大人の行動がどのように変わっていくかを分析し、人生を経るにつれて私たちは人生の目標を設定し直していくという結論を導き出した。こうしてカーステンセンが確立したのが「社会情動的選択性理論（ＳＳＴ）」だ。人はみずからの人生の有限性を認識する結果、加齢とともにより賢くなっていくという考え方を、現代風に整った形で表現した学説と言える。

まだ若くて、残された人生の日々が長い人は、教育や学習、新しい友達づくり、新しい生き方の模索など、未来志向の目標に重きを置く。しかし、年齢を重ね、残された日々が減り始めると、現在志向の目標を重視する度合いが高まる。充実感と喜びをもたらすとわかっている既知のものに時間を費やすことを好むようになるのだ。たとえば、新しい友達をつくるより、既存の人間関係を大切にしたりする。

若い世代は高齢者に比べて、たとえ感情の面で過酷な経験になる可能性があったとしても、知識の構築や新しい可能性の探索に積極的に取り組む。それに対して、高齢になると、差し当たり充実感を味わえる目標に目が行きやすくなる。高齢の人のほうが概して幸福感が高い理由はここにある。カーステンセンは、それが加齢のプロセスそのものの結果ではなく、残りの人生が短くなることの結果であると確認するために、さらに研究をおこなった。すると、若い人でもさまざまな理由により残りの人生に限りがあると感じている場合には、高齢者と同様の行動が見られることがわかった。

社会情動的選択性理論のもうひとつの特筆すべき要素は、残された人生の日々が短くなってくると、私たちの精神がより感情面の満足感をもたらす刺激を求めるようになるという点だ。

そうした傾向があるために、いわゆる「ポジティビティ・バイアス」が生じる。高齢の人は若い人に比べて、過去の出来事を好ましいものとして記憶していて、日々の新しい経験についても否定的な印象をあまりいだかないのだ。カーステンセンは、コロナ禍の初期にこの考え方を裏づける材料を見いだした。感染症が世界規模で流行するなかで、高齢者は若い人たちより死亡リスクが高いにもかかわらず、心理的ストレスの度合いが低かったのである。[19]

高齢者が無理して上機嫌に振る舞っていると主張しているわけではない。時間の経過と人生における立場の変化が原因で、どのような行動を好むかが変わり、感情面で満足感を味わえる活動を取りやすくなるというのである。

カーステンセンの理論には、魅力的な点が多くある。まず、平均すると高齢者が中年よりも高い幸福感をいだいていることを再確認し、その理由も説明できる。人生終盤の時期に否定的なイメージがついて回っている現状を考えると、この点を強調することの意義は大きい。また、この理論は、具体的にどのような行動を取るべきかを指図することなく、大人の発達と人生終盤における適応とはどのようなものかを示すことができる。高齢者は、現在を生きることに長け、重要なことに集中し、良好な感情を維持することが上手になる。もっとも、これは高齢者が高い意識と高度な知恵を備えているという意味ではない。あくまでも、時間の経過に適応して変化を遂げた結果だ。

カーステンセンの理論は、長寿化が進むにつれて私たちの行動がどのように変わるのかにも光を当てる。私たちが「旧友」と呼べるような友人をつくるには時間がかかる。平均寿命が85歳の世界で80歳になった人にとって、それはとりわけ難しい。カーステンセンが話を聞いた高齢者のひとりはこう述べている。「80歳になると、新たに『旧友』をつくることなんてできません」年齢を考えると、そもそも不可能です。。しかし、平均寿命が100歳になれば、事情が変わる。新しい友達づくりの可能性が大きく開けてくる。平均寿命が延びると、新しい人間関係に投資する必要性は、これまでより人生終盤の時期にも生じるのだ。

ここでも、またしてもお馴染みのメッセージが浮かび上がってくる。エバーグリーンの人生では、人生が長くなる結果として、再生と未来への投資がきわめて重要になるのだ。また、あるスキルの重要性も高まる。高齢になっても、差し当たり自分の感情を満足させるものにばかり意識を向けず、新しいものを追求するためには、快適でない状態を受け入れるスキルが大きな価値をもつ。

年齢のギャップ

カーステンセンの研究を通じて、エバーグリーンの世界で世代を超えた友情がいっそう重要になる理由も見えてくる。平均寿命が上昇しているとはいえ、死亡率は年齢が上がるとともに高くなる。そのため、高齢者にとって同世代同士の友情にはリスクが伴う。友達の誰かが死亡する可能性が相対的に高いのだ。今日のアメリカでは、80歳の人のうち5人に3人は90歳まで生きる。しかし、裏を返せば、80歳同士の友達コンビが2人とも90歳まで生きる確率は6分の1に過ぎない。高齢になって生涯の友人を亡くせば、つらい思いをし、孤独を痛感しかねない。その点、自分よりも若い人との友人関係に投資すれば、そのようなリスクを大幅に軽減できる。家族や親戚、近所の人、職場の同僚との絆を深めたり、もっと広い人的ネットワークを通じて人間関係をはぐくんだりすればいい。エバーグリーン型の取り組み全般に言えることだが、この点を理解するのが早ければ早いほど好ましい。

友人関係について「投資」や「リスク」という言葉を用いると、人間らしい繊細な感情ではなく、冷たい経済分析の話をされているように感じる人もいるかもしれない。そのような人たちに強調したいことがある。世代を超えた人間関係は、格別の人間的な温かみを伴い、双方に恩恵が及ぶのだ。老人ホームで暮らす高齢者が幼い子どもたちの施設を訪問すると、お互いに好ましい影響がある。高齢者住宅で（家賃無料で）高齢者と一緒に生活した大学生たちも、同様のことを述べている。世代の垣根を越えた好ましい人間関係は、しばしばハリウッド映画の題材にもなってきた。『ベスト・キッド』『愛しのグランマ』『カールじいさんの空飛ぶ家』など、作品のジャンルもさまざまだ。

年齢の離れた人同士の友情は、エバーグリーンの世界においてはことのほか大きな価値がある。子どもが少ない家庭では、どうしても世代の垣根を越えた人間関係の比重が高まるし、若い友人と親しくつき合うことは、高齢者に心理面でウルヴァリン流の再生をもたらす。また、平均寿命が延び、出生率が下がる世界では、異世代同士の友人関係は、個人にとって恩恵があるだけでなく、社会の一体性をはぐくむうえでも推奨されるべきだ。

文化面で老い方を変える

みずからのニーズを満たすこと、そして年齢差別を内面化するのを避けることは、私たちひとりひとりが取り組むべき課題だ。しかし、社会に根を張っている文化的な固定観念をリセットすることの重要性も忘れてはならない。高齢者や老いに対する社会の姿勢が根本から変わらない限り、長寿化がもたらす恩恵には浴せないからだ。

歴史を通じて、高齢者に関する私たちの思考は、2つの対照的な考え方によって形づくられてきた。ひとつは、老いを暗いものとみなす考え方だ。前出のボーヴォワールの著書『老い』は、その一例と言える。肉体的・認知的能力が減退し、自立して生きられなくなり、社会から排除され、死が近づいてくることにより、老いは悪しき経験となる。ボーヴォワールはこのように述べている。「生きることと対比すべきなのは、死よりも老いである。老いは、生きることのパロディだ」。

もうひとつの考え方は、これよりも楽観的だ。こちらの考え方を表現したものとしては、キケロの著作『老年について』を挙げることができる。この著作は、古代ローマの政治家である大カトーと、30代の若者2人（ラエリウスと小スキピオ）の対話という形を取っている。このなかで高齢の大カトーは、一般に広まっている老いへの否定的な見方を見事にひっくり返し、老いを好ましい要素と位置づけた。「偉大なものごとは、筋力や俊敏性や肉体面の器用さによって成し遂げられるわけではない。内省、人格の力、判断力によって成し遂げられる。その点、これらの資質は、年齢を重ねてもたいてい……乏しくならない。むしろ豊かになる」。

キケロが言いたいのは、老いることにより、ものごとが悪くなるとは限らない、ということだ。人生を楽しむ方法はたくさんある。人がなにを必要とし、なにを欲するかは、年齢とともに変わる。若者はそれを喪失のプロセスと感じるかもしれないが、キケロに言わせれば、それは獲得のプロセスだ。肉体は衰弱するものの、年齢を重ねるとともにほかの面では成長していくというのだ。外面よりも内面に目を向けて、加齢を衰退ではなく成熟と考えるよう、キケロは助言している。

2つの考え方のどちらが優勢かは、時代とともに絶えず変わってきたし、文化圏による違いもある[20]。時代の変化という面では、産業革命以降、個人の貢献を測る基準として仕事がより重視されるようになり、老いが否定的に見られる傾向が強まったと言われる。一方、文化圏による違いという面では、個人の自己表現を重んじる西洋においては、集団的な要素を重んじる文化圏に比べて、老いが否定的にとらえられがちだと言われることが多い。それに対し、儒教思想に土台を置く社会は、親への敬意と祖先の崇拝を大切にするため、西洋社会よりも高齢者を敬う傾向があるとされる。

しかし、大風呂敷を広げた仮説が往々にしてそうであるように、こうした文化の違いを強調する考え方は、実証的なデータに照らすとすべて正しいとは言えない。26カ国を対象におこなわれた研究によると、国による違いは確かにあるものの、その違いは一般に考えられているほど強烈なものではないようだ。[21] とくに、東洋と西洋、豊かな国と貧しい国というようなシンプルな二分法を裏づけるデータはほとんど存在しない。ひとつの興味深い研究としては、65歳以上の人の割合が大きい国ほど、高齢者に対する否定的な見方が強いというものがある。儒教文化の影響が強いはずの日本社会における高齢者への姿勢が西洋諸国に近い理由は、この点にあるのだろう。日本では近年、「老害」という言葉がよく用いられるようになった。高齢者が経済成長の足を引っ張ることに始まり、日々の生活で高齢者がもたつくせいでイライラさせられることにいたるまで、高齢者が社会に及ぼす悪影響を表現する言葉だ。このような日本の状況は、老いに対する人々の認識が変わる場合があることの証拠と言える。

新しい老いの文化へ

以上の2つの対照的な考え方の間を行き来するだけでは、エバーグリーンの課題は達成できない。人生終盤の時期について過度にポジティブな見方と過度にネガティブな見方の両方を捨てる必要がある。

エバーグリーンの時代が到来すれば、ボーヴォワールが糾弾したようなネガティブな見方を捨てるべきなのは明らかだ。そのような見方をしていては、人生終盤の日々がもつ可能性を理解できない。一方、キケロが提唱したようなポジティブな見方は、大人になっても成長し続け、自分がもっている資質を強化することの大切さを強調するという点で魅力的に見える。人生終盤の日々を過小評価すべきでないというキケロの中核的な主張と、この時期の人生の質に重きを置く考え方は、エバーグリーン的な発想と言える。

しかし、気がかりな点もある。キケロの『老年について』に登場する高齢の大カトーは、広大な土地と莫大な財産を所有する資産家だった。思索にふけり、心の平安を重んじて生きることを可能にする経済的なゆとりがあったのだ。それに対し、古代ローマの年老いた奴隷たちが心の平安を獲得することは容易でなかっただろう。

また、キケロの主張は、加齢を人としての品性をはぐくむことと位置づけているために、あるべき状態を決めつけるように感じられる面もある。これは、老いを肯定的に描こうとしたり、よりよい老い方とはどのようなものかを説明しようとしたりする際に、どうしてもついて回る問題だ。昨今は「サクセスフル・エイジング（＝成功する老い）」という言葉がよく用いられる。大きな病気なしに、肉体的・心理的・社会的に高いレベルで機能し続けること、といった意味だ。しかし、この概念は、「成功していない老い」が存在することを暗に示唆しているとして批判されることも多い。[22] 死ぬことを免れているという点で、あらゆる老いは「成功」とみなすべきなのではないか。

キケロの主張には、20世紀イギリスの哲学者G・E・ムーアが言うところの「自然主義的誤謬」の色彩もある。これは、あるものごとが自然な状態であれば、そのものごとは好ましい、と考える思考パターンのことだ。実際には、現実がそうなっているからといって、それがあるべき状態だとは限らない。第2の長寿革命で目指すのが私たちの老い方を変えることだとすれば、自然主義的誤謬の落とし穴にはまることは避けるべきだ。老化科学の進歩により、生物学的年齢が大幅に改善すれば、キケロの助言に従って肉体的な衰えを受け入れ、加齢とともに獲得したものに目を向けて自分を慰める必要はなくなる。しかし、科学的進歩がなかったとしても、みずからが望むのであれば、ものごとを達観して禁欲的に生きるのではなく、悪あがきしてエネルギッシュに老いてもいいはずだ。

言葉に注意を払う

イギリスのケンブリッジ大学で教鞭を執った哲学者のルートヴィヒ・ウィトゲンシュタインは、こう述べたことがある――「言葉の限界がその人の世界の限界である」。その点、老化をめぐる議論、そしてエバーグリーン型の文化への移行に関する議論で私たちが使っている言葉には問題がある。老化、高齢、命の終わり、死など、互いに関連はあるけれど別個の概念がきちんと区別されていないのだ。長寿化と聞くと、人生全般で時間が増えるとは考えず、人生の終わり近くの時間が増えると考える人が多いことは、そうした混乱のわかりやすい例だ。人は誰もが「老化《エイジング》」しているにもかかわらず、高齢化社会《エイジング・ソサエティー》という言葉がつねに高齢者に関わるものと解釈されるのも、その一例と言えるだろう。

このような混乱は、第1の長寿革命の産物なのかもしれない。乳幼児と中年期の死亡率が下がり、ほとんどの人が高齢になってから死ぬようになったために、「死」と「老い」の統計的な結びつきがかつてなく強まったのだ。しかし、逆説的に聞こえるかもしれないが、高齢と死の間の時差も拡大している。65歳以上を「高齢者」と位置づける官僚的な定義に従うとすれば（この定義はもはや適切とは言えないのだが）、1851年の時点では高齢者になるとほどなく命の終わりが訪れていた。当時、スウェーデンの65歳のうち、80歳まで生きる人は4人に1人、90歳まで生きる人は50人に1人にすぎなかった。[23] それが現在は、この割合はそれぞれ4人に3人、3人に1人となっている。

こうした状況に対して当然予想される反応のひとつは、高齢者の定義を見直すという単純なものだ。ある人が高齢者かどうかを暦年齢——たとえば65歳以上など——で決める代わりに、あと何年生きそうか、つまり死生学的年齢を基準に決めてもいいのかもしれない。たとえば、残りの人生が10年を下回る場合に高齢者とみなすようにしてはどうだろう。この定義に従うと、スウェーデンにおける高齢者は、1851年には66歳以上、1951年には72歳以上、2022年には80歳以上ということになる。実は、国連はこのアプローチを採用している。その土台になったのは、ニューヨーク州立大学ストーニーブルック校のウォーレン・サンダーソンと、「ウィトゲンシュタイン人口統計およびグローバル人的資本センター」(ウィーン)のセルゲイ・シェルボフの研究だ。この2人の研究者は、平均余命に着目した「余命等価年齢」という概念を提唱している。[24] 高齢者の定義をこのように見直すと、いわゆる「高齢化社会」の到来や高齢者の割合の増加に警鐘を鳴らす主張は、統計上の根拠をかなり失う。

ここまでの議論から見えてくるのは、「老化」や「高齢者」という言葉の意味が文脈によって変わるということだ。ところが、そのような意味の違いを的確に表現するのに十分な語彙が存在しない。そうした言語の限界が混乱に拍車をかけている。その結果として、社会問題に関する議論で「高齢化社会」という言葉によって言い表されるものが、いつの間にか「老化」から「高齢者」へ、さらには「命の終わり」へとすり替わっている。

アメリカの言語学者ベンジャミン・ウォーフは、北極圏の先住民であるイヌイットとユピックの人々の言語が「雪」を表す単語をたくさんもっていると主張したことで知られている。この現象の背景には、北極圏で生きる人たちにとって雪がきわめて重要な意味をもつという事情があるとのことだった。ウォーフはこれを「言語相対論」の事例と位置づけたが、この「雪」を表す語彙についての指摘は、都市伝説のように根拠薄弱なものとみなされるようになっている。ある研究者は、これを「エスキモーの語彙をめぐる壮大なイカサマ」とまで呼んだ〔エスキモーは、イヌイットやユピックなど、北極圏の先住民の総称〕。降雪に関連して用いられる単語はたくさんあるように見えるかもしれないが、ハーバード大学のスティーブン・ピンカーなどの研究者によると、雪そのもの、あの凍った白い物体を実際に表現する単語は一握りにとどまるというのだ[25]。それでも、北極圏の先住民が雪を表現するための語彙を大量にもっているか、もっていないかはさておき、エバーグリーンの世界で老化と高齢者に関わる問題に向き合うための語彙をもっと増やす必要があることは間違いない。

しかし、「高齢者」や「老化」の新しい定義をつくることが混乱を解消するための最善の方法なのかどうかには、私は確信をもてない。確かに、暦年齢、生物学的年齢、死生学的年齢といった言葉を用いることにより、エバーグリーンの世界にふさわしい語彙を築くことはできるのかもしれない。しかし、私たちが「高齢者」を定義したいと考える理由は実にさまざまであり、文脈によっても変わる。そのため、より細密な定義をしようという取り組みは、文化的な性格よりも技術的な性格を帯びる。その点、老化を可変的なプロセスとみなして、ひとりひとりが異なるペースで異なる道筋を経て老いていくものと考えれば、老いに関してエバーグリーン型の文化をはぐくむことができる。そのような文化の下では、人々はよりよい老い方をすることを生涯の目的と位置づけ、すべての人が老化のプロセスを歩んでいるという認識をいだく。その結果、人々は、単純化された固定観念を捨てて、生涯にわたって成長し続けるよう促される。重要なのは、老化をひとつのプロセスとして、そして誰もが経験する現象としてとらえること。老化をひとつの出来事やひとつの状態とみなし、社会のある集団と別の集団を切りわける要素と考えることは避けるべきだ。

人生は移行の連続

人生が長くなれば、生涯の間に、あるステージから次のステージへ移行する機会も増える。そうした移行は、突然訪れる場合もある（職を失ったり、離婚したり、重病になったり）。その一方で、もっと長い時間をかけて段階的に移行が進む場合もある（新しい興味や行動パターンをはぐくみ、新しいものごとに関心をもつようになったり、現状に退屈して新しいことを試したくなったり、ある種の活動が肉体的にキツく感じられるようになったり）。

老化に関する考え方がこのように変わると、衰弱することについての考え方も変わる。エバーグリーンの視点に立つと、年齢を重ねてもあらゆる面が衰えるわけではなく、衰えることがつねに問題なわけでもないと思えるようになる。私たちの人生で、肉体的能力、稼ぐ力、対人関係の幅広さ、そして本人の幸福感が最高潮に達する時期は、すべて異なる。私たちは次々となんらかのピークを通過しながら生きていく。「盛りを過ぎた」だの「焼きが回った」だのといった年齢差別的な表現は捨てたほうがいい。私たちが人生のさまざまなステージを移行しながら生きていくうえで重要なのは、次のステージで求められることに対応するために、良好な健康状態を維持することだ。陸上競技のリレーで次の走者にバトンを渡すときのように、みずからが人生の次のステージで可能な限り好ましいスタートを切れるようにするべきなのだ。

古代エジプトでは、死者は本人の臓器と食べ物をそばに添えて埋葬された。死後の世界で必要になると考えられたためだ。この慣習は不死の概念を前提にしたものだが、エバーグリーンの人生においても、みずからが次のステージに進むのを助け、未来の自分が成功できるようにするために、次のステージの自分に向けた贈り物を用意する必要がある。私たちが人生の次のステージをどのように乗り切るかを考えるうえでは、未来の人生が長くなればなるほど、若いときの自分からの助けが重要な意味をもつ。

しかし、未来の自分は、なにを欲し、なにを必要とするのか。そもそも、どうしてそんなことを気にしなくてはならないのか。このような疑問をいだく人がいても不思議でない。ノルウェーの哲学者ヤン・エルスターは、そうした思考を上手な表現で説明している。「(未来よりも)現在を絶対的に優先させる発想は、ほかのあらゆる人よりも自分を絶対的に優先させる発想と似ている」と、エルスターは述べている。「私は私。それ以外の人たちのことは知ったことではない、というわけだ[26]」。人生が長くなるのに伴って、私たちは2つの相互に関連した問題を突きつけられている。ひとつは、誰しも未来ではなく、現在に関心をもつ傾向があること。そしてもうひとつは、現在の自分と未来の自分の間につながりを見いだすのがしばしば難しいことである。

人生が長くなると、面倒を見なくてはならない「未来の自分」の数も増える。70歳になったときの自分は、60歳になったときの自分とは違う。しかも、平均寿命の上昇により、80歳になったときの自分、さらには90歳になったときの自分についても考える必要があるかもしれない。では、私たちはその責任をどのように果たせばいいのか。その手がかりのひとつが、イギリスの哲学者である故デレク・パーフィットの著作のなかにある。パーフィットはキャリアのほとんどをオックスフォード大学のオールソウルズ・カレッジで過ごした。私は1990年に同カレッジで「特別奨学金」を受給し、それをきっかけに、カレッジの荘厳な食堂でこの哲学者と食事をともにし、話をする機会にたびたび恵まれた。いま50代も後半になった私が後悔しているのは、27歳の頃、私の研究について尋ねてくれたパーフィットの親切な質問に答えることに時間を費やすよりも、道徳哲学に関する彼自身の画期的な研究についてもっと質問すればよかったのに、ということだ。

私が知るパーフィットはいつもチャーミングで親切だったが、興味深いエピソードの数々も伝わっている。[27]たとえば、時間を無駄にすることを極度に嫌い、意思決定に費やす時間を最小限にとどめるべく、毎日同じ服を着て、同じものを食べていたとされる。そればかりか、時間を節約するために、歯磨きをしながら哲学の論文を読んだという。その結果、長い論文を読むときは長く歯を磨き続けることになり、途方もない本数の歯ブラシを使い潰したとのことだ。[28]

パーフィットが目指したのは、利己的行動にとどまらない道徳的行動の強固な土台を見いだすことだった。具体的には、いくつかの賢明な思考実験――火星へのテレポーテーション、脳の複製づくりなど、さまざまなSF的設定のシナリオを検討した――を通じて、私たちの「自己」に関する考え方は一般のイメージよりはるかに脆弱だと主張した。とくに、私たちの肉体を占拠して、絶えず時間を旅して経験を重ねていく人間によって、私たちのアイデンティティが決まるという考え方に異を唱えた。パーフィットに言わせれば、私たちのアイデンティティにとって最も重要なのは、そうした肉体的連続性よりも、心理的連続性だ。ここで言う心理的連続性とは、私たちの過去の信念や欲求や価値観や行動と、現在の信念や欲求や価値観や行動との結びつきのことである。

たとえば、いまこの本の原稿を書いている私と、過去に長寿化というテーマに関心をいだいたときの私の間には、心理的連続性がある。当時の私はそれまでのマクロ経済学という研究テーマに退屈と不満を感じるようになっていて、長寿化という新しいテーマに魅力を感じた。その後、このテーマについてさらに学び、思考し、執筆し、議論し、そうした活動を通じて、ものの考え方が進化と変化を遂げ、スキル、関心、交友関係も変わった。自分の未来についての考え方や、自分にとってなにが重要なのか、社会が長寿化についてどのように考えるべきなのかという思考も変わっていった。それが本書を執筆するきっかけになった。1冊の本に自分の考えをまとめて記し、人々の考えを変えたいと思ったのである。長寿化を主な研究テーマにする前とは、多くのことが変わった。私の肉体は老化し、私の細胞のほとんどはすでに置き換わっている。肉体の面では、私は以前と同じ人間とは言えない。私が大切に感じる対象や関心を寄せる対象も変わった。交友関係や仕事上の人間関係も変わった。引っ越して、住む都市も変わった。離婚し、再婚もした。それでも、これが私の人生であり、私のアイデンティティだと言えるのは、私の肉体がそうしたすべてを経験してきたからではない。それは、これまでの経験に心理的連続性があるからなのだ。

このように心理的連続性をアイデンティティの核とみなす発想は、高齢者と老いに関してエバーグリーン型の文化を築く土台として魅力的だ。肉体的な要素よりも心理的な要素に重きを置くことにより、加齢がかならずしも衰えを意味しないとはっきり示すことができる。もしウルヴァリン型の治療法が実現し、私が27歳のときの肉体を取り戻せれば、私の外見と未来の見通しが大きく変わることは言うまでもない。しかし、ある日突然、6つに割れた見事な腹筋と、スリムなウエストラインを手にしたとしても、それまで心理面で経験してきたことが変わるわけではない。私はあくまでも57歳であり、27歳になることはない。私のアイデンティティの土台は、若返った肉体ではなく、心理的連続性にあるのだ。こうした考え方は、老化をひとつの出来事やひとつの状態ととらえるのではなく、プロセスとみなす考え方と相性がいい。また、このような考え方の下では、特定の道がほかの道より好ましいとか、好ましくないといった発想は生まれない。ひとつの道を推奨するのではなく、進化と適応のプロセスを重んじるからだ。あなたが歩む道があなたという人間を定義するのである。

しかし、こうした考え方をしようとする場合、ある問題がついて回る。すでに述べたように、たいていの人は、未来の自分と一体感をいだくことが難しいのだ。人生が長くなればなるほど、人生で経験する転換の機会は多くなり、アイデンティティが変化する回数も増える。その結果として、未来の自分とのつながりを感じることがいっそう難しくなる。未来の自分はますます時間的に遠い存在になり、いまの自分にとっては赤の他人に思えてしまう。そうなると、見ず知らずの人の面倒を見るために、どうしてわざわざ骨を折らなくてはならないのかという発想になりやすい。

この点に関して、パーフィットの理論は興味深い方向に進む。人のアイデンティティが心理的連続性によって生まれるのだとすれば、アイデンティティはほかの人たちとの関わりや結びつきによって決まると言える。私たちは、それまでの人生で出会い、一緒に時間を過ごした人たちによって形づくられている面があるのだ。私のアイデンティティが肉体的な存在としての私に限定されないのであれば、関わりをもつ人すべてに対して、もっと道徳的に、もっと親切に行動すべきだということになる。そして、私とつながりをもつ人のなかには、未来の私も含まれる。そうしたすべての人たちが私という人間の一部を成すのだ。

パーフィットの理論は、個人のアイデンティティを空間と時間の制約から解き放つことにより、高齢者を「他者」とみなす発想を弱めることができる。また、若い時期をみずからの高齢期のために投資するだけの悲壮な日々と位置づけることも避けられる。この考え方では、未来の私も現在の私に義務を負う。パーフィットの理論は時を超越した性格をもっており、いまの自分を大切にすると同時に、それを自分という人間を形づくるさまざまな義務や関わりのなかに位置づけるのだ。

このような考え方は仏教思想とも共鳴する。実際、インド北部のあるチベット仏教の僧院では、パーフィットの1984年の著書『理由と人格』（邦訳・勁草書房）の一節を読経に盛り込んでいるという。このように思想が受け継がれていることには、2017年に死去したパーフィットも満足だろう。

パーフィットにとって、以上のようなことは、単なる哲学的思考にとどまらなかった。自身の人生に対する見方も変わったのだ。

（肉体的なアイデンティティが重要だと）思い込んでいた頃の私は、自分という人間のなかに閉じ込められていたかのようだった。私の人生は、いわばガラスのトンネルのようなものだった。そのトンネルのなかを進んでいき、前に進むペースが毎年加速していった。そして、トンネルの向こうには闇があった。しかし、考え方が変わると、トンネルを囲むガラスの壁が消えた。いまは、言ってみれば野外で生きている。いまでも、私の人生とほかの人たちの人生が同じというわけではない。けれども、その違いは昔より小さくなった。ほかの人たちの存在が以前より近くなった。自分の残りの人生のことよりも、ほかの人たちの人生のことを考えるようになったのだ。

このようにパーフィットは、ボルヘスの小説に出てくるトログロデュタエ人たちとはまったく異なる形で人間のアイデンティティを見ていた。ボルヘスの「不死の人」の世界では、不死が実現することにより、すべての人が互いに区別がつかなくなり、個人のアイデンティティが失われる。それに対し、パーフィットは、個人のアイデンティティをもっと広くとらえた。その考え方は、ほかの人たちとのつながりを重んじるという点で、カーステンセンの「社会情動的選択性理論」にも通じる面がある。また、パーフィットのアプローチはさらに、命の有限性をめぐるパラドックスを緩和、もっと言えば解消できる可能性ももつ。この考え方の下では、死も人生における転換のひとつと位置づけられるからだ。

〈肉体的なアイデンティティが重要だと〉思い込んでいた頃の私は、いずれかならず訪れる自分の死をいまよりも気にしていた。私の死後、私という人間は存在しなくなる。いまの私は、この事実を昔とは別の形でとらえ直している。私が死んだあと、人々は数多くの経験をするだろうが、そのどれひとつとして、現在の私の経験とは直接的なつながりがない。いまの私の経験が記憶されていたり、いまの私の意図が実行されたりといった結びつきはないだろう。それでも、そうした未来の経験のなかには、これほど直接的ではない形で、現在の私の経験とつながるものもあるはずだ。将来、私の人生についてなんらかの記憶は残るだろう。私の思考の影響を受けた思考が生まれたり、私の助言によりなにかが成し遂げられたりする可能性もある。

私が死ねば、現在の私の経験と未来の人々の経験の直接的な関係は断ち切られる。しかし、ほかのさまざまな関係も断ち切られるわけではない。私という人間が存在しなくなるとは、こうしたことを意味する。この点に気づいて以来、自分が死ぬことがそれほど悪いことに感じられなくなった(29)。

このように、個人の生涯を超えた心理的連続性を認めると、世代を超えた友情の重要性が改めて浮き彫りになる。あなたの死後も友人たちが生き続ければ、あなたの心理的連続性はさらに続くからだ。

新しい文化の土台を築く

エバーグリーン型の人生に沿って老いに関する新しい文化を築く場合、その文化を構成するのはどのような要素なのか。

まず、個人の主体性を高めなくてはならない。高齢者とはどのような存在なのか、高齢者はなにを必要とするのかといったことに関して、固定観念を弱める必要がある。ひとりひとりが自分なりの決定をくだせるように選択肢を増やし、利用しやすいプラットフォームをつくるべきだ。年齢差別を解体することは、その最初の一歩となるだろう。医療システムのあり方を改めて、病気の治療よりも生活の質の向上を重んじることも、個人の選択肢を増やす後押しになる。社会の高齢化が進めば、高齢者が望むような人生を送るために最も重要な要素に医療資源を振り向ける必要が出てくるのだ。

また、キケロが主張したように老いを心の内面で受け入れることは確かに重要だが、それだけでなく、対外的な行動を取って、ほかの人たちと関わりをもち、ひとりひとりが主体的に人生の目的を選ぶことも不可欠だ。人々は、自分が望む未来の人生を築けなくてはならない。

特定の行動を指図したり、評価をくだしたりすることを避けつつ、老いについて考える姿勢も必要とされる。中年期に打ち勝ったり、思春期を制圧したりしたことを理由に、人が表彰されることはない。そもそも、表彰しようにも、どんな評価基準を用いるべきかがわからない。それと同じように、高齢期を競争の日々のように考えることも避けるべきだ。ある人がどれくらいよい老い方ができているかを最も的確に判断できるのは、その人自身なのだ。老いを「ずっとあるべきだった人間になるための特筆すべきプロセス」と位置づけるデヴィッド・ボウイの考え方には胸躍るものがあるし、大学教員である私にとっては、内省を重んじるキケロの考え方も魅力的に思える。しかし、エバーグリーンの課題の本質は、高齢期も含めて人生のあらゆる時期に人が自分の望むように生きられるようにすることなのである。

なににも増して重要なのは、老いをひとつの出来事、高齢をひとつの状態とみなす発想から脱却することだ。フランスの小説家マルセル・プルーストの全7篇の小説『失われた時を求めて』は、人生と時の経過をテーマにした作品である。『ギネス世界記録』によれば、これまで書かれたなかで最も長い小説だという（トルストイの『戦争と平和』の2倍の長さがある）。この作品の最終篇「見出された時」（いかにもウルヴァリン的なタイトルだ）に、このような一節がある。「いま私は、老年期とはどのようなものかがわかり始めた。もしかすると老年期は、人生のあらゆる現実のなかで、私たちが人生でとりわけ長い間、純粋な抽象概念として認識し続けるもののひとつなのかもしれない」。

私たちは、自分が高齢者になった姿を思い浮かべることに苦労する。その未来の自分は、現在の自分と大きく異なるからだ。私たちは、高齢期について現実味をもって理解することができない。将来のいずれかの時点で、若々しい自分や中年期の自分ではなくなり、別の人間に、元の自分が老いた状態になることは知っている。しかし、いまの時点でその未来の自分の姿を思い描くことは難しいのだ。そのため、いずれ「老化」という出来事が起き、それをきっかけに老いが抽象概念という衣を脱ぎ捨てて、はっきりした形を取るようになると考えがちだ。老いをひとつの出来事もしくはひとつの状態とみなす発想の最もわかりやすい例としては、65歳を境に人が高齢者になるという官僚的な考え方を挙げることができる。この境界線は、実質的に高齢者とそれ以外を区分する基準になっている。

このような視野の狭い見方で老いと高齢者をとらえることには、いくつかの点で問題がある。まず、本来、老いは人生全体を通して継続的に進むものだ。ある特定の年齢で老化が始まるわけではないし、別のある特定の年齢で老化が止まり、自分の状態がそれ以上変わらなくなるわけでもない。エバーグリーンの課題を成し遂げるうえでとくに重要なことのひとつは、老化が高齢者だけに起きる現象ではないと、若い人たちに理解させることだ。若い人たちも老化について考える必要があるのだ。若いうちはそれが最も切実な問題とは言えないかもしれないが、老化が65歳で始まるわけではないという点は理解しておかなくてはならない。

また、老化のペースは人によって異なる。そのような生物学的現実があるために、「高齢者」を定義することは不可能に等しい。老化のプロセスはきわめて多様なので、特定の固定観念や安易な枠にはめ込むことはできないのだ。人生を川になぞらえるバートランド・ラッセルの比喩は、生物学的老化を説明するうえでも有効だ。言ってみれば、私たちは全員が同じ方向へと川を流されている。しかし、速いスピードで流れていく人もいれば、もっと穏やかに流れていく人もいる。出発した時期によって、どこまで進むかが決まるわけでもない。あなたの周囲を見回してみてほしい。血眼になってパドルを漕いでいる人もいれば、川の流れに身を任せている人もいるだろう。最終的に、すべての人が同じ場所にたどり着く。しかし、全員が同じタイミングで到達することはない。

老年期を人生のほかの時期から切り離された状態とみなすと、高齢者を「他者」扱いする思考が強まり、年齢差別が助長されて、老いることへの恐怖心が強まる。現在の自分と未来の自分の間のつながりが断ち切られてしまうのだ。この点は、エバーグリーンの課題を成し遂げるうえで大きな障害になる。

それに対して、老化を継続的なプロセスとみなすと、現在と未来のつながりを理解しやすくなり、年齢の可変性をうまく生かす方法も見えてくる。老化とは、時間のなかを継続的に進んでいく現象であって、「老い」と大きく書かれたドアを通り抜けるようなものではない。若い人たちが高齢者になるまで生きることが当たり前になり、きわめて高齢になるまで生きる可能性も現実味を帯びてきた時代には、老化をひとつの出来事や目的地のようにとらえるのではなく、プロセスとみなすことが重要になる。

第8章

世代に関する課題

若い世代に投資しないのは、共感の精神が欠如していて、良識が途方もなく破綻していることのあらわれである。

――コレッタ・スコット・キング〔アメリカの公民権活動家〕

1945年2月、私の父は20歳の誕生日を迎えたとき、イギリス海軍の掃海艇で任務に就いていた。同じ月に、イギリスのチャーチル首相、アメリカのルーズベルト大統領、旧ソ連のスターリン書記長が黒海沿岸のリゾート地ヤルタに集まり、戦後のドイツの処遇を話し合った。ヨーロッパで第二次世界大戦が終わるのは、そのわずか3カ月後のことだった。この後1年も経たずに、父は海軍を退役し、民間の生活に戻った。

私が20歳の誕生日を祝ったのは、この40年後のことだ。父とは異なり、私が最も戦争に近づいた経験は、反戦ソングを聞いたことだった。当時、イギリスのヒットチャートでは、ポール・ハードキャッスルの「19」という曲がトップに立っていた。ベトナム戦争で多くの若い兵士たちの命が失われることを嘆いた曲だ。そうした若者たちの平均年齢が19歳だったのである。翌年、私はどの大学院に出願するかを考え始めた。この年、私はチョルノービリ（チェルノブイリ）原発事故の影響を心配し、サッカーのワールドカップ・メキシコ大会でイングランドがアルゼンチンに敗れて敗退したこと、とくにアルゼンチン代表のディエゴ・マラドーナに「神の手」ゴールを決められたことを嘆き悲しんだものだ。

2019年には、私の末っ子が20歳になった。気候変動をめぐる議論が熱を帯びるなかで、イギリスは当時としては史上最も暑い8月の法定休日を経験し、ロンドン西部の気温が摂氏33・3度を記録した。雨の多いブリテン島では、かなり高い気温と言える。マイクロソフトがオープンAI社に10億ドルを投資したのもこの年のことだ。同社がのちにリリースした対話型人工知能（AI）「チャットGPT」は、雇用のあり方を一変させる可能性を秘めている。この翌年、息子は世界規模の感染症大流行のなかで大学を卒業し、競争が激しくなる一方の雇用市場で職探しをすることになった。

父と私と息子の3人は、まったく異なる20歳の誕生日を経験した。世界の状況と未来への見通しはまるで異なり、日々直面している不安材料も、差し当たり克服しなくてはならない試練も大きく違った。

人は誰もが長寿化の現実に適応しなくてはならないが、その課題に向き合う人生のタイミングと状況はそれぞれ異なる。その結果として、家族のなかだけでなく、経済と社会と政治のレベルでもさまざまな世代間の課題が持ち上がることになる。

とくに、私の息子のような若い世代は、過去の世代が経験したことのない2つの別々の課題に直面している。この世代は人類の歴史上はじめて、90代、さらには100歳代まで生きる可能性があり、もっと言えばそれが当たり前になる世代だ。その点で、長寿化の必須課題を達成することの重要性がひときわ大きい。しかし、この世代がそれ以前の世代と明確に異なる点はもうひとつある。いまの若い世代は、親の世代が健在な状況でみずからが高齢者になるはじめての世代でもある。長寿化が進行してある世代の老い方が変われば、それ以降のすべての世代が影響を受ける。

長寿化は、「渋滞効果」とでも呼ぶべき現象を生み出す。イギリスのバッキンガム宮殿で起きたことはその典型例だ。エリザベス2世は、2022年に96歳で死去したとき、イギリス史上最高齢の君主だった。そして、女王が目を見張るほど長生きした結果、息子のチャールズ3世も記録を更新することになった。チャールズほど長く、即位を待った王位継承者は過去に例がなかったのである。その期間はなんと70年にも及んだ。

上の世代が長く生きるようになると、下の世代が影響を受けるというのは、恵まれた王族だけの話ではない。庶民の家族経営のビジネスや、資産、住宅、ライフスタイルにも影響が及ぶ。若い世代と中年世代の老い方も変わらざるをえない。これらの世代の雇用や年金、税、選挙における影響力などもおのずと変わることになる。

こうした世代間の課題は、長寿化の必須課題を構成する重要な要素のひとつだ。より長く、より健康に生きられるようになることの恩恵を最大限受けたければ、私たちは、老い方を変える必要がある。この点を若い世代に理解させなくてはならない。政府の姿勢を改めることも求められる。老化を高齢者だけの課題と決めつける発想から脱却すべきなのだ。ここで持ち上がるのが、世代間の課題のなかで最も難しい課題だ。それは、エバーグリーン型の世界を構想するうえで世代間の公平をどのように考慮するのか、世代間の対立をどうやって回避するのか、世代の多様性をどのように生かすのか、という問題である。

世代はいわば「人間タワー」

ひとつの家族内における「世代」という概念は、息子は私の次の世代、私は父親の次の世代、という具合に、単純に段階を追って進むという性格をもつ。この場合、「世代」という言葉は、家系図における階層の違い、つまり世代間の遺伝的段階の順序に注目する。しかし、「世代」という言葉には、これとは別の用法もある。その用法は、家族内における世代の概念とはまったく別の視点に立つ。こちらの「世代」の概念は、1920年代にハンガリー出身の社会学者カール・マンハイムが発展させたもので、家系図の中ではなく、社会全体に目を向ける。互いに結びつき、ほかとは異なる独特の経験を共有する同年代の集団を世代と呼ぶのだ。[1]

人は、2つの次元で時間を旅する。まず、人は誰もが年を追うごとに年齢が増えていく。暦の上で1年が経過すると、1歳ずつ年を取る。その意味では、父も私も息子も20歳だったことがあった。しかし、それだけでなく、私たちは歴史が前に進むなかでも時間を旅する。そのため、どのような文脈で老いるかは父と私と息子で異なる。私の父が20歳だったときは、世界大戦の最中だった。一方、私の息子が20歳のときには、AIがその威力と可能性を示し始めた。世界のあり方が大きく変われば、人々の老い方も大きく変わる。1945年に20歳であることは、2019年に20歳であることとは大きく異なる経験なのだ。マンハイムはこうした考え方を基に、世代とは、歴史上の同じ時期に生まれ、人生のライフサイクルの同じ段階を生きていて、同じ歴史的現実を経験する人たちの集団であると位置づけた。

したがって、マンハイムの考える「世代」の概念は、3つの要素の相互作用によって形づくられる。その3つの要素とは、コホート（出生年が同じ人たちの集団）と、時代（人々が生きている歴史上の時期）、そしてライフサイクル（人々が子どもから高齢者へと進むプロセス）である。ある世代がほかの世代から独立した存在だと言えるためには、その世代の人々がそれ以前の世代とは異なる経験を共有していなくてはならない。そのわかりやすい例がベビーブーム世代だ。1946~1964年に生まれた人たちのことである（1965年生まれまで含める場合もある。定義は一様でない）。この人たちは、第二次世界大戦が終わったあとの平和と繁栄と再建の時代に、つまりおおむね楽観的な時代に生まれた。ミレニアル世代（1981~1996年生まれ）はベビーブーム世代の子ども世代だ。この世代は主として、パーソナル・コンピュータ、携帯電話、インターネットの急速な普及と結びつけて考えられる。このような歴史的文脈を通じて、単に若いとか、老いているといったことにとどまらない、それぞれの世代の特色が決まる。

マンハイムの理論の3要素のなかで最も理解しやすいのは、ライフサイクルの影響だ。私たちは年齢を重ねるにつれて、さまざまな面で変化を遂げる。多くの人は、だんだん太ってくる。マイホームを所有している幸運な人たちは、住宅相場が上昇し、しかも住宅ローンを返済していく結果、次第に裕福になる。私たち家族について言えば、20歳のときはみなスリムな体型をしていて、誰もマイホームはもっていなかった。いまの私は、20歳の息子と比べれば、お金の英国ポンドも体重の目方のポンドもたくさんもっている。しかし、マンハイム流の考え方によれば、この違いだけを理由に、私と息子が異なる世代だと言うことはできない。これは単なるライフサイクルの影響にすぎないからだ。

社会レベルでの世代の概念においては、時代の要素が大きな意味をもつ。私の父親は、戦時の掃海艇の中で20歳の誕生日を迎え、お祝い気分などなかっただろう。当時の色褪せた白黒写真を見ると、その頃は食糧配給が十分でなく、父はスリムというよりガリガリに痩せていた。時計を早回しにして、私の息子が20歳を迎えたときの状況を考えてみよう。息子を取り巻く状況は、父とはまるで違った。大学の最終年と、仕事の世界に入った最初の年は、新型コロナの感染拡大によるロックダウン（都市封鎖）の影響を強く受けた。息子が大人へと移行する過程は、私とも大きく違った。できること、できないことに明らかに違いがあったのだ。

もうひとつ重要な要素がコホートだ。私の息子は、いたるところにインターネットが浸透している時代に生まれたデジタル・ネイティブ世代。初代iPhoneがリリースされたのは、8歳のときだった。息子や同世代の人たちにとって、デジタル機器のスクリーンとアプリは当たり前に身の回りにあるものだ。公衆電話で電話をかけようとしてポケットの中のコインを探したり、そもそも電話ボックスを探したりしたこともない（電話ボックス自体が続々と撤去されている）。それに対し、私は固定電話から携帯電話へ、そして古いタイプの携帯電話からスマートフォンへの変化をよく覚えている。一方、父が生まれたとき、自宅には電話がまだなかった。

テクノロジーが変化するなかで、私たち3人はそれぞれ異なる形でテクノロジーに触れてきた。この点で、私たちは異なるコホートに属しているとみなせる。その結果として、私たちがどのようにコミュニケーションを取り、ほかの人たちとやり取りし、情報収集をおこない、時間を過ごすのかにも違いが生まれている。

社会学的な意味での世代の概念を通して見ると、息子の子ども時代は私の子ども時代と大きく異なるし、私の将来の老年時代は父の老年時代とは大きく異なるものになるだろう。３人とも20歳の1年を経験したが、世代論の観点では、３人の経験した20歳はまったく異なるものと言える。エバーグリーンの課題を達成するためには、どのような70歳を経験するかもそれぞれ違ったものになるべきだ。

マンハイムが提唱した「世代」の考え方は、学術的な概念ではあるが、あらゆる人たちが積極的に採用してきた。主流メディアは、世代を切り分け、切り分けた世代をさらに細分化することを好む。そうやって、世代ごとに特定の価値観や特徴や欠点と結びつけて考えるのだ。私の父は１９２５年生まれの「沈黙の世代」だ。質素で、誠実で、意志が強いとされている。１９６５年生まれの私は、世代の定義の仕方次第で、「ベビーブーム世代」（自信家で、競争意識が旺盛で、目標志向が強いとされる）にも分類できるし、「X世代」（１９６５～１９８１年生まれ。機転が利き、独立心が強く、仕事と私生活のバランスを取るのが得意とされる）に分類することもできる。そして、ここまで紹介してきた息子は「Z世代」（１９９７～２０１２年生まれ）。協働志向と自信が強く、現実的と言われている世代だ。

以上の記述を読めばおそらくお気づきだろうが、世代ごとにレッテルを貼ろうとすると、ナンセンスな状況が生まれかねない。言ってみれば人口動態版の星占いのようになり、生まれた時代ごとに、いくつかの性格や傾向のパターンを無作為に割り振るだけになる。私に言わせればまったく自明の話だが、Z世代のなかにもさまざまな人たちがいて、そうした世代内の違いは、平均的なZ世代と平均的なベビーブーム世代の違いより格段に大きい。この点は、世代ごとのステレオタイプに準拠して社会を分析しようとする場合、途方もなく大きな問題を生む。私は自分の3人の子どもたちについて考えるとき、2人がミレニアル世代で、1人がZ世代だという点を土台に考えようとはまったく思わない。職業上の経歴を記す際にも、自分がどの世代に属するかを書く必要を感じたことはない。それは大した情報をもたらさないし、有益でもないからだ。

ただし、世代について書かれていることの多くが不正確だったり、科学的根拠を欠いていたりするといっても、世代という概念そのものが無益だというわけではない。キングス・カレッジ・ロンドンの政策研究所で所長を務めるボビー・ダッフィーは、『世代という神話』と題した素晴らしい著書で世代をテーマに取り上げている。この著書のサブタイトルは、「生まれた年は、どうしてあなたが思っているほど重要でないのか」というものだ。このなかでダッフィーは、世代ごとのさまざまな違いを紹介している。たとえば、アメリカとイギリスの若い世代は概して、年長世代に比べると信仰心が弱く、性的指向や民族に関して包摂志向が強い。とはいえ、世代が違う人同士が正反対の特徴をもつとは限らないと、ダッフィーは指摘している。

実際、ほぼあらゆる重要な文化的テーマに関して、世代間に著しい違いが存在することを示す材料はない。この点には目を見張るものがある。社会の新しいトレンドはたいてい、最初の段階では若い世代への浸透が際立っているが、すぐに幅広い世代に広がり始める。そうしたトレンドは、社会をある価値観から別のある価値観へと運ぶエスカレーターのようなものだ。若い世代は、価値観を修正したり変更したりする必要がないので、新しいトレンドの先陣を切る場合が多い。エスカレーターに真っ先に乗り込むのだ。しかし、その後ほどなく、ほかの世代もあとに続く。その典型例がインターネットの普及だ。インターネットの利用は、あらゆる年齢層で増加傾向にある。年長世代のほうが新しいトレンドに適応するのに時間を要しただけにすぎない。その最大の理由は、最近の世代と異なり、携帯型のデジタル機器やソーシャルメディアに囲まれて育ったわけではないという点にある。一方、ほかのある種の要素、たとえば信仰心の減退に関して言えば、世代はいわば「人間のタワー」のような性格をもつ。そのトレンドが最も際立っているのは若い世代だが、現在の若者世代は過去の世代で起きてきた変化の積み重ねの上に立っていると考えるべきなのだ。いずれにせよ、誤解してはならないのは、世代による違いがあっても、異なる世代同士が徹底的に対立する関係にあるとは限らないという点だ。若い世代が上りエスカレーターに、高齢世代が下りエスカレーターに乗っていて、両者が逆方向に進んでいるといった見方は魅力的かもしれないが、実際は違う。私たちは誰もが同じ方向へ進んでいる。出発点が違うだけだ。

この点を認識することの重要性は大きい。エバーグリーンの世界では、世代を超えた人間同士のつながりをはぐくむことがかつてなく必要とされるからだ。出生率と死亡率の両方が下がる結果、若者と高齢者の人口規模にこれまでほどの差がなくなる。それに伴い、年齢層の異なる人同士が関わり合う機会が増えると予想できる。3ステージの人生は、暗黙のうちに年齢による分別を前提にしてきた。退職者コミュニティをつくる場合など、ときには明示的に年齢による分別をおこなうこともある。マルチステージの人生では、このようなパターンが打ち壊される。職業人生が長くなればなるほど、そうした傾向が強まる。しかも、世代の垣根を越えた交流が多くなれば、高齢者に対する若者の姿勢はより好意的なものになるだろう。[2]この点でダッフィーの指摘が重要な意味をもつ。世代が違うからといって、敵対し合うと決まっているわけではないのだ。

若い世代を取り込む

20歳のときの父親と私と息子には大きな違いがあったが、そのときの3人に共通していた点がある。3人とも、その時点では長い人生に向けてどのように準備すればいいかを考えていなかったのだ。その点について最も言い訳できる立場にあったのは、父の世代だ。兵士として世界大戦を戦っている最中の20歳の若者が80歳になったときの人生についてあまり考えないとしても無理はない。無事に21歳になれるようにと祈るだけで精一杯だっただろう。しかし、もっと平和な時代でも、高齢になったときのことを若いときに考えるのは難しい。20歳の若者は、80歳になった自分のことをなかなか具体的に想像できない。それは、はるか遠い国の出来事のように感じられる。20代のときには、ほかにも人生の優先事項がたくさんある。自分の老いについて心配することは、その優先事項のなかに含まれない可能性が高い。

しかし、ここでコホートの違いを考慮することが重要な意味をもつ。20歳のときの息子と20歳のときの父の間に大きな違いを生んでいる要因のひとつは、高齢になるまで生きる可能性の大きさの違いだ。1945年のデータに照らすと、父が80歳まで生きる確率は4分の1に満たなかった。実際、この陰鬱な統計どおり、父は77歳で死去した。

一方、息子は4分の1の確率で99歳まで生きる。イギリス国家統計局の2019年のデータによると、この年に20歳だった息子は、80歳まで生きる確率が4分の3、104歳まで生きる確率が10分の1ある。[3] これは、父や私とはまるで違う未来だ。

アメリカの俳優ディック・ヴァン・ダイクが97歳になったときに述べた言葉は、こうした統計データがもつ意味をうまく表現している。「これほど長く生きるとわかっていたら、もっと自分のことを大切にしたのに」という言葉だ。では、いまの若者や中年がもっと未来のことを考えて行動するよう促すには、どうすればいいのか。これは、人類の新しい重要課題と言える。この世代は人類史上はじめて、50%を上回る確率で90代まで生きることが予想されるが、既存の社会規範は、人々が最後までエバーグリーンであり続けるために十分なものとは言えない。

アメリカの小説家F・スコット・フィッツジェラルドの小説『ベンジャミン・バトン　数奇な人生』では、ベンジャミン・バトンという不幸せな人物が年齢を重ねるとともに若返っていく。生まれたときの外見は70歳。その後、年々、外見が若くなる。つまり、暦年齢と生物学的年齢が逆相関の関係にあるのだ。20歳のときには、頭のおかしい50歳の男とみなされて、イェール大学から追い出されてしまう。しかし、50歳になると、20歳のような外見になっていて、ハーバード大学の1年生として輝かしい成功を収める。ところが、4年生になると、年齢は54歳だが、生物学的年齢は16歳になり、学業でもスポーツでも苦戦し始める。まわりの学生たちに比べて、頭脳と肉体の能力が低くなるためだ。やがて高齢になると幼稚園に入り、過去の記憶をすべて失ってしまう。ベンジャミン・バトンの世界では、若い人は、あらゆる面で老いるとはどういうことかをよく知っている。しかし、現実の世界では、これとは逆の方向に年齢を重ねていくため、未来の老いた自分をありありと思い描くことは不可能に等しい。エバーグリーン型の思考ができない人は、若い世代も高齢者と同じように、もっと言えば高齢者以上に、エバーグリーンの課題に向き合うべきだという考え方をなかなか受け入れられない。

この問題を解決するためのひとつの方法は、長寿に関するリテラシーをはぐくむことだ。自分がおそらく長い人生を生きることになり、それに伴い、さまざまな可能性が生まれるという認識を強化すればいい。日本では、私の共著『ライフ・シフト』のティーンエージャー版として『16歳からのライフ・シフト』(いずれも邦訳・東洋経済新報社)が出版されている。また、『ライフ・シフト』は、ニュージーランドやイギリスの中学校でもキャリア教育の教材として採用されている。長寿に関するリテラシーをはぐくむうえでは、キャリアとお金の計画を立てること、健康によい生活を心がけること、時間を大切にすること、時間の使い方を考えることのすべてが重要だ。

ただし、リテラシーをもつことができても、実際に老いを体験するほどの効果は得られない。そこで、マサチューセッツ工科大学（MIT）の「エイジラボ」は、「AGNES」（Age Gain Now Empathy System の略）というスーツを開発した。これを着用することにより、高齢者の運動能力と視力、柔軟性、手先の器用さ、筋力を疑似体験できる。狙いは、企業が高齢者に使いやすい商品を開発するのを助けることにある。若い人がAGNESを着用すると、老化の肉体的プロセスについての理解が深まり、一時的に、ベンジャミン・バトンのように若くして高齢者の状態を体験できるのだ。

長寿に関するリテラシーをはぐくむうえでひとつ障害になるのは、私たちに短期的な思考を好む傾向が染みついていることだ。私たちは、遠い先のことを考えるのが難しく、未来になってから恩恵をもたらす行動をいま取ることがなかなかできないのだ。そこで、エバーグリーンの課題を達成することの重要性を伝える際は、その恩恵が遠い未来になってはじめて生じるものではないと強調する必要がある。エバーグリーンの課題は、人生終盤の日々をより健康でより豊かなものにするために若い時代を犠牲にするという性格のものではないのだ。

長寿化の必須課題では、将来過ごせる健康で生産的な日々を長くすることを目指す。この面で多くの成果を挙げれば挙げるほど、長寿化により、人生のあらゆる時期で時間的なゆとりが増す。長い休暇を取って旅に出たい？　将来、1年長く働けるのであれば、いまそうした選択をしても問題ないだろう。育児や介護のために仕事を休みたい？　将来、柔軟性のある働き方ができるのであれば、いま休業しても生涯所得が減ることはない。しかし、人生終盤の日々を『ガリバー旅行記』のストラルドブラグのような状態で生きる羽目になれば、若い頃にこのような選択をした場合、高齢者になったときの生活水準に深刻な影響が生じる。経済的に困窮し、不健康な状態で生きなくてはならなくなるのだ。人生が長くなることによる恩恵を引き出して、20歳のとき、50歳のとき、80歳のときの選択肢を増やしたければ、エバーグリーンの課題を達成する必要がある。長寿化の必須課題を成し遂げるためには、あらゆる年齢で適切な行動を取らなくてはならないが、そのような行動を取れば、恩恵は人生全体に及ぶ。繰り返しになるが、遠い将来の恩恵と引き換えに、目先の損失を受け入れるべしという話ではないのだ。

しかし、若い世代にエバーグリーン型の思考を実践させるうえでは、引退や年金や生命保険といった話題を強調することが有効だとはとうてい思えない。高齢者が長寿化の金銭面の現実に目覚めると、こうした問題で頭が一杯になるが、それでは若い世代の気持ちを動かせない。このような問題が若者にとって重要でないとか、興味深いものではないと言うつもりはない。実際、貯蓄を始めるのが早ければ早いほど、複利効果の恩恵は大きい。しかし、この種の話題は、長寿化について若い世代と話す際に最も妥当な出発点とは思えない。若者が長寿化についてもっと意識を高めるよう促すには、健康と時間の有効活用に関する話題から始めるのが効果的なのかもしれない。

老化科学を取り上げるテレビ番組では、老化を「ハックする」ためのコツや近道を紹介することが多い。その種のテレビ番組を見ると、私は不安を感じずにいられない。老化科学の潜在的な可能性を信じていないわけではないが、現時点では現実と可能性の間に大きなギャップがあるからだ。それでも、アメリカのエンターテインメント産業には多くの素晴らしい点がある。老いをテーマにした傑作映画は、若い層に関心をもたせるうえで非常に有効だ。オーストラリアの俳優クリス・ヘムズワースは、映画『アベンジャーズ』シリーズに登場するスーパーヒーロー、ソーを演じていることで知られている。『アベンジャーズ／インフィニティ・ウォー』では、ソーが1500年以上生きていることが明らかにされる。年齢を考えると信じ難いくらい美しい外見をしていると言っていいだろう。このキャラクターは、見事な腹筋とともに、ピーター・パン型の人生を体現しているのだ。

一方、ヘムズワースは現実世界でも長寿への道を模索している。ナショナル ジオグラフィックTVのドキュメンタリーシリーズ『リミットレス』では、北極圏のフィヨルドの海で泳いだり、4日間の断食をおこなったり、高層ビルのてっぺんから空中に突き出した細いクレーンの上を歩いたりするなど、肉体的に途方もなく過酷な課題に挑んだ。前出の「AGNES」も着用してみた。それを着てエアロビクスのレッスンを受け、疲労困憊したヘムズワースは、「このスーツは最低だ」とこぼす。このドキュメンタリーシリーズでは、肉体的な要素だけでなく、老化科学的な要素、さらには精神的な要素も取り上げている。長寿化について研究している研究者として私が言えるのは、このテーマに関して私に話しかけてくる若者のなかでは、ヘムズワースの出演作品をきっかけに関心をもった人が最も多いということだ。きっかけになるのは、年金や人生の終わりに関する議論ではない。それは、年齢の可変性、プロセスとしての老い、そしてヘムズワースの言葉を借りれば「時間が私たちに及ぼす影響との戦い」に関する議論だ。若い世代に長寿化への関心をもたせるのは、高齢化社会に関するネガティブな説明ではなく、ポジティブな説明なのである。

未来を大切にする

若い世代に長寿化の必須課題の重要性を理解させることに加えて、老化が高齢者だけに関わるものではないと、政府に理解させることも重要だ。ここでも、高齢化社会をめぐる一般的な言説が逆効果を招いている。老化をひとつの出来事と位置づけ、高齢をひとつの状態とみなす発想と、政府の短期志向の発想が結びつく結果、未来の高齢者ではなく、現在の高齢者にばかり目が行きがちになるのだ。

この問題は、政治のバイアスにより、今後いっそう手ごわいものになる可能性がある。ベビーブーム世代の人口はきわめて多く、しかも選挙の投票率も高い。そのため、民主主義国家の政府は、高齢者に関しては慎重な姿勢で臨まざるをえないのだ。[4] 実際、これまでイギリスの年金生活者たちは社会でとりわけ貧しい層のひとつとされてきたが、今日の年金生活者世帯は、住宅コストを考慮に入れた場合、平均すると多くの成人の勤労者世帯よりも支出に回せるお金が多い。[5]

政府が持続可能な年金制度への移行を進めるペースが遅いことが原因で、若い世代に経済的な負担がのしかかり始めている。年長世代に約束どおり年金を給付するための資金が不足すれば、いまの若い世代が納める税金は、その資金不足を埋め合わせるために用いられることになる。では、若い世代はその負担の代わりになにを受け取れるのか。高齢者を支援するための資金を確保しようとする結果、ひとつの世代が別の世代の犠牲の上で潤う状況を生むことは避けるべきだ。

それを避ける方法は2つある。ひとつは、若い世代と中年世代の生涯を通じた生産性が過去の世代より高くなるようにすること。それが実現すれば、これらの世代が年長世代の年金を負担しても、年長世代より高い生活水準を享受できる可能性が高まる。

もうひとつの方法は、現在の若者が高齢者になったときに、歴史上最も健康な高齢者世代になれるようにすることだ。よい老い方をすることの価値は、計り知れないほど大きい。科学と医療とマネジメントの進歩により、現在の若者が未来の健康な高齢者になれれば、若者たちは金銭面の負担を補ってあまりある恩恵を受けられる。以上の2つの要素——長くなる人生をより生産的なものにすること、そしてより健康なものにすること――は、長寿化の配当を手にするうえで不可欠なものだが、これらの要素は世代間の公平性を確保するためにも必要なのだ。

したがって、若い世代が長寿化の課題に取り組むだけでなく、政府が人口動態の現実に目を覚ますことの重要性も見落としてはならない。高齢化社会への対応は、65歳以上の人がたくさんいるという認識から出発するが、エバーグリーン社会への対応に乗り出すためには、65歳以上生きると予想される人がたくさんいるという認識をもつ必要があるのだ。

世代間の対立

高齢化社会をめぐる議論は、状況を静的なものととらえて、現在の高齢者のニーズにばかり目を向ける結果、世代間対立の火に油を注ぐリスクもある。たとえば、「老年従属人口指数」といった用語は、高齢者が社会のお荷物になっていて、若者たちから重要なリソースを奪っているという発想を生む。

世代間対立の炎は、それぞれの世代にレッテルが貼られることにより、ますます煽られている。若者が高齢になるまで生きる確率はかつてなく高まっている。それを前提にすれば、若い世代は、しっかり高齢者の世話をする社会を望む思いが強まるはずだ。ところが、世代ごとにレッテルが貼られていることにより、若者は自分が将来高齢者になることを意識しづらくなっている。この状況は、J・K・ローリングの『ハリー・ポッター』シリーズで描かれるホグワーツ魔法魔術学校を思わせる。ホグワーツでは、「組分け帽子」により所属する寮が決まる。もし、「スリザリン」への所属が決まれば、「グリフィンドール」に所属することはけっしてできない。これと同じように、Z世代やベビーブーム世代など、自分が属する世代は変えられない。そのため、自分や同世代の人たちが「ほかの世代」と対立しているという認識をいだきやすい。いずれは、そのような世代間の亀裂が階級闘争に代わって、現代政治の最大の特徴になるだろうと予測する論者もいる。(6)

2019年の後半には、「OK、ブーマー」〔年寄りは黙っていてくれと言わんばかりに、「はいはい、わかったよ、ベビーブーマー」とピシャリと切り捨てる言葉〕という言葉の使用をめぐり、世代間の緊張が相次いで表面化した。この言葉自体は10年くらい前に生まれたものだが、若い世代が好む動画投稿サイトのTikTokで再び用いられるようになり、たちまち流行に火がついた。ミレニアル世代やZ世代がベビーブーム世代を嘲笑するために用いるキャッチフレーズになり、ネット上で大きな広がりを見せ始めたのだ。「OK、ブーマー」は、アメリカ連邦最高裁判所でも話題になり、アメリカで最も人気のあるテレビクイズ番組『ジェパディ!』でもクイズの問題になった。

この言葉は、自分たちのことしか考えず、若者たちの現実に対して無神経な高齢者を冷ややかにあてこするものだ。そして、この流行語のおかげで、大勢の人がTシャツやパーカーなどの関連グッズを販売して短期間で大儲けした。ある18歳はこう述べている。

「OK、ブーマー」のグッズをつくるのは、たとえば大学の学費を引き下げるために自分にできることがあまりないからです。年長世代が学生だった時代はもっと学費が安かったのに、その世代が学費を値上げしてしまったのです……地球環境へのダメージを修復するために、自分にできることもあまりありませんが、環境が悪化した原因は、年長世代が動かしている企業の強欲な行動にあります。政治の腐敗を是正するためにできることも、そして、人口の過半数を代表しているわけでもない、ベビーブーム世代の白人高齢男性が議員の大半を占めている状況を変えるためにできることも、あまりないのです。[7]

若者が高齢者を批判するのは、最近に始まったことではない。若者がつねに社会変革の担い手だったことを考えると、そのような言動は十分に予想できることだし、好ましいことでもある。また、高齢者が若者の欠点を嘆くことも別段新しい現象ではない。紀元前8世紀の古代ギリシャの詩人ヘシオドスはこう記している。「昨今の軽薄な若者たちに依存するようでは、私たちの未来に希望はない。間違いなく、あらゆる若者は筆舌に尽くし難いほど軽率だからだ」。ヘシオドスの軽蔑的な若者観の現代版とも言うべきなのが、若い世代をひとくくりにして揶揄する「スノーフレーク（雪片）」という言葉だ。これは、いまの若者を脆《もろ》い雪片になぞらえて、自分がかわいいという意識があまりに強く、感情の振れ幅が大きすぎて、すぐに傷つく、と批判する言葉である。

異なる世代が互いを批判するのは、歴史を通じて繰り返されてきたことだ。イギリスの作家ジョージ・オーウェルもこう述べている。「あらゆる世代は、自分たちがひとつ前の世代よりも知能が高く、ひとつあとの世代よりも賢明だと思っている」[8]。しかし、いまの状況には、昔とは異なる点がある。今日の世界では、出生率の低下と平均寿命の上昇により、世代間の調和と協力がかつてなく重要になっているのだ。これは裏を返せば、世代間対立が生む代償もかつてなく大きくなっていることを意味する。

もうひとつ、いまの状況が過去と異なる点がある。それは、マンハイムによる世代の定義に関わるものだ。私たちがさまざまな世代を定義する際は、テクノロジーの影響が世代間の違いを生む最大の要因だと考える傾向が強い。ミレニアル世代はインターネットとともに育ち、Z世代はｉＰｈｏｎｅとともに育ち、「アルファ世代」（2012年以降に生まれた世代）は、「アレクサ」のような音声アシスタントから言葉をかけられて育った、という具合だ。しかし、このような視点は、いまの若者たちが生きる時代のもうひとつの重要な特徴を見落としている。それは、この人たちが人類の歴史上はじめて、巨大な人口規模を擁する高齢者世代がビジネスと政治の実権を握り続けるなかで育った世代だという点だ。

このように平均寿命の上昇と社会の年齢構成の変化が世代を特徴づける一要素になるとする

と、世代間の摩擦の激しさは、歴史を通じて繰り返されてきた言葉の応酬のレベルをはるかに超えたものになる可能性が高い。その点は、イギリスの大学・科学担当相を務めたデーヴィッド・ウィレッツの2010年の著書『ザ・ピンチ』で論じられている。ここで言う「ピンチ」とは、高齢化する社会が例外なく、いずれかの時点で経験する出来事のことだ。ウィレッツによれば、イギリスでは2035年がそのタイミングだという。この年、ベビーブーム世代が大量に80代に突入し、高齢者の年金、医療、介護のコストが年下の世代の生活水準に途方もなく大きな影響を及ぼし始めるのだ。ウィレッツが著書につけた副題――「ベビーブーム世代はどのように子どもたちの未来を奪ったのか。そして、なぜこの世代はその未来を子どもたちに返すべきなのか」――がその状況をうまく表現している。この本で描かれるベビーブーム世代は、行く先々であありとあらゆるリソースを食い尽くすイナゴの大群を思わせる。あとに続く世代に残されるのは不毛の土地だけ、というわけだ。ウィレッツの本の内容をひとことで要約すると、20世紀イギリスの詩人フィリップ・ラーキンの有名な詩「これも詩であれ」の冒頭の一節になるだろう。「二人はお前をとんでもない目にあわせる――お前の母さんと父さんが／そのつもりはなくても、そうしてしまう」というくだりだ。

人口の多いベビーブーム世代が引退生活に入り始めるとともに、この世代の長寿に対応するための体制が十分に整っていないことが浮き彫りになってきた。ベビーブーム世代が想定以上に長生きしつつあることへの抜本的な対応策が実行されず、その場しのぎの措置に終始してきたのだ。エバーグリーンの課題に合わせたシステムの変更はおこなわれていない。いまの若い世代は、気候変動に不安をいだき、AIが雇用に及ぼす影響に脅え、経済の進歩が停滞していて未来が不透明だと感じている。一方、高齢者世代が生きている世界は、それとはまるで異なる。ベビーブーム世代は高齢期を迎えるに当たり、過去のどの世代よりも多くの資産を蓄えていて、健康状態もよく、予想される平均寿命も長い。しかも、この世代は人口も多い。もちろん、このように世代ごとにレッテルを貼ると、大きな問題が見えなくなることは頭に入れておくべきだ。すべてのベビーブーム世代が健康やお金の面でよい老い方ができているわけではない。とはいえ、高齢者世代と若い世代の違いは明白だ。いまの高齢者世代は、それ以前の世代よりも明らかに恵まれており、それとは対照的に、いまの若い世代は、進歩が停滞する未来を予感しているのである。

要するに、世代間対立を懸念すべき理由はすべて揃っている。2021年、イェール大学の経済学者である成田悠輔は日本のネット配信番組に出演した際、あえて挑発的な発言をして注目を集めた。「唯一の解決策ははっきりしていると思っていて、結局、高齢者の集団自決、集団切腹みたいなのしかないんじゃないか」と語ったのだ。[9]日本の人口危機の解決策として奇抜な提案をしているのは、1985年生まれの成田だけではない。2022年の映画『PLAN75』は、政府による自発的安楽死制度に高齢者が参加するよう促す役割を担っている人たちを軸にストーリーが進む。ストラルドブラグ型の世界では、安楽死をめぐる議論を拡大させる必要が出てくることは確かだろう。しかし、集団自殺を強制するというのは、それよりさらに一歩踏み込んだ措置だ。その点は成田自身も認めている。成田はのちに、いまは集団自殺という表現は使っていないと言い、2021年のネット配信番組でも文字どおりの意味で集団自殺を提案したわけではなく、発言の真意は、日本の政界やビジネス界を高齢者が牛耳っている状況に終止符を打つべきだという、より穏当な主張を訴えることにあったと説明している。

高齢者の抹殺が議論の俎上《そじょう》に載るような状況で必要なのは、世代間の公平を確保するという、最も重要な世代間の課題と向き合うことだ。老いに対するアプローチをどのように改めれば、現在の高齢者と未来の高齢者の両方を支援し、すべての世代にとって公平で、あらゆる世代を包摂する仕組みをつくれるのか。

この先に待ち受ける困難

アメリカやイギリスなど、いくつかの国では、いまの若者世代と中年世代がエバーグリーンの人生に向けて歩んでいないことを示唆する材料が表面化し始めている。

とりわけ衝撃的なのは、健康に関するデータだ。大きな傾向としては若い世代ほどよい老い方ができているが、データを細かく見ると、人々の健康状態が改善するペースが減速しており、いくつかの指標ではむしろ状況が悪化している。(10) たとえば、1988〜1994年には、20〜

39歳のアメリカ人に占める肥満の人の割合はおよそ5人に1人だったが、この割合はほぼ2倍に増加している。これは40〜59歳の層にも見られる傾向だ。[11] しかも、非常に気がかりなことに、同様の傾向は子どもたちにもあらわれている。肥満の子どもの割合は、10人に1人だったのが、いまは5人に1人になっているのだ。[12] 肥満の人の割合は、甚だしいペースで増加している。肥満が非感染性疾患と多疾患併存の主要なリスク要因のひとつであることを考えると、この傾向は未来の世代の老い方に関して大きな不安材料と言える。今日の若い世代は、親の世代や祖父母の世代より喫煙と飲酒の量が減っているが、それも焼け石に水になりかねない。

メンタルヘルスにも不安がある。アメリカではこの10年の間に、鬱状態のティーンエージャーの割合と、精神疾患を患っている大学学部学生の割合が、いずれも2倍以上に増えている。また、自殺率も上昇しており、自傷行為による入院件数も増加している。[13] このような現象はそれ自体として憂慮すべきことだし、今後の平均寿命の見通しにも暗い影を落とす。

問題があらわれているのは、若い世代だけではない。アメリカでは、推定で3260万人の成人がアルコール使用障害（AUD）を患っているとされる。アメリカ国立衛生研究所（NIH）の定義によると、アルコール使用障害とは、「対人関係面、職業面、もしくは健康面の悪影響があるにもかかわらず、アルコールの摂取をやめるなり、コントロールするなりする能力に障害がある」状態のこと。[14] この症状は、第1章で触れた「絶望死」の原因でもある。絶望死は、アメリカで中年の死亡率が上昇している要因であり、それによる死者は100万人をり方に関しても悪い兆候と言わざるをえない。

突破している。[15] この問題は、現在の大きな公衆衛生上の危機であると同時に、未来の老いのあり方に関しても悪い兆候と言わざるをえない。

所得の伸びが停滞する

経済と金融に関するデータにも不安材料が見て取れる。ひとつの問題は、高所得国でおおむね生産性の伸びが減速していることだ。一般的に、個人の所得は生涯を通じて上昇していく。社会の平均賃金も次第に上昇するし、個人のレベルでも、年齢を重ねれば、昇進や年功序列により平均賃金の上昇をさらに上回るペースで昇給するからだ。その結果、職業人生を終える頃にはたいてい、仕事の世界に足を踏み入れたときよりも所得が大幅に増えている。

ベビーブーム世代の誕生年は、平均すると1955年。1975〜2020年の45年間仕事を続けたとすると、その間にアメリカでは年平均2％、イギリスでは年平均1・5％のペースで1人当たりGDPが増加した。それとは対照的に、1980年生まれのミレニアル世代が2000年に働き始めたとして、その後の20年間、アメリカでは年平均1％、イギリスでは年平均0・4％しか1人当たりGDPが増えていない。一見すると些細な違いに思えるかもしれないが、45年間の職業人生を通じて毎年積み重なれば影響は侮れない。以上のGDP成長率を基に計算すると、45年間にアメリカのベビーブーム世代の平均所得は2・5倍、イギリスの同世代の平均所得は2倍に増えたことになる。それに対し、ミレニアル世代が職業人生を送る間、ここ20年間の低成長が今後も続くと仮定すると、アメリカの同世代は職業人生を通じて年間所得が1・5倍、イギリスの同世代は1・2倍にしか増えない計算だ。親世代に比べると、所得の伸びはあまりに小さい。

所得の伸びが減速している一因は、教育レベルの上昇が頭打ちになったことにある。ベビーブーム世代とそれに続くX世代は、それ以前の世代よりも格段に大学進学者が多かった。そのため、この世代は親世代や祖父母の世代に比べて所得が大きく上昇した。ところが、大学進学率が伸びなくなってきている。いまは、Z世代も年長の世代も大学進学率はほとんど変わらない。若い世代がかならず親世代よりも貧しくなると決まったわけではないが、親世代と比べて生涯所得が大して増えない可能性が高まっているのだ。そうなれば、子ども世代が親世代よりも裕福になるという過去何十年もの進歩の歴史に終止符が打たれることになる。

高齢者への年金給付と医療サービスの財源を確保するために、若い世代の税負担を増やそうと考える場合、こうした点は大きな問題になる。しかも、AIの進歩がもたらす影響が見えにくいため、いまの若い世代は、将来の不確実性がきわめて大きい。AIは私たちの強力な味方になり、生産性と賃金と生活水準を上昇させるのか、それとも雇用を奪い、経済的な不安定を増幅させるのかという問いには、対話型AIの「チャットGPT」でも答えられない。

問題は、所得だけではない。資産の蓄積にも不安がある。いま多くの若者は、過去の世代よりもはるかに多額の学費ローンの債務を負っている。そして、学費ローンを返済し終わるとすぐに、引退後に向けた貯蓄に悪戦苦闘することになる。企業年金が確定拠出型年金（拠出した金額とその運用利回りに基づいて給付額が決まる）へ移行している結果、若い世代が将来手にする年金は、以前の確定給付型年金（勤務年数と退職時の賃金に基づいて給付額が決まることが多い）の場合ほど手厚くなくなる。また、確定給付型年金では、蓄えが不十分だったり、運用利回りが悪かったりしても、個人は守られるが、確定拠出型年金の場合、そうしたリスクには個人で対処しなくてはならない。いまの若い世代が過去のどの世代よりも長く生きる可能性があるとすれば、この世代は、長寿化への対応が不十分だった場合のリスクも過去のどの世代よりも大きい。

住宅をめぐる世代間格差

若い世代をとくに苦しめる要素のひとつは、住宅コストの高さだ。この数十年間、多くの国では、所得の上昇を上回るペースで住宅相場が上昇してきた。この傾向は、イギリスではとりわけ際立っている。20世紀後半のほとんどの時期、イギリスの平均的な住宅価格は、平均年間所得のおよそ4倍だった。それが2022年末の時点では、平均年間所得の9倍に上昇している。[16]これは、すでに住宅を所有している人にとっては歓迎すべきニュースかもしれないが、はじめてマイホームを購入しようと検討している人にとっては悪いニュースだ。昔は、住宅購入時に代金の10％の頭金を支払う場合、必要なお金は年間所得の40％程度だった。いまその割合は90％に達している。住宅を購入するためには昔より多くの蓄えが必要になっており、多くの若者はマイホームに手が届かなくなっているのだ。１９６５年にイギリスで生まれた人は、平均すると21歳で住宅を購入できたが、私の息子のように１９９９年生まれの人は、35歳まで家を買えない可能性が高い。

意外なことではないが、このようにイギリスで住宅価格が上昇し続けてきたことにより、25～34歳のマイホーム所有率は、50％から30％まで低下した。[17] それに伴い、賃貸住宅に住む人や、親元で暮らし続ける人が大幅に増加している。35～44歳の層でも、同様の傾向が見られる。マイホーム所有率が落ち込み、賃貸住宅に住んでいる人の割合が20年前の3倍に増えているのだ。それに対して、いまの高齢者世代ははるかに恵まれている。１９６１年にはマイホームを所有している65歳以上の割合は3人に1人だったが、いまはその割合が4人に3人に上昇している。

今日、高齢者が保有する住宅資産の割合は、過去になく大きくなっている。その要因としては、ベビーブーム世代の人口の多さを見落とすことはできない。世代全体として見れば、ベビーブーム世代が莫大な資産を保有していることは事実だが、ひとりひとりのベビーブーム世代がきわだって裕福だとは限らないのだ。

それでも、若い世代がマイホームを購入しにくい状況が続けば、長い目で見て気がかりな影響が生じる。若い世代のマイホームの購入時期が遅くなると、高齢になったときに保有している住宅資産が少なくなる。そうなると、いまの高齢者と同レベルの資産を確保しようと思えば、高齢になっても長く働き続けるか、引退前に貯蓄に回す金額を増やすしかない。また、マイホームを購入できなかった人は、引退後も家賃負担が大きく、可処分所得が少なくなる。

これは由々しき事態と言うほかない。長寿社会へ移行して、若い世代と中年世代が長い人生を豊かに生きられるようにし、社会の高齢化に伴って必要となる資金を確保するのと引き換えに生活水準が低下する事態を避けるには、実行すべきことがたくさんある。

老人支配政治の台頭

社会が長寿化に対応する際の調整が不十分だと、世代間の緊張が高まりかねない。高齢者が長く働き続け、若い世代が働き始める時期が遅くなれば、若者と高齢者の富の格差は拡大する。それがライフサイクルの変化にすぎないのであれば、世代間の問題に発展するとは限らない。若者たちもやがて高齢者になったときに経済面での恩恵を手にできるため、生涯全体で見れば別に損をするわけではないからだ。そうであれば、いまの30歳と40年前の30歳を比べても意味はない。お金の面では、昔の20歳がいまの30歳になったと考えればいいだけのことだ。

しかし、若者と高齢者の格差がライフサイクルの変化によるものではなく、ある世代がシステムを利用して自分たちだけ恩恵に浴しているのだとすれば、話が違ってくる。問題の原因がいわば「老人支配政治」にあるとしたら、どうだろう。高齢者が権力を手放さず、自分たちの利益を守るために権力を用いているとすれば、若い世代はどうすれば前に進めるのか。

そのような現実がすでに生まれているのではないかという懸念もある。たとえば、アメリカの上院議員と下院議員はたいてい数十年間にわたり議員を続ける（本書執筆時点で、50年以上議員であり続けている議員も7人いる）。２０２０年のアメリカ大統領選は、ジョー・バイデン（当時77歳）とドナルド・トランプ（当時74歳）の争いになり、その時点での下院議長は80歳を超えていたナンシー・ペロシだった。

アメリカでは、政治家に定年制を導入してはどうかという議論も盛んになっている。政治家の年齢制限という考え方自体は、前例のないものではない。アメリカ合衆国憲法では、大統領になれるのは35歳以上、上院議員になれるのは30歳以上、下院議員になれるのは25歳以上と定められている。若者に年齢制限を課すのであれば、どうして高齢者には年齢制限を課さないのか。ある世論調査によると、アメリカ人の5人に3人近くは、公職者の定年制導入を支持している。最も賛同者が多い案は、70歳を定年とするというものだ。(18)

あらゆる世論調査に言えることだが、この調査結果だけ見ても、人々が公職者の定年制を望む主たる理由は明らかにならない。掘り下げて調べると、多くの人は、高齢でも健康に問題がなければ定年を課す必要はないと考えている。それを前提にすると、定年制は、高齢者には肉体的・精神的に仕事をおこなう能力がないという決めつけに基づいた、ある種の年齢差別とみなせる。そこで、元サウスカロライナ州知事のニッキー・ヘイリーは２０２３年2月、定年制ではなく、75歳以上の大統領選立候補者には全員に「認知能力検査」を義務づけるべきだと主張した（ヘイリー自身はこの時点で51歳）。しかし、なぜ75歳なのか。この年齢を基準にする具体的な理由は示されなかったが、注目すべきなのは、このときヘイリーが翌年の大統領選の共和党候補者指名を目指して、当時76歳だったトランプと争っていたことだ。大統領選の立候補者に認知能力検査を義務づけるのはよい考えかもしれないが、そうであれば、75歳以上の人だけでなく、すべての年齢の人に検査を課すべきなのではないか。

もっとも、定年制を求める声の背景にあるのは、高齢者の肉体的・精神的健康への懸念だけではない。そこには、高齢者が構造的な変革に抵抗し、停滞が生じることへの懸念もある。ヘイリーはこう述べている。「私たちには準備ができています。過去の古臭い考え方や色褪せた名前を乗り越える準備ができています。新しい世代に導かれて未来へ進む準備は万端です。アメリカの最盛期はまだ終わっていません。政治家たちが最盛期を過ぎただけなのです[19]」。この発言は、世代間対立を明確に語り、老人支配政治を阻止する必要性をはっきり述べたものと言える。

明るい材料はある

以上の議論からもわかるように、世代間対立が高まる土壌は十分すぎるくらいある。しかし、もっと楽観的になるべき理由もいくつもある。このテーマに関しては、現実よりもレトリックが過激になっている感が否めない。世代間対立という考え方は、さまざまな面で人々の想像力に訴えかけるものがあるが、階級対立に代わって政治の最大の駆動力になるとまでは考えにくい。たとえば、家族内で度を越した世代間戦争が勃発していることを示すデータはほぼ存在しない。子どもたちは概していまも親や祖父母に敬意をいだいているし、親や祖父母も子どもや孫にいまも愛情を注いでいる。世論調査によると、若い世代は一般的に、高齢者への金銭面での支援にも賛同している。[20] そうした姿勢が利他の精神に基づくものなのか、いずれ自分も高齢者になるという認識によるものなのかははっきりしない。しかしいずれにせよ、世代間の絆は少なくともいまのところ断ち切られてはいないのだ。

世代間戦争がそれほど熱を帯びていない理由としては、「ベビーブーム世代」や「ミレニアル世代」といったレッテルが示唆するほど、実際の世代間の違いが大きくないという点も挙げることができる。前出のボビー・ダッフィーの言葉を借りれば、「世代に関する誤ったレッテルは、誤った世代間戦争を促進する」[21]。経済環境や社会通念は、段階的に変わっていくものだ。一度に大きく変わるわけではない。しかも、それぞれの年齢層の内部には、おのずと多様性がある。そのため、「ベビーブーム世代チーム」と「ミレニアル世代チーム」が一枚岩で対決するというようなことは起こらないのだ。

世代ごとのレッテルは、さまざまな決めつけを生む。たとえば、高齢者は地球環境を大切にしないという思い込みが広まっている。2019年11月、当時25歳のニュージーランドの国会議員クロエ・スウォーブリックが議会で演説して、自分たちの世代にとって気候変動がいかに切実な問題であるかを語り、その問題は遠い未来の可能性ではなく、いまの若い世代が実際に経験することになるものだと訴えた。残された人生が長い人ほど、気候変動の影響を大きく受けるというわけだ。すると、別の政党に所属していたトッド・マラー議員（当時50歳）からすぐにヤジが飛んだ。そのとき、スウォーブリックはすかさず、このヤジを「OK、ブーマー」のひとことで切り捨ててみせた。

しかし、高齢者世代は、若者たちに比べれば関心が薄いかもしれないが、地球温暖化の危険をまったく認めていないわけではない。先ほどの比喩で言えば、私たちはどの世代も同じ方向に進むエスカレーターで移動しているのだから。2021年にピュー・リサーチ・センターが実施した世論調査によると、Z世代の67％、ミレニアル世代の71％は、「未来の世代に持続可能な地球を残すために、気候問題を最優先課題とすべきである」と考えている。この割合は、X世代では63％、ベビーブーム世代では57％となっている。つまり、すべての年齢層で半数以上の人たちが気候変動対策を最優先すべきだと考えているのだ。気候変動を自分にとっての最大の関心事と位置づける人の割合は、ミレニアル世代が33％で、ベビーブーム世代が30％。違いはきわめて小さい(22)。

スウォーブリックは、10人中7人が気候変動対策を最優先すべきだと考えているミレニアル世代のひとりということになる。一方、マラーはX世代（実際には、マラーはベビーブーム世代ではないのだ）。そして、そのX世代でも、10人中6人が気候変動対策を最優先すべきだと考えている。マラーがスウォーブリックに対して取った態度は、X世代全般の傾向というより、あくまでもマラー個人の考えを浮き彫りにするものと見るべきだ。世代間の違いは確かにあるが、真っ向からぶつかる思想をもった陣営が対立しているわけではない。

もっとも、進む方向について合意できているからと言って、対立のリスクが完全に取り除かれるわけではない。若い世代のほうが大きな変革に積極的だとすると、年長世代が長生きすることはつねに不満と苛立ちの原因になる。とくに、変革が遅々として進まなければ手遅れになってしまうという焦燥感が生じやすい。しかしここでも、年齢に関する単純な思い込みには警戒すべきだ。実際には、年長世代のなかにもいますぐに変化を起こすべきだと考えている人が大勢いるし、若い世代のなかにもそうした変化の必要性を感じない人がたくさんいる。人生の残り時間が少ない人たちこそ、自分が生きているうちに変化が起きてほしいと考えて、より緊急の対策を支持する可能性もある。そのわかりやすい例が環境保護活動家のデイヴィッド・アッテンボロー博士だ。こと気候変動に関しては「どんなに思い切った措置を講じても十分ということはない」と語るアッテンボローは90代後半。これは、20代前半の環境活動家グレタ・トゥーンベリが述べていてもまったく不思議でない言葉だ。

未来の世代へつなぐ

世代間戦争に関して楽観的な見方ができる理由はほかにもある。いまの若い世代が資産形成のペースで年長世代より後れを取っていることは確かだが、その原因の一部は、長寿化の進展に伴うライフサイクルの変化にある。たとえば、いまベビーブーム世代がもっている莫大な規模の住宅資産は、最終的には相続を通じて子どもたちの世代に引き継がれる。また、出生率が低下していることを考えると、子どもたちが年長世代の資産を相続する際の相続人の数が少なくなり、1人当たりの取り分も多くなる。ただし、平均寿命の上昇により、親が長く生きる可能性が高まり、財産を相続するまで長く待たされるようになっているのだ。要するに、若い世代は現時点では資産形成が年長世代より遅れているかもしれないが、やがて過去の世代よりも多くの財産を手にできる。財産を受け取る時期が過去の世代より遅くなるだけだ。

社会全体のレベルでは世代間対立がしばしば話題に上るが、それぞれの家族はそうした緊張に対処する手立てを見いだしている。インペリアル・カレッジ・ロンドンのジェームズ・セフトン教授の計算によると、イギリスでは毎年約1000億ポンドのお金が遺産として相続人に継承されている。[23] これは、イギリスのGDPの約4％に相当する金額である。また、これに加えてさらに年間110億ポンドが生前贈与の形で子どもたちの手に渡っている。また、子どもが住宅を購入する際に親が頭金を援助することも珍しくなくなった。それをあらわす新しい略語まで登場している。「BOMAD」という言葉だ。これは、「Bank of Mum and Dad（ママとパパの銀行）」という英語の略だ。セフトンが指摘するように、世代間に冷たい関係が存在するというよりも、現実には、「年長世代は若い世代を気にかけていて、かなりの財産を譲り渡している」のである。

イギリスの年長世代は、家族の子育てに年間で推計1320億ポンド、介護に推計370億ポンドを負担している。こうしたすべてを合わせると、高齢者世代が家族のために提供している金額は年間3000億ポンド近くに達する。[24] この金額は、イギリス政府が年金と社会保障に費やしている予算を上回る。このような高齢者世代の貢献は、世代間対立を強調するストーリーでは無視されがちだ。世代間のいがみ合いよりも連帯が存在することを物語るデータのほうがはるかに多いにもかかわらず、連帯を示すデータは見落とされやすいのである。

しかし、本当に問題なのは、高齢者世代の気前のよい行動の恩恵に浴せる人ばかりではないということだ。すべてのベビーブーム世代がマイホームを所有しているわけではなく、若い世代のすべてが親から多くの遺産を受け取れるわけでもない。その結果、長寿化の進展により、世代間の不平等が拡大する危険がある。裕福な親をもつ子どもは大きな恩恵に浴せるが、そうでない人は、お金の面では自力で世界を渡っていかなくてはならない。これは、世代間対立の問題というより、世代間の社会的流動性の問題と考えるべきかもしれない。世代間の社会的流動性が乏しくなるというのは、子どもの世代の経済環境が親の世代の経済環境によって決まる傾向が強まることを意味する。長寿化の進展に伴い、社会の不平等がますます拡大するような事態は避けなくてはならない。エバーグリーンの時代には、若い人たちに多くの機会をもたせることが格差解消のためにいっそう大きな意味をもつのだ。

年齢層ごとの人口割合が均等化する

老人支配政治への懸念については、別の見方をすることもできる。歴史上、高齢者は社会のごく少数派だった。選挙の有権者としては、若い世代が圧倒的に多数派だったのである。そうした状況は変わった。問題は、それが国に害を及ぼすのか、もし害を及ぼすとして、割を食うのは誰なのか、ということだ。この議論は、民主政治のあり方についてのいくつかの興味深いテーマと関係してくる。

高齢者の割合が増えると、政治的議論に偏りが生じるという主張が正しいとすれば、過去に高齢者の割合が少なかった時代には、逆の方向に政治的議論が偏っていた、つまり若者のニーズが偏重されていたことになる。そうだとすると、有権者に占める高齢者の割合が増えることを「不公正」とは言いづらい。高齢の有権者が高齢の政治家を選び、高齢の政治家のほうが若い政治家よりも高齢者のニーズに応えることが多いという前提に立てば、過去に高齢者のニーズが軽んじられていた状況が是正されつつあるだけ、と言うべきなのかもしれない。本書執筆時点でアメリカの上院議員のうち5人、下院議員のうち13人が80歳超だ。上院議員の総数は100人、下院議員の総数は435人。したがって、80歳以上の人が議員に占める割合は3・3％ということになる。80歳以上の人がアメリカの人口に占める割合は3・8％だ。この議会の状況がバランスを欠いていると言えるだろうか。それが社会に悪影響を及ぼすと言えるのか。

社会で高齢者の能力が過小評価される傾向があるとすれば、意思決定のプロセスに関与する高齢者の数が増えるのは、現状の問題点を是正するために好ましいことなのではないか。

政治における老人支配政治の議論は、経済における高齢化社会の議論と似ている。老人支配政治に警鐘を鳴らす主張の土台には、いわば「シルバー津波」が押し寄せようとしており、それによりイノベーションと変革が妨げられるという認識がある。高齢者の増加に伴い、政治が物理的にも比喩的にも関節炎に苦しむようになって、動きが遅くなり、それが衰退への序曲になるというのである。

しかし、人口動態のトレンドに関して最も際立っているのは、それぞれの年齢層が人口全体に占める割合が均等化しつつあることだ。特定の年齢層の人口が突出して多い状態ではなくなりつつある。図7にあるように、国連の予測によると、アメリカの人口構成は1933年から2100年の間に、若者が多数を占めていて高齢者が少数派だった状態から、年齢層ごとに人口がより均等に分布するようになる見通しだ。なるほど、高齢者の人口が著しく増加していることは間違いない。とくに、70代と80代の人口増加には目を見張るものがある。平均寿命が上昇すれば、当然そうなる。しかし、それよりも注目すべきなのは、長寿化の進展に伴い、年齢層ごとの人口割合の差が縮小してきたことだ。社会における年齢層の多様性が拡大しているのである。若い世代は以前のような数の優位を失いつつあるかもしれないが、それは権利を奪われようとしているというより、世代間の平等が高まるプロセスとみなせる。いま起きつつある

図7　アメリカの人口の年齢層別分布（1933〜2100年）

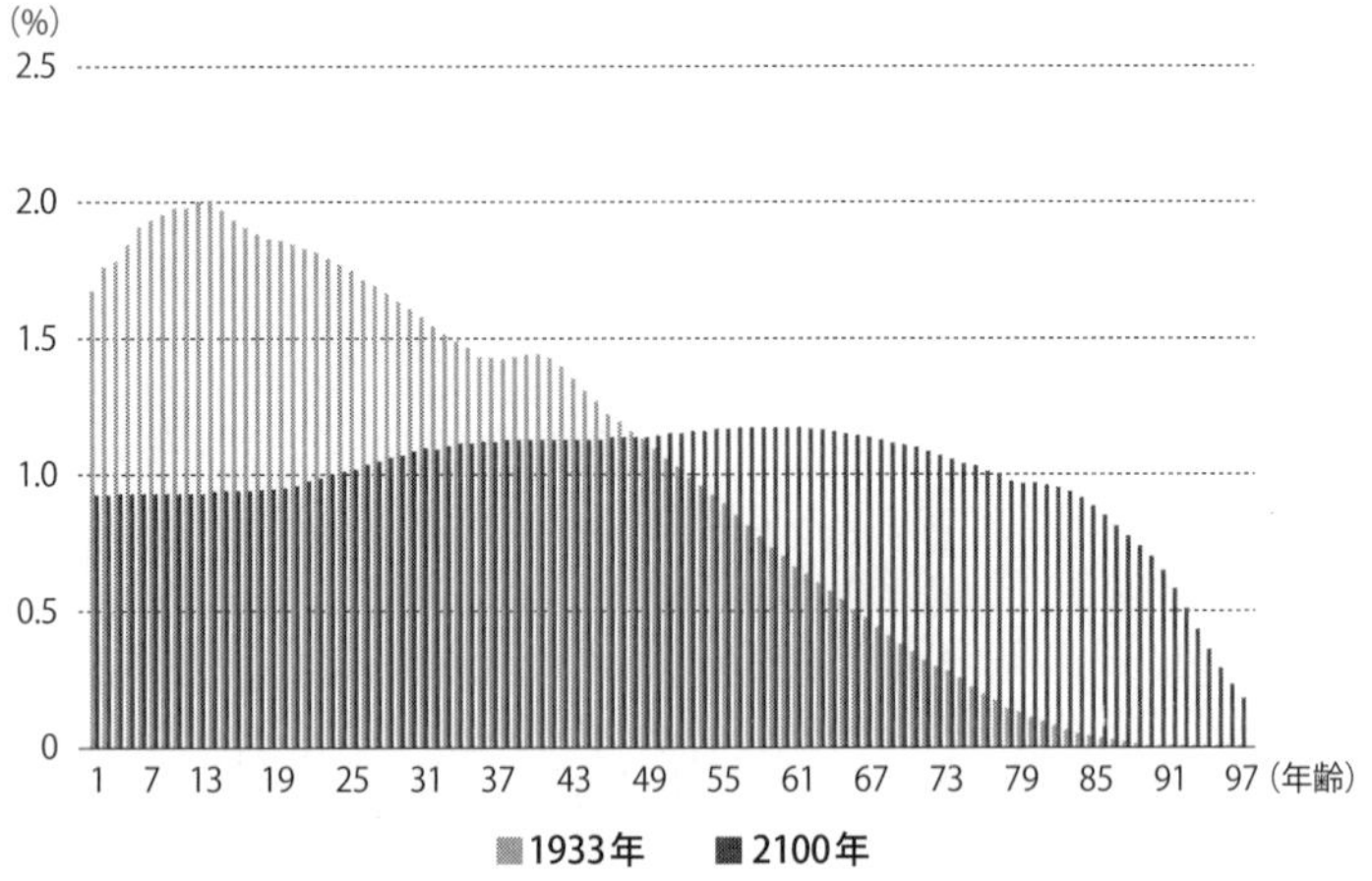

出典：Human Mortality Database（1933）とUN Projections（2100）をもとにした著者による計算

現象は、老人支配政治（gerontocracy）への移行というよりも、「青年支配政治（ephebocracy）」（めったに使われない言葉だが、若者に牛耳られた政治を指す言葉だ）からの脱却と解釈するほうが妥当なのだ。

このような形で世代間の平等が高まることを問題だと考える余地があるとすれば、それは、選挙で高齢者の一票より若者の一票が重みをもつべきだと考える場合だけだ。たとえば、若者のほうが高齢者より長い未来を生きることが予想できるので、長期的な課題により適切に対処できるはず、といった考え方がある。「効果的利他主義センター」の共同創設者である哲学者のウィリアム・マッカスキルはこの点を理由に、年齢によって選挙の投票権の重みを変えることを提唱している。具体的には、年齢を重ねるほど、投票権の重みが軽くなるようにするべきだというのだ。[25]

しかし、気候変動問題を例に見たように、高齢者が若者より短期志向の考え方に陥りやすいというのは、とうてい自明のこととは言えない。もしこの種の考え方を前提にすると、ほかにもいくつかの結論が導き出されることになる。まず、選挙の投票権を与える年齢を引き下げるべきだという話になる。それに、このような考え方が正しいとすれば、長寿化が進んで人々の死生学的年齢が高まる、つまり、予想される残りの人生の年数が増えるとともに、民主政治の質は改善するはずだ。いまイギリスの平均年齢はかつてなく高くなっているが、いまほど人々の残りの人生が長かったこともなかった。人々の残りの人生が長くなれば、短期志向が強まるのではなく、むしろ短期志向が弱まることになるのではないか。

というより、そもそも、ある種の有権者がほかのある種の有権者よりも価値があるという考え方に深入りすることは避けるべきだろう。一票の重みを人によって変えるというのは、民主主義の伝統的な基本理念である「一人一票」の考え方と相容れないように思える。若い世代の一票の重みを重くするという考え方は、疑いの余地もなく年齢差別の性格を帯び、高齢者の能力を過小評価していると言われても文句は言えない。

一方、まったく別のところに問題の本質があると考える人たちもいる。問題は、高齢者が短期的な視点で投票するという点ではなく、あらゆる人が利己的に、すなわち、みずからの利害を優先して投票している点にあるのではないか、と考えるのだ。この考え方によると、高齢者がもっぱら年金と医療サービスを受給し、若い世代だけが働いている状況では、老人支配政治の下の選挙によって選ばれた政府は、増税をおこない、年金などの給付を増やそうとするだろう。こうした考え方の下、生産性の低い人たちが大挙して、生産性の高い人たちを食い物にしようとし、その結果として経済にダメージが及ぶのではないかと恐れる議論もあるのだ。

この種の議論は、初期の民主政の下、財産をもっている人にだけ選挙権が与えられた際にも見られたものだ。アメリカ合衆国憲法の起草者たちも同様の発想に基づいて、どのような人に選挙権を与えるかを各州の判断にゆだねた。すると、当初、選挙権が与えられたのは、土地を所有する白人男性だけだった。しかし、高齢者の選挙権を制限するべきだという主張は、民主主義の原則に照らしていかがわしいというだけでなく、その考え方の説得力を揺るがす要素がほかにも2つある。第1に、高齢者は確かに、年金と医療への支出を増やす政府を好む傾向があるが、そのような嗜好が投票行動に及ぼす影響は比較的小さいことがわかっている[26]。現実には、人々はもっと幅広い要素を基に投票先を決めているのだ。第2に、エバーグリーンの世界では、高齢になっても長く働き続けて、税金を納め続ける人が増える。その点を考慮に入れると、生産的な経済活動に負担をかける人たちの割合は、懸念されているほどは増えないのかもしれない。

もっとも、放っておいてもさほど悪くない結果になるだろう、などと楽観するべきではない。政治において、現実の状況を正しいものとみなして受け入れる発想は避けるべきだ。エバーグリーンの課題の本質は、私たちの生き方が根本から変わり、いまほど多くの高齢者がいなかった時代には機能していた慣習や制度を修正しなくてはならない可能性があるという点にある。政治制度が一握りの層に牛耳られることがないようにし、老人支配政治の台頭を警戒することも必要だろう。しかし、この点に関連して興味深いのは、アメリカの状況が世界でも例外的だということだ。日本では、社会の高齢化が進んでいるにもかかわらず、首相の年齢は昔に比べて上昇していない。ヨーロッパでは1980年代前半、政治リーダーの平均年齢は67歳だったが、いまは53歳だ。2019年にサンナ・マリンがフィンランドの首相に就任したときの年齢は34歳だった〔2023年まで在任〕。アメリカでは憲法の規定により、そもそもこの年齢では大統領になることができない。2022年にイギリスの首相に就任したリシ・スナクは、就任時の年齢が42歳〔2024年まで在任〕。この年齢は、1812年に首相に就任したロバート・ジェンキンソン（第2代リバプール伯爵）以来最も若い。ヨーロッパの人口は高齢化しているが、政治リーダーは若くなっているのである。

どうしてアメリカは、老人支配政治に陥りやすいのか。それは、強力な2大政党制が根づいており、しかも選挙にかかる費用が膨れ上がっているために、強力なコネをはぐくんでいて、熱心な献金者をもっている候補者が有利なことが理由なのか。もし、高齢の有権者の割合が増えていることにより、高齢の政治家が当選しやすくなっているのだとすれば、義務投票制を導入すれば若い世代の投票率が高まり、状況を変えることができるのか。あるいは、投票の時間や方法を変更することにより、若い有権者にもっと投票するよう促せるのか。この問題を緩和し、公職者の新陳代謝を促すためには、年齢制限よりも任期制限を設けるほうが有効なのか。

このように、切腹や集団自殺以外にも、年齢層の多様性と世代間の公平を確保する方法はありうる。エバーグリーンの世界においては、高齢者の能力に限界があると決めつけたり、素朴な年齢差別に陥ったりすることを避けなくてはならない。しかし、その一方で、さまざまな世代の声が等しく反映されるように留意することの重要性もこれまで以上に高まる。ひとくちに年齢差別と言っても、2つの方向の差別がありうる。高齢者が差別されるパターンだけでなく、若者が差別されるパターンも無視してはならない（34歳の人物がアメリカ大統領になれないのもその一例と言えるだろう）。政治には、多様な考え方が反映されるべきだ。政策を立案するにあたり、その政策がそれぞれの世代に及ぼす影響を知るためには、さまざまな世代が混ざり合えるような新しい政治の仕組みが必要とされる。社会が高齢化しているというより、年齢層ごとの人口割合が均等化しつつあるのだとすれば、そうした年齢層の多様性をうまく生かして、あらゆる年齢層に恩恵をもたらせる制度を見いだすべきだろう。

エバーグリーン的な観点から考えると、そのような方向を目指すのは妥当なことに思える。投票を通じてすべての年齢層の声が等しく反映されるようにすることは、世代間の公平を達成する手段であると同時に、それ自体が世代間の公平の重要な構成要素でもある。

エバーグリーンの世界に向けて実行すべきこと

では、こうした世代間の問題にどのように対処すればいいのか。最も明白な重要課題は、生産性を高めることだ。それが実現すれば、若い世代は、目下の高齢化社会で発生する経済的コストを負担したとしても、自分たちもより豊かな暮らしができる。生産性の向上は、ほぼあらゆる課題の解決策と言える。ドイツ語に、「es ist alles in Butter」という慣用句がある。「万事問題なし」といった趣旨の言葉だが、文字どおりの意味は「バターを塗ればなんでもおいしくなる」だ。政治家は、生産性の向上、すなわち経済成長をこのバターのようなものと思っているようだ。経済成長率が上昇すれば、活用できるリソースが増えて、さまざまな課題に対処できるようになり、選挙で政治家の再選を脅かす要因も減る。右肩上がりで経済が成長していれば、すべてうまくいくのだ。

エバーグリーンの課題も、生産性を向上させれば解決する問題のひとつだが、ほかのさまざまな課題とは明確に異なる点がある。エバーグリーンの課題には、それ自体が生産性の向上を後押しする効果もあるのだ。若者と中年と高齢者の健康とスキルに投資すれば、すべての世代がもっと長く生産性を維持できるようになり、社会で必要とされるリソースをさらに多く生み出せる。そうなれば、世代間の公平性の問題も解決されるだろう。

次に重要な課題は、若者と中年がドリアン・グレイさながらに寿命と健康寿命を一致させられるように支援することだ。そのために、健康を維持するべく予防的な措置に力を入れる必要がある。社会の健康格差を解消する努力も怠ってはならない。また、精神の健康も無視できない。精神疾患は、いまただちに注意を払うべき深刻な問題であると同時に、長い目で見ると、未来の老いのあり方に暗い影を落とす要素でもある。百歩譲って、良好な健康がGDPを拡大させることはないとしても、それが人々の幸福度を向上させることは間違いない。

イギリスをはじめとする多くの国では、正常に機能していない住宅市場を健全化させることも重要な課題だ。年長の世代だけでなく、若い世代もマイホームに手が届くようにする必要がある。政府は、住宅需要を高めて住宅相場の高騰に拍車をかけるよりも、住宅の供給を増やすことに努めるべきだ。

以上のことはすべて、どこかから新たなリソースを確保しなければ実行できない。その点、政府が抜本的な改革を実行するうえで最も大きな妨げになっているのは、高齢化にまつわる問題をもっぱら年金と医療費の観点から考える発想だ。現在、アメリカでは公的年金とメディケア（高齢者医療保険制度）の支出が連邦政府の歳出の約25%を占めており、いまの政策が続けばこの割合は2052年には40%まで上昇する見通しだ。[27] 政府が歳出の増加を抑え込むためには、どうすればいいのか。その際に避けるべきなのは、若者と中年への投資を大きく切り詰めることだ。この落とし穴にはまれば、確実に、エバーグリーンの課題は達成されず、世代間の不平等も拡大する。

それを避けるためには、老いに対する見方を変えて、政府の政策に対する考え方も変える必要がある。歴史上の多くの時期、最も経済的に苦しい状況に置かれていたのは高齢者だった。だからこそ、公的年金の制度が誕生したのだ。しかし、年金制度が充実し、長生きする人が多くなって、長く仕事を続け、健康的な人生を送る人が増えた結果、人々の老い方が多様化した。高齢者のなかには、衰弱した状態の人もいるが、元気な人も大勢いる。経済的な支援が必要な人もいれば、満ち足りた生活を送っている人もいるのである。

エバーグリーンの世界では、誰も高齢者の能力を過小評価すべきでない。それは、税務当局にも言えることだ。人がある年齢に達したからというだけの理由で、税控除などの優遇措置を認めるべきではない。ロンドンでは、60歳以上の住民は誰でも鉄道とバスを無料で利用できる。素晴らしい特典ではあるが、私が知る60歳の人の多くは、高級ブランドの自転車で職場に出勤している。高齢者の健康、資産、身体能力の多様性を無視することは、エバーグリーンの世界では理屈に合わない。福祉給付や優遇措置の対象にするかどうかは、年齢ではなく、所得とニーズを基準に判断すべきだ。エバーグリーンの世界においては、年齢はその人のニーズを知る手掛かりにならない。機械的に年齢を基準とする政策は見直す必要がある。

政府は、さまざまな政策がそれぞれの世代に生涯を通じてどのような影響を及ぼすかを考慮しなくてはならない。政府の政策は、所得と健康の面ですべての年齢層に対して公正なものになっているか。生涯に納める税金と受け取る給付のバランスは適切か。各国の政府は、現在の税収と歳出のギャップ、そして将来の政府債務の見通しをつねに公表している。しかし、それだけでなく、その予測がそれぞれの世代の人生にどのような意味をもつかも示すべきだ。各世代が生涯にどれくらい負担し、どれくらい受け取ることになるのかを明らかにすることが重要なのだ。(28)

そうすることにより、2つの面でエバーグリーンの課題が達成されやすくなる。世代間の公平性の問題に目が向きやすくなるうえに、長寿化にまつわる課題に限らず、環境問題も含めてもっと幅広い課題に対して、より長期的なアプローチで臨む後押しがされるのである。

第9章

落とし穴と進歩

私たちが見通せるのはごく近い未来だけだが、その近い未来にすべきことがたくさんあることはわかっている。

——アラン・チューリング〔20世紀イギリスの数学者〕

フランスの詩人ポール・ヴァレリーは、ピリッとした名言を繰り出す達人だった。たとえば、「夢を実現する最良の方法は、目を覚ますことである」と述べている。私は本書を通じて、長寿化がもたらす新しい現実に目を覚まし、エバーグリーンの夢を実現することの大切さを強調してきたつもりだ。今日の世界では、若者がきわめて高齢になるまで生きることが当たり前になりつつあり、その状況に対応するためには、人生について改めて考え直す必要がある。それぞれの年齢でなにをするかを再考し、長くなる未来の人生に向けた投資を増やす方法を見いださなくてはならない。エバーグリーン型の好循環を本格的に生み出せれば、もしかすると人の寿命の限界も押し広げられるかもしれない。

しかし、エバーグリーンの課題を達成するためには、本書でここまで述べてきたように、個人の行動、経済の仕組み、社会慣習を根本から変える必要がある。エバーグリーンの時代が到来したといっても、変化がすぐに進むとか、簡単に進むというわけではない。新しい時代が到来したという事実は、変化が必要であることを示しているにすぎない。「魔法によって夢が実現することはない」と、アメリカの軍人・政治家として活躍した故コリン・パウエルは語っている。「そのためには、汗と決意と努力が不可欠だ」。

過去に例のない課題である以上、抵抗もあるだろうし、落とし穴も多いだろう。本章では、そうした問題のいくつかを取り上げる。いま政府に対して、エバーグリーンの未来を軸に政策を立案すべきだと要求すれば、ほぼ確実に疑念と冷笑と不信を生むだろう。個人レベルと政府レベルの短期志向を脱却して、長寿化の必須課題を達成するのは、容易なことではない。老いに関する固定観念を変えることは難しく、それが変革を阻む大きな障害になる。しかも、変革は社会のあらゆる側面で必要とされており、求められる変化の量はきわめて多い。よりよい老い方への転換を遂げること、そしてそのために必要な措置を講じることに対して驚くほど激しい抵抗が見られるのは、それが理由なのかもしれない。その点で、長寿化は気候変動と似ている面が多い。気候変動の問題は、長い年数を要してようやく、今日のように関心が寄せられるようになったが、私たちが実行すべきことはまだたくさん残っている。

それでも、変化はかならず起きる。実際、これまで何世紀にもわたって起きてきた変化を通じて、私たちの平均寿命と健康が改善し、人生の新しいステージが出現したのだ。私たちはすでに、寿命が大きく延びた時代に生きている。それは疑いようもない事実だ。エバーグリーン型の世界に向けたシフトはもう始まっている。その転換を実現させるのが早ければ早いほど、好ましい結果になる。

私たちの想定を修正する

アメリカとイギリスを筆頭に、一部の国で現実化しつつある問題がある。エバーグリーンの課題に向けて前進するどころか、過去の成果が脅かされる兆候があるのだ。ところが、そのような国々の政府は、状況を改善するための措置をほとんど講じていない。国民の健康が十分に重んじられないままになっているのだ。

いま、アメリカとイギリスの人口のかなりの割合は、長寿化ではなく、言うなれば「短寿化」しつつある。この両国では、平均寿命の絶対値も、ほかの国と比較した場合の相対値も低下している。現在の平均寿命は、イギリスではベストプラクティス平均寿命と比べて5年、アメリカでは8年短い。特筆すべきなのは、この点を問題視する声があまりに少ないことだ。ほかの国々では平均寿命が上昇し続けており、平均寿命の短縮が世界的なトレンドというわけではないにもかかわらず、イギリスやアメリカでこの状況への怒りの声はほとんど聞こえてこない。この点は、新型コロナのときの経験と比べると、驚くほかない。コロナ禍の時期には、政府が多大な経済的代償を伴う異例の措置を講じてまで、国民の健康と寿命を守ろうとしたのだ。

このトレンドの影響により、もうひとつ別の問題が生まれる可能性もある。平均寿命が短縮傾向にあることを理由に、エバーグリーンの課題がもはや喫緊のものではないと思われかねない。しかし、長寿化の影響を無視できる段階はもうとっくに過ぎている。これまで平均寿命が上昇してきた結果、すでに数々の未解決の課題が積み上がっている。いま一部の国で平均寿命の上昇が止まったとしても、問題が存在しなくなったとはとうてい言えない。もしもっと早い段階でエバーグリーン型のアプローチが採用されていれば、それらの問題のいくつかは発生していなかったかもしれない。

平均寿命が短くなること、もしくは平均寿命の上昇が止まることに対する危機感が欠如している状況は、人生終盤の健康と余命が若いときほどは重要でないという認識が広く共有されていることと関係がある。そうした認識は、世界保健機関（WHO）の「早期死亡」（premature death＝早すぎる死）の概念に最もよくあらわれている。しかし、現在70歳の日本人女性は、あと20年以上生きることが予想できる。そのような長い期間にわたって健康を維持することの価値は、きわめて大きい。第1の長寿革命により、70歳はそれほど高齢とは言えなくなった。長寿化の進展という新しい現実に合わせて、私たちの想定を修正するべきなのである。

では、政府が「短寿化」のトレンドを逆転させるための政策を採用するよう促すには、どうすればいいのか。人生終盤の日々を若い時期と等しく重視することを妨げているバイアスは、どうすれば取り除けるのか。そして、どうすれば、老化科学をSFの世界と一緒くたに考える傾向に終止符を打ち、医学の進歩で目指すべき次のステップと位置づけることができるのか。

「現代経営学の創始者」とも呼ばれるオーストリア系アメリカ人の経営コンサルタント、故ピーター・ドラッカーは、こんな言葉を残している――「数値計測できるものがマネジメントできる」。この言葉にあるように、エバーグリーンの課題を実現しようと思えば、政府は平均健康寿命を数値計測する方法を見いだす必要がある。それは当然、容易なことではない。しかし、GDPのように抽象的で複雑なものを数値計測する国民経済計算の仕組みを編み出せたのであれば、平均健康寿命を数値計測する信頼性ある方法を見いだすこともできるはずだ。

健康寿命の目標を設定することにより、ここまで指摘してきた落とし穴の数々をことごとく回避できる。社会の年齢構成が変化しつつあり、しかもドリアン・グレイ型の人生が圧倒的に好まれることを考えると、健康寿命を基準に社会の幸福度を測定しようとするのは自然な発想と言える。また、この指標の改善を目標と位置づければ、政府には健康格差の解消に努めることが求められる。平均健康寿命を長くしようとするなら、その値がすでに平均より上の人たちの状態をさらに改善するよりも、平均より下の人たちの状態を改善するほうが簡単だからだ。平均健康寿命の改善に重きを置くのであれば、「早期死亡」を防ぐことに引き続き力を入れつつも、70歳以上の人たちが健康に老いられるようにすることをそれ以上に重んじる必要があるのだ。このような目標を掲げると、不死の実現ではなく、健康状態の改善を進めるために老化治療薬が果たせる役割の重要性が明確になる。

健康寿命を延ばすことを目指すなら、ストラルドブラグ型の道をたどることは絶対に避けなくてはならない。そのためには、コロナ禍の教訓から学び、その教訓を実践に移す必要がある。健康の大切さをしっかり認識することが重要なのだ。そして、いま私たちの健康を脅かす最大の要因になっているのは、加齢に伴う病気だ。平均健康寿命を目標と位置づけることは、エバーグリーン的な形で健康を改善することを重んじる医療システムを築くうえで最初の一歩になる。

タイミングがすべて

人類の20万年の歴史におけるほとんどの期間、私たちは、サミュエル・ベケット流の暗澹たる人生観の下で生きてきた。第1章でも紹介したように、ベケットの戯曲『ゴドーを待ちながら』の登場人物のひとりは、「(人間は)墓をまたいで子を産む。ほんの一瞬だけ光が差し、そのあと再び夜が訪れる」と語っている。これは、文学作品の一節というより、ルポルタージュと言ってもいいような言葉だ。青銅器時代の初期、人々の平均寿命は18歳くらいだったと推定されている。2000年ほど前のローマ帝国最盛期には、それが22歳まで上昇していた。13～14世紀のイングランドでは33歳に達した。1776年の独立宣言直後のアメリカでは、マサチューセッツ州の平均寿命が36歳だった。[1] そして2021年には、新型コロナのパンデミックのなかにあっても、世界の平均寿命は71歳を超えていた。

こうして、エバーグリーンの時代が幕を開けた。そのような時代には、よい老い方をすることの価値がかつてなく高まる。しかし、第1の長寿革命により、平均寿命が急激に上昇したのは、人類の長い歴史全体のなかでは比較的最近のことだ。そのように考えると、私たちの文化と社会の老いに関する考え方が新しい状況になかなか対処できずにいることは不思議でない。では、現実的に考えた場合、老い方を変えることを目指す第2の長寿革命は、どれくらいのペースで進むと期待できるのか。

1922年にノーベル物理学賞を受賞したデンマークの理論物理学者ニールス・ボーアは、「予測は難しい。とくに未来についての予測は」という言葉を残している。人類が第1の長寿革命を達成するのに20万年を要したことを考えると、第2の長寿革命が実現するスピードを予測する際は慎重であるべきなのかもしれない。

老化科学に関してほぼ確実に言える唯一のことは、これから人間の生物学上の複雑性が高まることがあるとしても、それを上回るペースで私たちの知識が増えていくということだ。老化の謎は、今後ますます解明されていくだろう。老化の生物学的な仕組みが明らかになり、いずれ有益な治療法が開発される可能性は高い。とはいえ、進歩には時間がかかる。最初の一歩を誤ったり、途中で進路を間違ったりすることもありうる。私自身は、エバーグリーンの課題を達成するうえで老化科学が果たす貢献について、短期の未来に関しては悲観主義者、長期の未来に関しては楽観主義者の立場を取ることが多い。

しかし、本章冒頭に掲げたアラン・チューリングの言葉にもあるように、未来のことがはっきりわからないからといって、いま行動できないわけではない。長い目で見て大きな役割を果たすのは科学の進歩かもしれないが、近い未来に状況の改善を最も強く牽引するのは、個人の行動や社会の制度、環境の変化だ。これまでは、人口の半分以上が高齢者になるまで生きるわけではなかったため、私たちは老い方を変えることに本腰を入れてこなかった。

それでも、変化のプロセスに乗り出して、老いるとはどのようなことかを再検討し、年齢の可変性を生かせるようになれば、今後の変化はもっと簡単になる。より長く、より健康的で、より生産的な人生を送れる状況——いわば長寿化の配当——を実現するメカニズムは、平均寿命が80歳だろうと、100歳だろうと、120歳だろうと同じだからだ。つねに重要なのは、健康と仕事と生き甲斐をより長く持続させることなのだ。

そのため、私は、未来に平均寿命がさらに上昇した際の対応についてはあまり心配していない。それよりも気がかりなのは、現在の状況とあるべき状況の間に大きなギャップがあることだ。私たちはいますぐ目を覚ましてエバーグリーンの課題に取り組み、ものごとのやり方を大きく変えなくてはならない。それが実現すれば、最初の変化を土台にさらなる変化が起こり、その土台の上にまた変化が生まれていく。しかし、最初の変化はいま実行する必要があるのだ。

変化を起こすうえでとくに重要になるのは、変化の規模、切迫性、方向性だ。アメリカでは、2022年に「インフレ抑制法（IRA）」という法律が制定された。この法律には、向こう10年間に約7400億ドルの財源を確保して、税控除や補助金を通じてグリーン・エコノミーの実現に取り組むことに加えて、医療費の削減を目指す方策も盛り込まれている。しかし、それだけでなく、人々の健康の維持に役立つ製品とサービスが生み出されるように経済のあり方を変えるために、同じくらい壮大なビジョンを描くことも求められている。政府が一貫した政策を実行して、健康、介護、スキル、年齢差別に関わる問題に対処し、仕事に就く50〜65歳の人たちをもっと増やす必要がある。老化科学だけ進歩しても、社会のほかの要素がその進歩についてこられなければ意味がない。

エバーグリーンのインセンティブ

現状では、医療費支出をめぐる議論は多くの場合、人々の健康状態を改善することを考えていない。目指しているのは、支出の削減もしくは抑制だ。たとえば、アメリカでは医療費支出がGDPの約20％を占めており、このような議論になること自体は意外でない。しかし、エバーグリーンの課題を達成するためには、この落とし穴も避けるべきだ。もちろん、人々の健康を改善することを国家の重要目標と位置づけるのであれば、そのためのコストを負担する覚悟はもたなくてはならないが、莫大な資金をつぎ込んだのに健康が改善しないという事態はあってはならない。重んじるべきなのは、コストの削減よりも、人々が健康に老いられるようにすることだ。そのためには、インセンティブのあり方を大きく改める必要がある。

ノーベル経済学賞を受賞した経済史学者のロバート・フォーゲルは、医療への支出が多い状況を問題と考えず、大いなる成果と位置づけている。歴史を通じて長い間、人々は、日々を生き抜き、食べ物や衣服、寒さや雨風をしのぐものなどを獲得するだけで精一杯だった。やがて人類が豊かになってはじめて、医療にお金を費やせるようになったのである。とはいえ、莫大なお金をつぎ込んでも健康状態が悪いままだとすれば、お金をつぎ込んで健康が維持される状況より好ましくないことは、言うまでもない。

20世紀前半のアメリカで活躍し、ピュリッツァー賞も受賞した小説家・ジャーナリストのアプトン・シンクレアは、大企業の不当な行為、規制のない市場の落とし穴、それに伴う不正を暴く作品を相次いで執筆した。最も有名な作品である『ジャングル』（邦訳・松柏社）は、シカゴの食肉市場の劣悪な労働環境を描いている。シンクレアは独特の辛辣な文体で、あらゆる改革の取り組みにつきまとう大きな問題を糾弾した――「あるものごとを理解しないことにより給料を得ている人間に、そのものごとを理解させることは難しい」。これは、医療改革を妨げている大きな要因のひとつでもある。

現在の医療制度には莫大な資金がつぎ込まれており、これまでは大きな成果を挙げてきた。しかし、未来の医療は、治療から予防へ、病気から健康への転換を遂げる必要がある。ではどうすれば、医療制度を運営する人たちに、自分たちに大きな成功と経済的な恩恵をもたらしてきた知識および政策への依存を減らそうと思わせることができるのか。手術をすることで評価を得てきた外科医たちに、手術件数を減らすことを成功とみなす発想をもたせるには、どうすればいいのか。すべての医療費支出の1％しか占めていない予防医療部門が政治的な影響力を獲得し、これまでより速いペースで成長するには、どうすればいいのか。

そのためには、剝き出しの金銭的な私利私欲もある程度の役割を果たすだろうが、それがすべてではない。重要なのは、政府当局者や医療関係者に、長寿化の時代にはこれまでのやり方を抜本的に改める必要があると理解させることだ。自分たちが苦労して獲得した経験とスキルは、人々の命を救うためにはきわめて有益だが、人々がそもそも治療を受けずに済むようにするためにはほとんど役に立たない、と納得させなくてはならない。避けるべきなのは、私たちの健康を守る役割を担う人たちが過去と同じやり方で未来に対処しようとすること、言ってみれば、第4章で紹介した第一次世界大戦のソンムの戦いを指揮した軍指導者さながらに、時代遅れのプランに資源を追加投入することだ。そうなると、つぎ込むお金が増えるばかりで、人々の健康は改善されない。

製薬産業でインセンティブが適切に機能していないことも問題だ。新薬の開発が成功すれば、製薬会社は莫大な利益を得ることができる。しかし、現在の特許制度の下では、予防医療の研究を後押しするインセンティブが働いていない可能性がある。いまの特許の仕組みは、病気に対する考え方がまったく異なる時代に確立されたものだからだ。

医薬品の特許の存続期間はたいてい20年間。製薬会社がある薬の特許を出願すれば、その薬を研究し、効果を検証し、監督官庁の承認を受け、そのあとその薬の製造と販売をおこなう期間が20年間与えられることになる。その20年が経過したあとは、誰でもその薬を製造できる。それ以降、薬の価格は大幅に下落し、それまでよりも広く用いられるようになる。最初に薬を開発した企業は、特許が有効な期間に利益の大半を得ている。

問題は、特許を出願したあと、新薬の承認を完全に得るまでの間に10〜15年かかる場合が多いことだ。[2] その結果、製薬会社が新薬で利益を得られる期間は5〜10年しかない。こうした状況がイノベーションの方向を歪めている可能性がある。

具体的には、どういうことなのか。第1に、人の寿命を延ばす薬は、延命できる期間が比較的短くてもかなり高い価格で販売できる。研究によると、人は自分が死にそうだと知ると、ごくわずかな期間しか寿命が延びなくても、莫大な金額を使ってもよいと考える。[3] それに対して、人々が健康なときに予防医療のために毎年支出してもよいと考える金額はもっと少ない。

第2に、予防医療の薬は、概して臨床試験の期間が長くなる。ある人の病気が治ったかどうかを評価する場合と比べて、ある人が病気にならずに済んだかどうかを評価するには、どうしても長い時間がかかるからだ。その結果、新薬の承認を得てから特許が切れるまでの期間がますます短くなる。また、予防医療の薬は、患者の人生の長い期間にわたって少しずつ用いられて、売り上げも長い期間をかけて少しずつ入ってくる。患者が薬を使用する期間は、特許の存続期間の枠内にはとうてい収まらない。進行期の患者に用いられる薬が数年の期間に集中して使用されるのとは対照的だ。

こうした事情があるために、製薬会社は、病気の予防よりも、進行期の患者を治療するための薬の開発を目指すことになる。慢性の非感染性疾患より、急性の病気の治療薬の開発に重きが置かれるのである。[4] たとえば、進行期の肺癌患者向けの治療薬はたくさん承認されているが、早期患者向けの治療薬、ましてや肺癌の予防薬はひとつも承認されていない。アバスチンという薬は、進行期の肺癌患者の生存期間を10・3~12・3カ月延ばす効果が期待できる。費用は4万2800~5万5000ドルだ。進行期の患者にとって、それだけのお金を費やす価値があることは間違いない。しかし、そもそも肺癌になる確率を薬によって下げることができれば、それよりもはるかに好ましい。本書の表現を用いれば、ストラルドブラグ型ではなく、ドリアン・グレイ型の人生を後押しする製薬のイノベーションが求められているのだ。そのようなイノベーションを実現するには、医薬品の特許期間を延ばすなど、現行の制度を改める必要があるかもしれない。

ひとことで言えば、これらの問題はすべて、インセンティブのあり方が不適切なために生じている。政府は、医療費の削減よりも人々の健康状態の改善を目指すべきだし、医療制度は、平均健康寿命を最も重視するように転換すべきだ。そして、製薬産業には、進行期の治療薬よりも、健康を維持するための医薬品の研究開発に力を入れるようなインセンティブをもたせる必要がある。

究極の贅沢品

経済学者は、健康を「奢侈財」と呼ぶ。これは、所得が上昇すると、医療に費やす金額そのものが増えるだけでなく、その支出が所得全体に占める割合も増えることを意味する。経済史学者のロバート・フォーゲルに話を戻そう。フォーゲルは、未来の経済において「スピリチュアルな商品」の存在感が増すだろうとの予測を示していた。ここで言う「スピリチュアル」とは、宗教的だとか「あの世」の話だとかという意味ではない。物理的な形をもたない非物質的な商品のことを指している。(5)

健康と長寿が奢侈財、つまり贅沢品であるなら、超富裕層はことのほか、老い方を根本から変えようと血眼になるはずだ。実際、アマゾン共同創業者のジェフ・ベゾス、グーグル共同創業者のセルゲイ・ブリン、オラクル共同創業者のラリー・エリソン、ロシアの富豪で投資家のユーリ・ミルナー、ペイパル共同創業者のピーター・ティールといった資産家たちがこぞって、老化科学の研究に投資している。(6)

もし長寿が究極の贅沢品で、あなたが余剰の資金をもっているとすれば、自分の寿命を延ばすための賭けにそのお金を使おうと思うのは、自然なことなのかもしれない。クリスチャン・アンガーマイヤーは40代の起業家・投資家だ。はじめてバイオテクノロジー企業を創業したのは19歳のときだった。アンガーマイヤーは、投資家として、そして長寿化商品の消費者として、その種の商品の魅力を端的に語っている。「ヨットを買おうと思えば、いくらでも大きなヨットが売られている。飛行機を買おうと思えば、いくらでも大きな飛行機が売られている。けれども、お金の面で豊かになることによる人生の変化（の度合い）は、非常に小さい(7)」。そうなら、自分がもっているお金を大きなヨットを買うために使うのではなく、より健康に、より長く生きるために使うほうが賢明だろう。これは、有名な「パスカルの賭け」〔17世紀フランスの哲学者パスカルが提唱した考え方。神が本当に存在するかどうかを知ることができないのであれば、神が存在することに賭けて生きるほうが得策だと考える。神が存在すると信じて生きた場合、もし神が存在しなくても失うものはない。それに対して、神が存在しないと考えて生きた場合、もし神が存在すれば地獄に落ちるリスクがある〕の現代版と言えるかもしれない。長寿のためにお金を使って効果があれば、素晴らしいリターンを得られる。一方、お金を使っても効果がなかったとしても、それはそれで問題がない。通常の寿命の範囲内の人生を生きる限り、こうした大富豪たちが手持ちのお金をすべて使い切ることなどそもそもできないからだ。

それに、もし投資が成功すれば、金銭的な見返りも途方もなく大きい。エバーグリーンの生き方を可能にする方法を見いだす人がいれば、インターネットの検索エンジンやオンライン・ショッピングが生み出した利益をはるかに上回る利益を獲得できるだろう。大富豪と長寿研究という組み合わせに、ジャーナリストと読者は好奇心をそそられずにいられない。剝き出しの壮大な野心、奇妙な健康法をかたくなに貫く姿勢、何千年にもわたり誰も成功しなかったことに挑む虚栄心と自惚れ、現実離れしたライフスタイル――これらの要素はすべて、コラムやエッセーの格好の題材になる。その種の文章にはかならずと言っていいほど、嘲笑と酷評、そして多くの場合は非難の要素がついて回る。

その典型が、2023年1月に当時45歳のブライアン・ジョンソンという人物の生活習慣が大きな話題になったときのメディアや社会の反応だ[8]。バイオテクノロジー企業のCEOで大富豪のジョンソンは、30人の医師や科学者の監督の下、老化のプロセスを逆行させるために推定で年間約200万ドルを費やしている。日々の生活習慣では、究極の自己抑制を実践している。朝は午前5時に起床し、午前11時以降はいっさいなにも食べない。1日に1977カロリーちょうどのカロリーを消費し、1カ月に重さにして70ポンド（約30キロあまり）の野菜を食べる。

それに加えて、1日に100錠を超す薬を服用し、脂肪注入や検査など、5~6回の医療措置を受ける。夜間には、毎晩2時間、ブルーライトを遮断するゴーグルを着ける。こうした行動を取る動機は、個人的な関心と挑戦心、最先端の科学研究のモルモットになろうという思い、そしておそらく、莫大な商業的な利益への意欲だったのだろう。

こうした突飛にも思える実験と投資を嘲笑しないとすれば、それをどのように受け止めるべきなのか。政府は概して、次の選挙までに成果があらわれないリスキーなプロジェクトにすべてを賭けることには及び腰になる。それよりは、たとえば腰関節置換術にお金を使うことを好む。このような事情を考えると、民間の資金がエバーグリーンの研究に流れ込むことを歓迎すべきなのだろうか。

この問いの答えは、おそらくノーだ。社会が老化科学を発展させる方法がこれ以外にないのだとすれば、その状況は問題と言わざるをえない。大富豪やベンチャーキャピタリストたちに頼っていては、社会として適切なエバーグリーンの医療には到達できない。市場がイノベーションを推進する強力な力をもっているからといって、市場の力により、社会にとって好ましい方向にイノベーションが進む保証はないのだ。

望ましいイノベーションとは、一握りの人たちの健康寿命を大きく延ばすのではなく、多くの人たちの健康寿命を少しずつ延ばせるものだ。資産家たちは潤沢なリソースをもっていて、そのおかげですでにかなり長生きするようになっている。そのため、寿命を少しではなく、劇的に延ばすことを目指す研究を好む傾向が強い。あまりコストをかけずにそれが実現できるのであれば、それでも問題はない。しかし、そうでないとすれば、この種の研究が優先される結果、社会が人々の健康のために費やせる資金が大きく減ってしまう。

製薬会社は、ただでさえ高額の医薬品を好む傾向がある。第3章で紹介したゾルゲンスマという遺伝子治療薬は、脊髄性筋萎縮症（SMA）を患っている幼い子どもに対して1回の投与で効果が期待できる素晴らしい薬だ。表示価格は1回の投与で200万ドルを上回るが、SMAはごくわずかな人にきわめて重大な影響を及ぼす病気なので、社会はこの金額に対処できる。大勢の人から少しずつお金を集めて、残酷な遺伝子疾患を患う少数の人の医療費をまかなうというのは、社会として受け入れられることだ。しかし、老化のようにすべての人が患う症状の場合、この仕組みはうまく機能しない。画期的な新薬が登場して、莫大な数の人たちに莫大な金額をつぎ込むことが求められるようになると、社会は難しい選択を突きつけられることになる。あなたが大富豪であれば、すべて自分でお金を用意できるだろうが。

第4章で取り上げたTAME試験について、改めて考えてみよう。おさらいすると、これは糖尿病治療薬のメトホルミンに老化予防薬としての効果があるかどうかを検証することを目的とする研究だ。この研究をおこなうために必要な資金は、推定で3000万〜5000万ドルに上るとされている。アメリカ食品医薬品局（FDA）は臨床試験の開始を承認しており、あとは資金さえ確保できれば試験を開始できる状態だが、まだ資金が集まっておらず、臨床試験は始まっていない。その理由はたくさんあるが、この臨床試験の計画を主導するニール・バルジライ教授に言わせれば、大きな問題は「大富豪たちが望むのがムーンショット〔実現することがきわめて困難だが、達成されれば目を見張るインパクトが生まれる壮大な成果〕であること」だという。「(大富豪たちは)人々に『ワオ!』と驚きの声を上げさせたいと思っている」。バルジライはさらにこう述べている。「TAMEはムーンショットを目指す取り組みではない。というより、科学的な成果を目指すものですらない。政治的な成果に向けた取り組みという面が大きい。メトホルミンは、老化をひとつの症状と位置づけるための手立てなのだ」[9]。

別に、大富豪がバイオテクノロジー企業に投資するのを禁止すべきだというわけではない。しかし、ここまでの議論から2つの政策上の提言を導き出せる。第1は、民間の老化科学研究を独立した倫理審査の対象にすべきだということ。その審査には、科学と公衆衛生の専門家に加えて、一般市民も参加させるべきだろう。テクノロジーは私たちの生活にきわめて大きな影響を及ぼす。老化科学の研究は、とりわけそうした性格が強い。したがって、テクノロジーがどのような方向に進化しつつあるかをしっかり監視して、適切な方向に導く必要があるのだ。

第2は、政府が本格的に関与して、あらゆる人がドリアン・グレイ型の人生を生きられる状況をつくるように導くべきだということだ。実際、政府はこれまでそのような行動を取ってきた実績がある。一方、バルジライが「ムーンショット」云々に言及したとき、暗に言おうとしていたのは、グーグルの研究開発子会社「Xデベロップメント」(旧称「グーグルX」)のことだった。Xデベロップメントによると、「ムーンショット」は、大きな問題、思い切った解決策、革新的なテクノロジーが交わる場で生まれるという。同社が手がけたムーンショットのひとつがキャリコ（Calico）という会社だ。この社名は、カリフォルニア・ライフ・カンパニー（California Life Company）の略。同社では、老化および加齢関連の病気を抑える治療法の開発を目指している。

皮肉なのは、「ムーンショット」という言葉が政府の資金拠出によるプロジェクトから生まれたという点だ。1969年に宇宙船「アポロ11号」でニール・アームストロングが人類史上はじめて月面に降り立ったことがこの言葉の由来なのだ。アメリカ政府が1960～1973年に有人月面探査計画「アポロ計画」に費やした資金は258億ドル。これは、宇宙科学・宇宙探査の推進を目指す非営利団体「惑星協会」によれば、現在の貨幣価値で2800億ドルという途方もない金額だ。[10] アメリカ政府はそれ以前にも、原子爆弾を開発した「マンハッタン計画」に惜しみなく資金を拠出している。この2つのプロジェクトはいずれも、大勢の科学者や研究者を結集して、具体的な目標の達成を加速させることを目指したものだった。もうひとつのテクノロジーの大きな進歩、すなわちインターネットを生み出した通信プロトコルも、出発点はアメリカ国防総省の国防高等研究計画局（DARPA）の資金によって築かれた学術研究のネットワークだった。以上のすべてに共通するのは、政府が純粋な利益追求にほぼとらわれずに、協働志向の長期的な発想で行動した結果として、幅広い研究目標が達成されたという点だ。

政府はいま、老化と長寿化についても同様の思考をはぐくむ必要がある。ただ手をこまねいたまま、高齢化社会のコスト、すなわち、年金給付と医療費の支出が増加している状況を嘆くのではなく、エバーグリーンの未来への移行を加速させるためにどのようなムーンショットを実現すべきかを考えなくてはならない。

その第一歩は当然、老化の生物学的メカニズムに関する研究への資金拠出を増やすことだ。癌と認知症には官民の莫大な研究資金がつぎ込まれている。それ自体は正当なことだが、老化科学の研究に同様の資金拠出がなされていないことは問題と言わざるをえない。民間が活用できる基礎的な知識を生み出すための基礎研究の分野に加えて、小さいコストで大規模な改善が実現すると最も期待できる領域にも資金を投入するべきだ。政府は、新型コロナワクチンの開発を目標に掲げたときのように、一般的な加齢関連の病気と戦うための費用対効果の高い方法の開発に向けて資金を拠出する方針を、製薬会社に対してはっきり示す必要がある。

すべての若き野郎ども

今日の若い世代は長生きする可能性が高いが、この世代の人数は十分に足りているのか。いま人類は、歴史上例がないくらい出生率が低い時代に突入しており、多くの国が人口減少に陥りつつある。このトレンドがこのまま続けば、人類の存続が危なくなる。

そのような未来を描いたのが、イギリスの小説家P・D・ジェイムズによる1992年のSF小説『トゥモロー・ワールド』（邦訳・早川書房）だ。舞台は未来のイギリス。国が滅亡に向かって突き進んでいる。27年前に男性たちの精子が突然ゼロになったことが原因だ。子どもが生まれなくなって、人口が減っていくなかで、最後に生まれた世代の子どもたち（「オメガ」と呼ばれている）は大切にされて特別待遇を受けているが、甘やかされて育ったために、年長者に敬意を払おうとしない。また、子どもが生まれないので、人々はペットに愛情を注いで寂しさをまぎらわせている。ペットに服を着せたり、ベビーカーに乗せて出掛けたりしているのだ。子どもがいない社会には未来がない。この空想上のイギリスでは、政治もおのずとディストピア化する。究極の高齢化社会は、滅亡に向かうほかないからだ。

現実の世界はここまでドラマチックではないが、それでも十分にショッキングな状況と言えるだろう。過去50年の間に、男性の精液中の精子数が推定で半分以下に減っているのだ。[11] これが出生率の低下にどの程度影響しているかは、はっきりわかっていない。出生率が落ち込んでいる最大の理由は、あくまでも人々が昔ほど多くの子どもを欲しがらなくなったことにある。そこには、共働き夫婦が増加していること、独身生活を選ぶ人が増加していること（晩婚化だけでなく、そもそも結婚しない人が増えているのだ）、子どもが独り立ちするまでの期間が長くなっていること、都市部で住宅コストが上昇していること――これらの要因がすべて関係している。企業が柔軟な働き方をあまり支援せず、育児の負担が夫婦間で均等に分担されていない国では、とりわけ出生率の下落が際立っている。これらのトレンドが早期に逆転することは考えにくい。

エコノミストのなかには、出生率が低下してもかならずしも問題ではないと考える人も多い[12]。確かに、社会の高齢化が進んでいることを考えると、少子化は生活水準の維持につながる面もある。育児を支援するために必要な費用が減り、インフラと住宅の整備に必要とされるリソースも少なくて済むからだ。そうなれば、長い人生を支えるための資金を確保しやすくなる。それに、人口が減れば、環境への負荷も小さくなると期待できる。

しかし、人口減少は間違いなく社会問題の原因になる。家族の人数が減れば、高齢の親族の介護に支障をきたしかねない。ましてや、子どもがいない人が高齢になって介護を必要とするようになれば、非常に困った状況になる。この問題を解決するには、エバーグリーン型への移行を果たすか、出生率を高める以外にない。

また、人口が減れば、必要とされる住宅の数が減る。住宅相場の高騰が問題になっている状況では、これはある面で朗報と言えるかもしれない。しかし、この状況は問題も生む。日本では、空き家の数が1000万軒に迫ろうとしている。そうした空き家のほとんどは、地方の過疎地にある。日本政府は、東京圏から地方に移住する人に最大100万円の支援金を支給して、この問題に対処しようとしている。

長寿化と少子化の間には、直接の関連があるのかもしれない。少なくとも、所得の上昇は、長寿化と少子化の両方の原因だとされている。生物学的に見ても、長寿化と少子化の間には関連があるように見える。研究によると、寿命の長い動物は子の数が少ない傾向がある。寿命の短い動物は、速く成長して生殖をおこない、子孫を残すことに集中し、寿命の長い動物は、それよりもみずからのメンテナンスと修復に重きを置くのだ。

しかし、寿命の長さと出生率の間に逆相関の関係があるのは、生物学的な理由だけが原因ではない。それは、人々の行動が変わった結果でもある。人生が長くなると、生殖を終えて以降の日々が人生全体に占める割合が大きくなり、人生における子育ての比重が小さくなる。それに伴い、人々のライフサイクルが変わり始めている。職業人生が長くなる結果、より高度な教育を受ける必要が増し、仕事の世界に入る時期が遅くなる。そうなれば、結婚する年齢も、最初の子どもが生まれる年齢も上昇する。人々が子どもをもつ可能性のある期間が短くなるのだ。

人々が子どもを欲しいと思う動機も変わり始めている。歴史的に見ると、子どもをもつことには、自分が高齢になったときのサポート体制を築くという意味合いもあった。しかし、公的年金の制度が設けられた結果、そのような動機は昔よりも弱まっている。[13]むしろ、子どもを産み育てることで、キャリアと教育が中断されるとすれば、長くなる人生で必要となるお金を確保する妨げになりかねない。これらの要素が複合して、いまでは55歳以上のアメリカ人の6人に1人が子どもをもっていない。しかも、その割合は上昇傾向にある。そうなると、世代間の関係をはぐくむというエバーグリーンのニーズを家族内で満たすこともますます難しくなる。

これまで、高齢化社会が生み出す重荷について多くの議論がなされてきたが、今後は、少子化に警鐘を鳴らす声が強まるだろう。すでに、多くの国が出生率を引き上げるための金銭的な奨励措置を導入している。ハンガリーでは、政府が夫婦に無利子でお金を貸して、第3子が生まれると返済を免除する制度や、4人以上の子どもを産んだ女性の所得税を生涯にわたり免除する制度を設けるなどしている。このような出産奨励策には、確かに効果がある。出生率は上昇する。しかし、効果は概して小規模にとどまっている。子どもを産み育てるためにかかるコストの大きさを考えると、長期にわたって効果を生み出そうと思えば、大半の国の政府には負担できないほどの手厚い金銭的な奨励措置を導入しなくてはならないのだ。

出生率を高めるための最善の方法は、子育てのコストと重圧を軽減することだ。そのために、政府が子育て支援の措置をいっそう充実させるようになるだろう。それに加えて、長寿化も好材料になりうる。出生率を上昇させるには、職業人生の柔軟性を高め、そして男女の両方が等しく、仕事と家庭のために時間を割けるようにする必要がある。その点、人生がより長く、より健康で、より生産性の高いものになり、人々の時間的余裕が増えれば、その時間をより柔軟に用いることによって育児の重圧を軽減できるかもしれない。また、働き手は、育児だけでなく、高齢の親を介護するためにも、柔軟な働き方を強く望むようになる。介護休業へのニーズも高まるだろう。出生率を高めるうえでは、育児と介護の負担を減らし、必要なコストを下げる方法を見いだすことが重要になる。

一方、出生率を高めるためのもっと抜本的な方法は、老化科学から生まれるのかもしれない。老化科学の目的が老化のペースを遅らせることだとすれば、研究対象になりうる分野のひとつが生殖だ。男性の生殖能力は生物学的老化のプロセスと同じペースで減退していくが、女性はそのペースがもっと速い。閉経が原因だ。この点に加えて、人間が閉経を経験するごく一握りの動物のひとつであることもあり、老化科学の世界で閉経への関心が高まっている。そのような研究には、2つの期待が寄せられている。女性たちの閉経の時期を遅らせることにより、子どもをもつことに関する選択肢を増やせるのではないかという点と、その時期の女性たちの健康を改善できるのではないかという点だ。

エバーグリーンの課題を追求する過程では、老い方が変わる結果、ある年齢でどのような行動を取るべきかという古い文化的な常識との衝突がしばしば生じる。老化科学の進歩により、閉経を先延ばししたり、完全に回避したりできるようになれば、とりわけ大きな衝突が生まれる可能性がある。

人々の行動が変わり、子どもをもつ時期はただでさえ昔より遅くなっている。いまのイギリスでは、20歳未満の女性よりも、40歳以上の女性の出産件数が多い。これは歴史上、前例のないことだ。将来、閉経を遅らせることが可能になれば、女性の人生における生殖期間と非生殖期間のバランスはさらに大きく変わる。そのような変化と、ドリアン・グレイ型の人生（寿命の延びと足並みを揃えて健康寿命も延びていく）の実現が組み合わされれば、子どもをもつ時期の選択肢は飛躍的に拡大する。柔軟な働き方が可能になって、育児に費やせる時間が増えることに加えて、老化科学の進歩により、生殖可能な期間が長くなる結果、生涯の間に子どもを産み育てられる期間が増えるのだ。

しかし、多くの人は、このような形で出生率を上昇させることを好ましくないと感じる。出産時の母親の年齢がかなり高くなったとしても、人がこれまでよりも長く健康でいられるようになれば、子育てをできる期間が長くなる。この面では、ドリアン・グレイ型の人生を実現することが重要になる。しかし、それとは別に、死生学的年齢に関わる懸念が持ち上がる。子どもをもつ時期が遅くなると、子どもが生まれたあと、親に残されている人生の期間が少なくなり、育児のための年数を十分に確保できない可能性があるのだ。この懸念を解消するためには、ドリアン・グレイ型ではなく、ピーター・パン型の人生を実現させて平均寿命も延ばす以外にない。

この点に関する懸念は、親を失う子どもが増えることへの道徳上の抵抗感によるものと言えるだろう。一方、これとは別の理由により、このような方法で出生率を高めることに賛同できない人たちもいる。生物学的には可能だとしても、60代や70代で子どもをもつことを受け入れ難く感じる人たちがいるのだ。子どもを産み育てるのはもっと若い時期にすべきこと、という発想があるのだろう。もしかすると、人生が長くなり、選択肢が広がる結果として、子どもをもつ時期が遅くなるのではなく、むしろ早くなる可能性もあるのかもしれない。

人口過剰

最近は、また別の理由により、子どもをもとうとしない人たちもいる。その理由とは、人口過剰が環境に及ぼす影響だ。ある研究によると、子どもの数が1人減れば、温室効果ガスの排出量が年間58・6トン減るという[14]。この効果は、自動車を利用しないこと（2・4トン）、植物ベースの食生活を実践すること（0・82トン）、リサイクルを励行すること（0・21トン）と比べればきわめて大きい。そこで、広がりを見せているのが「バース・ストライキ（BirthStrike）」運動だ。これは、子どもをもたないことをサステナビリティ（持続可能性）のための重要なステップと位置づけて推進しようという運動である。この背景にあるのは、人口が増えすぎれば資源が不足するという発想だ。その点でこの運動は、マルサスの理論の現代版と言えるだろう。

環境に悪影響が及ぶという懸念は、平均寿命の上昇に対しても向けられている。人々が長く生きるようになれば、世界の人口が増加し、ただでさえ不足している資源がますます不足する、というわけだ。この類いの議論を極限まで推し進めると、あらゆる措置を否定できてしまう。癌予防のための研究を打ち切るべきだと主張したり、道路交通の安全性を高める措置に反対したりする根拠にもなりうるのだ。そのような過激な主張は現在のところ見られていないが、老化科学に対しては、人々が長生きするようになると人口過剰を引き起こしかねないという批判がしばしばなされる。

実際のところ、寿命が長くなった場合、どれくらい人口過剰が促進されるのか。計算してみよう。まず、ある社会で人口がまったく増減しないと仮定する。つまり、毎年、生まれてくる人の数と死ぬ人の数が同じだと考える。また、話を単純にするために、すべての人が同じ年齢で死亡するものとする。第1の長寿革命が完全に達成された状況を想定するのである。その寿命が80歳で、毎年生まれる子どもが200万人だとすると、その社会の人口は1億6000万人という計算になる。1億6000万人のひとりひとりがレンガのブロックで、全体としてひとつの大きな壁を構成していると考えてみよう。この壁を高くしても（毎年生まれてくる子どもの数を増やす）、壁を横に長くしても（人々の寿命を延ばす）、その社会の人口は増える。

もし寿命が100歳まで延びれば、人口は最終的に2億人になる。これは25％の増加である。しかし、それまでにはしばらく時間がかかる。いま80歳の人たちがいきなり100歳になるわけではないからだ。レンガの壁のたとえで言えば、壁の長さが100歳の長さに達するまでに時間を要するのだ。人口は毎年200万人ずつ増加していき、20年かけて2億人に達する。1年当たりの増加率は1％あまりということになる。

現実の世界では、増加率はおそらくこれよりも小さい。まず、この設例では、平均寿命が25％延び、最終的に人口が25％増えるものとしている。これは、すべての人が同じ年齢まで生きることを前提にしている。しかし、現実には全員が100歳まで生きるわけではないので、人口増加のペースはもっと緩やかになる。次に、人々が長く生きるようになれば、子どもをもうける時期が概して遅くなり、出生率の上昇と人口増加のペースがその分だけ抑えられる。[15] 毎年生まれてくる子どもの数が160万人まで減れば、社会の人口規模は変わらない。毎年160万人が生まれて、全員が100歳まで生きるのであれば、人口は1億6000万人のまだ。気づいた人もいるだろう。これは、いま世界の多くの国で起きていることだ。平均寿命が上昇して、出生率が低下し、その結果として人口が増えなくなり、あるいは減少し始めている国が多いのだ。

平均寿命が延びれば出生率が低下する傾向があるために、平均寿命が上昇しても、それによる人口増加には歯止めがかかる。しかし、平均寿命が極端に上昇して、たとえば500歳になるような状況では、まったく事情が変わってくる。レンガの壁の設例に話を戻すと、この場合、すべての人が80歳まで生きる状況から出発し、その後420年間にわたり人口が増加し続けて、最終的には10億人に達する。人口増加のペースは緩やかでも、積み重なれば影響は計り知れない。人口爆発を防ぐには、出生率を大幅に引き下げなくてはならなくなる。まとめると、平均寿命が極端に延びれば、深刻な人口爆発が起きるが、平均寿命の上昇がもっと緩やかであれば、人口への影響はもっと小さくて済むのだ。

未来の人口規模と望ましい出生率について考え始めると、さまざまなややこしい倫理上の問題にぶつかる。長寿化が進むと出生率が下がり、子どもの数が減るのだとすれば、生まれてくる子どもが少なくなるとしても、いま生きている人たちが長く生きることは好ましいことと言えるのか。出生率が低下すれば、未来の世界で生きる人の数は減るが、その世界で生きる人たちは、環境問題が改善することの恩恵を受けられる。しかし、そのような世界は、気候変動の悪影響を強く受けつつも、より多くの人が生きる世界より好ましいのだろうか。前出の道徳哲学者デレク・パーフィットはこのような問題を検討し、人口倫理学と呼ばれる分野を切り開いた。パーフィットはその研究を通じて、自身が「忌まわしい結論」と呼んだ考え方と格闘した。その「忌まわしい結論」とは、少数の人が高い生活水準で生きる状況よりも、生きるに値するぎりぎりの水準であっても大勢の人が生きる状況のほうが好ましい、という考え方のことだ。パーフィットは、この考え方を受け入れたくないと思っていた（だからこそ、「忌まわしい」という呼び方をしたのだ）。しかし、この結論を否定するだけの論理的・倫理的な根拠を見いだすことは容易でない。

第1の長寿革命により、大多数の人が70代や80代まで生きることを想定できるようになり、世界の人口は大幅に増加した。その結果としての人口過剰に懸念を表明する人は多いが、そのような人たちも、医療の進歩が長寿化に道を開いたことは批判していない。懸念の対象になってきたのは、人生の長さではなく、あくまでも人間の数だった。それは、70歳や80歳が人間の自然な寿命の範囲内とみなされているためだ。

しかし、第2の長寿革命では、この常識的な上限を超える水準まで平均寿命が延びるだろう。

乳幼児死亡率の改善や癌研究の進歩による平均寿命の上昇と違って、老化科学が人口過剰のリスクに関連して批判にさらされているのは、この点が理由だ。しかし、私たちはどうして、世界の総人口は同じだとしても、少数の人だけが長く生きる世界に比べて、それより短い期間であっても大勢の人が生きられる世界を好ましいと考えるのか。そのような発想は、平均寿命に関して「忌まわしい結論」を受け入れる一方で、所得や地球環境に関してはこの考え方を受け入れないことにならないか。

このような態度が理屈に合うと言えるとすれば、それは、70歳以降の人生がなんらかの面で価値がない、もしくはそれくらい長く生きることを不自然だと考える場合だけだ。しかし、そうした考え方は、第7章で紹介したG・E・ムーアが指摘する「自然主義的誤謬」にほかならないように思える。70歳まで生きるのは自然なことだが、それより長く生きるのは自然でないと考えているのだろう。70歳以降の人生は、言うなれば「おまけ」のように考えられているのだ。しかし、第1の長寿革命がこれまでにもたらした成果を考えると、人間の寿命に関する常識を変えていく必要がある。

では、長寿化により人口が増加する結果、環境に悪影響が及ぶ可能性について、どのように考えればいいのか。人口増加のペースが減速し始めていることを考えると、気候変動がますます深刻化しているなかでも、長寿化が環境に及ぼす悪影響は緩和されつつある。それに、ドリアン・グレイ型のシナリオが実現して人々の健康寿命だけが長くなるのであれば、人口はまったく増えず、長寿化が環境に悪影響を及ぼすことはない。一方、平均寿命が目を見張るペースで上昇するとなると、事情が変わってくる。そのようなケースでは、人口増加のペースが再び加速し始める。しかし、ここでもやはり、平均寿命がただちに劇的に跳ね上がるという予測がどの程度現実的なのかは考えたほうがいい。一般論として言えば、より長く、より健康に生きられることが個人にもたらす恩恵はきわめて大きい。しかも、それが人口増加に及ぼす影響はけっして大きくない。こうした点を考えると、長寿化と環境の両方の目標を強力に推進するべきだと言えるだろう。

それに、長寿化と環境という2つの目標は、ある重要な面では、ぶつかり合うどころか、重なり合う。大気汚染、酷暑、異常気象はことごとく、私たちの健康と寿命に対する大きなリスク要因だ。その意味で、気候変動に対処することは、長寿化の必須課題を構成する重要な要素でもあるのだ。気候変動を回避することが人々の健康にも好ましい影響を与えるという事実は、環境の持続可能性を重視すべきだという主張にいっそう説得力を与える。それに加えて、人が長く生きるようになると、みずからが環境に及ぼす影響について長期的な視点で考えるようになることも期待できる。そして、この問題に関連してもうひとつ指摘しておくべきことがある。私たちが真に持続可能性のある生き方を実践すれば、世界の人口が80億人だろうと100億人だろうと問題ないが、持続可能性を欠いた生き方をすれば、いずれ重大な変化が起きることは避けられない。それは、生まれてくる子どもの数が多かろうと少なかろうと関係ない。この点は、できるだけ早く持続可能性のある生き方に転換することの重要性をいっそう際立たせるものと言える。

私にできること

私たちの未来は、さまざまな面で大きく変わりつつあるように見える。テクノロジーは目覚ましいスピードで進化しており、人間が人工知能（ＡＩ）の奴隷になる日が来るのではないかという心配の声も聞かれる。また、人々は天候の変化を目の当たりにして、不安を募らせている。私自身は、私たちの未来に及ぶ影響という面では、テクノロジーの進化や気候変動と同じくらい、老化、とりわけ長寿化への対処が重要だと思っている。もっとも、長寿化がとりわけ興味深いのは、社会の深層に関わるテーマときわめて個人的なテーマ、そして哲学的なテーマと現実的なテーマが結びつく点にあるように思える。長寿化は、朝ごはんを食べないほうがいいのかどうかという問いだけでなく、人間とはなにかという問いも投げかけるのだ。

どれほど大きな変化が必要とされるのかと考えると、途方に暮れても無理はない。しかし、人類が新しい時代に突入しつつあるのなら、根本的な変化が起きるのは当然のことだし、そのような変化が起きるまでにはどうしても時間がかかる。それでも、少なくとも自分自身がどのように老いるかについては、ひとりひとりが大きな影響力をもっている。よりよい老い方を実現するためのもっと驚異的な方法がやがて発見されるかもしれないが、すでに有効だとわかっている方法もたくさんある。どのような行動を取るべきかという知識は増えていなくても、みずからの行動を変えたいと考えるべき理由は増えている。自分が高齢になったときに、なにが必要になるかを正確に予測することは難しいかもしれないが、あらゆる年齢で、健康、人間関係、生き甲斐、スキル、お金を維持することは、きわめて理にかなった戦略と言えるだろう。

長生きすることについて悲観的に考えるべきではないが、どのような未来が自分を待っているかを現実的に考えることは重要だ。ほとんどの人は、準備する時間がまだたっぷりある。私たちは、エバーグリーンの人生がもつ可能性について考えることができる最初の世代だ。過去の世代は、私たちがエバーグリーンの人生を生きる機会を手にしていることをうらやむに違いない。未来の世代からは感謝してもらえるように、大きな進歩を成し遂げたいものだ。

本書では、古代の哲学者や中世の科学者、さらには現代の作家や思想家の言葉をいくつも紹介してきた。そのことが浮き彫りにしているように、どうすれば時間を最も有効に活用し、最も健康を維持できるのかという問いは、けっして新しいものではない。人生の長さは変わっても、人間の行動を突き動かす動機は昔から変わっていないのだ。エバーグリーンの人生に関わる課題のいくつかは前例がないものかもしれないが、よい人生とはどのようなものかという問いが根底にあるという意味で、それらは人類の歴史が始まって以来の課題と言える。

最後に、ひとりひとりの個人のレベルで、エバーグリーンの課題から導き出せる6つの重要な行動原則を挙げよう。

＊1長寿化についての知識をもつ　すべての人は、以前の世代に比べて人生の期間が長くなると予想される。自分に与えられている時間がどれくらいの長さかを意識し、その時間を最も有効に活用する方法を考え、進捗状況を把握しよう。

＊2未来の自分と友達になる　自分の命が終わるより前に、健康やお金や人間関係や生き甲斐やスキルが失われないようにすることが重要だ。そこで、未来の自分のためにもっと投資する必要がある。また、老化とは高齢者になってから始まるものではない。そのプロセスは、人生を通してずっと継続的に進む。長くなる人生を支えるために必要な行動をいま取るべきだ。

＊3老い方を変える　エバーグリーンの課題の核心を成すのは、老い方を変えることだ。具体的には、過去の世代とは行動の仕方を変えて、よりよい老い方をするための新しい方法を見いだす必要がある。

＊4いま有効なことを実践し、情報収集を絶やさない　新しい知見が今後生まれるかもしれ

ないが、すでに効果が実証済みの方法論もたくさんあることを忘れてはならない。その一方で、新しい医療の進歩や治療法の開発にも注意を払い続ける必要がある。人生を通して学び続けることと、長い人生について学ぶことの両方が重要だ。

＊5自分の人生終盤の時期がもつ可能性を過小評価しない　老いを恐れる必要はない。それは、「老いることに不満をたぎらせるのはよそう。老いることは、多くの人にとっては手の届かない特権なのだから」（アイルランドのことわざ）という精神だけが理由ではない。データによると、高齢期は多くの人が想像するほど悪い時期ではない。年齢には可変性があり、高齢期の状況を改善することは可能なのだ。前向きでいよう。

＊6未来のために行動し、その恩恵をいま受ける　あなたがこれから生きる人生は長い。しかし、良好な健康状態を長く維持し、人生の終盤にも稼ぎ続けられると期待できれば、いまあなたが手にする選択肢も増える。エバーグリーンの人生は、あらゆる年齢の人にとって選択肢を増やす。遠い先に恩恵を得るためにいま犠牲を払おう、という話ばかりではないのだ。

なによりも重要なのは、あなたが先頭に立って、新しいエバーグリーンの時代への適応を進めることだ。社会は新しい現実に適応していくものだが、あなた自身は、社会全体のペースより速く適応することもできる。いますぐに、みずからの行動を変えよう。誰もが新しい生き方の先駆者になれる。私たちの世代は、いま起きつつある変化がもたらす影響の全容を見届けられるほど長く生きることはおそらくないだろう。それでも、人がどのように老い、どれくらい長く生きる可能性があるかは、これから目を見張るほど大きく変わる。その最初の一歩は、あなたから始まるのかもしれない。

エピローグ　愛の力

エバーグリーンの課題はきわめて多岐にわたり、専門的な知識がなければ解決できない問題がいくつも浮上するだろう。いまほど、よい老い方を実践し、未来に投資することが重要だった時代は、過去になかった。その点は、本書でここまで、経済学のツール、人口動態のデータ、科学的な研究結果、哲学者の主張を紹介して論じてきたとおりだ。しかし、その一方で、人間的な要素の重要性も見落としてはならない。第9章で紹介した経済史学者のロバート・フォーゲルが言うところの「スピリチュアルな商品」が果たす役割も大きい。私たちに価値と生き甲斐と幸せをもたらす人間的な活動も不可欠なのだ。

ハーバード大学の研究チームがおこなってきた「成人発達研究」は、1938年に始まり、85年を超えて続いている特筆すべき学術研究だ。この研究では、人々の幸福感がどのように形づくられるのか、どのような要素が幸福をもたらすのか、どうして人生がうまくいかない人がいるのかを明らかにすることを目的に、2つのグループの人たちを追跡調査してきた。まず、ハーバード大学の男子学生268人を対象に調査が始まった。この面々は、飛び抜けたエリートたちと言っていい。のちにこのグループのなかから、アメリカの上院議員選の立候補者が4人、ベストセラー小説家が1人、『ワシントン・ポスト』紙の編集主幹が1人、そしてアメリカ合衆国大統領が1人生まれた。この大統領とは、ジョン・F・ケネディのことである。その後、これよりも恵まれない層の人たちも調査対象に加えられた。主に、ボストンのスラム地区で暮らしていた456人の若い男性たちである。調査対象の人たちが家庭を築くと、調査対象は3世代の2000人以上に拡大した。その間、女性も調査対象に加えられていった。

この研究により、きわめて多様で充実したデータが集まった。人々の健康状態を詳細に描き出す定量データに加えて、感情や対人関係などに関わるエピソードも豊富に入手できたのだ。よい人生を送るための条件を明らかにするうえでは、詳しさの面でも幅広さの面でもきわめて魅力的なデータと言えるだろう。そうしたデータを基に、研究チームが導き出した最大のメッセージは、いたってシンプルなものだった。「科学的な研究によると、健康で幸福な人生を生きたい人が取るべき最善の行動をひとつ挙げるとすれば、それは温かい人間関係をはぐくむことだ。あらゆるタイプの温かい人間関係を築くべきである」[1]というのだ。

充実した人間関係は、人に心の栄養を与えることにより、健康と幸福を保つ効果がある。50年間にわたり60万人以上を調べた研究によると、未婚の人はそうでない人よりも死亡率が約

15％高い。この傾向は、女性よりも男性で際立っているという。[2] しかも、良好な人間関係は寿命を延ばすだけでなく、人の生死を左右する場合もある。高齢のカップルの場合、片方が死亡すると、残されたほうが3カ月以内に死亡するリスクが高まるとわかっている。配偶者に先立たれた人の死亡リスクは66％上昇するのだ。[3]

良好な人間関係は、幸福度を高める効果があるだけでなく、想定外のことの連続である人生に対処するうえでも重要な役割を果たす。人生が長くなれば、紆余曲折や浮き沈みを経験する機会も増える。その点、良好な人間関係をはぐくんでいれば、順調なときが増えるだけでなく、逆境に陥ったときにも対処しやすくなる。

18世紀イギリスの詩人ウィリアム・ブレイクは、「無垢の予兆」という詩で、そうした浮き沈みの経験が人生をより濃淡のあるものにすることを表現している。

人間は喜びと苦しみを味わうようにできている。
そのことを正しく理解していれば
世界を無事に渡っていける。
人生には喜びと苦しみがしっかり織り込まれている。

人間は、ほかの人たちと関わりながら生きる動物だ。ほかの人とのつながりは、私たちの幸せの源になり、人生に生き甲斐をもたらす。家族、パートナー、友人は、私たちが喜びと苦しみに向き合うときに寄り添い、さらには喜びと苦しみをもたらす存在でもある。私たちは、愛する人に先立たれれば、喪失の痛みを感じずにいられない。しかし、運がよければ、そのときまで長く幸せなときを一緒に過ごせるだろう。

本書もいよいよ最終盤に差し掛かり、2年を費やした私の執筆のプロセスも終わりに近づきつつある。長寿をテーマに本を書く経験を通じて、私は多くのことを考えた。その結果として、この2年間あまり一緒に過ごせなかった人たちとじっくり時間を過ごすことを、これまで以上に楽しみに思うようになった。

まず、妻のダイアンと脱稿のお祝いをするのが楽しみだ。ようやく、どのような本に仕上げるか、どのような内容を本に記すかという以外の会話ができる。また、いまオーストラリアで新婚生活を送りながら、精神科医としての難しいキャリアを歩み始めたばかりの娘と会う機会をもっと増やしたい。そして、2人の息子ともっと一緒に過ごし、2人が成長して大人としての人生を生きていくのを見守り、誇らしく感じたい。

ずっと応援してきたサッカーチーム、トッテナム・ホットスパーの試合を観戦するという、シンプルであると同時に複雑な喜びを満喫したいとも思っている。試合の勝敗に関係なく、いちばん古い友人のリチャード——7歳の頃からの付き合いだ——と一緒に応援できれば楽しいだろう。リチャードの息子と私の2人の息子を連れてスタジアムに出掛ければ、父やおじやいとこや友人たちと一緒に応援した日を思い出すに違いない。また、私を楽しませたり、気晴らしをさせてくれたり、原稿について親切なコメントや助言を寄せてくれたりした多くの友人たちと——よいときも悪いときもずっとともにあった人たちと——もっと会いたいと思う。

けれども、大切に思っている人すべてと会うことはかなわない。もし生きていれば、父はいま97歳、母は95歳だった。両親と最後に言葉を交わしてから、ずいぶん長い年数が過ぎた。もしまた2人と話せるなら、私は喜んで多くの代償を払う。双子の兄弟であるデヴィッドのことも忘れるわけにはいかない。生まれてすぐに世を去ったデヴィッドは、いま生きていれば57歳。もし健在だったら、私たちはほかの人とはけっして分かち合えない経験を一緒に重ねてきたことだろう。人間関係が重要なのだとすれば、いま私が夢想したように人口動態のあり方を変えられる可能性があることに、エバーグリーンの課題を追求することの真の価値がある。

アメリカの詩人ロバート・フロストの有名な詩「選ばれなかった道」は、次のように締めくくられている。

森の中で道が2つにわかれていた。そして私は——
私はあまり人が通らないほうの道を選んだ。
それがすべての違いをもたらした。

フロストは、1963年に88歳で世を去るまで長い人生を生きた。1874年生まれの人物としては珍しいことではないが、長い人生の間に多くの喪失を経験した。父親はフロストが11歳のときに死去した。63歳のときには、妻を亡くしている。子どもは6人いたが、そのうち4人はフロストより先に世を去った。1人は生後1日で、もう1人は4歳でコレラにより死に、もう1人は29歳で出産した直後に産褥熱で命を落とした。そして1人は38歳で自殺した。

フロストは85歳のとき、長い人生でどのような教訓を得たかと尋ねられたことがある。その問いにこう答えた。「人生について学んだことのすべては、3つの英単語に集約できる。その言葉とは、It goes on（＝人生は続く）というものだ」。

エバーグリーンの必須課題は、フロストの言葉と重なり合うが、そこにひとつの大きなひねりが加わっている。人生は続く。しかし、それだけでなく、人生はより長く続くようになったのだ。そして、私たちの身近なすべての人にとっても、人生はより長く続くようになる。このような状況は、新しい課題を生み出すが、新しい機会ももたらす。愛する人たちと一緒に過ごせる時間が増えて、大切に思える人と出会える機会も増えるのだ。

謝辞

本を書くというのは、本質的には孤独な作業だ。その点、私がこの本を完成させる過程で非常に多くの人が力になってくれたのは、目を見張ることと言えるだろう。さまざまな視点をもった大勢の人たちが時間を割いて草稿に目を通し、有益なコメントを寄せてくれた。文章に磨きをかけるのを助け、激励と厳しい指摘を寄せてくれた人たちには、感謝の言葉しかない。ダロン・アセモグル、ローラ・カーステンセン、ボビー・ダッフィー、ピーター・フィッシャー、ノリーナ・ハーツ、ラス・ヒル、メフムード・カーン、スリヤ・コルリ、リチャード・ロイド、ジョセバ・マルティネス、ジム・メロン、デヴィッド・マイルズ、ルイーズ・ニュートン、ロバート・ローランド・スミス、アンドリュー・スティール、マイラ・ストローバー、トム・ウィップルに、深く感謝したい。

書籍の執筆は孤独なプロセスかもしれないが、私のこれまでの学術研究はほかの研究者との協働という性格が強かった。多くの才能豊かな人たちとの協働を通じてたくさんのことを学べたことは、私にとって幸運だった。ダロン・アセモグル、ジュリアン・アシュウィン、ジョン・アタグバ、デヴィッド・ブルーム、マーティン・エリソン、リンダ・グラットン、ニコライ・

ミュールバッハ、ジョナサン・オールド、デビッド・シンクレアに、心からの感謝を。

数年前から「ロンジェビティ（長寿）フォーラム」（www.thelongevityforum.com）を私と共同で運営してきたダフィナ・グラプシとジム・メロンには、とくにお礼を言いたい。このフォーラムでは、本書で取り上げたテーマに関する活動と議論を喚起しようとしている。この両名から学んだことは多いが、とりわけ、視野を広げて思考すること、長寿化のあらゆる側面について先入観をもたずに考えることの重要性を学んだ。2人の友情と支援と励ましは、本書の題材を掘り下げて検討するうえで非常に大きな意味をもった。本当に感謝している。本書の内容のなかに興味があるテーマがある人は、フォーラムのウェブサイトをチェックしてみてほしい。毎年恒例の「長寿ウィーク」のイベントやポッドキャストは、とくに有益だろう。

本書のいわば黒幕的な存在としては、ローラ・カーステンセンにもお礼を言わなくてはならない。スタンフォード大学ロンジェビティ（長寿）センターでローラが運営している「ニュー・マップ・オブ・ライフ」からは、大きな刺激を受けた。学術研究のテーマとしての長寿化研究はまだ生まれたばかりの分野だが、深く思考し、誠実に、固定観念なしに知見を披露し、議論する姿勢を貫くローラのような人物と知り合うことは、ひとりの研究者として、そしてひとりの人間として素晴らしい経験だった。ローラは、数々の議論と励まし、そして数多くの――しかし、欲を言えばもっとたくさん一緒に研究したいのだが――協働を通じて、私に喜びをもたらし、長寿化というテーマをさらに深く考えるよう促してくれた。

ベーシック・ブックスのセーラ・カロとエミリー・テーバーにも感謝したい。セーラは一貫して私を激励し、社会のトレンドと個人の必須課題の両方の側面から長寿化の重要性を記した書籍を書くよう後押ししてくれた。草稿が仕上がるのを辛抱強く待ち、締め切りが迫るなかで有益な編集上の意見を寄せてくれたことにお礼を言いたい。エミリーの編集者としての導きも不可欠だった。本の重要な箇所で論理が明晰になるように働きかけ、私のイギリス英語をアメリカ英語に転換するために最善を尽くしてくれた。「老化」を意味する英単語のつづりが「ageing」（イギリス）と「aging」（アメリカ）で異なることを考えると、その作業はとうてい平易なものとは言えなかった。トニー・アレン＝ミルズにも感謝の言葉を送りたい。ただし、この感謝の言葉を記したセンテンスが本人のお眼鏡にかなうかどうかは、いささか心配だ。トニーは原稿のすべての文に目を通して、素晴らしい編集上の助言を寄せ、物書きが備えているべき技術を伝える過程で、赤字で記されるコメントへの恐怖心を私の精神に植えつけた人物なのだ。また、最後の段階で丁寧に全文を読んでくれたマーティン・ブライアントにも感謝の言葉を述べなくてはならない。マーティンは、文章の細部に徹底的に注意を払い、文章の流れをさらに改善する助けになった。

ローラ・ブレント・ウォーカーには、どんなに感謝しても十分でない。研究にせよ、ロンジェビティ（長寿）フォーラムの運営にせよ、出張のスケジュール管理や本書の執筆にせよ、ローラはあらゆる業務を、慌てず騒がず、聡明に、前向きにこなし、いつも私を支えてくれている。ローラがいつかこの本を評価してくれるとうれしい。

私生活では、3人の子どもたちに感謝すべきだろう。ヘレナ、ルイス、キットの存在は、私が長寿化について真剣に考える背中を押した。このテーマに関する子どもたちの意見を聞き、いくつかの議論に対する反応を見ることは、楽しくもあり、勉強にもなった。本書の内容に即して言えば、これもひとつの世代間のコラボレーションと言えるのかもしれない。

最も感謝しなくてはならないのは、私のアメリカ人の家族だ。妻のダイアン、そしてその両親であるエドワードとマリーは、やさしく私を支えてくれている。ダイアンはときどき、この本の執筆がもっと孤独なプロセスだったらよかったのに、と思ったに違いない。執筆がどんな具合に進んでいるか、あるいは進んでいないかという報告を逐一受けていれば、そう感じたとしても無理はない。それでも、目を見張るような芯の強さと鋭い洞察力を発揮し、本書の執筆やその他のことがらで私を励まし続けてくれた。ダイアンがいなければ、本書が完成することはなかっただろう。2人で一緒に100歳まで生きられることを願いたい。

【著者紹介】
アンドリュー・スコット（Andrew Scott）
ロンドン・ビジネススクール経済学教授。ハーバード大学とオックスフォード大学で教鞭を執った経験もある。ロンジェビティ（長寿）フォーラムの共同創設者であり、スタンフォード大学ロンジェビティ（長寿）センターのコンサルティング・スカラーも務める。共著に、世界的なベストセラーになった『LIFE SHIFT（ライフ・シフト）』などがある。ロンドン在住。

【訳者紹介】
池村千秋（いけむら　ちあき）
翻訳者。主な訳書に、『LIFE SHIFT（ライフ・シフト）』『LIFE SHIFT（ライフ・シフト）2』（以上、東洋経済新報社）、『CHANGE 組織はなぜ変われないのか』『ミンツバーグの組織論』（以上、ダイヤモンド社）、『THE POWER OF REGRET』（かんき出版）などがある。

ライフ・シフトの未来戦略
幸福な100年人生の作り方

2025年5月6日発行

著　者——アンドリュー・スコット
訳　者——池村千秋
発行者——山田徹也
発行所——東洋経済新報社
〒103-8345　東京都中央区日本橋本石町 1-2-1
電話＝東洋経済コールセンター　03(6386)1040
https://toyokeizai.net/

カバーデザイン……橋爪朋世
ＤＴＰ…………アイランドコレクション
印　刷…………港北メディアサービス
製　本…………大観社
編集担当………矢作知子
Printed in Japan　　ISBN 978-4-492-31563-7

注

第1章

1. Human Mortality Database, https://www.mortality.org/ [2023年5月25日閲覧]
2. "World Population Prospects 2022," United Nations, Department of Economic and Social Affairs, https://population.un.org/wpp/ [2023年5月25日閲覧]
3. American Academy of Actuaries and Society of Actuaries, Actuaries Longevity Illustrator, https://www.longevityillustrator.org/ [2023年4月14日閲覧]
4. Human Mortality Database, https://www.mortality.org/ [2023年5月25日閲覧]
5. J. Oeppen and J. W. Vaupel, "Broken Limits to Life Expectancy," *Science*, vol. 296, no. 5570, 2002, 1029–31, https://www.science.org/doi/10.1126/science.1069675
6. UN DESA, "World Population Prospects 2022," https://population.un.org/wpp/ [2023年4月14日閲覧]
7. WHO Coronavirus Dashboard, https://covid19.who.int [2023年4月14日閲覧]
8. とくに、次を参照。"The Pandemic's True Death Toll," *The Economist*, October 25, 2022, https://www.economist.com/graphic-detail/coronavirus-excess-deaths-estimates
9. J. M. Arbuto, et al., "Quantifying Impacts of the Covid-19 Pandemic Through Life Expectancy Losses: A Population Level Study of 29 Countries," *International Journal of Epidemiology*, vol. 51, no. 1, 2022, 63–74, https://doi.org10.1093/ije/dyab207
10. Ryan K. Masters, et al., "Changes in Life Expectancy Between 2019 and 2021 in the United States and 21 Peer Countries," medRxiv, June 1, 2022, https://doi.org/10.1101/2022.04.05.22273393
11. Human Mortality Database, https://www.mortality.org/ [2023年5月25日閲覧]
12. Julian Ashwin and Andrew Scott, "International Trends in Senescent Mortality: Implications for Life Expectancy, Lifespan and Lifespan Equality," London Business School, Mimeo 2023.
13. "Life Expectancy in the U.S. Dropped for the Second Year in a Row in 2021," National Center for Health Statistics, August 31, 2022, https://www.cdc.gov/nchs/pressroom/nchs_press_releases/2022/20220831.htm
14. World Bank Open Data, https://data.worldbank.org/indicator/SH.XPD.GHED.PC.CD?view=chart [2023年5月25日閲覧]
15. Raj Chetty, et al., "The Association Between Income and Life Expectancy in the United States, 2001–14," *Journal of the American Medical Association*, vol. 315, no. 6, 2016, 1750–66, https://www.ncbi.nlm.nih.gov/pmc/articles/PMC4866586/
16. Anne Case and Angus Deaton, *Deaths of Despair and the Future of Capitalism*, Princeton, N.J.: Princeton University Press, 2020.(アン・ケース/アンガス・ディー

トン著、松本裕訳『絶望死のアメリカ：資本主義がめざすべきもの』みすず書房、2021年)

17. Human Mortality Database, https://www.mortality.org/ [2023年5月25日閲覧]
18. Jesús-Adrián Alvarez, et al., “Regularities in Human Mortality after Age 105,” *PLoS ONE*, vol. 16, no. 7, July 2021, e0253940, https://doi.org/10.1371/journal.pone.0253940
19. The World's Billionaires, https://en.wikipedia.org/wiki/The_World%27s_Billionaires#:~:text=In%20the%2037th%20annual%20Forbes,and%20%24500%20billion%20from%202022
20. Robert D. Young, “Validated Living Worldwide Supercentenarians 113+, Living and Recently Deceased: February 2022,” *Rejuvenation Research*, vol. 25, no. 1, 2022, https://doi.org/10.1089/rej.2022.0011
21. Alfred, Lord Tennyson, “Homeric Hymn to Aphrodite.,” l. 218.
22. GBD 2019 Dementia Forecasting Collaborators, “Estimation of the Global Prevalence of Dementia in 2019 and Forecasted Prevalence in 2050,” *Lancet Public Health*, vol. 7, no. 2, 2022, e105-125, https://www.thelancet.com/journals/lanpub/article/PIIS2468-2667(21)00249-8/fulltext
23. Frank J. Wolters, et al., “Twenty-Seven-Year Time Trends in Dementia Incidence in Europe and the United States: The Alzheimer Cohorts Consortium,” *Neurology*, vol. 95, no. 5, August 2020, e519-31, https://n.neurology.org/content/95/5/e519
24. 同上。
25. “Cancer Facts and Figures 2021,” American Cancer Society, https://www.cancer.org/content/dam/cancer-org/research/cancer-facts-and-statistics/annual-cancer-facts-and-figures/2021/cancer-facts-and-figures-2021.pdf
26. “Obesity and Overweight,” World Health Organization, https://www.who.int/news-room/fact-sheets/detail/obesity-and-overweight [2023年5月25日閲覧]
27. Andrew Scott, “The Long Good Life,” *IMF Finance and Development*, March 2020, https://www.imf.org/Publications/fandd/issues/2020/03/the-future-of-aging-guide-for-policymakers-scott
28. D. E. Bloom, et al., “Valuing Productive Non-market Activities of Older Adults in Europe and the US,” *De Economist*, vol. 168, no. 2, 2020, 153-81.
29. David G. Blanchflower, “Is Happiness U-shaped Everywhere? Age and Subjective Well-being in 145 Countries,” *Journal of Population Economics*, vol. 34, no. 2, April 2021, 575-624, https://doi.org/10.1007/s00148-020-00797-z

第2章

1. “Ageing and Health,” World Health Organization, https://www.who.int/news-room/fact-sheets/detail/ageing-and-health [2023年5月25日閲覧]

2. T. S. Eliot, “Whispers of Immortality,” in *Collected Poems: 1909–1962*, London: Faber & Faber, 2020.(「霊魂不滅の囁き」T・S・エリオット著、岩崎宗治訳『荒地』岩波文庫、2010年所収)
3. Reuben Ng and Ting Yu Joanne Chow, “Aging Narratives over 210 Years (1810–2020),” *Journals of Gerontology*, Series B, vol. 76, no. 9, 2021, 1799–1807, https://pubmed.ncbi.nlm.nih.gov/33300996/
4. Elizabeth Arias, et al., “United States Life Tables Eliminating Certain Causes of Death, 1999–2001,” *National Vital Statistics Report*, vol. 61, no. 9, May 2013, https://www.cdc.gov/nchs/data/nvsr/nvsr61/nvsr61_09.pdf
5. “Elon Musk Says Humans Trying to Live Longer Would Stop Society from Advancing,” *Independent*, March 27, 2022, https://www.independent.co.uk/news/world/americas/human-life-expectancy-elon-musk-b2044971.html
6. Michel de Montaigne, “On the Length of Life,” in *The Complete Essays* (trans. Michael Screech), Book 1, Chapter 57, Harmondsworth: Penguin, 1991, p. 366(フランス語原典の邦訳は「年齢について」ミシェル・ド・モンテーニュ著、宮下志朗訳『エセー 2』白水社、2007年所収); P. B. Medawar, *An Unsolved Problem in Biology*, London: Lewis, 1951, p. 13.
7. J. F. Kennedy, “Special Message to the Congress on the Needs of the Nation's Senior Citizens,” February 21, 1963, American Presidency Project, https://www.presidency.ucsb.edu/documents/special-message-the-congress-the-needs-the-nations-senior-citizens
8. 「空」「大洋」「旗」「ドル」「妻」「機械」「家庭」「地球」「大学」「バター」。
9. Robert S. Wilson, et al., “Cognitive Activity and Onset Age of Incident Alzheimer Disease Dementia,” *Neurology*, vol. 97, no. 9, August 2021, e922–9, https://doi.org/10.1212/WNL.0000000000012388
10. Kenneth Rockwood and Arnold Mitnitski, “Frailty in Relation to the Accumulation of Deficits,” *Journals of Gerontology*, Series A, vol. 62, no. 7, 2007, 722–7, https://doi.org/10.1093/gerona/62.7.722
11. Arnold Mitnitski, et al., “Relative Fitness and Frailty of Elderly Men and Women in Developed Countries and Their Relationship with Mortality,” *Journal of the American Geriatrics Society*, vol. 53, no. 12, 2005, 2184–9, https://doi.org/10.1111/j.1532-5415.2005.00506.x
12. Ana Lucia Abeliansky and Holger Strulik, “How We Fall Apart: Similarities of Human Aging in 10 European Countries,” *Demography*, vol. 55, no. 1, February 2018, 341–59, https://doi.org/10.1007/s13524-017-0641-8
13. アメリカに関しては次を参照。Morgan E. Levine and Eileen M. Crimmins, “Is 60 the New 50? Examining Changes in Biological Age over the Past Two Decades,”

Demography, vol. 55, no. 2, April 2018, 387–402, https://doi.org/10.1007/s13524-017-0644-5 and Ana Lucia Abeliansky and Holger Strulik, "How We Fall Apart: Similarities of Human Aging in 10 European Countries," *Demography*, vol. 55, no. 1, February 2018, 341–59, https://doi.org/10.1007/s13524-017-0641-8; イングランドに関しては次を参照。Jonathan Old and Andrew Scott, "Healthy Ageing Trends in England between 2002 to 2018: Improving but Slowing and Unequal," *Journal of the Economics of Ageing*, vol. 26, no. 1, 2023, https://doi.org/10.1016/j.jeoa.2023.100470

14. David Boyd Haycock, *Mortal Coil: A Short History of Living Longer*, New Haven, C.T. and London: Yale University Press, 2008.
15. Jillian D'Onfro, "Why Elon Musk Doesn't Want to Live Forever," *Business Insider*, October 7, 2015, https://www.businessinsider.com/why-elon-musk-doesnt-want-to-live-forever-2015-10
16. Céline Ben Hassen, et al., "Association between Age at Onset of Multimorbidity and Incidence of Dementia: 30 Year Follow-up in Whitehall II Prospective Cohort Study," *BMJ*, February 2, 2022, e068005, https://doi.org/10.1136/bmj-2021-068005
17. Jonathan Old and Andrew Scott, "Healthy Ageing Trends in England Between 2002 to 2018: Improving but Slowing and Unequal," *Journal of the Economics of Ageing*, vol. 26, no. 1, 2023, https://doi.org/10.1016/j.jeoa.2023.100470
18. Saul Justin Newman, "Supercentenarian and Remarkable Age Records Exhibit Patterns Indicative of Clerical Errors and Pension Fraud," bioRxiv, May 3, 2020, https://doi.org/10.1101/704080
19. "Obesity Is a Common, Serious, and Costly Disease," Center for Disease Control and Prevention, July 20, 2022, https://www.cdc.gov/obesity/data/adult.html
20. C. M. McCay, et al., "The Effect of Retarded Growth upon the Length of Life Span and upon the Ultimate Body Size, 1935," *Nutrition*, vol. 5, no. 3, 1989, 155–71; discussion 172.
21. Fedor Galkin, et al., "Psychological Factors Substantially Contribute to Biological Aging: Evidence from the Aging Rate in Chinese Older Adults," *Aging*, vol. 14, no. 18, September 2022, 7206–22, https://doi.org/10.18632/aging.204264
22. Solja T. Nyberg, et al., "Association of Healthy Lifestyle with Years Lived without Major Chronic Diseases," *JAMA Internal Medicine*, vol. 180, no. 5, May 2020, 760, https://doi.org/10.1001/jamainternmed.2020.0618

第3章

1. "How Many Excess Deaths in England Are Associated with A&E Delays?," *The Economist*, January 11, 2023, https://www.economist.com/britain/2023/01/11/how-many-excess-deaths-in-england-are-associated-with-a-and-e-delays

2. Andrew J. Scott, M. Ellison, and D. A. Sinclair, "The Economic Value of Targeting Aging," *Nature Aging*, vol. 1, no. 7, July 2021, 616–23, https://doi.org/10.1038/s43587-021-00080-0
3. Simone de Beauvoir, *Old Age*, London: André Deutsch/New York: Weidenfeld & Nicolson, 1972.（フランス語原典の邦訳はシモーヌ・ド・ボーヴォワール著、朝吹三吉訳『老い（上・下）』人文書院、2013年）
4. J. Graham Ruby, et al., "Naked Mole-Rat Mortality Rates Defy Gompertzian Laws by Not Increasing with Age," *ELife*, vol. 7, January 2018, e31157, https://doi.org/10.7554/eLife.31157
5. Yael H. Edrey, et al., "Successful Aging and Sustained Good Health in the Naked Mole Rat: A Long-lived Mammalian Model for Biogerontology and Biomedical Research," *ILAR Journal*, vol. 52, no. 1, 2011, 41–53, https://doi.org/10.1093/ilar.52.1.41
6. Lorna Hughes, "Mum Aged 98 Moves into Care Home to Look after Her 80-Year-Old Son," *Liverpool Echo*, October 29, 2017, http://www.liverpoolecho.co.uk/news/liverpool-news/mum-aged-98-moves-care-13825533
7. Ralf Schaible, et al., "Constant Mortality and Fertility over Age in *Hydra*," *Proceedings of the National Academy of Sciences*, vol. 112, no. 51, December 2015, 15701–6, https://doi.org/10.1073/pnas.1521002112
8. Neil Ferguson, et al., "Impact of Non-pharmaceutical Interventions (NPIs) to Reduce COVID-19 Mortality and Healthcare Demand," 2020, https://www.imperial.ac.uk/media/imperial-college/medicine/sph/ide/gida-fellowships/Imperial-College-COVID19-NPI-modelling-16-03-2020.pdf
9. Barthélémy Bonadio, et al., *Global Supply Chains in the Pandemic*, National Bureau of Economic Research, Working Paper 27224, May 2020, https://doi.org/10.3386/w27224
10. "Healthcare Expenditure, UK Health Accounts Provisional Estimates," Office for National Statistics, https://www.ons.gov.uk/peoplepopulationandcommunity/healthandsocialcare/healthcaresystem/bulletins/healthcareexpenditureukhealthaccountsprovisionalestimates/2021［2023年5月25日閲覧］
11. John Appleby, et al., "NICE's Cost Effectiveness Threshold," *BMJ* Clinical Research Edition, vol. 335, no. 7616, 2007, 358–9, https://doi.org/10.1136/bmj.39308.560069.BE
12. Phoebe Weston, "NHS to Use World's Most Expensive Drug to Treat Spinal Muscular Atrophy," *Guardian*, March 8, 2021, https://www.theguardian.com/society/2021/mar/08/nhs-use-worlds-most-expensive-drug-treat-spinal-muscular-atrophy-zolgensma
13. W. Kip Viscusi, *Pricing Lives: Guideposts for a Safer Society*, Princeton, N.J.: Prince-

ton University Press, 2018.
14. "U.S. Value of Statistical Life (VSL), 2013–22," United States Department of Agriculture.
15. Michael Greenstone and Visham Nigam, "Does Social Distancing Matter?," Becker Friedman Institute, University of Chicago, https://bfi.uchicago.edu/working-paper/2020-26/
16. Kevin M. Murphy and Robert H. Topel, "The Value of Health and Longevity," *Journal of Political Economy*, vol. 114, no. 5, October 2006, 871–904, https://doi.org/10.1086/508033
17. アメリカに関する推計については次を参照。Andrew J. Scott, M. Ellison and D. A. Sinclair, "The Economic Value of Targeting Aging," *Nature Aging*, vol. 1, no. 7, July 2021, 616–23, https://doi.org/10.1038/s43587-021-00080-0及び世界規模の推計については次を参照。Andrew J. Scott, et al., "International Gains to Achieving Healthy Longevity," *Cold Spring Harbor Perspectives in Medicine*, vol. 13, no. 2, February 2023, a041202, https://doi.org/10.1101/cshperspect.a041202
18. R. E. Hall and C. I. Jones, "The Value of Life and the Rise in Health Spending," *Quarterly Journal of Economics*, vol. 122, no. 1, February 2007, 39–72, https://doi.org/10.1162/qjec.122.1.39

第4章

1. Donald A. Henderson, *Smallpox: The Death of a Disease: The inside Story of Eradicating a Worldwide Killer*, New York: Prometheus Books, 2009.
2. "Death Registration Summary Statistics England and Wales: 2022," Office for National Statistics, https://www.ons.gov.uk/peoplepopulationandcommunity/birthsdeathsandmarriages/deaths/articles/deathregistrationsummarystatisticsenglandandwales/2022 [2023年5月25日閲覧]
3. "What Do We Know about Spending Related to Public Health in the U.S. and Comparable Countries?," Peterson-KFF Health System Tracker, https://www.healthsystemtracker.org/chart-collection/what-do-we-know-about-spending-related-to-public-health-in-the-u-s-and-comparable-countries/
4. "Health Care Expenditures," Centers for Disease Control and Prevention, August 8, 2022, https://www.cdc.gov/nchs/hus/topics/health-care-expenditures.htm [2023年5月25日閲覧]
5. Carlyn M. Hood, et al., "County Health Rankings: Relationships Between Determinant Factors and Health Outcomes," *American Journal of Preventive Medicine*, vol. 50, no. 2, 2016, 129–35, https://doi.org/10.1016/j.amepre.2015.08.024
6. David U. Himmelstein and Steffie Woolhandler, "Public Health's Falling Share of US

Health Spending," *American Journal of Public Health*, vol. 106, no. 1, 2016, 56–7, https://doi.org/10.2105/AJPH.2015.302908

7. Prabhat Jha, et al., "21st-Century Hazards of Smoking and Benefits of Cessation in the United States," *New England Journal of Medicine*, vol. 368, no. 4, 2013, 341–50, https://doi.org/10.1056/NEJMsa1211128; H. Brønnum-Hansen and K. Juel, "Abstention from Smoking Extends Life and Compresses Morbidity: A Population Based Study of Health Expectancy Among Smokers and Never Smokers in Denmark," *Tobacco Control*, vol. 10, no. 3, 2001, 273–8, https://doi.org/10.1136/tc.10.3.273
8. Prabhat Jha, "Avoidable Global Cancer Deaths and Total Deaths from Smoking," *Nature Reviews Cancer*, vol. 9, no. 9, 2009, 655–64, https://doi.org/10.1038/nrc2703
9. "Death Rate from Smoking, 1990 to 2019," Our World in Data, https://ourworldindata.org/grapher/death-rate-smoking?country=FRA~CAF~USA
10. Hannah Ritchie and Max Roser, "Smoking," Our World in Data, May 2013, https://ourworldindata.org/smoking［2023年5月25日閲覧］
11. Jos Lelieveld, et al., "Loss of Life Expectancy from Air Pollution Compared to Other Risk Factors: A Worldwide Perspective," *Cardiovascular Research*, vol. 116, no. 11, 2020, 1910–17, https://doi.org/10.1093/cvr/cvaa025; "Air Pollution: Cognitive Decline and Dementia," UK Health Security Agency, July 25, 2022, https://www.gov.uk/government/publications/air-pollution-cognitive-decline-and-dementia［2023年5月25日閲覧］
12. Noreena Hertz, *The Lonely Century: How Isolation Imperils Our Future*, London: Sceptre, 2020.（ノリーナ・ハーツ著、藤原朝子訳『THE LONELY CENTURY：なぜ私たちは「孤独」なのか』ダイヤモンド社、2021年）
13. Prospective Studies Collaboration, et al., "Body-mass Index and Cause-specific Mortality in 900,000 Adults: Collaborative Analyses of 57 Prospective Studies," *Lancet*, vol. 373, no. 9669, 2009, 1083–96, https://doi.org/10.1016/S0140-6736(09)60318-4
14. "Submission to the Marmot Review: Overall Costs of Health Inequalities," Frontier Economics, February 2010, https://www.instituteofhealthequity.org/file-manager/FSHLrelateddocs/overall-costs-fshl.pdf
15. Danny Sullivan, "Sir John Bell: 'No Health System in the World is Currently Sustainable,'" Longevity.Technology, November 2022, https://longevity.technology/news/sir-john-bell-no-health-system-in-the-world-is-currently-sustainable/
16. "5 Things You Need to Know About the Battle of the Somme," Imperial War Museums, https://www.iwm.org.uk/history/5-things-you-need-to-know-about-the-battle-of-the-somme［2023年10月25日閲覧］
17. "Living Longer: Caring in Later Working Life," Office for National Statistics, March

15, 2019, https://www.ons.gov.uk/peoplepopulationandcommunity/birthsdeathsandmarriages/ageing/articles/livinglongerhowourpopulationischangingandwhyitmatters/2019-03-15［2023年5月25日閲覧］
18. *The Long Term Conditions Year of Care Commissioning Programme Implementation Handbook*, Department of Health, HMSO, 2017, https://www.england.nhs.uk/publication/the-long-term-conditions-year-of-care-commissioning-programme-implementation-handbook/
19. Apoorva Rama, "National Health Expenditures, 2020: Spending Accelerates Due to Spike in Federal Government Expenditures Related to the COVID-19 Pandemic," American Medical Association, 2022, https://www.ama-assn.org/system/files/prp-annual-spending-2020.pdf
20. "What Do We Know About Spending Related to Public Health in the U.S. and Comparable Countries?," Peterson-KFF Health System Tracker, https://www.healthsystemtracker.org/chart-collection/what-do-we-know-about-spending-related-to-public-health-in-the-u-s-and-comparable-countries/
21. Dr. Louise Newson, *Preparing for the Perimenopause and the Menopause*, London: Penguin Life, 2021.
22. Rossella E. Nappi, et al., "Menopause: A Cardiometabolic Transition," *Lancet, Diabetes & Endocrinology*, vol. 10, no. 6, 2022, 442–56, https://doi.org/10.1016/S2213-8587(22)00076-6
23. "Speech by Mr Ong Ye Kung, Minister for Health, at the Ministry of Health Committee of Supply Debate 2022," March 9, 2022, Ministry of Health, Singapore, https://www.moh.gov.sg/news-highlights/details/speech-by-mr-ong-ye-kung-minister-for-health-at-the-ministry-of-health-committee-of-supply-debate-2022
24. Carlos López-Otín, et al., "The Hallmarks of Aging," *Cell*, vol. 153, no. 6, 2013, 1194–217, https://doi.org/10.1016/j.cell.2013.05.039; 次の研究では老化の特徴をさらに3つ付け加えている。Carlos López-Otín, et al., "Hallmarks of Aging: An Expanding Universe," *Cell*, vol. 186, no. 2, January 2023, 243–78, https://doi.org/10.1016/j.cell.2022.11.001
25. 以下を参照。David A. Sinclair and Matthew D. LaPlante, *Lifespan: Why We Age and Why We Don't Have To*, New York: Atria Books, 2019（デビッド・A・シンクレア／マシュー・D・ラプラント著、梶山あゆみ訳『LIFESPAN：老いなき世界』東洋経済新報社、2020年）; Andrew Steele, *Ageless: The New Science of Getting Older Without Getting Old*, New York: Doubleday, 2020（アンドリュー・スティール著、依田卓巳／草次真希子／田中的訳『AGELESS：「老いない」科学の最前線』NewsPicksパブリッシング、2022年）; and Nir Barzilai and Toni Robino, *Age Later: Health Span, Life Span, and the New Science of Longevity*, New York: St. Martin's Press,

2020.（ニール・バルジライ／トニ・ロビーノ著、牛原眞弓訳『SUPERAGERS：老化は治療できる』CCCメディアハウス、2021年）
26. Kazutoshi Takahashi and Shinya Yamanaka, "Induction of Pluripotent Stem Cells from Mouse Embryonic and Adult Fibroblast Cultures by Defined Factors," *Cell*, vol. 126, no. 4, 2006, 663–76, https://doi.org/10.1016/j.cell.2006.07.024
27. C. Kenyon, et al., "A *C. elegans* Mutant that Lives Twice as Long as Wild Type," *Nature*, vol. 366, no. 6454, 1993, 461–4, https://doi.org/10.1038/366461a0
28. Tad Friend, "Silicon Valley's Quest to Live Forever," *New Yorker*, March 27, 2017, https://www.newyorker.com/magazine/2017/04/03/silicon-valleys-quest-to-live-forever
29. David A. Sinclair and Matthew D. LaPlante, *Lifespan: Why We Age and Why We Don't Have To*, New York: Atria Books, 2019.（デビッド・A・シンクレア／マシュー・D・ラプラント著、梶山あゆみ訳『LIFESPAN：老いなき世界』東洋経済新報社、2020年）
30. David Appell, "Methuselah Man," *MIT Technology Review*, April 9, 2004, https://www.technologyreview.com/2004/04/09/233020/methuselah-man/
31. Steve Horvath, "DNA Methylation Age of Human Tissues and Cell Types," *Genome Biology*, vol. 14, no. 10, 2013, R115, https://doi.org/10.1186/gb-2013-14-10-r115
32. Ingrid Torjesen, "Drug Development: The Journey of a Medicine from Lab to Shelf," *Pharmaceutical Journal*, May 12, 2015, https://pharmaceutical-journal.com/article/feature/drug-development-the-journey-of-a-medicine-from-lab-to-shelf
33. Oliver J. Wouters, et al., "Estimated Research and Development Investment Needed to Bring a New Medicine to Market, 2009–2018," *JAMA*, vol. 323, no. 9, 2020, 844–53, https://doi.org/10.1001/jama.2020.1166
34. Ameya S. Kulkarni, et al., "Benefits of Metformin in Attenuating the Hallmarks of Aging," *Cell Metabolism*, vol. 32, no. 1, 2020, 15–30, https://doi.org/10.1016/j.cmet.2020.04.001
35. Kiran Rabheru, et al., "How 'Old Age' Was Withdrawn as a Diagnosis from ICD-11," *Lancet, Healthy Longevity*, vol. 3, no. 7, 2022, e457–e459, https://doi.org/10.1016/S2666-7568 (22) 00102-7
36. 以下に引用。Sarah Sloat, "The Debate Over Whether Aging is a Disease Rages On," *MIT Technology Review*, October 19, 2022, https://www.technologyreview.com/2022/10/19/1061070/is-old-age-a-disease/#:~:text=Sinclair%20is%20also%20concerned%20about,in%20itself%2C"%20he%20says
37. Nir Barzilai, et al., "Metformin as a Tool to Target Aging," *Cell Metabolism*, vol. 23, no. 6, 2016, 1060–5, https://doi.org/10.1016/j.cmet.2016.05.011
38. Bruce A. Carnes and S. Jay Olshansky, *The Quest for Immortality: Science at the*

Frontiers of Aging, New York: W. W. Norton, 2002, p. 13.（S・ジェイ・オルシャンスキー／ブルース・A・カーンズ著、越智道雄訳『長生きするヒトはどこが違うか？：不老と遺伝子のサイエンス』春秋社、2002年）

39. Jae-Hyun Yang, et al.,"Loss of Epigenetic Information as a Cause of Mammalian Aging," *Cell*, vol. 186, no. 2, 2023, 305–26.e27, https://doi.org/10.1016/j.cell.2022.12.027
40. 以下に引用。Marissa Taylor, "A 'Fountain of Youth' Pill? Sure, if You're a Mouse," KFF Health News, February 11, 2019, https://kffhealthnews.org/news/a-fountain-of-youth-pill-sure-if-youre-a-mouse/#:~:text="None%20of%20this%20is%20ready, Institute%20on%20Aging%20at%20NIH
41. Sam Shead, "Silicon Valley's Quest to Live Forever Could Benefit Humanity as a Whole—Here's Why," CNBC, September 21, 2021, https://www.cnbc.com/2021/09/21/silicon-valleys-quest-to-live-forever-could-benefit-the-rest-of-us.html
42. Nic Fleming, "Scientists Up Stakes in Bet on Whether Humans Will Live to 150," *Nature*, October 2016, www.nature.com, https://doi.org/10.1038/nature.2016.20818

第5章

1. "'I'm Going to Work Until I Die': The New Reality of Old Age in America," *Denver Post,* September 30, 2017, https://www.denverpost.com/2017/09/29/retirement-age-rising/
2. "Labor Force Statistics from the Current Population Survey," U.S. Bureau of Labor Statistics, https://www.bls.gov/cps/cpsaat03.htm［2023年5月25日閲覧］
3. "Pensions at a Glance 2021: OECD and G20 Indicators," OECD, 2021, https://www.oecd.org/publications/oecd-pensions-at-a-glance-19991363.htm
4. Gila Bronshtein, et al., "The Power of Working Longer," *Journal of Pension Economics and Finance*, vol. 18, no. 4, October 2019, 623–44, https://doi.org/10.1017/S1474747219000088
5. Samuel Beckett, *The Unnamable*, New York: Grove Press, 1978.（フランス語原典の邦訳はサミュエル・ベケット著、安藤元雄訳『名づけえぬもの』白水社、1995年）
6. David E. Bloom, et al., "Valuing Productive Non-market Activities of Older Adults in Europe and the US," *De Economist*, vol. 168, no. 2, June 2020, 153–81, https://doi.org/10.1007/s10645-020-09362-1
7. "Working Later in Life Can Pay Off in More than Just Income," *Harvard Health*, June 1, 2018, https://www.health.harvard.edu/staying-healthy/working-later-in-life-can-pay-off-in-more-than-just-income
8. Lisa F. Berkman and Beth Truesdale (eds.), *Overtime: America's Aging Workforce and the Future of Working Longer*, New York: Oxford University Press, 2022.

9. Andrew Scott, "The Long Good Life," IMF Finance and Development, March 2020, https://www.imf.org/Publications/fandd/issues/2020/03/the-future-of-aging-guide-for-policymakers-scott
10. Marc Freedman, *How to Live Forever: The Enduring Power of Connecting the Generations*, New York: PublicAffairs, 2018.
11. Katalin Bodnár and Carolin Nerlich, *The Macroeconomic and Fiscal Impact of Population Ageing*, Frankfurt: European Central Bank, 2022.
12. Charles A. E. Goodhart and Manoj Pradhan, *The Great Demographic Reversal: Ageing Societies, Waning Inequality, and an Inflation Revival*, London: Palgrave Macmillan, 2020.（チャールズ・グッドハート／マノジ・プラダン著、澁谷浩訳『人口大逆転：高齢化、インフレの再来、不平等の縮小』日本経済新聞出版、2022年）
13. インフレ調整済みということは、実質金利、つまり名目金利からインフレ率を差し引いた値であることを意味する。もし金利が5%で、インフレ率が1%だとすると、実質金利は4%ということになる。この場合、100ドルのお金を金利5%で1年間投資すれば、105ドルになる。しかし、インフレ率が1%なので、1年前に100ドルで買えたものが101ドルするようになっている。したがって、投資の実質的なリターンは4ドル、つまり4%ということになる。1年前に100ドルで売られていたものを購入しても、まだ4ドル残るのだ。
14. Andrew Bailey, "The Economic Landscape: Structural Change, Global R* and the Missing-Investment Puzzle," 2022年7月12日OMFIFにおけるスピーチ［2023年5月25日閲覧］, https://www.bankofengland.co.uk/speech/2022/july/andrew-bailey-speech-at-omfif-the-economic-landscape
15. Richard Johnson, et al., "How Secure is Employment at Older Ages?," Urban Institute Research Report, 2018, https://www.urban.org/sites/default/files/publication/99570/how_secure_is_employment_at_older_ages_2.pdf
16. Lisa Berkman and Beth. C. Truesdale (eds.), *Overtime: America's Aging Workforce and the Future of Working Longer*, New York: Oxford University Press, 2022.
17. Andrew J. Scott and Lynda Gratton, *The New Long Life: A Framework for Flourishing in a Changing World*, London: Bloomsbury, 2021.（アンドリュー・スコット／リンダ・グラットン著、池村千秋訳『LIFE SHIFT2：100年時代の行動戦略』東洋経済新報社、2021年）
18. Dora L. Costa, *The Evolution of Retirement: An American Economic History, 1880–1990*, Chicago: University of Chicago Press, 1998.
19. Lynda Gratton and Andrew Scott, *The 100-Year Life: Living and Working in an Age of Longevity*, London: Bloomsbury Business, 2016.（リンダ・グラットン／アンドリュー・スコット著、池村千秋訳『LIFE SHIFT（ライフ・シフト）：100年時代の人生戦略』東洋経済新報社、2016年）

20. David E. Bloom, et al., "Optimal Retirement with Increasing Longevity," *Scandinavian Journal of Economics*, vol. 116, no. 3, 2014, 838–58, http://www.jstor.org/stable/43673663［2023年5月25日閲覧］
21. Michaël Boissonneault and Paola Rios, "Changes in Healthy and Unhealthy Working-Life Expectancy over the Period 2002–17: A Population-based Study in People Aged 51–65 Years in 14 OECD Countries," *Lancet, Healthy Longevity,* vol. 2, no. 10, 2021, e629–e638. https://doi.org/10.1016/S2666-7568(21)00202-6
22. "Chart Book: Social Security Disability Insurance," Center on Budget and Policy Priorities, https://www.cbpp.org/research/social-security/social-security-disability-insurance-0［2023年5月25日閲覧］
23. 実際にはそれほど単純ではない。所得が増加すれば、余暇への需要が高まることは事実だが、これとは逆の効果も生まれる。それは、経済学の世界で「代替効果」という言葉で説明される現象だ。給料が高くなるほど、仕事をせずに時間を過ごす場合に儲けそこなう金額が大きくなる。その点で、所得の増加は、余暇の需要に関して2つの相矛盾する影響をもたらす。したがって、純粋な所得増の効果が代替効果を上回ってはじめて、所得の増加により、余暇の時間が増える。
24. この項の記述は以下の研究に大きく依拠している。Daron Acemoglu, Nicolaj Mühlbach, and Andrew J. Scott, "The Rise of Age-friendly Jobs," *Journal of the Economics of Ageing*, vol. 23, October 2022, 100416, https://doi.org/10.1016/j.jeoa.2022.100416
25. John Ameriks, et al., "Older Americans Would Work Longer if Jobs Were Flexible," *American Economic Journal: Macroeconomics*, vol. 12, no. 1, January 2020, 174–209, https://doi.org/10.1257/mac.20170403; Peter Hudomiet, et al., "The Effects of Job Characteristics on Retirement," RAND Corporation, 2019, https://doi.org/10.7249/WR1321; Nicole Maestas, et al., "The Value of Working Conditions in the United States and Implications for the Structure of Wages," National Bureau of Economic Research, October 2018, https://doi.org/10.3386/w25204
26. Nicole Maestas, et al., "The Value of Working Conditions in the United States and Implications for the Structure of Wages," National Bureau of Economic Research, October 2018, https://doi.org/10.3386/w25204
27. Daron Acemoglu, Nicolaj Mühlbach, and Andrew J. Scott, "The Rise of Age-friendly Jobs," *Journal of the Economics of Ageing*, vol. 23, October 2022, 100416, https://doi.org/10.1016/j.jeoa.2022.10146
28. Claudia Dale Goldin, *Career and Family: Women's Century-long Journey Toward Equity*, Princeton, N.J.: Princeton University Press, 2021.（クラウディア・ゴールディン著、鹿田昌美訳『なぜ男女の賃金に格差があるのか：女性の生き方の経済学』慶應義塾大学出版会、2023年）
29. Daron Acemoglu, Nicolaj Mühlbach, and Andrew J. Scott, "The Rise of Age-friendly

Jobs," *Journal of the Economics of Ageing*, vol. 23, October 2022, 100416, https://doi.org/10.1016/j.jeoa.2022.10146
30. Daron Acemoglu and Pascual Restrepo, "Demographics and Automation," *Review of Economic Studies*, vol. 89, no. 1, January 2022, 1–44, https://doi.org/10.1093/restud/rdab031
31. Andrew J. Scott and Lynda Gratton, *The New Long Life: A Framework for Flourishing in a Changing World*, London: Bloomsbury, 2021.（アンドリュー・スコット／リンダ・グラットン著、池村千秋訳『LIFE SHIFT（ライフ・シフト）2：100年時代の行動戦略』東洋経済新報社、2021年）
32. Carlo Pizzinelli, et al., "Why Jobs are Plentiful While Workers are Scarce," International Monetary Fund, January 19, 2022, https://blogs.imf.org/2022/01/19/why-jobs-are-plentiful-while-workers-are-scarce/［2023年5月25日閲覧］
33. S. G. Allen, "Demand for Older Workers: What Do We Know? What Do We Need to Learn?," *Journal of the Economics of Ageing*, vol. 24, February 2023, 100414, https://doi.org/10.1016/j.jeoa.2022.100414
34. Julian Birkinshaw, et al., "Older and Wiser? How Management Style Varies with Age," *MIT Sloan Management Review*, May 28, 2019, https://sloanreview.mit.edu/article/older-and-wiser-how-management-style-varies-with-age/
35. M. Packalen and J. Bhattacharya, "Age and the Trying Out of New Ideas," *Journal of Human Capital*, vol. 13, no. 2, Summer 2019, 341–73, https://doi.org/10.1086/703160
36. Charles I. Jones, "The Past and Future of Economic Growth: A Semi-endogenous Perspective," *Annual Review of Economics*, vol. 14, no. 1, August 2022, 125–52, https://doi.org/10.1146/annurev-economics-080521-012458
37. Benjamin F. Jones, "Age and Great Invention," *Review of Economics and Statistics*, vol. 92, no. 1, February 2010, 1–14, https://doi.org/10.1162/rest.2009.11724
38. Paul Millerd, "The Boomer Blockade: How One Generation Reshaped the Workforce and Left Everyone Behind," Boundless, https://think-boundless.com/the-boomer-blockade/#:~:text=So%20did%20the%20trend%20of%20younger%20company%20leaders%20continue%3F
39. Ben Lindbergh, "The Golden Age of the Aging Actor," *The Ringer*, June 27, 2022, https://www.theringer.com/movies/2022/6/27/23181232/old-actors-aging-tom-cruise-top-gun-maverick

第6章

1. "Monthly Statistical Snapshot, April 2023," Social Security Administration, https://www.ssa.gov/policy/docs/quickfacts/stat_snapshot/［2023年5月25日閲覧］

2. “Retirement and Investments” in “Economic Well-Being of U.S. Households in 2021,” Board of Governors of the Federal Reserve System, https://www.federalreserve.gov/publications/2022-economic-well-being-of-us-households-in-2021-retirement.htm [2023年5月25日閲覧]
3. “Analysis of Future Pension Incomes,” Department for Work and Pensions, March 3, 2023, https://www.gov.uk/government/statistics/analysis-of-future-pension-incomes/ [2023年5月25日閲覧]
4. “Solving the Global Pension Crisis,” World Economic Forum, December 16, 2019, https://www.weforum.org/impact/solving-the-global-pension-crisis/
5. Luna Classic, https://www.coindesk.com/price/luna-classic/ [2023年5月25日閲覧]
6. Coinbase, https://www.coinbase.com/price/terra-luna#:~:text=The%20current%20price%20is%20%240.000084,circulating%20supply%20is%205%2C856%2C960%2C665%2C876.197%20LUNA [2023年6月2日閲覧]
7. 1987年の講演での発言。以下に引用。David L. Goodstein, “Richard P. Feynman, Teacher,” *Physics Today*, vol. 42, no. 2, February 1989, pp. 70–5, p. 73, republished in Richard P. Feynman, *Six Easy Pieces*, New York: Basic Books, 1995.
8. “We'll Live to 100—How Can We Afford It?,” World Economic Forum, May 26, 2017, https://www.weforum.org/whitepapers/we-ll-live-to-100-how-can-we-afford-it/
9. “Whole of Government Accounts, 2019–20,” HM Treasury, https://www.gov.uk/government/publications/whole-of-government-accounts-2019-20 [2023年5月25日閲覧]
10. “CalPERS Announces Preliminary Net Investment Return of -6.1% for the 2021–22 Fiscal Year,” CalPERS, https://www.calpers.ca.gov/page/newsroom/calpers-news/2022/calpers-preliminary-investment return-2021-22 [2023年5月25日閲覧]
11. Anthony Randazzo, “Unfunded Liabilities for State Pension Plans in 2022,” Equable, September 14, 2022, https://equable.org/unfunded-liabilities-for-state-pension-plans-2022/
12. “Social Protection for Older Women and Men: Pensions and Other Non-health Benefits,” International Labour Organization, 2021, https://www.ilo.org/global/research/global-reports/world-social-security-report/2020-22/WCMS_821426/lang--en/index.htm [2023年10月25日閲覧]
13. “How to Fix the Gender Pension Gap,” World Economic Forum, September 27, 2021, https://www.weforum.org/agenda/2021/09/how-to-fix-the-gender-pension-gap/
14. Travis Mitchell, “4. Retirement, Social Security and Long-term Care,” Pew Research Center's Social & Demographic Trends Project, March 21, 2019, https://www.pewresearch.org/social-trends/2019/03/21/retirement-social-security-and-long-term-care/

15. “Occupational Outlook,” U.S. Bureau of Labor Statistics, https://www.bls.gov/ooh/business-and-financial/personal-financial-advisors.htm [2023年5月25日閲覧]
16. “Global Pension Statistics,” OECD, https://www.oecd.org/finance/private-pensions/globalpensionstatistics.htm [2023年5月25日閲覧]
17. Olivia S. Mitchell and Annamaria Lusardi, “Financial Literacy and Economic Outcomes: Evidence and Policy Implications,” *Journal of Retirement*, vol. 3, no. 1, June 2015, 107–14, https://doi.org/10.3905/jor.2015.3.1.107
18. “Survey of Consumer Finances (SCF),” Board of Governors of the Federal Reserve System, https://www.federalreserve.gov/econres/scfindex.htm [2023年5月25日閲覧]
19. “Life Expectancy Comparison in 2021,” SOA Research Institute, https://www.soa.org/globalassets/assets/files/resources/research-report/2019/life-expectancy.pdf [2023年5月25日閲覧]
20. “Financial Literacy, Longevity Literacy, and Retirement Readiness,” TIAA Institute, January 12, 2023, https://www.tiaa.org/public/institute/publication/2023/financial_literacy_longevity_literacy_and_retirement_readiness
21. “Distribution of Household Wealth in the U.S. since 1989,” Board of Governors of the Federal Reserve System, https://www.federalreserve.gov/releases/z1/dataviz/dfa/distribute/table/#quarter:131;series:Net%20worth;demographic:generation;population:all;units:shares [2023年5月25日閲覧]
22. “Insurance Industry at a Glance,” Insurance Information Institute, https://www.iii.org/publications/insurance-handbook/introduction/insurance-industry-at-a-glance
23. “Actuaries Longevity Illustrator,” https://www.longevityillustrator.org/ [2023年5月25日閲覧]
24. Atul Gawande, *Being Mortal: Illness, Medicine and What Matters in the End*, London: Profile, 2015.（アトゥール・ガワンデ著、原井宏明訳『死すべき定め：死にゆく人に何ができるか』みすず書房、2016年）
25. Moshe Arye Milevsky, *King William's Tontine: Why the Retirement Annuity of the Future Should Resemble Its Past*, Cambridge: Cambridge University Press, 2015; Moshe Arye Milevsky, *Longevity Insurance for a Biological Age: Why Your Retirement Plan Shouldn't Be Based on the Number of Times You Circled the Sun*, privately published 2019; Kent McKeever, “A Short History of Tontines,” *Fordham Corporate and Financial Law Review*, vol. 15, 2010, 491–521.
26. David R. Weir, “Tontines, Public Finance, and Revolution in France and England, 1688–1789,” *Journal of Economic History*, vol. 49, no. 1, 1989, 95–124, http://www.jstor.org/stable/2121419
27. “US: Average Annual Costs of Long-term Care Services 2021,” Statista, https://www.statista.com/statistics/310446/annual-median-rate-of-long-term-care-services-

in-the-us/ [2023年5月25日閲覧]
28. "Global Longevity Economy Outlook," AARP, https://www.aarp.org/content/dam/aarp/research/surveys_statistics/econ/2022/global-longevity-economy-report.doi.10.26419-2Fint.00052.001.pdf [2023年5月25日閲覧]
29. "Maximising the Longevity Dividend," International Longevity Centre UK, December 5, 2019, https://ilcuk.org.uk/maximising-the-longevity-dividend/
30. Chris Weller, "9 Signs Japan Has Become a 'Demographic Time Bomb,'" *Business Insider*, January 5, 2018, https://www.businessinsider.com/signs-japan-demographic-time-bomb-2017-3

第7章

1. "One in Seven Britons Expect to Live to Be 100 Years Old, Down by a Third Since 2019," IPSOS Mori, November 14, 2022, https://www.ipsos.com/en-uk/one-seven-britons-expect-live-be-100-years-old-down-third-2019
2. Jorge Luis Borges, "The Immortals," in *The Aleph and Other Stories* (trans. Andrew Hurley), London: Penguin Classics, 2000. (スペイン語原典の邦訳は「不死の人」J・L・ボルヘス著、鼓直訳『アレフ』岩波書店、2017年所収)
3. Simone de Beauvoir, *Old Age* (trans. Patrick O'Brian), London: André Deutsch, 1972, p. 541. (フランス語原典の邦訳はシモーヌ・ド・ボーヴォワール著、朝吹三吉訳『老い(上・下)』人文書院、2013年)
4. Becca R. Levy, et al., "Longevity Increased by Positive Self perceptions of Aging," *Journal of Personality and Social Psychology*, vol. 83, no. 2, 2002, 261–70, https://doi.org/10.1037/0022-3514.83.2.261
5. Johann Peter Eckermann (ed.), *Conversations of Goethe*, New York: Da Capo Press, 1998. (エッカーマン著、山下肇訳『ゲーテとの対話(上・中・下)』岩波書店、1968–1969年)
6. Stephen Cave, *Immortality: The Quest to Live Forever and How it Drives Civilization*, New York: Crown, 2012. (スティーヴン・ケイヴ著、柴田裕之訳『ケンブリッジ大学・人気哲学者の「不死」の講義:「永遠の命」への本能的欲求が、人類をどう進化させたのか?』日経BP、2021年)
7. Bertrand Russell, "How to Grow Old," in *Portraits from Memory and Other Essays*, Nottingham: Spokesman Books, 1995. (バートランド・ラッセル著、中村秀吉訳『自伝的回想』みすず書房、2002年)
8. Philippe Ariès, *Centuries of Childhood: A Social History of Family Life*, London: Vintage, 1962. (フランス語原典の邦訳はフィリップ・アリエス著、杉山光信/杉山恵美子訳『〈子供〉の誕生:アンシャン・レジーム期の子供と家族生活』みすず書房、1980年)

9. Jeffrey Jensen Arnett, *Adolescence and Emerging Adulthood: A Cultural Approach*, 5th edition, Harlow, Essex: Pearson, 2013.
10. Patricia Cohen, *In Our Prime: The Invention of Middle Age*, New York: Scribner, 2012.
11. Barbara Lawrence, "The Myth of the Midlife Crisis," *Sloan Management Review*, vol. 21, no. 4, 1980, 35.
12. David Neumark, et al., "Is It Harder for Older Workers to Find Jobs? New and Improved Evidence from a Field Experiment," *Journal of Political Economy*, vol. 127, no. 2, April 2019, 922–70, https://doi.org/10.1086/701029
13. "Educational Attainment in the United States: 2021," US Census Bureau, https://www.census.gov/data/tables/2021/demo/educational-attainment/cps-detailed-tables.html［2023年5月25日閲覧］
14. "The Economic Impact of Age Discrimination," AARP, 2020, https://www.aarp.org/content/dam/aarp/research/surveys_statistics/econ/2020/impact-of-age-discrimination.doi.10.26419-2Fint.00042.003.pdf
15. "The Longevity Economy Outlook," AARP, 2019, https://www.aarp.org/content/dam/aarp/research/surveys_statistics/econ/2019/longevity-economy-outlook.doi.10.26419-2Fint.00042.001.pdf
16. Uwe Sunde, "Age, Longevity, and Preferences," *Journal of the Economics of Ageing*, vol. 24, February 2023, 100427, https://doi.org/10.1016/j.jeoa.2022.100427
17. Tom R. Tyler and Regina A. Schuller, "Aging and Attitude Change," *Journal of Personality and Social Psychology*, vol. 61, no. 5, 1991, 689–97, https://doi.org/10.1037/0022-3514.61.5.689
18. Osea Giuntella, et al., "The Midlife Crisis," *Economica*, vol. 90, no. 357, 2023, 65–110, https://doi.org/10.1111/ecca.12452
19. Laura L. Carstensen, et al., "Age Advantages in Emotional Experience Persist Even Under Threat from the COVID-19 Pandemic," *Psychological Scienc*e, vol. 31, no. 11, November 2020, 1374–85, https://doi.org/10.1177/0956797620967261
20. Pat Thane (ed.), *The Long History of Old Age*, vol. 1, London: Thames & Hudson, 2005.（パット・セイン編、木下康仁訳『老人の歴史』東洋書林、2009年）
21. Corinna E. Löckenhoff, et al., "Perceptions of Aging Across 26 Cultures and Their Culture-level Associates," *Psychology and Aging*, vol. 24, no. 4, 2009, 941–54, https://doi.org/10.1037/a0016901
22. John W. Rowe and Robert L. Kahn, "Human Aging: Usual and Successful," *Science*, vol. 237, no. 4811, July 1987, 143–9, https://doi.org/10.1126/science.3299702
23. Human Mortality Database, https://www.mortality.org/［2023年5月25日閲覧］
24. Warren C. Sanderson and Sergei Scherbov, *Prospective Longevity: A New Vision of*

Population Aging, Cambridge, M.A.: Harvard University Press, 2019.
25. Steven Pinker, *The Language Instinct*, New York: Harper Perennial, 1995.（スティーブン・ピンカー著、椋田直子訳『言語を生みだす本能（上・下）』NHK出版、1995年）
26. Jon Elster, *Reason and Rationality*, Princeton, N.J.: Princeton University Press, 2009.
27. David Edmonds, *Parfit: A Philosopher and His Mission to Save Morality*, Princeton, N.J.: Princeton University Press, 2023.
28. David Edmonds, "Reason and Romance: The World's Most Cerebral Marriage," *Prospect*, July 17, 2014, https://www.prospectmagazine.co.uk/ideas/philosophy/46516/reason-and-romance-the-worlds-most-cerebral-marriage
29. Derek Parfit, *Reasons and Persons*, Oxford: Oxford University Press, 1986, p. 281.（デレク・パーフィット著、森村進訳『理由と人格：非人格性の倫理へ』勁草書房、1998年）

第8章

1. Karl Mannheim, "The Problem of Generations," 1922, https://marcuse.faculty.history.ucsb.edu/classes/201/articles/27MannheimGenerations.pdf
2. Corinna E. Löckenhoff, et al., "Perceptions of Aging Across 26 Cultures and Their Culture-level Associates," *Psychology and Aging*, vol. 24, no. 4, 2009, 941–54, https://doi.org/10.1037/a0016901
3. Life Expectancy Calculator, Office for National Statistics, https://www.ons.gov.uk/peoplepopulationandcommunity/healthandsocialcare/healthandlifeexpectancies/articles/lifeexpectancycalculator/2019-06-07［2023年5月26日閲覧］
4. "Age and Voting Behaviour at the 2019 General Election," British Election Study, January 27, 2021, https://www.britishelectionstudy.com/bes-findings/age-and-voting-behaviour-at-the-2019-general-election/#.Y_3ZXC-l2X0; Charles Franklin, "Age and Voter Turnout," Medium, February 25, 2018, https://medium.com/@PollsAndVotes/age-and-voter-turnout-52962b0884ef
5. "As Time Goes By: Shifting Incomes and Inequality Between and Within Generations," Resolution Foundation, February 13, 2017, https://www.resolutionfoundation.org/publications/as-time-goes-by-shifting-incomes-and-inequality-between-and-within-generations/
6. Laurence J. Kotlikoff and Scott Burns, *The Coming Generational Storm: What You Need to Know about America's Economic Future*, Cambridge, M.A.: MIT Press, 2005; Niall Ferguson and Eyck Freymann, "The Coming Generation War," *Atlantic*, May 6, 2019, https://www.theatlantic.com/ideas/archive/2019/05/coming-generation-war/588670/
7. Taylor Lorenz, "'OK Boomer' Marks the End of Friendly Generational Relations,"

New York Times, October 29, 2019, https://www.nytimes.com/2019/10/29/style/ok-boomer.html

8. George Orwell, "Review of *A Coat of Many Colours: Occasional Essays* by Herbert Read," *Poetry Quarterly*, Winter 1945.
9. Motoko Rich and Hikari Hida, "A Yale Professor Suggested Mass Suicide for Old People in Japan. What Did He Mean?," *New York Times*, February 12, 2023, https://www.nytimes.com/2023/02/12/world/asia/japan-elderly-mass-suicide.html
10. Jonathan Old and Andrew Scott, "Healthy Ageing Trends in England Between 2002 to 2018: Improving but Slowing and Unequal," *Journal of the Economics of Ageing*, vol. 26, no. 1, 2023, https://doi.org/10.1016/j.jeoa.2023.100470
11. "Prevalence of Overweight, Obesity, and Severe Obesity Among Adults Aged 20 and Over: United States, 1960–1962 Through 2017–2018," National Center for Health Statistics, https://www.cdc.gov/nchs/data/hestat/obesity-adult-17-18/overweight-obesity-adults-H.pdf［2023年5月25日閲覧］
12. "Prevalence of Overweight, Obesity, and Severe Obesity Among Children and Adolescents Aged 2–19 Years: United States, 1963–1965 Through 2017–2018," National Center for Health Statistics, https://www.cdc.gov/nchs/data/hestat/obesity-child-17-18/overweight-obesity-child-H.pdf［2023年5月25日閲覧］
13. Jon Haidt, "The Teen Mental Illness Epidemic Began Around 2012," After Babel Substack, February 8, 2023, https://jonathanhaidt.substack.com/p/the-teen-mental-illness-epidemic
14. Bridget F. Grant, et al., "Prevalence of 12-Month Alcohol Use, High-Risk Drinking, and DSM-IV Alcohol Use Disorder in the United States, 2001–2002 to 2012–2013," *JAMA Psychiatry*, vol. 74, no. 9, September 2017, 911–23, https://doi.org/10.1001/jamapsychiatry.2017.2161
15. Carol Graham, "Understanding the Role of Despair in America's Opioid Crisis," Brookings, October 15, 2019, https://www.brookings.edu/policy2020/votervital/how-can-policy-address-the-opioid-crisis-and-despair-in-america
16. Lindsay Judge and Jack Leslie, "Stakes and Ladders: The Costs and Benefits of Buying a First Home Over the Generations," Resolution Foundation, June 26, 2021, https://www.resolutionfoundation.org/publications/stakes-and-ladders/
17. Adam Corlett and Felicia Odamtten, "Hope to Buy: The Decline of Youth Home Ownership," Resolution Foundation, December 2, 2021, https://www.resolutionfoundation.org/publications/hope-to-buy/
18. Taylor Orth, "More Than Half of Americans Support a Maximum Age Limit for Elected Officials," YouGov, January 19, 2022, https://today.yougov.com/topics/politics/articles-reports/2022/01/19/elected-officials-maximum-age-limit-poll

19. 以下に引用。Mini Racker, "Nikki Haley Enters 2024 Race with Speech Implying Trump and Biden Are Too Old to Run," *Time*, February 15, 2023, https://time.com/6255878/nikki-haley-2024- announcement/
20. Bobby Duffy, *Generations: Does When You're Born Shape Who You Are?*, London: Atlantic 2021.
21. 同上。
22. Alec Tyson, Brian Kenneddy, and Cary Funk, "Gen Z, Millennials Stand Out for Climate Change Activism, Social Media Engagement with Issue," Pew Research Center, May 26, 2021, https://www.pewresearch.org/science/2021/05/26/gen-z-millennials-stand-out-for-climate-change-activism-social-media-engagement-with-issue/
23. James Sefton, et al., "Wealth Booms and Debt Burdens," Resolution Foundation, November 14, 2022, https://www.resolutionfoundation.org/events/wealth-booms-and-debt-burdens/
24. Chris Giles, "OK Boomer, You're More Generous than We Thought," *Financial Times*, February 2, 2023, https://www.ft.com/content/5c482689-76a7-4a62-b042-acd4b4aaecf4
25. William MacAskill, "Age-Weighted Voting," Medium, July 12, 2019, https://medium.com/@william.macaskill/age-weighted-voting-8651b2a353cc
26. Rune J. Sørensen, "Does Aging Affect Preferences for Welfare Spending? A Study of People's Spending Preferences in 22 Countries, 1985–2006," *European Journal of Political Economy*, vol. 29, March 2013, 259–71, https://doi.org/10.1016/j.ejpoleco.2012.09.004
27. Congressional Budget Office, "The Budget and Economic Outlook 2022 to 2032," Congressional Budget Office, May 2022, https://www.cbo.gov/publication/57950; "Historical Tables of the United States Government," Fiscal Year 2023, Office of Management and Budget, March 2022, https://www.whitehouse.gov/omb/budget/historical-tables/
28. Alan J. Auerbach, et al., "Generational Accounting: A Meaningful Way to Evaluate Fiscal Policy," *Journal of Economic Perspectives*, vol. 8, no. 1, 1994, 73–94, http://www.jstor.org/stable/2138152

第9章

1. データはすべて以下による。 L. I. Dublin, A. J. Lotka, and M. Spiegelman, *Length of Life*, revised edition (New York: Ronald Press Company, 1949), pp. xxv and 379; *Journal of the Institute of Actuaries,* vol. 76, no. 1, June 1950, 76–9, https://doi.org/10.1017/S0020268100013299

2. “How Long a New Drug Takes to Go through Clinical Trials,” Cancer Research UK, October 21, 2014, https://www.cancerresearchuk.org/about-cancer/find-a-clinical-trial/how-clinical-trials-are-planned-and-organised/how-long-it-takes-for-a-new-drug-to-go-through-clinical-trials
3. Gary Becker, et al., “The Value of Life Near its End and Terminal Care,” National Bureau of Economic Research, August 2007, https://doi.org/10.3386/w13333
4. Eric Budish, et al., “Do Firms Underinvest in Long-term Research? Evidence from Cancer Clinical Trials,” *American Economic Review*, vol. 105, no. 7, July 2015, 2044–85, https://doi.org/10.1257/aer.20131176; ロンドン・ビジネススクールで私が指導教員を務めている博士課程学生のJohan Moenもこのテーマで論文を執筆している。“No Time to Die: The Patent Induced-Bias Towards Acute Conditions in Pharmaceutical R&D.”
5. Robert W. Fogel, “Catching Up with the Economy,” *American Economic Review*, vol. 89, no. 1, March 1999, 1–21, https://doi.org/10.1257/aer.89.1.1
6. Tad Friend, “Silicon Valley's Quest to Live Forever,” *New Yorker*, March 27, 2017, https://www.newyorker.com/magazine/2017/04/03/silicon-valleys-quest-to-live-forever
7. Jessica Hamzelou, “Inside the Billion-Dollar Meeting for the Mega-Rich Who Want to Live Forever,” *MIT Technology Review*, November 16, 2022, https://www.technologyreview.com/2022/11/16/1063300/billion-dollar-mega-rich-live-forever/
8. Ashlee Vance, “How to Be 18 Years Old Again for Only $2 Million a Year,” *Bloomberg*, January 25, 2023, https://www.bloomberg.com/news/features/2023-01-25/anti-aging-techniques-taken-to-extreme-by-bryan-johnson
9. Megan Molteni, “As Billionaires Race to Fund Anti-Aging Projects, a Much-Discussed Trial Goes Overlooked,” STAT, August 9, 2022, https://www.statnews.com/2022/08/09/anti-aging-projects-funding-much-discussed-trial-overlooked/
10. “How Much Did the Apollo Program Cost?,” Planetary Society, https://www.planetary.org/space-policy/cost-of-apollo
11. Hagai Levine, et al., “Temporal Trends in Sperm Count: A Systematic Review and Meta-regression Analysis of Samples Collected Globally in the 20th and 21st Centuries,” *Human Reproduction Update*, vol. 29, no. 2, March 2023, 157–76, https://doi.org/10.1093/humupd/dmac035
12. David Miles, “Macroeconomic Impacts of Changes in Life Expectancy and Fertility,” *Journal of the Economics of Ageing*, vol. 24, February 2023, 100425, https://doi.org/10.1016/j.jeoa.2022.100425
13. Michele Boldrin, et al., “Fertility and Social Security,” *Journal of Demographic Economics*, vol. 81, no. 3, 2015, 261–99, https://www.jstor.org/stable/26417160

14. Seth Wynes and Kimberly A. Nicholas, "The Climate Mitigation Gap: Education and Government Recommendations Miss the Most Effective Individual Actions," *Environmental Research Letters*, vol. 12, no. 7, July 2017, 074024, https://doi.org/10.1088/1748-9326/aa7541
15. Joshua R. Goldstein and Wilhelm Schlag, "Longer Life and Population Growth," *Population and Development Review*, vol. 25, no. 4, 1999, 741–7, https://www.jstor.org/stable/172484

エピローグ

1. Robert J. Waldinger and Marc S. Schulz, *The Good Life: Lessons from the World's Longest Scientific Study of Happiness*, New York: Simon & Schuster, 2023.（ロバート・ウォールディンガー／マーク・シュルツ著、児島修訳『グッド・ライフ：幸せになるのに、遅すぎることはない』辰巳出版、2023年）
2. Chi Yan Leung, et al., "Association of Marital Status with Total and Cause-Specific Mortality in Asia," *JAMA Network Open*, vol. 5, no. 5, May 2022, e2214181, https://doi.org/10.1001/jamanetworkopen.2022.14181
3. J. Robin Moon, et al., "Short- and Long-term Associations Between Widowhood and Mortality in the United States: Longitudinal Analyses," *Journal of Public Health*, vol. 36, no. 3, 2014, 382–9, https://doi.org/10.1093/pubmed/fdt101